本项成果获得

内蒙古大学"双一流"科研专项高端成果培育项目资助

民国时期内蒙古地区报刊研究

张丽萍◎著

中国社会科学出版社

图书在版编目（CIP）数据

民国时期内蒙古地区报刊研究／张丽萍著 . —北京：中国社会科学出版社，
2023.5

ISBN 978-7-5227-2136-1

Ⅰ.①民… Ⅱ.①张… Ⅲ.①报刊—研究—内蒙古—民国 Ⅳ.①G219.295

中国国家版本馆 CIP 数据核字（2023）第 118057 号

出　版　人	赵剑英
责任编辑	张　林
特约编辑	李晓丽
责任校对	王佳玉
责任印制	戴　宽

出　　版	中国社会科学出版社
社　　址	北京鼓楼西大街甲 158 号
邮　　编	100720
网　　址	http://www.csspw.cn
发 行 部	010-84083685
门 市 部	010-84029450
经　　销	新华书店及其他书店

印　　刷	北京明恒达印务有限公司
装　　订	廊坊市广阳区广增装订厂
版　　次	2023 年 5 月第 1 版
印　　次	2023 年 5 月第 1 次印刷

开　　本	710×1000　1/16
印　　张	20.75
插　　页	2
字　　数	355 千字
定　　价	109.00 元

凡购买中国社会科学出版社图书，如有质量问题请与本社营销中心联系调换
电话：010-84083683

目　　录

绪　　论

内蒙古位于祖国北疆，自古就是中华各民族生息繁衍的土地。从历史地理的角度来说，内蒙古系指以大漠为界的蒙古高原的南半部分，即漠南蒙古；以今天的行政建制而论，内蒙古是内蒙古自治区的简称。无论是漠南蒙古，还是内蒙古自治区，就地域范围而言，大体是相当的。本书所言内蒙古，在地域范围上以今天内蒙古自治区的行政区划为基础，同时照顾历史沿革。

内蒙古民国时期曾分属于绥远、察哈尔、热河、宁夏和东北诸省，经历了北洋政府、南京国民政府、日伪政权、中国共产党领导下的内蒙古自治政府的交叠更替。内蒙古近代报刊出现较晚，最早的报纸《婴报》创办于1905年。进入民国时期以后，内蒙古地区报刊数量渐多，共有报纸140余种，刊物250余种，其中政治性报刊居于主导地位。国民党报刊和共产党报刊是政治性报刊的主角，是贯穿民国时期内蒙古报刊史的主线。民国时期的内蒙古报刊是错综复杂的内蒙古历史的记录者，也是时代的见证者和参与者。这些报刊以汉、蒙、日等多种文字为载体，面貌独特，地域性强，在民国时期的内蒙古历史中扮演了重要角色。

北洋政府时期，内蒙古地区开始出现两党党员创办的报纸；十年内战时期，国民党报刊主导了内蒙古地区报业，以《绥远民国日报》《绥远日报》《朝报》《绥闻晚报》《包头日报》为代表，是国民党绥远党部传达政令、公布政情的工具，是国民党党报体系的组成部分；抗日战争时期，日本侵略者控制了内蒙古地区的报刊，国共两党报刊在艰苦条件下坚持抗日宣传；解放战争时期，国共两党报刊展开了新闻战和舆论战，《内蒙古周报》《群众日报》《内蒙自治报》《内蒙古日报》等共产党报刊逐渐在内蒙古地区发展壮大，国民党报刊最终退出历史舞台。内蒙古地区的国共两党报刊是两党不同政治主张的宣传工具，是两党中央政策的二传手，也是两党争取舆论的斗争工具。民国时期内蒙古地区的报业历史与全国报业历史有着大致相同的节奏，同时又有自己的独特之处。

民国时期创办的内蒙古报刊现在所存不到半数。本书研究重点放在现存报刊部分，因为有原件可查，结论更加客观可靠。无实物可查但历史地位较重要者，也作为研究重点，通过查阅历史文献和报人回忆录开展研究。

在新中国成立前内蒙古地方报刊研究方面，内蒙古图书馆的研究馆员忒莫勒先生功不可没。他于1987年编辑出版的《建国前内蒙古地方报刊考录》（2010年修订后由远方出版社出版，名为《内蒙古旧报刊考录》），对中华人民共和国成立前内蒙古地区的主要报刊进行考订并拟定提要，为内蒙古报刊研究提供了资料，为深入研究奠定了基础。20世纪80年代以来，忒莫勒先生还陆续发表研究论文多篇，主要有《珍贵的革命文物——〈内蒙国民旬刊〉》《硕果仅存的〈西北民报〉》《昙花一现的〈西北醒民报〉》《民国年间蒙古族出版史事考辨》《〈蒙话报〉研究》《民国初年的〈蒙文白话报〉与〈蒙文报〉》等。这些论文对一些史料价值较高的报刊进行考据、研究，为后来者的研究提供了便利。忒莫勒先生的主攻领域在地方文献方面，扎实的史学基础和研究功底使他的报刊研究常有独到发现，在内蒙古报刊研究方面具有开创意义。忒莫勒先生的研究偏重蒙古文报刊，侧重史料考据，在报刊与社会生活的关联、报刊发展的历史轨迹、不同时期的报刊业整体面貌等方面，用力不多有展开研究的必要。

中央民族大学的白润生教授在民族新闻传播史研究领域取得很大成绩，其中也涉及蒙古族新闻传播史的内容。他的《中国少数民族新闻传播通史》《中国少数民族新闻传播史》《中国少数民族文字报刊史纲》等著作中，对内蒙古新闻史进行了初步研究，对一些报刊史料进行了初步搜集，为这方面的研究奠定了基础。白润生教授的论文《建国前内蒙报业概述》《简论中国少数民族新闻史》《兴起·发展·繁荣：中国少数民族新闻传播事业100年》等，对少数民族新闻传播的历史进程进行简单梳理，也有一定的启发意义。由于研究的时间跨度较大，涉及的民族地区较多，白著的研究中还有一些民国时期的内蒙古报刊没有涉及，一些主要报刊的研究需要进一步深入，报刊史全貌有待勾勒整理。

本书作者张丽萍在内蒙古民国报刊史研究方面，获批了2项国家社科基金课题，出版著作《内蒙古民国报刊史研究》，发表了《内蒙古地区近代报业的开端——兼论内蒙古最早的近代报纸〈婴报〉》《试论近现代内蒙古报刊的"蒙汉合璧"编刊形式》《1927年至1937年的绥远报刊与国民党地方派系》《"九·一八"事变后国民党绥远省党政报纸的抗日宣传》《解放战争时期"全党办报"思想在内蒙古地区的贯彻和落实》等相关论文。

　　在日本占领时期的内蒙古新闻出版事业研究方面，已故的内蒙古大学蒙古学学院金海教授有所贡献。金海教授的主攻研究领域是内蒙古近代史及日本人在内蒙古的殖民统治历史，在这个领域有大量论文和论著发表。由于具备雄厚的研究功力，他的论文《日本占领时期的蒙古族新闻出版活动述略》在占有蒙古文、日文资料的基础上，梳理了日本占领时期内蒙古东、西部的各种报刊创办始末及基本情况，为这方面研究奠定了基础。《内蒙古晨报》记者王钟的论文《内蒙古中西部沦陷时期日伪主办的几种刊物》也有一定价值。王钟是报刊史料的收集者和热爱者，他根据个人收藏及图书馆馆藏文献，对《蒙银经济月报》《挺身》《利民月刊》《大亚细亚》等几种日伪主办刊物进行了介绍，提供了刊物的封面照片，为研究提供了一些资料。另外，王钟在《内蒙古晨报》上曾陆续以图片附文字说明形式，介绍了《火坑》《绥农》《绥远动员》《绥远月刊》等十几种民国时期的内蒙古报刊，也有一定的资料价值。王钟辑撰的《民国内蒙古期刊封图志略》2013年11月由内蒙古出版集团、内蒙古教育出版社联合出版，把200余幅民国时期内蒙古地区出版的期刊封面集中展示给读者，为读者提供了一幅民国时期内蒙古期刊面貌的直观画卷。

　　民国时期绥远地区著名报人杨令德、章叶频等的回忆文章是开展研究的重要参考史料。杨令德的《塞上忆往——杨令德回忆录》有很多篇目谈及民国时期的内蒙古报刊发展变迁及当时的报业状况，如《归绥中学和〈西北实业报〉》《蒋听松与〈西北民报〉》《回忆包头〈西北民报〉》《绥远文化、新闻界见闻》《绥远新闻事业之沿革与现状（1934年著）》《傅作义将军主绥期间内蒙古西部（绥远地区）新闻报纸出版简况》等。[①] 杨令德青年时代追求真理，从事进步新闻事业，曾担任过《西北民报》《绥远日报》《绥远党报》《绥远通俗日报》《西北日报》《绥远

社会日报》《绥远民国日报》等报纸的记者、编辑，同时兼任《大公报》《时事新报》等报纸的驻绥远记者和通讯员，见证了民国时期内蒙古主要报纸的发展变迁，其回忆录对民国时期内蒙古报刊史研究具有重要的史料价值。章叶频的《塞北文苑萍踪》① 以单篇回忆文章的形式，顺序记述了章叶频等绥远知识青年以报纸副刊为阵地进行的进步文艺活动和抗日救亡工作，为我们侧面了解三四十年代的内蒙古报纸及其副刊情况提供了史料。

《内蒙古文史资料》《呼和浩特史料》《包头文史资料选编》《张家口文史资料》《武川文史》《土默特文史资料》等各级文史资料以及《内蒙古民族团结革命史料选编》《呼和浩特妇运史资料汇编》《包头史料荟要》等史料汇编中，收录了一些民国时期的内蒙古报人刘映元、李西桥、苗平章、蒋曙晨、韩云琴、高剑夫、李沛泽、王绥之、殷石麟、解永胜等的回忆文章，谈及民国时期的内蒙古报纸，但大多为对重要报纸创办情形及发展变迁的回忆，其中有些内容彼此抵牾，需要仔细甄别，反复推证。

《内蒙古印刷》杂志主编王贵龙的《内蒙古自治区印刷史》梳理了内蒙古地区自辽代至中华人民共和国成立的印刷业历史，有部分内容涉及民国时期的内蒙古报刊情况，可以为报刊史研究提供一定参考。

总体而言，民国时期内蒙古报刊研究集中于个别报刊史料的考证，史论方面相对薄弱，缺乏发展轨迹的解释和历史全貌的勾勒。另外，对国民党党报和国民党政府所办报刊研究较少。

地方新闻史是新闻史研究的基础和重要内容，近百年来，已有很多作品问世。1917 年出版的姚公鹤的《上海报纸小史》开启了我国地区新闻史研究的端绪。之后，地方新闻传播史研究的著作相继问世，如项士元的《浙江新闻史》（1930 年）、胡道静的《上海的日报》（1935 年）与《上海新闻事业之史的发展》（1935 年）、蔡寄欧的《武汉新闻史》（1943年）、长白山人的《北京报纸小史》等。② 20 世纪 90 年代以来，地方新闻史研究取得了很大成绩，重要的有：黄河的《北京报刊史话》、马光仁主编的《上海新闻史》和《上海当代新闻史》、秦绍德的《上海近代报刊

---

① 章叶频：《塞北文苑萍踪》，中国人民政治协商会议呼和浩特委员会文史资料委员会编，1985 年。

② 吴廷俊：《天津新闻传播史纲要·序一》，马艺主编：《天津新闻传播史纲要》，新华出版社 2005 年版。

史论》、邵梦龙主编的《绍兴新闻事业90年》、程沄主编的《江西苏区新闻史》、陈承铮的《河南新闻事业简史》、张鸿慰的《八桂报史文存》和《桂系报业史》、邓毅和李祖勃的《岭南近代报刊史》、彭继良的《广西新闻事业史》、李谷城的《香港报业百年沧桑》、张守宇等的《东北新闻史》、王醒的《山西新闻史》、周德仓的《西藏新闻传播史》、马艺主编的《天津新闻传播史纲要》。20世纪八九十年代，内蒙古新闻史方面也陆续有《内蒙古新闻事业概述》《内蒙古期刊事业》《内蒙古出版事业概况》等成果问世，集中在对当代内蒙古新闻出版事业概况的介绍。

上述地方新闻史著作在范畴、框架、研究方法等方面为民国时期的内蒙古报刊研究提供了一定借鉴。特别是马光仁的《上海新闻史》，把新闻事业作为独立的社会存在加以研究和论述，在对重要报刊、人物、事件进行实事求是的研究和评价基础上，分析新闻业自身发展的脉络和规律，改变以往把新闻事业当作政治斗争附属品的状况，给人以启发。但也有一些研究存在理论体系缺乏的状况，研究较为平面，成为一部报刊名录或新闻业发展的流水账。

研究民国时期的内蒙古报刊史必须从报刊自身特点出发，以报刊为研究主体，同时要对报刊现象进行解释，透过表象，将其嵌入到时代背景和社会情境中去，把报刊及其生存的社会系统作为整体来进行认识。从政治、经济、文化、社会生活等多个维度去分析报刊的办报（刊）宗旨、性质、创办主体、传播对象、传播内容、经费来源、发行渠道和传播效果，研究时代和社会生存情境中的报刊史。报刊是社会历史的见证者和记录者，同时又是社会生活的组成部分，受到时代影响和社会制约。报刊史研究既是历史研究的组成部分，又以历史研究的既有成果为基础，以其提供的历史坐标开展研究。因而，民国时期的内蒙古历史研究为深入开展报刊史研究提供了很多有益的史料和视角。

《绥远通志稿》是原绥远省辖区的一部大型地方志图书，全书稿为100卷，400余万字，内容极为详尽丰富，上起公元前307年，下至公元1935年。其中民国部分的内容可以为内蒙古西部地区的报刊史研究提供较为丰富的史料。忒莫勒《建国前内蒙古地方报刊考录》对其多有参照，对其中的一些讹误进行了考证。

在民国时期的内蒙古历史研究中，由内蒙古大学出版社出版的《蒙古民族通史》（5卷本）史料翔实，脉络清晰，也有关于民国时期主要报刊创办情况的简要介绍，可与其他来源的报刊史料互相参照。

郝维民主编的《内蒙古革命史》是国家社科规划基金"八五"项目的成果之一，以"五四"以来的内蒙古革命史为主要线索，对中国共产党创办的主要报刊有所介绍，也可作为参考。

金海的《日本占领时期内蒙古历史研究》《日本与内蒙古》等著作侧重日本占领时期的内蒙古历史，为这段历史背景下的报刊研究提供借鉴。

以民国时期内蒙古历史中的具体问题为研究对象的论文也有很多，如西北实业开发问题、乡村建设问题、民众教育问题等，都对这个时期报刊研究的深入开展有所助益。

由内蒙古人民出版社出版的《内蒙古大事记》采用编年体体例，对内蒙古历史进行梳理，对民国时期内蒙古主要报刊的创办、变迁亦有所记载。由内蒙古地方志办公室主持编写的内蒙古各盟市、旗县地方志，大多辟有专门的新闻出版章节，虽然以中华人民共和国成立后的内容为主，但仍可见一些民国时期的报刊创办记录。这些记录也可为报刊史研究提供一些有用的史料。《全国中文刊物联合目录（1833—1949）》和《蒙古书目提要》等目录也可为民国时期内蒙古报刊研究提供线索。

第一章

内蒙古近代报刊的开端及
国共两党报刊发展情况概述

第一节　内蒙古近代报刊兴起的历史背景和社会条件①

一　封闭隔绝状态的打破：内蒙古近代报刊兴起的历史背景

17 世纪清朝建立后，在蒙古地区实行民族隔离政策，严重阻隔了蒙古民族内部及蒙汉各民族之间的正常联系和交流，使蒙古地区的经济和文化长期停留在原有的单一、落后和贫乏状态。

为了有个稳定的北部边疆，清政府在蒙古地区实行"盟旗制度"与"蒙禁政策"，对蒙古民族严加防范，限制不同民族、不同地域之间的自由往来。"盟旗制度"是指蒙古原有各部被清政府分编为许多互不统属的"旗"，由王公贵族担任世袭扎萨克（执政王公），旗之上设有"盟"，由王公扎萨克兼任盟长、副盟长。各旗都有明确划定的地域，旗民不得逾界游牧。各盟旗和各大地域之间，不准随意进行通婚、交易等往来。"盟旗制度"的推行限制了蒙古民族的内部交往。"蒙禁政策"是指蒙古人不能随意进入内地，不准使用汉语文，不准与汉族通婚；汉人不准进入蒙地种田、教书、任职，内地商人进入蒙地要经过特别批准，受到种种限制，并且不得长期留驻。"蒙禁政策"的推行阻隔了蒙汉民族之间的经济贸易和文化交往。这些分割统治的民族隔离政策，严重阻隔了蒙古民族内部及蒙汉各民族之间的正常联系和交流。

19 世纪中叶，随着帝国主义列强的入侵，蒙古社会的封闭隔绝状况

---

① 本节内容作为课题的阶段性成果，是著者发表在《国际新闻界》2012 年第 3 期的《内蒙古地区近代报业的开端——兼论内蒙古最早的近代报纸〈婴报〉》的压缩和改写。

被逐步打破，蒙古地区变为资本主义商品推销市场和原材料掠夺基地。从1840年鸦片战争起，内蒙古地区的社会面貌和全国一样，也发生了相应的变化。沙皇俄国是鸦片战争后侵略蒙古地区（包括内、外蒙古）的急先锋。通过中俄《天津条约》《北京条约》，控制了由恰克图经过蒙古地区到北京的邮路，获得了在蒙古地区享受免税和自由贸易等一系列特权，开辟了从科布多经归化城到北京、通州、天津等深入中国内地的几条通商路线。以后又陆续通过一些不平等条约，不断扩大在蒙古地区的掠夺。俄国商人在蒙古地区大量倾销俄国商品，并掠走大批牲畜、皮毛和土特产品。继沙俄之后，英、法、日、美、德等列强也纷纷侵入内蒙古地区，在内蒙古的重要城镇开办洋行，掠夺财富，逐步控制了内蒙古西部地区的对外贸易。英、美等国的鸦片和商品从天津、大连、牛庄、张家口等地转入蒙古地区。中日甲午战争后，帝国主义国家掀起了瓜分中国的狂潮。我国东北南部和内蒙古东部成了日本帝国主义的势力范围，东北北部和呼伦贝尔地区成了沙俄帝国主义的势力范围。于是，帝国主义国家在蒙古地区设立银行、修筑铁路，大肆掠夺土地和矿产资源，垄断金融和财政。为了直接利用廉价的原料和劳动力，一些帝国主义国家还在蒙古地区兴办了工矿企业。在帝国主义列强的侵略下，蒙古地区逐步变为资本主义商品推销市场和原材料掠夺基地，走向了半殖民地半封建社会。

20世纪初清政府推行"新政"后，放弃具有反动性质的民族隔离统治政策，促进了边塞内外、蒙汉民族之间的相互交流、发展。进入近代以来，清朝既定的种种"蒙禁"政策逐步松弛。因为农村经济破产，内地大量农业人口纷纷向内蒙古地区逃亡谋生，蒙旗王公贵族也往往乐于容留、坐吃荒价地租。这种禁而难止的现象，清政府也多采取默认态度，在垦户集中的地方增设地方官府。① 随着外国商业势力大量进入蒙地经商，清政府也逐渐放松了对内地旅蒙商的各种限制，准许他们自由出入蒙地。② 为筹措军费，蒙古地区的矿山被次第开采，矿禁逐步废弛。1902年清政府实行"移民实边"、放垦蒙地政策，由政府主持放垦蒙荒，搜刮地租荒银，最终打破了禁止内地农民进入蒙古地区和禁止垦种蒙地的政策，给蒙古民族的政治、经济、社会面貌带来剧烈变化。蒙古地区的牧区迅速缩小，农区和半农半牧区迅速扩大，多种经济形态并存，蒙汉各族杂居共

---

① 孟广耀等：《蒙古民族通史》（第5卷），内蒙古大学出版社2002年版，第129页。
② 孟广耀等：《蒙古民族通史》（第5卷），内蒙古大学出版社2002年版，第129页。

处，出现了更多的中小城镇和商业手工业中心，与内地的往来联系不断加强，改变了过去封闭隔绝的落后状态。

综上，外国资本的侵入以及清末蒙禁政策的解除，改变了单一的牧业经济结构，加速了蒙古地区城乡商品经济的发展，促进了蒙汉各族人民的往来。旧有的社会秩序已经开始瓦解，原来的封闭隔绝状态逐步打破，蒙古社会融入了近代化的历史洪流。这些变化为蒙古地区报业的诞生提供了必要的历史条件。

二　信息传递、社会交往的加强：内蒙古近代报刊兴起的社会条件

20世纪初，曾在内地普遍推行的文化教育、工商矿业、交通邮电等各项新政措施，在蒙古地区也陆续兴办起来。这些措施的实施，搅动着曾经沉闷的蒙古社会，使近代新风为之骤兴，加速了蒙古内外的信息流通和人员往来，促进了新思想、新知识的传播，为近代报刊的创办创造了必要的现实条件。

（一）邮政电讯事业的兴办，促进了蒙古地区与外界社会的信息联系，加强了边塞内外的信息流通

光绪前期，邮政、电报、铁路已陆续创办于内地、沿海。其中最早出现于边疆、蒙古地区的，是直接服务于军政统治的电报。至19世纪末，出张家口经滂江、乌得、叨林至库伦、恰克图的蒙古电报干线，出山海关中经锦州、奉天和茂兴（郭尔罗斯后旗境内，今属黑龙江肇源）、布特哈（今莫力达瓦旗所在地）远抵中俄边境黑河的东北电报干线，出嘉峪关经乌鲁木齐分达伊犁、塔城的西北、新疆干线均已铺通。① "新政"时期，清政府在整顿、修复因俄军入侵战争遭到破坏的东北电报干线的同时，又陆续在内外蒙古的昌图、辽源、洮南、赤峰、归化城、乌里雅苏台、科布多、阿尔泰等重要城镇新设了电报局所，开通了电报联系。②

蒙古地区的新式邮政，多由原有驿路台站改建而成。1900年之前，内蒙古东部的昌图、朝阳等地已开设了邮政局所（东北邮政网的组成部

---

① 《清史稿》第151卷《交通志·电报》；徐世昌：《东三省政略》卷十一《实业·附东三省电政》。

② 徐世昌：《东三省政略》卷十一《实业·附东三省电政》；《东方杂志》第三年第七期"交通·各省电政汇志"；《清实录·附宣统政纪》第35、58、68卷。

分）。清政府设立邮传部（1906 年）以后，邮政事业在蒙古地区得到较快推广，如内蒙古东部的洮南、辽源、赤峰，西部的归化、绥远、萨拉齐、包头、和林格尔、托克托、武川、五原，外蒙古的库伦、恰克图等许多城镇，均设立了邮政局所。1906 年以后，清政府将内蒙古东部传递卓索图、昭乌达、哲里木三盟各旗奏报、公文和蒙古文承建的驿站改建为文报线路，在新民、辽源、昌图等处设置了文报分局；喀喇沁右旗扎萨克贡桑诺尔布自筹资金，开办了旗内的电报邮政业务。

近代邮政电讯事业的发展给内蒙古草原带来了新的气息，促进了蒙古地区与外界社会的信息联系，加强了边塞内外的信息流通。

（二）城镇数量的增多，促进了蒙古地区内、外部的商品贸易和人员往来，加强了蒙汉各族群众之间的经济文化交流

由于大规模放垦蒙地和各种蒙禁政策的逐步解除，蒙古地区原有的商业手工业集镇和传统的庙会集市进一步扩大和繁荣。在新的放垦设治地区，农业人口急剧增长，手工业和采矿业有了新的发展，新的城镇成批出现，如内蒙古东部的洮南、辽源和肇州、林西、开鲁等地，西部的五原、东胜、包头、武川等地。这些新老城镇的发展和繁荣扩大了商业贸易的流通领域，加强了人员往来和信息沟通。

（三）新式教育的兴起，开通了新的思想和风气，促进了新事物、新知识的启蒙和传播

清政府推行新政、大规模放垦蒙地和全面筹蒙改制等做法，给蒙古社会以极大的震动和冲击，使蒙古民族内部产生了图强变革的意识和主张。一些开明蒙古王公认识到，变革图强、振兴蒙古，首要在于开启民智、兴办教育。清末的蒙古盟旗，还几乎没有什么社会性文化教育，"通汉文者固百无一二，即通蒙文者亦甚寥寥"（贡桑诺尔布奏议）。蒙古王公棍楚克苏隆指出，各国"国富兵强，无一非教育普及之效"，"蒙民之愚陋，一误于迷信日深，再苦于学风不振"，所以应"极力诱导而鼓吹之"。在办学具体方案上他主张"责成各旗筹资多设小学，以教其子弟，俟其毕业，考验程度，依次推升进入京师大学"。① 另一位蒙古王公贡桑诺尔布认为，"应先立师范学堂数处"，"学成归本旗多开小学，渐次递升，即渐

① 孟广耀等：《蒙古民族通史》（第 5 卷），内蒙古大学出版社 2002 年版，第 162 页。

次推广"。① 这些开明蒙古王公的新政主张和图强理想，对沉睡既久的蒙古民族来说，是具有一定近代意义的初步觉醒。

"新政"以后，在内蒙古西部地区，绥远城将军贻谷为编练新军而创办了绥远城武备学堂，接着还创办了绥远中学堂、高等小学堂和初等小学堂，专收清朝八旗子弟和土默特旗蒙古人子弟就读。同时将归化城古丰书院改建为归绥中学堂，土默特旗启运书院改建为土默特高等小学堂，新设了归绥道初等小学堂。在包头、察素齐、毕克齐、丰镇等城镇也办起了高等、初等小学堂。这些新式学堂均开设了近代的新式课程。在东部，喀喇沁右旗创办了蒙古族第一所近代新式学堂——崇正学堂；在科左前旗新秋镇创办了蒙汉小学堂；在科左后旗马兰屯也创办了蒙古学堂；科左三旗在昌图联合创办了蒙汉高等小学堂及体育师范专修学堂。奉天省在省城办起了蒙汉高等小学堂及体育师范专修学堂。黑龙江省创办了海拉尔小学堂和齐齐哈尔满蒙师范学堂；清政府有关部门在北京创办了陆军贵胄学堂、满蒙文高等学堂和殖边学堂等，专收或兼收蒙古族子弟入学就读。新式学堂的出现，不仅讲授近代新式课程，传授新知识、新技术，而且传播了近代新思想、新文化，带来了近代新风。

第二节　北洋政府时期内蒙古地区国共两党党员创办的报刊

1911 年武昌起义之后，清政府被推翻。在风雨来临的抉择时刻，大漠与长城之间的内蒙古中西部地区也受到了革命影响，很多先进之士响应共和，参加革命。1915 年，同盟会会员王定圻在归绥创办《归绥日报》和《一报》，开创了内蒙古地区国民党报刊的先河。20 年代初期中国共产党积极发动蒙汉学生参与革命，北京蒙藏学校的蒙古族共产党员多松年等创办的《蒙古农民》传播到绥远，成为内蒙古地区最早的共产党报刊。北洋政府时期，内蒙古地区的国共两党报刊虽然仅有星星点点的短暂存在，但是却给内蒙古草原带来了进步的光亮。

一　内蒙古地区同盟会会员创办的报纸

清朝末年，内蒙古地区的很多蒙汉族青年开始寻求民族的前途和出

---

① 孟广耀等：《蒙古民族通史》（第 5 卷），内蒙古大学出版社 2002 年版，第 162 页。

路，不断接触近代新事物，他们有的出国留学，有的到外省读书，部分青年接受了资产阶级民主革命思想。

绥远地区是内蒙古境内最早出现同盟会革命活动的地方。1906 年，中国同盟会先后派王建屏、弓富魁、李德懋等来归绥（今呼和浩特，笔者注）、包头一代宣传革命，发展同盟会会员。约于 1906 年，在归绥中学堂读书的归化城土默特旗蒙古青年云亨及其同乡挚友经权，就经山西同盟会员王建屏介绍加入了同盟会，成为蒙古族最早参加反清民主革命的先进分子。① 同一时期，包头、萨拉齐青年王定圻、富日新等一批汉族青年，在家乡或国外留学时纷纷加入同盟会。② 加入同盟会后，他们在土默特旗一带开展秘密革命活动。③

王定圻，字平章，又名维圻，绥远省包头县人，家境贫寒。先后在归绥中学堂、山西优级师范学校学习，成绩经常名列班级第一。读书期间，王定圻不知从何渠道获得梁启超《新民丛报》，经常在晚间打了熄灯铃后秘密阅读。他关心政治，关注时局，秉性刚毅勇直，经常向同学们宣传推翻清政府，建立独立富强的新中国；放假回家，劝父亲、哥哥们减掉辫子，劝嫂嫂们放足。因不满两位教员教学内容陈腐，曾组织同学联名要求另聘贤能，在学校不予回应的情况下发起罢课。王定圻因此被归绥中学堂开除。后步走太原，改名王维圻，考入山西优级师范学校，继续学业的同时，秘密加入同盟会。

武昌起义后，山西继而起义，王定圻投笔从军，参加革命军敢死队与清军第三镇军在娘子关决战。他在战斗中虽然右手中指被打断，还是指挥队伍前进，毫不气馁，坚信革命一定会胜利。

南北议和后，王定圻拒绝接受阎锡山许给他的官职，返回山西优级师范学校完成了学业，之后前往家乡，在归绥中学担任校长。

1912 年王定圻当选为众议员，赴京上任。他拒绝进步党的拉拢利诱，反对袁世凯贿选，与于右任等国民党人士时有往来。1913 年袁世凯刺杀宋教仁，封闭国民党党部，北京国会被解散。1913 年冬，王定圻回到绥远，绥远都统潘矩楹对他以秘书职务探诱，被他拒绝。他仍回绥远中学主

---

① 孟广耀等：《蒙古民族通史》（第 5 卷），内蒙古大学出版社 2002 年版，第 169 页。
② 钱占元：《内蒙古西部地区响应辛亥革命》，《内蒙古文史资料》（第 69 辑），内蒙古自治区政协文史资料委员会编，2011 年。
③ 《内蒙古辛亥革命史料》，内蒙古自治区政协文史资料委员会编，1961 年，第 92 页。

持校务，捐募校款，扩充校田，扩大校址与班次，奖励入学，重新修建教室。绥远中学堂出现焕然一新的气象。

王定圻主持归绥中学校务期间，在旧城大南街创设报馆，出版《归绥日报》，民国初年政党报纸蜂起，国民党各级党组织或党员主持的报刊数量较多，遍布全国，绥远地区国民党人王定圻主持的《归绥日报》是这一时期国民党党报之一种。

《归绥日报》创办于1913年，社长王定圻，主编周颂尧（字晋熙），社址位于归绥旧城大南街路东。初为石印一小张，附有一张画刊。后由党方购回铅印机一部，报纸即改为铅印。这是铅印机第一次输入绥远。《归绥日报》是内蒙古地区最早的铅印报纸。

该报出刊时间不足一年，发行量和影响力亦不大。该报内容以言论为主，指摘为政者不劳而获，横征暴敛，苛捐杂税害得农民困苦不堪。宣传开发西北、刊登实业信息也是《归绥日报》的重要内容。

国会解散后，二次革命被镇压。王定圻于1914年创办了《一报》，继续《归绥日报》的反袁斗争，言辞激烈，攻击贪官污吏，动辄以大字标题加以揭露，引起袁系地方官员的仇视，以致发生武力冲突。"时袁氏窃国之谋日亟，而定圻之反袁工作亦随之加紧。乃联络同志，沟通地方驻军，密谋举事，以驱逐袁氏爪牙本省都统潘矩楹。因致函沪上同志，为都统检获，遂遭逮击。旋于民国五年一月九日，惨遭枪杀。"①《一报》经此重大打击，宣告停刊。

同盟会会员王定圻在归绥创办的《归绥日报》和《一报》，是民国时期内蒙古地区最早的政党报纸，也是内蒙古西部地区最早的报纸。《中国新闻事业通史》这样论述民国初年政党报纸的状况："国民党各级组织或党人主持的报刊，在民主政党报刊中，数量最多，遍布全国各主要省市"②，没有提及绥远地区国民党人王定圻主持的这份《归绥日报》。实际上，国民党各级组织或党人主持的报刊，不但遍布全国各主要省市，连远在塞外边陲的绥远也有国民党人主持的报纸。

二 蒙古族共产党员创办的报刊

20年代初的内蒙古，各派军阀交替统治，地方局面较为混乱。中国

---

① 绥远省通志馆：《绥远通志稿》（第8册），内蒙古人民出版社2007年版，第632页。

② 方汉奇：《中国新闻事业通史》（第一卷），中国人民大学出版社1992年版，第1021页。

共产党在绥蒙地区建立了党组织，积极发展党员，组织工农运动，希望唤起受压迫的蒙汉民众，使他们积极参与革命。绥蒙地区的党组织在工人、农民、学生中建立和完善工会、农会、学联等组织机构，扩大了影响，积聚了力量。经过努力，中国共产党领导绥蒙人民进行了多次较大规模的斗争，如1925年领导绥远学联发动的声援"五卅运动"反帝浪潮和石拐沟煤矿工人大罢工等。

吸纳蒙古族先进青年知识分子接受革命理论、加入党组织，这是中国共产党在内蒙古地区革命工作的起点。北京蒙藏学校聚集了很多蒙古族优秀青年，是发展蒙古族共产党员的理想之所。1923年，以李大钊为代表的中国共产党北方区委找到了在此学习的蒙古族青年乌兰夫、奎璧和吉雅泰，给他们讲解马克思主义，分析国内外形势，指出蒙古族人民的出路在于推翻军阀和帝国主义的操控。乌兰夫、奎璧、多松年等青年学生相继加入中国共产党，成为第一批蒙古族党员。[①]

多松年1905年出身于归绥县的蒙古族农民家庭，学生时代参与了归绥青年学生抵制日货和反对"二十一条"等爱国运动。考入北京蒙藏学校后，接受了李大钊等的教诲，加入中国共产党，成为蒙藏学校党支部负责人之一。

1925年春，在风起云涌的大革命中，我国第一批蒙古族共产党员多松年、乌兰夫、奎璧等在党的领导下创办了《蒙古农民》，向内蒙古地区各族人民宣传革命，号召蒙汉各族人民团结起来，打倒军阀和帝国主义，打倒王公。《蒙古农民》为铅印周刊，64开本，每期15页左右。刊名书写为蒙汉两种文字，封面左侧刊有本期目录。多松年为了办好刊物，1925年3月曾深入内蒙古西部地区的察哈尔、绥远农村，详细调查了蒙古族聚居地区农牧民的生产生活状况，了解了这些地区蒙汉农民困苦的生活状况。实地调查使多松年能够真正了解内蒙古地区的社会矛盾，使《蒙古农民》能够方向明确，内容丰富，富有民族特点。

1927年，李大钊被奉系军阀张作霖杀害，绥察党组织惨遭破坏，多松年不避艰险，到张家口力图恢复党的组织。结果，由于叛徒告密，多松年不幸被特务逮捕，1927年夏末被奉系军阀杀害，牺牲时年仅22岁。[②]

---

① 吉雅泰：《李大钊同志和内蒙古初期的革命活动》，《内蒙古民族团结革命史料选编》，内蒙古自治区档案馆编1983年版，第22—24页。

② 郝维民：《内蒙古革命史》，内蒙古大学出版社1997年版，第126页。

《蒙古农民》是我国少数民族斗争史上第一个革命刊物，是唤醒蒙古族农牧民参加革命的宣传阵地。《蒙古农民》将党的革命纲领与民族地区的社会现实结合起来，明确了反对军阀、王公和帝国主义的革命目标，指出了蒙古族民众的自我解放之路。《蒙古农民》虽然只出了几期（一说为4期），却是20年代中国共产党在民族地区创办的最重要的革命刊物。

图1-1 《蒙古农民》的漫画插图

图1-2 多松年烈士

图1-3 《蒙古农民》封面

《蒙古农民》是第一批蒙古族共产党员创办的宣传革命的刊物。从中国共产党建立起，宣传就被视为全党的工作，不仅党的领导人重视宣传，每一个党员也是宣传员，随时随地都要进行革命的宣传。中共早期的创始人和领导人如陈独秀、李大钊、毛泽东、邓中夏、恽代英、瞿秋白等都具有丰富的宣传经验和娴熟的宣传技能。他们在中共早期的宣传工作中总是亲自上阵，写了大量的文章，创办了一批有影响力的刊物。[①] 李大钊等党的领导人没有忽略民族地区的革命宣传，在 20 年代组织、领导第一批蒙古族共产党员创办刊物宣传革命，体现了卓越的革命眼光和宣传意识。

《蒙古农民》存在时间不长，只出过为数不多的几期，原因涉及经费、稿源和发行等多方面问题。建党初期，因为政治环境恶劣、经费困难以及宣传人才匮乏等原因，中国共产党创办的报刊大多存在时间不长。"《新青年》季刊应出三期，只出二期；《前锋》月刊应出十期，只出三期；《社会科学讲义》应出五期，只出三期。铁委之《工人周刊》亦未能按期出版。关于工人农民兵士宣传的小册，因同志担任起草者均未送来，故至今未能印出。"[②] 这是受到中国共产党当时办刊条件限制的结果。

《蒙古农民》避免了中国共产党早期宣传中存在的脱离实际的形式主义问题，在 20 年代的中国共产党的刊物中特点鲜明。由于缺乏马克思主义宣传基础，党的早期刊物往往不能将理论活用到实际工作上去，鼓动工作亦多不切实际，不能深入群众，还不免有形式主义机关主义的流弊。[③]

"开口共产主义，闭口阶级斗争，一句反对资本主义，二句主张马克思主义——实在说宣传这些，完全是笑话。他们（农民，笔者注）一天忙衣食，哪里管你这些不相干的事，而且未读过书根本不懂。"[④]

因此，对农民进行反帝反军阀宣传，必须适应农民的心理和文化水平。《蒙古农民》由蒙古族青年学生主办，创办之前曾有深入的社会调查，做到了理论联系实际，抓住了内蒙古地区的社会矛盾，形式通俗浅显，民族特色浓郁，是这一时期党的刊物中较有特点的一份。正因如此，《蒙古农民》成为我国少数民族斗争史上第一个革命刊物、民族地区最重

---

① 葛传根：《中共早期宣传工作研究（1921—1927）》，博士学位论文，中共中央党校，2012 年。

② 中央档案馆编：《中共中央政治报告选辑（1922—1926）》，中共中央党校出版社 1981 年版，第 25 页。

③ 中央档案馆编：《中共中央文件选集》（第 2 册），中共中央党校出版社 1983 年版，第 172 页。

④ 黄琨：《从暴动到乡村割据：1927—1929——中国中共乡村根据地是怎样建立起来的》，上海社会科学出版社 2006 年版，第 41 页。

要的革命刊物。

第三节　十年内战时期内蒙古地区的国民党党报

国民党执掌全国政权后，在内蒙古地区加强舆论控制，很快创办了大批报刊，用以传达政令，巩固统治。十年内战时期，内蒙古地区的报刊数量与民国初期相比有了大幅增长，对社会生活的影响也较前有所提升。

内蒙古地区的省、县级党报是国民党地方党报体系的组成部分，属于国民党西北地区党报的范畴，与东部省份的地方党报相比，兴办时间略晚，版数较少。《绥远民国日报》等省级党报发行量在千份左右，《包头日报》等县级党报只有几百份，比内地省份的党报发行量小得多。

一　国民党党报是这一时期内蒙古报刊的主体

绥远省国民党各级党部和政府机关创办的报刊，是这一时期内蒙古地区报刊的主体，对于宣扬党义、贯彻政府的政令政纲，以及传达绥远省政府的政令政情，都起到了显著作用。① 归绥和包头是这一时期内蒙古地区报刊集中的县市，报刊数量相对较多，通讯社也比较集中。

国民党执政时期，对党报工作较为重视，办报经费较为充足，绝大部分党报的经费是由国民党中央及各级党部负责的。信息来源方面，国民党最高当局发出通令要求"中央及各级党或政府对各级党部除充分供给各项宣传材料外，并应予以搜访消息之特别便利"②。发行方面，命令国民党各党政军机关公费订阅党报，一概包揽，免费赠送。广告来源方面，国民党当局将所有公文、布告送交党报刊载，同时强迫民众将所有关于民、刑诉讼案件的广告必须交党报刊登"方为有效"。内蒙古地区党报的经费来源于地方党部，在采访、发行、广告等方面同样享受到相关特权。大量的资金投入和政策支持，确立了国民党各级党报在报界的领导地位。

内蒙古地区国民党省级党报包括国民党党报中"党报""半党报""准党报"三种类型。国民党中央宣传部规定，各地国民党党报分为"党报"

① 张丽萍：《1927 年至 1937 年的绥远报刊与国民党地方派系》，《新闻春秋》2016 年第5 期。

② 蔡铭泽：《中国国民党党报历史研究》，团结出版社 1998 年版，第 82 页。

"半党报""准党报"3 种。① 由中央及国内外各级党部所主持者为"党报"，由本党党员所主办而受党部津贴者为"半党报"，完全由本党党员所主持者为"准党报"。② 绥远省国民党地方党报中，国民党绥远省党部主持的《绥远民国日报》，属于"党报"范畴；也有国民党绥远党部党员张遐民、金载民以私人名义创办的《朝报》，得到党部津贴，为"半党报"；还有国民党地方派系西北实业促进社的成员焦显守、于存灏主办的《驱潘特刊》（不定期刊物）、《绥远实业周报》、《绥闻晚报》等，属于国民党地方"准党报"。③

《绥远民国日报》是绥远省党部的机关报，以宣传三民主义、灌输效忠党国思想及指导地方党务工作为宗旨，共有广告、国内外新闻、地方要闻、文艺副刊 4 版。④ 经费除售报之收入外，省政府每月补贴 480 元。每日销数省内 570—580 份，各县 540—550 份，省外 100 余份，⑤ 共一千二三百份。与之并称绥远两大报纸的《绥远日报》亦不过如此。⑥ 1935 年 6 月《何梅协定》签订后，绥远省党部撤销，该报于 9 月改为《绥远西北日报》。⑦

《朝报》是国民党绥远省党部"潘赵派"党员张遐民、金载民以私人名义创办的，属于国民党地方"半党报"。该报版面虽小，但以小 5 号字印刷，容量颇大。日销报约 1000 份，计省会占 3/10，各县局占 5/10，省外各地占 2/10。1937 年夏停刊。⑧

《驱潘特刊》等报刊是国民党绥远地方派系西北实业促进社创办的报纸。西北实业促进社是于存灏、焦显守在阎锡山的资助下创办的以发展实业为标榜的机构。

表 1-1　　　　　1927—1937 年国民党绥远省省级党报一览

报纸名称	主办机构	创办时间	创办地点
《绥远党报》	国民党绥远省党部，《绥远民国日报》前身	1928 年	归绥

① 蔡铭泽：《中国国民党党报历史研究》，团结出版社 1998 年版，第 85—86 页。
② 蔡铭泽：《中国国民党党报历史研究》，团结出版社 1998 年版，第 85—86 页。
③ 张丽萍：《1927 年至 1937 年的绥远报刊与国民党地方派系》，《新闻春秋》2016 年第 5 期。
④ 张丽萍：《1927 年至 1937 年的绥远报刊与国民党地方派系》，《新闻春秋》2016 年第 5 期。
⑤ 绥远通志馆纂：《绥远通志稿》（第 6 册），内蒙古人民出版社 2007 年版，第 244 页。
⑥ 《一年来的绥市报界：为本报三周年纪念作》，《绥远日报》1933 年 7 月 21 日。
⑦ 《绥远日报》1933 年 7 月 21 日。
⑧ 绥远通志馆纂：《绥远通志稿》（第 6 册），内蒙古人民出版社 2007 年版，第 246 页。

续表

报纸名称	主办机构	创办时间	创办地点
《绥远民国日报》	国民党绥远省党部	1929 年 9 月	归绥
《朝报》	国民党绥远省党部"潘赵派"党员	1933 年 10 月	归绥
《驱潘特刊》（不定期刊物）	国民党绥远地方派系西北实业促进社成员	1933 年夏	归绥
《绥远实业周报》	国民党绥远地方派系西北实业促进社成员	1935 年 11 月	归绥
《绥闻晚报》	国民党绥远地方派系西北实业促进社成员	1937 年 3 月	归绥
《绥远西北日报》	绥远西北日报社，实为国民党绥远省党部	1935 年 10 月	归绥

除报纸外，国民党绥远省党部还办有《蒙文周报》、《新绥远》（月刊）、《民铎月刊》等几份刊物，但经费投入、重视程度以及影响远不及报纸。《蒙文周报》是由绥远省党部主办的一份"蒙汉合璧"刊物。该刊1933 年 6 月 30 日创刊于归绥，16 开铅印（蒙古文部分石印），社长陈国英、编辑主任张登魁，另有编辑 2 人，翻译、访员各 1 人，编制甚小。①属《绥远民国日报》附设之刊。该刊宣传国民党的五族平等思想，传达蒙古民族与中华民族同族同根，呼吁蒙古民族不要被日俄盅惑，团结内向，振兴文化。《新绥远》（月刊）约创刊于 1931 年，以宣传三民主义和国民党的方针政策为宗旨，亦做过一些抗日宣传。《长城季刊》为国民党党员赵允义等主办，名义上为同人刊物，研究有关政治经济及复兴民族的问题，具有学术刊物的性质。

表 1-2　　　1927—1937 年国民党绥远省党部、党员创办的刊物一览

刊物名称	主办机构	创办时间	创办地点
《蒙文周报》	国民党绥远省党部	1933 年	归绥
《新绥远》（月刊）	国民党绥远省执行委员会	1931 年	归绥
《民铎月刊》	国民党绥远省执行委员会	1932 年	归绥

---

①　《绥远民国日报》1933 年 6 月 19 日第 3 版《本报自下周起创刊蒙文周报》，转引自忒莫勒《民族古籍与蒙古文化》第九期《出版说明》，呼和浩特市民族事务委员会编，2006 年版，第2—3 页。

刊物名称	主办机构	创办时间	创办地点
《长城季刊》	绥远省党部"潘赵派"党员赵允义等	1935 年	归绥

　　归绥、萨拉齐、集宁、丰镇、凉城、和林、武川、临河、五原等县办有县级党部机关报，是绥远地方党报体系的组成部分。这些报纸的创办目的是宣传国民党的党义和主张，教育启发民众，使各项政令深入民间。这些县级党报往往规模较小，多设在当地党部内，没有独立的办报场所。人员规模 2—3 人而已。多为 4 开小报，出版周期以周报为多，多用石印，发行量一般在 500 份以下，且为赠阅。县级党报的经费来源为县政府和县党部的拨款，经常捉襟见肘，入不敷出。1935 年《何梅协定》后由于地方党部的撤销而停刊。

表 1-3　　　　　　　　1927—1937 年国民党绥远省县级党报一览

报纸名称	主办机构	创办时间	创办地点
《归绥通俗日报》	国民党归绥县党部	1933 年 4 月	归绥
《包头日报》	国民党包头县党部联合包头商会、地方士绅	1931 年 12 月	包头
《醒民周刊》	国民党丰镇县党部	1932 年 2 月	丰镇
《党政周报》	国民党凉城县党部	1933 年初	凉城
《和林周报》	国民党和林县党部	1933 年初	和林
《民生周报》	国民党萨拉齐县党部	1929 年 1 月	萨拉齐
《集宁周报》	国民党集宁县党部	1934 年 5 月	集宁
《武川周报》	国民党武川县党部	1935 年 6 月	武川
《河套周报》	国民党五原县党部	1934 年 5 月	五原
《兴和周报》	国民党兴和县党部	1933 年	兴和
《临河公报》	国民党临河县党部	1935 年 3 月	临河

　　绥远省国民党地方报纸的另一个类型是军报，包括《七十三师军报》《第三十五军军报》和《铁血》。军队党报是国民党党报中的一种特殊形态。它不像一般的国民党党报以报道普通新闻为主、以全体民众为读者对

象，而是以政治动员为主、以报道军事新闻为主、以部队官兵为读者对象。①

表 1-4　　　　　　1927—1937 年国民党绥远省地方军报一览

报纸名称	主办机构	创办时间	创办地点
《七十三师军报》	第七十三师军报社，《第三十五军军报》的前身	1932 年 10 月	归绥
《第三十五军军报》	第三十五军军报社	1933 年夏	归绥
《铁血》	绥远国民兵司令部	1936 年 11 月	归绥
《第三十五军月刊》	陆军第三十五军	1931 年	归绥
《实行月刊》	陆军第七十师司令部	1931 年	包头

说明：《第三十五军月刊》和《实行月刊》为刊物而非报纸，为方便读者获得军队报刊的整体印象，汇集在一处。

二　与国民党党报关系密切的新闻通讯社

（一）1927—1937 年绥远地区的主要通讯社

五四时期，国内报刊蓬勃发展，新闻通讯事业也达到了高潮，新闻通讯社的创办者有留日学生、新闻从业者、民众团体以及政党组织等。从 1904 年开始到 20 年代中后期，国内通讯社以民营为主，多为新闻从业者创办，一般规模不大，以油印形式向国内报刊供稿，如邵飘萍的"东京通讯社"和"新闻编译社"以及胡政之的"国闻通讯社"等。这些通讯社一般人手缺少，资金匮乏，设备简陋，大多自生自灭。② 1920 年 7 月，上海共产主义小组创办了中国共产党的第一个通讯社"中俄通讯社"，1924 年 4 月国民党在广州创办了"中央通讯社"，简称"中央社"。政党主办的通讯社也成为我国通讯社组织的一种重要类型。

1927—1937 年，绥远地区出现了多家新闻通讯社，有的是国民党党部或政府直接创办的，有的以私人名义创办，但事实上得到政府部门的资助，与政府部门关系密切。这些通讯社的油印新闻稿成为当地报纸的主要新闻来源。每天，通讯社将刻印好的地方新闻稿分送各报社，供报社免费采用，也送往一些能够给予资金支持的机关，每月收费一二十元，当时叫

---

① 蔡铭泽：《中国国民党党报历史研究》，团结出版社 1998 年版，第 85—86 页。
② 马光仁：《旧上海通讯社的发展》，《新闻研究资料》1992 年第 4 期。

作津贴。

包头通讯社，1929 年 8 月在包头县党部领导筹议下创办，是绥远地区创办最早的通讯社。出刊油印的新闻稿《包头通讯》，1930 年因中原大战爆发、政局动荡而休刊。1931 年春绥远省党务恢复，包头通讯社复活，并于 12 月在《包头通讯》的基础上创办了《包头日报》。

塞北通讯社，创办于 1929 年 11 月，主办者为惠慕侠，共有员工 4 人，社址在省垣西街。通讯社稿件日销百份，除供给本省报纸外，还销往北平、天津、南京、太原等地，一部分为交换赠阅，另外部分每月可收取稿费 10 元，另由省政府每月补助 100 元。社内置有印机一架，承揽印品，其不敷之数，以所得印价弥补。①

图 1-4　《塞北通讯社稿》封面及内页

绥远通讯社，1931 年 4 月由绥远省党部宣传科主办，社址设在省党部。社长陈国英，总编辑为党部宣传科长王锡周，编辑杨令德。绥远通讯社的创办以宣传党务为宗旨，提供的新闻稿不收稿费。每日印稿 100 份，一半提供给省内报社和机关，一半寄往省外交换。经费由国民党省执行委员会拨付，在当时的通讯社中较有实力。②

西北通讯社，1932—1933 年由进步人士贾润之创办，1934 年秋因登载失检消息，被绥远省政府勒令关闭。贾润之参加过绥远的进步团体

---

① 绥远通志馆纂：《绥远通志稿》（第 6 册），内蒙古人民出版社 2007 年版，第 242 页。
② 绥远通志馆纂：《绥远通志稿》（第 6 册），内蒙古人民出版社 2007 年版，第 242 页。

"救亡会"和"动委会",抗战期间在后套被国民党"中统"扣捕。领取财政厅厅长苏体仁的津贴。

归化通讯社,创办于1933年4月,主办人为曾经担任过《绥远日报》记者的山西人王天籁,社址在归绥旧城上栅子。职工7人,日销稿59份,多为赠阅。系为官办,领取南京蒙藏委员会的津贴,专门刺探德王蒙政会的动向。①

绥远新闻社,1934年4月成立,由杨令德、霍世贤、郭灵墅、杨震卿4人以私人名义主办,实际上受到公安局、民政厅、教育厅的资助。共有职工7人,日销稿100份左右。社址在归绥市旧城小南街,后来移至杨家巷。

光华通讯社,1934年9月成立,主办人丁一峰,社址在归绥市旧城大西街。职工5人,日销稿50份,多为赠阅,间有酌收稿费者,唯为数无多。以之为经常开支,殊感困难焉。② 登载世界红十字会、万国道德会等慈善团体的消息,由"河北旅绥同乡会"和"青帮"供给经费。

边闻通讯社,1934年创办,属于绥西屯垦督办公署领导,地址在包头屯垦督办公署内,出刊有《边闻通讯》③,有社长、编辑、记者和缮写等5—6人,每日油印16开本2—3页,约200份,与各大报社、新闻通讯社交换,并赠给山西、绥远各大军政机关和绥西屯垦军所属各机构。④

知行通讯社,属国民党包头县党部领导,以孙中山先生"知易行难"学说起名。1935年创办,社长由《包头日报》社长牛申之兼任,编辑、记者各一人,另有校对、录事等。以包头市地方新闻为主,用油印机印刷,日出16开一张《知行》,供绥远、包头各报采用。与外地各通讯社、报社亦有交换,在1937年日寇侵包前,该社解散。⑤

边疆通讯社,1936年(一说"九一八"以后创办,具体时间不详)由一个叫作"赵尺子"(真名不详)的东北人创办,打着通讯社的幌子,

---

① 刘映元:《抗战前归绥市的报纸和通讯社》,《呼和浩特史料》(第二集),1983年版,第231—256页。
② 绥远通志馆纂:《绥远通志稿》(第6册),内蒙古人民出版社2007年版,第243页。
③ 包头市史志办公室编:《新闻媒体》,《包头市志》,远方出版社2007年版,第395页。
④ 王绥之:《包头早期的几家新闻机构》,《包头文史资料选编》(第九辑),1986年版,第199—200页。
⑤ 王绥之:《包头早期的几家新闻机构》,《包头文史资料选编》(第九辑),1986年版,第199—200页。

给国民党"中统"做情报工作。地址在归绥，具体位置不详。①

在归绥和包头之外，临河、五原、武川等县往往由县党部创办或主持本县的通讯社和县报。

另据忒莫勒考证，蒙政会 1934 年底在百灵庙创办了一家通讯社，名为"蒙闻通讯社"，主办人朱实甫等，出刊 16 开油印的《蒙古新闻》。该刊不仅是一般意义上供有关报刊采择的通讯稿，也是为蒙旗人士服务的新闻报刊，有助于蒙旗及时了解国内外情况。②

1927—1937 年，全国通讯社发展速度惊人，总数达到七百多家。这些通讯社的变化极快，有的存在一两年，有的仅数月即消失；组织规模一般很小，设备简陋，活动大多局限于本地新闻的采访。③ 这一时期，绥远地区新闻通讯事业的情形与全国颇为一致，特点也大致相同。

表 1-5　　　　　　　　　　1927—1937 年绥远省主要通讯社一览

通讯社名称	主办机构或主办者	创办时间	创办地点
塞北通讯社	惠慕侠	1929 年 11 月	归绥
绥远通讯社	绥远省党部宣传科	1931 年 4 月	归绥
西北通讯社	贾润之（一说赵伯廉）	1932—1933 年	归绥
归化通讯社	王天籁	1933 年 4 月	归绥
绥远新闻社	杨令德、霍世贤等	1934 年 4 月	归绥
光华通讯社	丁一峰	1934 年 9 月	归绥
蒙古新闻社	经天禄	1935 年 3 月	归绥
边疆通讯社	"赵尺子"（真名不详）	1936 年	归绥
包头通讯社	国民党包头县党部	约 1931 年	包头
边闻通讯社	绥西屯垦督办公署	1934 年	包头
知行通讯社	国民党包头县党部	1935 年	包头
河套通讯社	国民党五原县党部	约 1934 年	五原
武川通讯社	国民党武川县党部	约 1931 年	武川
西北通讯社	国民党临河县党部	约 1936 年	临河
蒙边通讯社	王天赖	1936 年春	临河

---

① 杨令德：《绥远文化、新闻界见闻》，《塞上忆往》（内蒙古文史资料第 30 辑），1988 年，第 30—49 页。

② 忒莫勒：《民国年间的几种蒙文旧报刊》，《蒙古学信息》2002 年第 3 期，第 29—31 页。

③ 罗婕：《二十世纪上半叶中国通讯事业史论》，硕士学位论文，四川大学，2003 年。

通讯社名称	主办机构或主办者	创办时间	创办地点
蒙闻通讯社	蒙政会，朱实甫	1934 年底	百灵庙

说明：依据《绥远通志稿·卷四十三·文教机关》第六册第 242 页；杨令德《绥远新闻事业之沿革与现状》；《塞上忆往》第 63—68 页；刘映元《抗战前归绥市的报纸和通讯社》，《呼和浩特史料》第二集第 231—252 页；忒莫勒《民国年间的几种蒙文旧报刊》，《蒙古学信息》2002 年第 3 期。

（二）大部分通讯社是国民党党政机关的宣传工具

1927—1937 年绥远地区的通讯社与政府部门关系密切，几乎每家通讯社都有党政机关的背景和后台。国民党绥远地方党部和政府资助扶持通讯社的目的，是宣传党义、营造有利的舆论环境，通过控制报纸的新闻来源，从而控制舆论。

1929 年"塞北通讯社"创办时，经济上受到时任绥远省政府主席李培基的援助，由省政府按月补助 100 元。1931 年创办的"绥远通讯社"，由绥远省党部宣传科主办，社址在省党部内，社长陈国英是国民党绥远省党部委员和宣传部长，也是国民党绥远省党部机关报《绥远民国日报》的社长，总编辑王锡周为党部宣传科长，编辑杨令德也是国民党党员。经费方面，由国民党省执行委员会每月划拨 240 元，[①] 是当时绥远地区经费最充足的一家。另一家通讯社"绥远新闻社"由杨令德、霍世贤、郭灵墅、杨震卿等 4 人主办，后台是绥远公安局局长兼绥远省民政厅厅长袁庆曾，总后台是绥远省政府主席傅作义。"绥远新闻社"创办时，袁庆曾出资 1000 元，教育厅厅长阎伟资助三五百元，还有其他一些部门和政界人士的资助，共筹集资金 2000 元。[②] "归化通讯社"也有官方背景，领取南京蒙藏委员会的津贴每月约 150 元。[③] "西北通讯社"领取财政厅厅长苏体仁的津贴。从上面的分析可以看到，归绥的几家通讯社几乎都有政党或政府背景。包头的 3 家通讯社情况也是如此，"包头通讯社"是在包头县党部领导筹议下创办的；"知行通讯社"也属国民党包头

---

① 绥远通志馆纂：《绥远通志稿》（第 6 册），内蒙古人民出版社 2007 年版，第 242 页。

② 杨令德：《绥远新闻社》，《塞上忆往》（内蒙古文史资料第 30 辑），1988 年版，第 56—62 页。

③ 刘映元：《抗战前归绥市的报纸和通讯社》，《呼和浩特史料》（第二集），1983 年版，第 231—256 页。

党部领导；"边闻通讯社"属于王靖国主持的绥西屯垦督办公署领导。在归绥和包头之外，武川、临河等县也都由县党部创办或主持本县的通讯社。

值得注意的是，这一时期，绥远几家规模和实力相对较强的通讯社，其创办者或主持人往往兼任绥远党政报刊或其他通讯社的职务。"塞北通讯社"的创办者惠慕侠曾在奉军治绥时期主办《绥远日报》；"绥远新闻社"的总编辑杨令德，同时担任省党部机关报《绥远民国日报》编辑，后来又担任绥远教育厅的《社会日报》总编辑以及"绥远通讯社"总编辑。"绥远新闻社"编辑部和《社会日报》编辑部在一起，基本上是一套人马，两个机构，它的油印新闻稿"绥新社讯"是《绥远民国日报》的重要稿件来源之一，《社会日报》甚至全部采用"绥新社讯"。通讯社与党政报刊的密切关系说明了大多数通讯社是党政机关的宣传工具。

通讯社之所以依靠党部或政府机关的津贴，是因为通讯社大都借由报刊产生影响，而这一时期绥远地区报刊多为国民党党部和政府主办。加之本地报刊数量有限，所以通讯社稿件只能免费提供给报刊采用。在这种情况之下，当时绥远地区通讯社刊发的本地新闻，主要以领导人讲话和各部门的工作内容为主，以宣传绥远省党政部门的工作为宗旨。这是党部和政府部门扶持通讯社发展的主要原因。

除了党政部门给予的固定经费，通讯社的创办者还经常利用社会关系，额外从一些机关收取津贴，与这些机关成为一种类似"包养"的关系。一般来说，通讯社的油印新闻稿一部分送到本地报社供其选择采用，一部分寄往外省赠阅交流，还有一部分送到一些"说得上话"的机关，每月收取一二十元的费用作为津贴。通讯社拿了这些机关的津贴，能够保证不发批评性稿件，还有可能为这些机关做宣传。绥远省的一些政要也乐于笼络、资助通讯社来宣传自己，争取政治资本。绥远省公安局局长兼绥远省民政厅厅长袁庆曾是绥远省官职仅次于傅作义的人物，对于杨令德、霍世贤等以私人名义创办的"绥远新闻社"，他除在创办资金上给予帮助外，还经常拉拢请客，并以民政厅秘书的名义，每月给杨令德送干薪60元，又将霍世贤的弟弟安排进民政厅当科员，对"绥远新闻社"的另一位参与者杨震卿也百般照顾。袁庆曾通过这些做法，将"绥远新闻社"笼络在自己手中。之所以如此，是因为国民党内部派系林立，嫡系与地方实力派之间争权夺利，地方报刊和通讯社是不同派系之间甚至是同一派系内部舆论斗争的工具。政治人物要争取政治资本，必须争取报刊和通讯社的支持。

第四节　抗日战争时期内蒙古地区的国共两党报刊

1937 年 7 月 7 日，卢沟桥事变后，抗日战争全面爆发。10 月 2 日日军侵占百灵庙；10 月 14 日，侵占归绥（今呼和浩特市）；10 月 17 日，侵占包头，绥蒙地区几乎全部沦为日本帝国主义的殖民地。[1]

日本占领绥远后，对新闻、通讯及其印刷等文化事业实行专制统制，侵略者创办了大批反动报刊进行殖民宣传和奴化教育，操纵了内蒙古地区的报业。日本占领时期，报刊和通讯社受到严格控制，新闻和言论都被划定了严格范围，各报的重要新闻只能由日伪的官方通讯社提供。[2]

由于经费和物资的限制，国共两党创办的抗战报刊处于受挫状态，规模较小。1938 年 10 月，抗日战争进入相持阶段后，局势稍有安定，国共两党在抗战区陆续创办了一批报刊，集中在陕坝、临河、五原、东胜、归绥等地，其中以陕坝为多。

一　《奋斗日报》等国民党控制区域的报刊

"七七事变"以后，日军占领内蒙古西部绥远省大部分地区，并于 1937 年 10 月 14 日侵入归绥。绥远地区国民党党政报业顿形瓦解，《绥远日报》《绥远西北日报》等绥远地区的报刊几乎全部停刊。与国内其他日本占领区一样，绥远地区的国民党报刊体系受到严重破坏，经济基础牺牲，元气损伤至重。

在内蒙古西部未沦陷区，绥远省军政当局及党团机关为了传播抗日消息、鼓舞斗志、传达政令，创办了一批报刊。这些报刊报道绥蒙抗战动态及沦陷区情况，以军队生活、战况新闻为主要内容。因条件艰苦，大多形式粗糙，油印和石印居多，开本小，版数少，在军政机关和学校免费传阅。这些报刊虽然生存短暂，发行量有限，但提高了绥西地区人民获致最后胜利的信念，对于绥远省军政当局的政策和主张，起到了喉舌作用。

在这些绥远省军政当局主办的报刊中，《奋斗日报》和《民众日报》

---

[1] 《蒙古族简史》编写组：《蒙古族简史》，社会科学文献出版社 2007 年版，第 274 页。

[2] 忒莫勒：《内蒙古旧报刊考录》，远方出版社 2010 年版，第 31 页。

相对而言存在时间较长，影响较大。《奋斗日报》是傅作义的喉舌，在抗战时期，团结聚集了大批进步青年，一些共产党员担任了编辑职务，一定程度上成为具有统一战线性质的报纸。虽然在抗日战争的不同阶段，傅作义对中国共产党的态度有所变化，《奋斗日报》的论调也有过反复，甚至出现过不和谐的声音，但总体而言，《奋斗日报》是一份积极宣传团结抗日的国民党军政报纸，在沟通信息、传达军令方面发挥了重要作用。

（一）国民党在绥西创办的报刊概况

1939 年冬，绥西的陕坝镇成了绥远省的临时省会。在当时物资缺乏、环境艰难的情况下，在陕坝仍然陆续创办了《一条线》、《通俗日报》、《西北通讯》（日刊）、《西北文化》（半月刊）、《扫荡简报》（三日刊）、《绥远团训》、《绥远文讯》（不定期刊物）、《文艺》、《新闻简报》、《奋斗日报》等报刊，虽然大多开本较小，版数较少，形式粗糙，但是对宣传抗战、报告战况起到了重要作用。这些报刊一般油印居多，存在时间较短。

《奋斗日报》的前身是《新闻简报》，1938 年 7 月创办于山西河曲，由傅作义第 35 军刊行。该报初为油印，1939 年 8 月 1 日在绥西陕坝改为铅印。社长先后为杨乐之、景昌之、王华灼、崔载之。以后又发展成为归绥、张家口和陕坝分别出刊又互有联系的报纸。

《民众日报》（蒙汉合璧）创刊于 1939 年 7 月 1 日，国民党绥蒙党务特派员办事处在伊盟创办，日出 4 开一张，每逢重要纪念日则增刊一张或半张，并用红色油墨精印，颇为美观。1940 年 7 月中旬以前为石印，印刷较为清晰，之后改用油印，清晰度较差。该报半面是汉文，半面是蒙古文，报头为叶储伧题写。该报以报道绥蒙抗战动态及沦陷区情况为主，包括国际新闻、国内新闻、本旗新闻及时评，无广告及副刊。

《通俗日报》是绥远省动员委员会机关报，1939 年秋创办于陕坝。石印，4 开 4 版，内容以宣传抗战、指导动员工作动态等为主。《通俗日报》是以抗战以后由外地来到绥远的进步文化人士为班底，由崔载之主持创办的。原来傅作义将军在晋西北的时候，两次从西安招回大中学生 50 余人。这些学生都曾有过在延安"抗大"和"陕公"学习的经历。崔载之就是以这些人为基础，将《通俗日报》办得有声有色，[①] 具有较强的进步倾向。1940 年中统特务张庆恩到绥远主持党务，极力实行白色恐怖，不久，

---

① 刘映元：《傅作义将军的喉舌奋斗日报》，《新闻与传播研究》1981 年第 5 期。

该报被迫停刊。

表1-6　　　　　抗日战争时期国民党在绥西创办的各类报刊一览表

报刊名称	主办机构	创办时间	创办地点
《一条线》	"绥远游击军"政训处	1937年冬	陕坝
《通俗日报》	绥远省动员委员会	1939年秋	陕坝
《西北通讯》（日刊）	傅作义的秘书高云山	1940年	陕坝
《西北文化》（半月刊）	第十二战区副司令长官政治部	1940年	陕坝
《扫荡简报》（三日刊）	第十二战区副司令长官政治部	1942年	陕坝
《绥远文讯》（不定期刊物）	绥远文化运动委员会	1943年7月	陕坝
《文艺》	绥远青年文艺社	1942年5月	陕坝
《绥远青年》（月刊）	三青团绥远支团	1941年	陕坝
《绥远团训》（不定期刊物）	三青团绥远支团	约1942年	陕坝
《绥远教育》	绥远省教育厅月刊处	1941年复刊	陕坝
《新闻简报》	第35军政治工作委员会	1938年春	山西离石
《绥蒙月刊》	绥境蒙旗自治指导长官公署绥蒙服务团	1941年3月	陕西榆林
《奋斗日报》	第35军	1938年7月	山西河曲，后迁至陕坝
《小广播》	临河民众教育馆	1940年	临河
《临河日报》（三日刊）	临河民众教育馆	1938年5月	临河
《民众日报》（蒙汉合璧）	"绥远游击军"政训处	1939年7月	临河
《战潮》（三日刊）	五原民众教育馆	1939年初	五原
《绥远合作通讯》（月刊）	绥远省合作事业管理处	1941年7月	归绥
《绥远青年》（月刊）	三青团绥远支团	1941年6月	归绥
《绥远动员》	绥远省动员委员会	1942年	陕坝
《民众日报》	国民党绥蒙党务特派员办事处	1939年7月	伊盟
《东胜实验简报》（三日刊）	国民党绥远调查统计室	1944年春	东胜

说明：依据忒莫勒《建国前内蒙古旧报刊考录》及内蒙古各盟市旗县志。

（二）抗战时期的《奋斗日报》

《奋斗日报》是抗战时期内蒙古地区最重要的国民党报纸，是傅作义将军主政绥远时期的军政机关报。抗战初期创刊于山西河曲，开始只是

35 军政治部的油印随军小报,以后发展成为拥有陕坝、归绥和张家口 3 个分社的大中型报纸。

《奋斗日报》创刊于 1938 年 7 月 1 日[①],是傅作义退守太原驻防河曲,任北路军总司令以后创刊的,[②] 是 35 军政治部的军报。版面只有 8 开,油光纸一版,以油印印刷,登载的是一些中央社的国内外要闻、傅作义的言论和他指挥下的战地新闻,在傅作义指挥下的军中流传。[③] 报社由 35 军政治部主任及其宣传科长梁建一领导,因傅作义将军提倡艰苦奋斗,故报纸命名为《奋斗日报》。在绥远省政人员流亡榆林并大部集中到河曲后,《奋斗日报》就成了傅作义将军的军政机关报。

抗战初期,傅作义加入了抗日民族统一战线,与中国共产党的关系较为密切,双方往来频繁。傅作义部的青年干部多数接受中共民族解放思想的教育和影响,他的很多部下到陕北"抗大"等革命学校学习,35 军中也有很多共产党人参与政治工作。傅作义还将很多流亡在后方的优秀青年充实到他的干部队伍中去。这些青年思想进步,作风朴素,工作起来意气风发。这一时期的《奋斗日报》只有一台美国收音机和一架日本油印机,虽然版面仍是 8 开油印一版,只有 2 张蜡纸那么大,但内容丰富,生动活泼,包括国民党中央通讯社的新闻、傅作义言论以及 35 军战报报道和短评。[④]《奋斗日报》的传播范围包括 35 军各个连队、晋西北的"晋绥军"、岢岚山区八路军 120 师、绥远沦陷区专员公署、13 个游击县政府和"绥远民众抗日自卫军"。[⑤] 报纸传到晋西北的正规军,也传到大青山的游击区,有时还出现在日伪统治下的厚和市(即归绥)的热闹街头。[⑥]《奋斗日报》在激荡士气、鼓舞民心方面发挥了不可替代的作用。杨乐之在《奋斗日报》工作 3 个月后奔赴延安。

1939 年春天,傅作义任 8 战区副司令长官兼绥远省政府主席,回到绥西主持绥远的军政事务。《奋斗日报》也随军到了五原。由于条件限

① 参见《内蒙古大事记》相关年度资料,内蒙古人民出版社 1997 年版。

② 韩云琴:《我所知道的奋斗日报》,《呼和浩特史料》第 3 集,中共呼和浩特市委党史资料征集办公室、呼和浩特市地方志编修办公室编写,1983 年,第 239—251 页。

③ 韩云琴:《我所知道的奋斗日报》,《呼和浩特史料》第 3 集,第 239—251 页。

④ 刘映元:《傅作义将军的喉舌奋斗日报》,《新闻与传播研究》1981 年第 5 期。

⑤ 刘映元:《傅作义将军的喉舌奋斗日报》,《新闻与传播研究》1981 年第 5 期。

⑥ 韩云琴:《我所知道的奋斗日报》,中共呼和浩特市委党史资料征集办公室、呼和浩特市地方志编修办公室编写:《呼和浩特史料》第 3 集,1983 年,第 239—251 页。

制，《奋斗日报》油印 8 开，只能在部队中流传，在社会上没有多大影响。[①] 1939 年 7 月，《奋斗日报》从西安购回机器，8 月 1 日第一张铅印报（16 开）问世，11 月又改为 8 开。从此该报逐渐超出军队内部，成为绥远军政机关报。[②]

傅作义部进驻到河套陕坝地区后，《奋斗日报》改为大 8 开，每天 2 版。这一时期，《奋斗日报》编辑人员中有多名共产党员。为了保护仅有的印刷机不被日机炸毁，报社设在离城约 5 华里的元昌义圪旦。1940—1941 年期间，《奋斗日报》在景昌之等坚持下，保持了抗日救亡和团结进步宣传主调。副刊《国际一周》梳理一周国际新闻，能够从变化莫测的国际风云里看出光明的前景，坚定了人们的信心。副刊《驼铃》发表了不少富有边塞风情和反映民族团结的短篇小说和新诗，很能吸引读者。

1941 年"皖南事变"后，蒋介石对傅作义加紧了控制，陕坝的共产党员都被从重庆前来的国民党中央委员逼走，景昌之也离开了《奋斗日报》。1942 年反共高潮过去后，《奋斗日报》以《大公报》为学习对象，改 4 开 4 版报纸为 4 开 2 版，并把报纸竖起来排版，给人以大报之感。改版后的《奋斗日报》头版为中央社电讯、绥西要闻和社论，第 2 版为长篇通讯、社会剪影和副刊。

《奋斗日报》是《绥远日报》的继续，是傅作义将军的喉舌。抗战时期，《奋斗日报》的政治态度虽然有过反复，在反共高潮中曾经发表过反动言论，但总体而言，进步倾向较为明显，积极宣传团结抗日，在沟通信息、传达军令方面发挥了重要作用。在抗战时期，《奋斗日报》团结聚集了大批进步青年，一些共产党员担任了编辑职务，一定程度上成为具有统一战线性质的报纸，主张团结进步和抗日救亡是其宣传的主体色调。

二　《绥蒙抗战》等共产党报刊

抗日战争时期，中国共产党在组织武装斗争的同时，十分重视新闻宣传工作。1937 年 1 月，红色中华通讯社更名为新华通讯社，并在各抗日民主根据地相继成立了晋察冀、晋绥、山东、华北、华中等分社。1940 年 12 月延安新华广播电台建立，开始了人民广播的历史。在几个主要的

[①]　韩云琴：《我所知道的奋斗日报》，中共呼和浩特市委党史资料征集办公室、呼和浩特市地方志编修办公室编写，《呼和浩特史料》第 3 集，1983 年，第 239—251 页。

[②]　忒莫勒：《建国前内蒙古地方报刊考录》，内蒙古自治区图书馆编，1987 年，第 137 页。

革命根据地,《晋察冀日报》《新华日报》《解放日报》等党报相继出版,中共中央的新闻宣传系统全面建成。[①]

抗日战争爆发后,中共中央发出《关于蒙古工作的指示信》,将蒙汉民族联合抗日作为当时绥蒙工作的最高原则。[②] 为了结成广泛的抗日民族统一战线,中国共产党在组织武装斗争的同时,创办了一系列油印报刊,宣传群众,争取舆论,揭穿日寇欺骗蒙古民族、扶植伪蒙疆政权的阴谋,号召蒙汉各阶层共同抗日。当时条件艰苦,办报设备简陋,《绥蒙抗战》《绥蒙周刊》《伊盟报》等报纸为油印,《绥蒙抗战》被称作"马背报社"。

(一)《绥蒙抗战》

从 1938 年初开始,毛主席提出在内蒙古北部地区开展抗日游击战争问题。1938 年 8 月八路军挺进大青山,创建了军民一体的大青山抗日游击根据地,坚持进行了艰苦卓绝的 8 年抗战。[③] 根据地初创期,这里盘踞着众多的日寇、伪军;此外还有国民党自卫军及形形色色的地方团队。在这种形势下,大青山抗日游击部队除了和敌人正面作战外,还必须从舆论方面与之展开针锋相对的斗争,进而达到宣传群众,教育群众,发动一切力量进行抗战的目的。

《绥蒙抗战》就是在这样的形势下创办的。《绥蒙抗战》当时被称作"马背报社",全部设备就是一架油印机、一块钢板和一支铁笔,条件十分简陋,所出油印小报单面印刷,不定期。[④] 整个"报社"的工作人员只有 3 名,一名编辑稿件,一名刻版印刷,一名发行报纸。由于战事频繁,物资和技术缺乏,报纸的发行工作困难重重。中华人民共和国成立后,《绥蒙抗战》报人周沛然曾说,"当年,我们的报社没有固定的地点。经常在马背上写稿。至于出报,有时在潮湿的山洞里,有时在堡垒户的油灯下,有时,部队在前边跟敌人接上了火,我们在后面的炮弹坑里开机印

---

① 李鹏:《晋绥日报宣传方式及宣传特色研究》,硕士学位论文,内蒙古大学,2010 年。

② 李鸿:《抗日战争时期中国共产党开展的蒙古民族工作》,《大连民族大学学报》2007 年第 4 期。

③ 郝维民:《内蒙古在抗日战争中的战略地位及其特殊作用——纪念抗日战争胜利 65 周年》,《内蒙古日报》2010 年 9 月 3 日。

④ 谢永林:《绥蒙抗战报》,《土默特史料》第 3 集,土默特左旗土默特志编纂委员会,1982 年版,第 282 页。

刷，等到战斗结束，胜利的捷报就很快飞到大青山和土默川军民的手中"①。报纸的稿源来之不易，有时是报社的同志冒着生命危险去搜集和采访的。报纸的内容主要有三个方面：第一，登载司令部电台收录的党中央和新华社的电文精神，这是整个报纸的主体和灵魂；第二，摘编日伪报纸（如伪《蒙疆日报》发表的有关材料，以便我军指挥人员从这些反面材料中分析敌方动态；第三，战地采访，宣传和报道大青山军民杀敌抗日、拥军支前的英勇事迹。② 内蒙古博物院收藏有《绥蒙抗战》报第 4期，内容是报道八路军在冀察晋、大青山、晋西北等地抗日的胜利消息，刊头有"今年打败希特勒，明年打败小日本"字样。1940 年 6 月 10 日出版的《绥蒙抗战》画报，以图文形式反映了很多日本民众和军人的厌战情绪，揭示出日本发动的侵华战争在给中国带来灾难的同时，日本人民也深受其害，起到了瓦解日方军心的作用。③

由于《绥蒙抗战》报所起的作用至关重要，大青山的党政军民都十分重视和爱护自己的报纸。对于日寇和伪军来说，这样一份小小的报纸却使他们害怕，想尽办法来破坏它的出版和发行，导致报纸时断时续。

（二）《绥蒙周刊》等其他报刊

《绥蒙周刊》1938 年 6 月底或 7 月初由中共绥蒙工作委员会创办于伊盟，油印，8 开 2 版。编辑章叶频、狄敏达。该刊的创办是为了让根据地的同志们及时了解国内外大事及国统区、敌占区的情况，内容以刊载国内外新闻（由电台抄录）、反映绥蒙与后套地区的抗日救亡运动和报道沦陷区人民的苦难为主。④

1938 年冬，在中共绥蒙工委和八路军警备骑兵 1 团的指导下，伊克昭盟战地动委会成立，编印了《绥蒙抗战报》。

蒙汉文版《伊盟报》创刊于 1944 年冬，初名《蒙古报》，油印，4开，不定期。由中共三边地委在定边创办，专门对伊盟蒙古民众进行革命

---

① 谢永林：《绥蒙抗战报》《土默特史料》第 3 集，土默特左旗土默特志编纂委员会，1982年版，第 282 页。

② 谢永林：《绥蒙抗战报》《土默特史料》第 3 集，土默特左旗土默特志编纂委员会，1982年版，第 282 页。

③ 云小青：《战火中的旗帜——内蒙古博物馆馆藏报刊介绍》，《草原文物》2004 年第2 期。

④ 章叶频：《塞北文苑萍踪》，中国人民政治协商会议呼和浩特委员会文史资料委员会编，1985 年版，第 194—195 页。

宣传，内容主要是中央各项方针政策，以及地方要闻和中共伊盟战况。①
1949 年改为《伊克昭盟报》。1950 年 4 月并入《绥远日报》。

1940 年，中国共产党创办了晋绥边区党委机关报《绥蒙团结》，报头
是由毛泽东亲自题写的。《绥蒙团结》的发行，向敌占区和抗日游击根据
地的广大人民群众直接宣传了党的方针、政策和八路军在各条战线上的胜
利消息。尽管由于后来敌人的疯狂"扫荡"，《绥蒙团结》只办了几期就
被迫停刊，但是，它对于宣传共产党的抗日主张，扩大党的影响，团结一
切力量投入抗日起到了一定的作用。

第五节　解放战争时期内蒙古地区的国共两党报刊

抗日战争胜利后，内蒙古地区成为国共双方激烈争夺的战略要地。中
国共产党控制了内蒙古东部的呼伦贝尔盟、兴安盟、锡林郭勒盟、察哈尔
盟等的全部地域，以及昭乌达盟和哲里木盟的一部分地区、伊克昭盟南部
广大地区。国民党军队控制了内蒙古西部广大地区，占领了绥东、绥南大
部分城镇。1946 年 6 月，内战全面爆发，内蒙古地区也逐渐处于战火之
中。随着内战危机的逐步加深，国共两党在内蒙古地区的斗争也日趋激
烈。除军事斗争之外，国共双方还利用报刊进行政治宣传，为自己争取有
利的舆论环境。在这场军事力量和舆论向背的较量中，中国共产党顺应历
史发展趋势，积极利用报刊宣传民族自治和民族解放运动，制定合理的民
族政策，争取蒙古民族的支持，在唤醒民众、宣传中国共产党的革命理论
和民族政策方面起到了巨大作用。内蒙古地区的国民党报刊在抗战胜利后
也恢复起来，集中在内蒙古西部地区，与战前相比，数量和规模有所减
少；与人民报刊相比，影响力大为减弱。

一　内蒙古地区共产党报刊概况

解放战争时期，中国共产党控制了内蒙古东部大部分地区，并在这些
地区陆续创办了《内蒙古周报》《群众报》《内蒙自治报》《内蒙古日报》
《群众日报》等一批革命报刊。这些报刊遵照党的指示与决议，出色地完
成了内蒙古民族自治运动以及战争战况、土地改革、生产运动的宣传报

---

① 忒莫勒：《建国前内蒙古地方报刊考录》，内蒙古自治区图书馆编，1987 年，第 164 页。

道，配合了党在民族地区的中心工作，推动了内蒙古解放运动的开展。这一时期内蒙古地区创办的革命报刊是解放战争时期中国共产党全国党报体系的组成部分。

张家口是中国共产党开展内蒙古自治运动的基地，是解放战争时期第一份革命报刊《内蒙古周报》的出版地。1946 年 3 月 15 日，内蒙古自治运动联合会机关报《内蒙古周报》在张家口创刊，以揭露蒋介石的反动实质、宣传中国共产党的民族政策为宗旨。该刊由蒙、汉两种文字合璧成册，发行范围不大，印数较少，限于当时局势和交通条件，主要在张家口、锡察地区及地方部队中发行，故影响不大。1946 年秋因国民党进攻造成的紧迫形势而停刊，后随军撤至乌兰浩特与《群众报》合并。

乌兰浩特是张家口之后内蒙古自治运动的政治中心，也是内蒙古地区的中国共产党报刊出版中心。《群众报》《内蒙自治报》《内蒙古日报》等报刊在乌兰浩特相继创办，民族地区第一份省级党报就此诞生。《群众报》创办于 1946 年 7 月 1 日，是内蒙古自治运动联合会东蒙总分会的机关报。该报用蒙汉两种文字出版，报道内容多为解放战争的新闻和内蒙古自治运动的动态消息。1947 年 1 月 1 日，《群众报》改名为《内蒙自治报》①，9 月 1 日改由中共内蒙古工作委员会直接领导，成为政府和党的机关报，出版蒙汉两种版本，汉文版每日出报，蒙古文版隔天出报。1948年 1 月 1 日中共内蒙古自治区委员会机关报《内蒙古日报》创刊，系由《内蒙自治报》改名而来，是中国共产党在少数民族地区最早创办的省级党报。该报铅印对开 4 版，用蒙、汉两种文字出版发行。伴随着人民解放军解放全国的步伐，《内蒙古日报》以突出的版面和翔实的内容，向刚刚实现民族区域自治的内蒙古各族人民吹响了夺取解放战争胜利的进军号角。

除乌兰浩特外，创办于昭乌达盟的革命报刊数量也不少。昭乌达盟政府所在地赤峰 1947 年 6 月解放，曾出版报刊 19 种，其中影响较大的是《民声报》《冀热辽日报》《群众日报》《大众报》《牧农报》等。在战火纷飞、交通阻隔的年代，这些报纸发行冀察热辽全边区，兼及友邻地区，及时传递了党的声音和广大读者应知欲知的信息，鼓舞了军民斗志。

创办于呼伦贝尔盟、哲里木盟的革命报刊也不少。《自由》《内蒙古》

① 常斗：《群众报始末》，《草原春秋》（下卷），内蒙古人民出版社 1997 年版，第 649 页。

《兴安报》《呼伦贝尔报》《通报》等报刊创办于呼伦贝尔盟，多为蒙古文油印形式；《前进》《先锋通讯》《战士报》《人民报》等报刊创办于哲里木盟，大多刊期不定。这些报刊探索民族自治道路，寻求民族解放，大多出版时间较短，发行量不大。

创办于绥蒙、锡察地区的革命报刊《绥蒙日报》《今日新闻》报道工作成绩，交流工作经验，对于宣传民族政策和土地改革都起到了积极作用。1946 年 7 月 1 日，《绥蒙日报》在集宁创刊，为中共绥蒙区委员会机关报，负责人甘惜分、武践实等。锡察解放区 1947 年春创办有《今日新闻》，是中国共产党在锡林郭勒盟创办的第一张报纸。

除上述报刊外，中国共产党还在内蒙古创办了一些军报，主要有《挺进报》《铁骑》和《草原铁骑》等。

解放战争时期，内蒙古地区的革命报刊报道民族自治运动，宣传中国共产党的民族政策，配合了党的中心工作，促进了内蒙古解放运动的开展。1946 年"四·三"会议后，报刊宣传逐渐实现了在中国共产党的领导下进行。1947 年 5 月内蒙古自治政府成立后陆续创办的革命报刊，宣传中国共产党的民族政策，报道解放战争进程，配合了内蒙古地区民族解放运动的开展。

二　内蒙古地区共产党报刊的特点

与国内其他地区的报刊相比，解放战争时期内蒙古地区中国共产党创办的革命报刊具有以下特点：

1. 由于内蒙古地区解放战争进程与内蒙古自治运动结合在一起，报刊的创办及宣传内容与内蒙古自治运动密切相关。1946 年"四·三"会议召开后，内蒙古自治运动统一在中国共产党领导下进行，1947 年 5 月 1 日内蒙古自治政府的成立更是中国共产党民族区域自治政策的胜利。这期间由内蒙古自治运动联合会、内蒙古自治政府、中共内蒙古工作委员会以及内蒙古各解放区党委创办的报刊，是在党的直接领导下，配合党的中心工作，宣传党的民族政策和土地改革运动，报道解放战争进程，发动群众，鼓舞斗志，革命性更强，可以称为革命报刊。

2. 由于内蒙古地区的解放战争进程与全国解放进程并不完全一致，报刊规模没有出现发展、收缩、再发展的阶段性。由于内蒙古东部地区的解放进程更为迅速，进步报刊和革命报刊集中在内蒙古东部地区。1947

年 5 月 1 日内蒙古自治政府成立，1947 年下半年，内蒙古解放区得到了
空前的巩固与发展，除察哈尔盟南部地区仍为国民党军队占据，锡林郭勒
盟匪患尚未根除外，大规模军事斗争已基本结束。内蒙古西部地区属国民
党统治，国民党报刊主要集中于归绥和包头。在全国解放进程的整体格局
下，1949 年 9 月，内蒙古地区全部获得解放，归绥和包头才恢复了革命
报刊的出版工作。总体而言，解放战争时期，内蒙古地区的报刊规模没有
出现发展、收缩、再发展的明显阶段性。

3. 解放战争时期内蒙古地区革命报刊的内容与全国革命报刊一样，
初期主要通过大量消息和评论，揭露蒋介石集团的内战阴谋，报道国内外
形势和战况，鼓舞军民斗争意志；中后期配合土地改革和建政、肃反、清
毒、发展生产等中心工作，交流生产经验，指导基层工作。不同的是，关
于内蒙古自治运动的报道和党的民族政策的宣传等内容占有较大比重。

4. 解放战争时期，内蒙古人民革命党和中国共产党都创办了一些民
族文字报刊。"这些报刊或为蒙文形式，或为蒙汉合璧形式，向蒙古族干
部、群众报道国内外形势和解放战争进程，宣传内蒙古自治运动和民族自
治政策，对促进民族团结、调动和鼓舞广大蒙汉族群众的革命和生产积极
性，起到了一定的推动作用。"①

5. 解放战争时期中国共产党就如何办好《群众报》《内蒙古周报》
《内蒙古日报》《绥蒙日报》等曾专门做出决定，在办报方针、读者对象
以及通讯员组织、少数民族文字报纸等问题上做出了具体规定，在民族地
区实行全党办报路线，使报纸符合民族特点和地区特点。

6. 解放战争时期内蒙古地区印刷条件艰苦，革命报刊多为 8 开和 16
开形式，以油印的居多。报刊版数一般较少，多为 2 版或 4 版。

7. 由于商品经济落后，战事频仍，解放战争时期内蒙古地区的报刊
都具有较强的政治性，无私营报刊存在。这一时期的内蒙古革命报刊和进
步报刊基本不刊登广告。

三　内蒙古地区国民党报刊概况

抗战胜利后，国民党中央宣传部拟订的《管理收复区报纸通讯社杂
志电影广播事业暂行办法》规定：各级各类国民党党营新闻事业"应在

---

① 张丽萍：《试论近现代内蒙古报刊的"蒙汉合璧"编刊形式》，《中国出版》2012 年第
4 期。

原地迅即恢复出版"，也可以获得"政府特许"迁地出版或重新创设。[①]
这样，就为各级各类国民党党报的恢复或创办提供了十分便捷的条件。以
接收的收复区敌伪报业和民间报业为基础，在国民党各级党政军机关的大
力扶植下，国民党各级各类党报很快恢复起来，并有了空前的扩展。国民
党党报体系还进行了经营管理体制和宣传策略的变革。

　　与国民党全国党报体系的扩张局面形成对比，内蒙古西部地区没有出
现国民党报刊快速发展的情形；相反，与战前相比，报刊规模有所收缩，
影响力也在减弱。抗战胜利后，停刊多年的《绥闻晚报》和《绥远民国
日报》于1946年先后复刊，《奋斗日报》也出版了归绥版和张家口版。
《民众日报》等报纸迁来包头出版，《包头日报》1946年8月复刊。

　　新创办的报刊主要有《绥蒙新闻日报》、《绥远民报》（日刊）、《奋
斗日报蒙文版》（蒙汉对照三日刊）、《阿旗简报》（汉蒙合璧）、《新蒙半
月刊》（蒙汉对照）、《蒙古青年》、《河套通讯》、《蒙声》（半月刊）、
《西北之声》等。

四　内蒙古地区国民党报刊的特点

　　解放战争时期，傅作义部东进后，国民党报刊中心也随之转移，归绥
和包头重新成为国民党报刊的中心。归绥出版的国民党报刊达22种，占
这一时期内蒙古地区国民党报刊总数的67%；包头出版报刊6种，占报刊
总数的18%。只有《奋斗日报》和《阿旗简报》在陕坝继续出版。

　　内蒙古西部地区的国民党报刊与其他地区的国民党报刊一样，内战爆
发后大量刊载反共言论，使用造谣、污蔑等手段，对中国共产党的土地改
革政策进行攻击。这些报刊往往称人民解放军为"共匪"，攻击解放区的
土地改革运动，对傅作义"剿匪"的战功加以颂扬。以《新蒙半月刊》
为例，其第四卷第一期刊登一篇名为《共匪底新花样》的文章，以"共
匪的新刑法""匪区的人民""共匪的土地改革""共匪的参军运动""共
匪的种售鸦片"为小标题进行造谣，称共产党在解放区使用"剖心法"
"分尸法""拔毛针法""拖洋车法"等刑法，手段残忍令人发指。文章
对"剖心法"的解释是："迫令被害人，当众坦白自认罪状后，褫其周身
衣服，反缚双手于'公审台'前，用利刀割开胸膛，剖出心脏，惨叫哀

---

① 蔡铭泽：《中国国民党党报历史研究》，团结出版社1998年版，第263页。

嚓，终于血流满地而死。"对"分尸法"的解释是："先是预备壮牛五头，将被害人之头项四肢，各用粗绳系于五牛角上，由共匪五人各鞭一牛，分向五方而驰，被害者因之身首异处，四肢脱裂而死，这谓之五牛分尸法。"造谣说辞十分荒唐。文章还攻击解放区的土地改革运动和参军运动，污蔑共产党种售鸦片。这些造谣显然是国民党蛊惑人心的无稽之谈，手段极为拙劣。国民党报刊的内容除报道战况外，还有国内新闻、国际新闻、地方新闻以及本地市场物价表、广告、启事等。这些内容主要以宣传国民党的政令和意志为目的，一定程度上也起到了沟通信息的作用，是抗战前内蒙古地区国民党报刊的延续和发展。

国民党报刊大多采用汉语为报刊语言，少数刊物采用了蒙汉合璧形式，如《新蒙半月刊》、《蒙声》（半月刊）、《蒙古青年》、《阿旗简报》、《奋斗日报蒙文版》等。这些报刊的蒙古文部分或油印或石印，内容多直接译自汉语，对于促进蒙古族文化，加强蒙汉联系起到了促进作用。

内蒙古西部国统区还有以个人名义创办的民营报纸，如《绥蒙新闻日报》《民众画报》《绥远民报》《新生报》等。由于内蒙古地区的商品经济不够发达，商业报刊发展的环境不够成熟，再加上解放战争后期内蒙古地区局势动荡，斗争复杂，这些报纸经营状况不佳，存在时间较短。

第二章

《绥远民国日报》研究

第一节 《绥远民国日报》的创办及发展

国民党统一全国后，建成了以《中央日报》、中央通讯社和中央广播电台为主干，从中央到地方的党营新闻事业网。为了有效领导党报事业，加强对党报和舆论的控制，国民党中央于 1928 年 6 月起陆续制订了《设置党报条例》《指导党报条例》和《补助党报条例》，规定中央及各级宣传部设置的日报杂志均属党报范畴，受到党部津贴资助，国民党党员主办的日报杂志也可享受酌量津贴补助。除中央党报外，地方党报也是党报体系的重要组成部分。地方党报可分为两类，一类是国民党中央宣传部直接管辖区域的重要报纸，另一类是国民党地方党部主办的普通党报。① 这三个条例成为南京国民政府长期领导党报事业和宣传工作的纲领性文件。

一 《绥远民国日报》的创办

《绥远民国日报》属于地方党报中的后一种类型，是国民党绥远省党部机关报，由国民党绥远省党部主持，是国民党党报系统中的组成部分。《绥远民国日报》创刊于 1929 年 10 月，登记证为中字 153 号、警字 177 号，② 社址在归绥（今呼和浩特市）文庙街。报名由于右任题写。

该报的办报渊源可追溯至 1926 年的《绥远日报》，由绥远晋绥军都统商震创办。1928 年《绥远日报》改由国民党绥远党务整理委员会（省党部的前身）主持，改名《绥远党报》，主编先后为杨令德、李记今，性质是国民党绥远省党报。

---

① 向芬：《国民党新闻传播制度研究》，中国社会科学出版社 2012 年版，第 52—53 页。
② 忒莫勒：《内蒙古旧报刊考录：1905—1949.9》，远方出版社 2010 年版，第 49 页。

《绥远党报》为4开4版报纸，办报人员很少，编辑部只有总编辑杨令德、编辑马映光、排字房工长张玉堂，整个报社加上排字工人也只有三四人。《绥远党报》的内容以中外要闻、地方新闻和副刊为主，偶有社论和短评。限于采访力量，中外要闻的来源是中央通讯社以及平津大报，旧闻较多，时效性不能保证。地方新闻版以归绥新闻为主，外县报道数量不多。地方新闻是国民党绥远省党部发布的消息，主要为讲演稿和党务消息等。因为那时绥远省政府还没有自己的机关报，因此也在《绥远党报》刊登政令。除此之外也刊登一些社会新闻。该报当时登过一篇题为《把戴鱼儿的头挂出来》的消息，不久土匪戴鱼儿即被枪决，可见该报在当时已经能够在一定程度上引领舆论，对党部和社会都有一定影响。

1929年9月，全国各地党报统一名称，《绥远党报》遂改名为《绥远民国日报》，并由4开改为对开，铅印，仍为4版。1930年国民党内部发生党争，中原大战爆发，绥远省党部发生变故，《绥远民国日报》停刊。1931年4月复刊，一版为国内新闻，二版为本地新闻，三版为副刊，四版为宣传内容和广告。1931年12月26日以后，版序进行了调整，一版全部改为广告，二版为国内新闻，三版为本地新闻，四版为副刊，以后逐渐固定下来。

二 《绥远民国日报》的发展

《绥远民国日报》是国民党地方党报体系的组成分子，与国内其他地区的党报一样，报道党政要闻，服务政府工作，以传达政令为己任，督促劝导民众加强绥远建设，希望通过报刊"齐一朝野之步伐"。1932年1月1日《绥远民国日报》出版了新年增刊，刊登了很多官员题词，反映了《绥远民国日报》的功能定位，如"遒人木铎，唤醒睡狮。不胫而走，壮哉言辞""绥远民国日报社，党国先锋""唤醒迷梦，贵报在绥。登高一呼，遐迩响应……"

《绥远民国日报》的价格为"本市，每月六角，半年三元五角，全年六元八角；各省区，每月七角五分，半年四元三角，全年八元五角；附注：均以大洋计算，报费先收，邮票订报概作九扣。"① 发行量方面，"每

---

① 《绥远民国日报》1931年12月26日第一版。

日省垣销报五百七八十份，各县五百四五十份，省外各埠一百余份"，①
共计发行一千二三百份。

1935 年 10 月，由于中日《何梅协定》的签署，国民党绥远省党部被
迫撤销，《绥远民国日报》被迫停刊，后以《绥远西北日报》之名出版至
绥远沦陷前停刊。

第二节　《绥远民国日报》的内容及形式

一　《绥远民国日报》的正刊

《绥远民国日报》刊载的新闻中，以抗日和剿匪内容为多。1931 年
"九一八"事变爆发后，抗战宣传一直是《绥远民国日报》的重头戏，抗
战新闻和社论、短评数量较大。傅作义将军执政绥远省之前，绥远地区土
匪横行，匪患不断，备受匪患猖獗之荼毒，社会治安较为动荡，人民不仅
饱受战乱和灾荒之苦，还长期遭受土匪的蹂躏。傅作义上任之后，全力剿
匪，把剿匪清乡列为"除弊"工作之首，社会治安渐趋良好，有效地遏
制了匪患，至 20 世纪 30 年代中期，危害绥远多年的匪患基本得以肃清。
这一时期剿匪是政府工作的重要方面，因此社会治安问题成为《绥远民
国日报》的报道重点。除抗战和剿匪内容之外，经济、社会、文化、教
育等各类内容均有涉及，覆盖面较广。

《绥远民国日报》的新闻来源以"中央社"为主，很多消息来源于中
央社的地方分社，涉及的地区有南京、重庆、天津、上海等城市。"有某
批评家言，若各通信社同日停止送稿，则各报虽不交白卷，至少必须缩成
一版。此非近于滑稽之言，试观各报新闻，十分之七八雷同，编制亦无大
异，阅过一报，则他报即一无可阅，事实诚如此也。"② 可见，国民党地
方党报的国内新闻大多以中央社的消息为主，《绥远民国日报》也不例
外，国内新闻部分几乎是中央社电讯稿的简单汇编。

本省新闻大部分来源于省内的几家通讯社，尤以"绥远通讯社"和
"塞北通讯社"为主。1927—1937 年，绥远地区出现了多家新闻通讯社，

① 绥远通志馆纂：《绥远通志稿（第六册，卷四十三·文教机关）》，内蒙古人民出版社
2007 年版，第 244 页。
② 戈公振：《中国报学史》，上海书店出版社 2013 年版，第 192 页。

有的是国民党党部或政府直接创办的，有的以私人名义创办，但事实上得到政府部门的资助，与政府部门关系密切。这些通讯社的油印新闻稿成为当地报纸的主要新闻来源。每天，通讯社将刻印好的地方新闻稿分送各报社，供报社免费采用，也送往一些能够给予资金支持的机关，每月收费一二十元，当时叫作津贴。

《绥远民国日报》的新闻稿件中一般性的消息报道所占比例最大，几乎没有通讯文体。要闻简报是《绥远民国日报》在1934年使用的报道形式，将不甚重要的新闻集中在一起，使用极其简短的语言概括新闻要点，言简意赅，每则新闻30—60字不等，面积很小的一块版面可以刊载少则五六条多则八九条新闻。这种简讯报道方式，既节省编排空间，又节省阅读时间。

除了消息，《绥远民国日报》还刊载天气情况，视作一种特殊的实用类消息。如1934年1月30日第二版《今晚月蚀 下月十四日蚀》预告了月食这一天文现象的时间；1933年9月13日第二版刊载《本市六月份 气象概况》等，详细介绍该月的天气状况，形成了系统的天气数据，具有记录价值：

> 气压——月平均为六六八点五公厘，气温——月平均为二十点三度，最高为二六点六度（三十日）最低为一二点五度（一一日）以摄氏计，雨量——总数为二七点九四公厘，降一十次，不足计者五次（在二九、一三、一四、二八等日），云量——月平均为五点二，风向——本月最多为东南西风，二十次，次多数为南东风，共四次，风力——每秒达十点八至一三点八米，温度——月平均为五三，多为八九。附注：上列各数除雨量外，每日上午六时、下午二时观测两次，本月共六十次，气压气温尚未实行订正，云量计算以〇为无云，+为满云。

新闻报道的方式方面，《绥远民国日报》有关政府部门和政界要人的报道，标题一般采用主谓宾陈述句式。如《财政厅长李居义昨日招待新闻界》（1935年1月4日第2版）、《财政会议明日开幕（主题）萨县财务局长提案统一地方财政（副题）》（1933年1月1日第3版）、《班禅代表沈焕章昨离绥南下晋京（主题）接洽大师返藏问题 班已赴额托克宣化（副题）》（1935 年 1 月 4 日第 2 版）等。

新闻版面的安排方面，《绥远民国日报》版面较为规整，编辑手段也较为多样，同题集中、专栏、集纳等运用较多。戈公振先生说："或者谓中国人读报，尝能自首至尾，一字不遗；但此中人并非真正注意时事之人，否则必无此余暇也。"为了区分新闻的重要程度，因此要在标题上下功夫，再以图画相辅助，此后报社频繁效仿，渐渐各个报社在标题和图画上水平相差无几，而"今后之竞争，将在编制之艺术方面也"①。《绥远民国日报》在版面编排方面，已经部分地采用新闻照片、新闻漫画等形式，也特意使用线条、花纹等进行编排整合。

二 《绥远民国日报》的副刊

副刊是报纸上用文学体裁反映社会、文艺色彩较为浓厚、能给读者提供美的享受的固定版面，定期出版，一般有刊名。《绥远民国日报》的副刊版面集纳了内蒙古地区的作家和作品，反映了内蒙古地区的文艺状况。有些共产党员和进步青年发表了不少好诗、杂文和翻译小品，② 皆文辞斐茂，感情真挚。

《绥远民国日报》的副刊中发行时间较长、影响较广的有《塞风》《十字街头》《学林》等，其间间或发行新年特刊或其他主题的副刊。

（一）《塞风》等副刊

《塞风》《十字街头》《学林》等副刊以宣传抗日为宗旨，从头至尾贯穿着激情和力量，以文学作品来宣传抗日、鼓动民心。

与国内其他地区一样，绥远思想文化界也以报刊为主要阵地进行抗日救亡宣传。创办于 1925 年的《西北民报》创办了文艺副刊《火坑》，刊登了很多受"五四"新文化运动影响的文学作品，主张新文学，倡导新生活。1932 年 4 月《火坑》停刊后，"火坑社"在《绥远民国日报》副刊又开辟了文艺周刊《塞风》，继续《火坑》的主旨，直至 1933 年 4 月改名《十字街头》，共出 52 期。③ 1935 年《绥远民国日报》改为《绥远

---

① 戈公振：《中国报学史》，上海书店出版社 2013 年版，第 192 页。
② 中国人民政治协商会议呼和浩特委员会文史资料委员会编：《塞上忆往——杨令德回忆录》，内蒙古人民出版社 1988 年版，第 52 页。
③ 郝维民、齐木德道尔吉主编：《内蒙古通史（第六卷 民国时期的内蒙古）》，人民出版社 2011 年版，第 600 页。

西北日报》后，其副刊《十字街头》又改为《塞风》。这些文艺副刊登载了大量散文、诗歌、小说及翻译作品，其主题是揭露旧社会的黑暗，倾诉民众的苦难。"九一八"事变后副刊上发出了抗日的呼声，在绥远地区影响颇大。刘洪河的《怒吼吧》、马映光的《血潮在沸腾》《怒吼吧，狂风》、苏静贤的《号声》等许多救亡诗篇，都发表在这些副刊上。

1932 年 5 月 21 日《塞风》发表的长诗《怒吼吧》：

赤血渗透了东三省的沃野，
杀气激起了太平洋的波涛，
怒吼吧！中国热血的同胞！
烈火将要烧到我们的眉梢。

轰隆隆的炮声冲破了云霄，
血淋淋的惨尸遮遍了荒郊，
怒吼吧！中国热血的同胞！
生死存亡这是最后的一朝。

炮声声将掀起东亚的狂飙，
尸垒垒将断绝倭奴的归巢，
怒吼吧！中国热血的同胞！
倭奴逞凶这是最后的一遭。

黄浦江上日舰在巡行示威，
山海关外日旗在满天飞飘，
怒吼吧！中国热血的同胞！
快快准备我们冲锋的刺刀。

一九三一，十，十二日于北平

就像《塞风》编者所说："我们只是感到空虚与寂寞，所以愿意在这荒凉的塞北这样一个喇叭式的东西，所要表现的无非是我们惨痛的呼声与苦闷的哀音。"他们写出这样的长诗，他们乞怜着同胞们的怒吼，每一字每一句无不在咆哮着他们深深的痛苦和迸发的希望。

1933年5月4日《学林》发刊词中写道：

> 所以今年一年，是我国存亡的重要关键。中国将要成为普法战后的法兰西呢？或者系偏安一隅的南宋呢？或者是现在的朝鲜呢？这全在乎国人努力地如何……现在就个人的眼光，特选我国历代抵抗外辱最烈的军人，像祖逖、张巡、宗泽、岳飞、虞尤文、文天祥、于谦、戚继光、袁崇焕、史可法十人的事迹。按其时代分期传述。抑见人生无百年不死，惟精神与光荣斯可长存。尤其贪恋瞬息之光阴，留万载不灭之骂名，何如捐身为国，留光荣于千古。世之贪生怕死，知有己而不知有国的人们，细读此篇，或者知有所取法。

这一时期正处于国家存亡的关键，成败在于民心何向和军队精神。发刊词写明了此刊的目的，即介绍中国历代十位最英勇抗侮的军人，希望国家军队和民众都能够向他们学习，如此中国或许能够重振雄风。

《十字街头》是《绥远民国日报》发行刊数最多、持续时间最长的副刊，所包含的内容也非常丰富，抗日题材、外国文学翻译作品、时事问题等。1933年4月23日第4版的小诗《壮士的热血》写出了青年知识分子的苦闷，在抗战的严峻形势之下，国破家亡，硝烟四起，自己却无能为力，文人无法像武士一样血战疆场，就只能通过文字表达内心的悲痛和担忧。

> 唉！请莫向秦皇岛喜峰口，
> 报纸上刊着特号大字说是相继失守，
> 是否从此就决定了祖国的命运？
> 暗云已在天空显示着祖国的哀愁！
>
> 壮士的热血还不到流尽的时候，
> 抗敌战争怎能就此轻易罢休？
> 有多少未出马的英雄，
> 怎么还不快向前线去走！

可恨我白读了几年无用的死书，

落得个文弱的体躯还日渐消瘦，

唉，手无缚鸡力，身无寸铁，

只徒然的悲痛，徒然的哀愁！

《十字街头》多次刊载《献给时代青年》《新年中谈到十字街头的任务——写给现代青年男女》等文，反复重申抗战的重要意义，多次鼓励和倡议青年人起来反抗，成为抗战的中坚力量。

除此之外，《十字街头》还刊载外国文学的翻译作品，如乔治桑的小说《魔坑》，Ernest Poole 的作品《给她丈夫的一把刀》。乔治桑是法国著名小说家，是巴尔扎克时代最具风情的小说家，Ernest Poole 曾在 1918 年凭借《他的家族》一书获得第一届普利策小说奖和诺贝尔文学奖，《十字街头》连载他们的小说，可见该刊在当时也走在时代的前沿，不仅刊载外国文学，更是世界级文学大师的作品。

《十字街头》还对当时的热点问题发表了自己的见解，如《女师在绥远的地位和责任》就对绥远的教育情形、妇女地位、妇女与国家兴亡的关系等几个问题进行了深刻的剖析；《绥远新闻界自省谈——愿与同业共勉之》一文首先肯定了新闻事业的进步，然后提出了一些问题来自省，诸如编辑集中裁剪消息造成精神浪费，或者新闻记者在眼到、腿到、心到、口到这"四到"中稍一疏忽都会铸成大错。文章深刻剖析自己在新闻界发现的问题，从而劝慰同业共勉，从中可以看出编辑部的专业素养和职业精神。

爱国进步思想下的文化运动，是绥远抗日救亡斗争的重要形式。1933年秋天，爱国青年组织了进步文艺团体"塞原社"，先出《塞原》墙报，后成为《绥远民国日报》《绥远社会日报》副刊的专栏，发表了大量具有反帝反封建内容的革命化、大众化、通俗化的小说、散文、诗歌等现实主义新文艺作品，主张进步，抨击黑暗，呐喊反帝，号召爱国。到 1937 年1 月，共出刊近 50 期。[①]

（二）新年特刊

每年 1 月 1 日，报纸增加新年特刊，所占版数为 1 版到 4 版不等。新

① 郝维民：《内蒙古近代简史》，内蒙古大学出版社 1990 年版，第 172 页。

年特刊往往包含社会各界人士和团体单位的新年祝福及总理遗嘱、将军寄语和政界名人题词。《绥远民国日报二十一年新年特刊》中，绥远省政府主席傅作义题词：“二十一年，民国绵绵，难难缔造，念彼先贤。惟彼先贤，后人之师，萧规曹随，至于今兹。莫道今兹，国势日非；彼黍离离，我安适归！北风飑飑，雨雪飘飘，紫气东来，心中忉忉。忉忉如何，振笔作歌。勖哉勖哉！眷我山河，眷我山河，须齐努力，唤起同胞，斯刊之职！”

　　1933 年新年特刊共出 4 版，为版数最多的一次。时值抗战期间，元日刊首为编辑部的祝词，书“新年努力”四个显赫大字。不仅如此，其他所有的新年祝词都脱离不了国难与抗战的主题。如王靖国题“勿忘国难”；张钦题“……日寇暴戾，肆毒已久。任彼猖狂，生存何由。时不我与，努力奋斗……”新年特刊中也有社论，从编辑部的视角总结前一年的国家境况，并对正在到来的新年表达期望。《国人应一致抗日》中写道：“当此外侮迫紧，国亡无日之际，实忍无可忍，让无可让，凡属军人，领率三军，立于最前线上，国民急起拥护，自为后盾，背城借一，破釜沉舟，勇往直前，毋稍逡巡，以我整个之国力，作孤注之一掷，抛弃一年来之悲观愤恨等一切消极的心理，转入迎敌拼命汉贼不两立的积极态度，以我为中心，引救国为己任，勿图责望政府，勿仅透过他人，竭个人之心思财力，贡献于整个民族国家，其成也为国幸运，其败也亦属光荣，存亡关键，在此一举。”

（三）其他副刊

　　除了《十字街头》等刊载频率较高的副刊外，还有一部分刊期间隔较长的副刊。其中值得一提的是《绥远儿童》《绥远妇女》《绥远教育》《绥远农民》等几个专门性副刊，对当时绥远省的几个热门问题都做了刊载，“请全绥远的小朋友们一起奋斗”“从妇女问题发生的原因与妇女运动的经过说到绥远妇女今后应有之认识与解放”“负教育责任者应当如何”“救济农村的一个先决问题”。4 个副刊皆每月出版一次，刊首都有精美插画，标题大字，下有目录，版面醒目且条理分明。

　　1919 年美国教育家杜威来华访问，提出了“以儿童为本位”的儿童观，中国社会在 20 世纪上半叶掀起了“儿童本位主义”的狂潮。西北塞外的绥远省也在全国浪潮和时代的感召下认识到了儿童教育的重要性。《绥远儿童》就这样产生了，但同时迫于内忧外患的大局，此刊不得不在引导正确的儿童教育的同时，还要积极鼓励少年儿童肩负起拯救国家危亡的重担。"老孩子落落"这样写开场白："天真烂漫活泼可爱的小朋友们，是中华的国魂，是未来国家的主人翁，的确，要想救治这个千疮百孔、气息奄奄的老大国家，唯有希望着一般正在小学校里厮混的，有作为不可限量的小学生，而且也唯有从他们做起，圣人也说过'后生可畏！'"副刊首先将拯救国家危亡寄希望于孩子们，引经据典地表达了孩子的发展前途之大和对他们的期望，到底在那样的环境之下，最重要的还是国家，有国才有家，有家才有少年儿童的未来，孩子就是中国的未来，也是未来的中国，这才是《绥远儿童》创办的宗旨："这是一块绝对公开的园地，在这里边，一面要请他们——小朋友们——实地参加工作，好好儿的来研究，来学习，有作为的兴家立业的主人翁，就是希望着他们，一面要按着：'性相近，习相远'，'染于苍则苍，染于黄则黄'的道理，请诸先生对这些洁白疵无的小朋友，给他们点助长智体发育的营养料！"大概编辑部也知道让孩子们承担祖国此时的千疮百孔还是过于沉重与残酷，所以归根结底，孩子们承担的未来还是光明的未来，对孩子教育的根本还是未来兴家立业与品性德行的教育。最后，作者还是以一首小诗来表达对孩子们的殷切希望："你们可畏的后生呦，中华的国魂！努力吧，未来的主人！愿东风，也不要太无情！莫吹得个个人，失却了儿时的天真！"希望孩子们不要受到现在境况的影响，成长成熟很重要，童真却是更可贵！此刊用词充满童趣，"呦"等童趣化的口语运用，也拉近了报刊与儿童读者的距离，起到了更好的教育儿童的作用。

20世纪以来，"开发西北"的呼声随着民族危机的加深而日益高涨。30年代远在西北边陲的绥远省在傅作义主席的带领下开展的乡村建设运动正是西北开发的具体体现。《绥远民国日报》的副刊之一《绥远农民》是这一时代背景下极为鲜活的例子。《绥远农民》副刊向读者详尽介绍西北实况，提供信息咨询。西北开发的口号早已不绝于耳，但人们对西北地区的相关情况却了解甚少，急需报刊的宣传与介绍。为了人们盲目开发西北，《绥远农民》就担当起了介绍西北相关情况的"介绍人"。

除此之外，就是要普及农业知识，服务农业生产。比如《种子发芽的概念》一文，详细介绍了种子发芽需要哪些条件，为了满足这些条件农民需要哪些程序；再比如《旱魃之防御》一文，以通俗易懂的文字介绍如何防御旱魃，有浅度中耕、敷草、客土、选择抗旱作物、除草等几种办法，又分别解释实施方法，细致而又深入浅出地为受众普及农业知识。

顺应当时世界语学习的热潮，《世界语半月刊》副刊于 1932 年初创刊，使命在于"与各地世界语团体和个人通气，交换意见，并供给初学世界语的同志"。首刊登载了柴门霍夫博士的经典语录："民族间的仇恨倒了吧，倒吧，时候已到了！整个人类，应该结合为一家了！"柴门霍夫是世界语创造者，旨在消除世界人民语言沟通障碍，促进世界和平。《世界语半月刊》的创刊则正是对世界和平美好愿景的期待。

《绥远民国日报》的副刊从源于生活的朴实实际出发，展现慷慨激昂的刚烈文风，是一种与时代背景相吻合的"文艺"副刊。副刊丰富报纸内容的同时，还活跃了绥远省文化教育，激发广大人民群众的抗战热情。副刊不仅发表文学作品，还提供实用类资讯，针对性较强。农业副刊将农业实用知识进行相应普及，有利于更好地推动农业生产，医学副刊传播医疗知识，为绥远民众的医疗健康提供相关知识。《绥远民国日报》的副刊在很大程度上为当局政治主张的传播、社会文化的活跃、抗日战争的鼓舞做出了相应的努力和贡献。

三　《绥远民国日报》的广告

进入民国以后，内蒙古地区城镇手工业和城乡贸易发展较快，工商业主、手工业者之间的竞争也越加激烈，广告的地位也变得举足轻重。

《绥远民国日报》的广告通常集中在第一版或第四版，间或将副刊和广告编排在同一版，也会穿插在新闻版之中。广告内容多种多样，相对于新闻和副刊，语言不再生涩拘谨，广告形式和版面也更加新颖有趣。

（一）广告内容

戈公振先生将民国时期的报纸广告按照内容的不同分为五个大类，大类之下又分出若干小类。这种分类方式不仅覆盖全面，几乎没有遗漏，而且呈现出的树形结构也直观可感。

甲　商务广告：
（1）商事　指商店开张迁移让盘拍卖等
（2）商品　指普通商品
（3）金融　指金融界广告，银行广告，储蓄招股等
（4）物价　指市价涨落等

（5）机器　指重要机械物件

（6）医药　指医生及药品

（7）奢侈品　指烟酒及化妆品等

乙　社会广告：

（1）集会　指各商业机关商店等召集的会议

（2）声辩　指声明辩证等

（3）法律　指公告律师保障等

（4）招寻　指寻人谋事招租等

（5）慈善　指赈济施舍等

（6）游戏　指戏剧游艺电影等

（7）赌博　指彩票跑马等

丙　文化广告：

（1）教育　指学校招生开学博览会等

（2）书籍　指各种出版物

丁　交通广告：

指航期车班邮电等

戊　杂项

指不属于以上任何一项的①

　　按照戈公振先生的分类方式，笔者随机抽取 1931 年 11 月 20 日第四版的广告加以统计，见表 2-1。

表 2-1　　　　　1931 年 11 月 20 日第四版广告的内容及类型

广告内容	类型
绥远平市官钱局广告	金融
丰业银行广告	金融
储蓄致富捷径	金融
归化城大十字　忠义恒　电话九十二号　绸缎呢绒国布庄	商品
元复永南号　绸缎绒布商店	商品
达生堂启事　各货批发真贱卖（药店）	医药
老中西大药房附设诊疗所及修理钟表广告	医药

---

① 戈公振：《中国报学史》，上海书店出版社 2013 年版，第 194—195 页。

广告内容	类型
归化北门外西顺城街　永顺祥　地毯工厂广告	商品
归化　大有恒　地毯工厂广告	商品
归绥益文斋南纸文具店广告	书籍
包头电气钙粉公司驻绥办事处售钙广告	医药
宝和兴重张大减价（帽店）	商事
济仁堂京药庄　怀仁堂京药庄	医药
协和医院　院址舍利图召前　设备完全　取费低廉	医药
十字会救灾日运动露布	声辩
启元茶庄	商品
晋华斋南纸书局	书籍
万国储蓄会开奖	赌博
漠南影戏院	游戏

1933 年 3 月 1 日第一版的广告，如表 2-2 所示。

表 2-2　　　　　　　**1933 年 3 月 1 日第一版广告的内容及类型**

广告内容	类型
聚迁楼饭庄中荣西餐部	商品
明善书局广告	书籍
归绥同德堂京药庄减价启事	医药
启元茶庄　新出五彩礼券	商品
人生之途径　威廉士医生红色补丸能助君维持康健	医药
伤哉痛心其也	医药
绥远中之印刷　中华印书局　旧城北门外路西	商品
发财机会（特奖一万元　头奖各得二千五百元　号码少　奖多　得奖容易）	赌博
本报营业部启事	声辩
晋兴庄汇兑启事	金融
英国储蓄会开奖	金融
南古丰轩清真饭庄减价启事	商品
丰镇银行债案通告	金融
金中孚　张秀嫒　结婚启事	声辩
王书琴声明启事	声辩

可以看出，《绥远民国日报》广告数量颇多，广告种类多样。刊载的

广告中，商品、金融、医药、声辩这几类数量较多，商事、游戏、赌博、教育等广告较少。

《绥远民国日报》商品广告是广告中数量最大的一类，涉及的商品种类较为多样。销往内地和出口的货物以皮毛、牲畜以及粮食为主，来自内地的商品主要有绸缎、布匹、装饰品、砖茶、粮油、糖盐、杂货等。这一时期，地毯制造业形成一定规模，抗战前归绥、包头、萨拉齐有地毯作坊70余家，所产三蓝地毯和蒙古地毯大批销往北京、天津和国外。① 因此，在商品广告里，出现了很大数量的地毯广告。

声辩广告即为各种声明广告，广告发布主体有政府，也有个人。1932年11月23日《绥远民国日报》第四版刊载了一则讣闻："最慈爱我们的父亲，竟于本年农历八月初四日上午四时二十五分，母亲于本年农历七月廿三日下午十时三十五分，弃我们而长逝了！父亲讳永清，生在前清同治五年十月初四日，享寿六十有七岁；母亲姓陈氏，生在前清同治十二年正月初十日，享寿六十岁，他们毕生辛苦，没有享过安闲之乐；儿辈虽然长成，却毫无显亲扬名的事业，又不能时常追随左右，朝夕侍奉；我们不孝之罪，追悔无及了！现在定于国历本年十一月二十日廿一日在家设奠，二十二日发引，安葬于祖茔。特此讣告诸位亲友。"当时通讯手段不够发达，喜事或丧事就在报上刊印消息，作请柬（讣告）之用。

医药广告也是数量较多的一类，广告语言往往浮夸甚至不切实际，有夸大药效之嫌。娱乐文化活动以戏剧内容为主，如1931年12月26日第一版漠南京剧院的广告，上书："今日早场全班坤名各伶排演文明新剧"，当日演出全本《荷花三娘子》，广告中还用大号字体写下了名伶的名字，希望获得更多的观众。赌博广告中以彩票居多，1933年3月1日第一版刊载的彩票广告由中法储蓄会提供，广告中提到："发财机会特奖一万元头奖各得二千五百元"，更加框强调"号码少奖多得奖容易"。

除此之外，报纸还刊载物价广告，如1935年5月17日《绥市粮价》介绍了几种粮食的市价，为市民提供生活便利："麦子，市斗现洋四角五；莜麦，现洋三角；荞麦，现洋一角九；高粱，现洋三角；糜子，现洋三角；谷子，现洋三角；豌豆，现洋三角；黑豆，现洋三角四。"

教育广告则多是出售书籍、文具、笔墨、纸张等信息，或某杂志、报

---

① 郝维民、齐木德道尔吉主编：《内蒙古通史》（第六卷），人民出版社2011年版，第360页。

纸的出版消息。1931年12月30日第一版"包头日报出版预告"中这样写："本报筹备已久，最近始渐就绪，兹以国难日亟唤醒西北人士筹边御侮势不容缓，本报职责所在，觉于本月十六日出版唤醒同胞共纾国难，各方如有需发表之新颖消息及救国言论，本报决本'社会公人'之旨，尽量采登，恐未周知，特先预告。"

（二）广告语言

相对于新闻和评论的正式和严肃，《绥远民国日报》的广告语言显得灵活生动，特别是商品广告的语言。商家为了提高自己商品的销量，也为了不辜负高额的广告费，对广告语言颇下功夫，往往使用或夸张或俏皮或短小精悍的广告语。

如1933年3月1日第一版《伤哉痛心其也》，此文乍一看上去像是副刊中的文学作品，或是一篇报道悲惨事件的新闻，然而只有在细读之后才会发现，这竟然是一则广告——

> "哎呦烧了痛啊！"闻其惨酷呼声，见其惨白面色，为母者能无伤心乎？然而此种惨剧之发生，谁都不能预料及之，惟有常备如意膏以防之灼伤之痛，虽属至剧，但敷此膏无不立止而速愈，即割破跌损抓伤以及各种皮病此膏亦极灵。

同版广告《人生之途径》同样费尽心思、不同寻常。商品是一个外国医生的红色西药，广告作品以一位顾客评价作为引证，并以之与其他西药做疗效对比，再利用患者的求好心理推广药品：

> 山东济南东关青龙街一二六号张医生老父张君福宏近曾致药局云："予年八十，体气虚弱，精神萎顿，百法调理未见良效，近服威廉士医生红色补丸竟奏奇功，旧病全消，而且精神饱满，体力增强，迄今犹觉康壮不减当年，是皆威廉士医生红色补丸之功也，不胜感激。"

再比如1931年11月20日第四版广告《元复永南号　绸缎绒布商店》：

> 应时货新到齐

所定价最公奇

如不信请来比

真正贱绝不欺

在按字收费的报上登载广告，每一个字都很珍贵，这一篇广告语言就十分精练，又押韵，读起来朗朗上口，整体像口号一样深入人心。

(三) 广告版面

报纸在广告排版上也煞费苦心，广告中大量使用花边集中、花体文字、精美插图等手段，以期达到吸引读者注意力的目的。大字小字相互穿插，横向竖向斜向文字使整体版面错综复杂、充满趣味。各式花式字体十分新颖，着重强调的部分设置为黑底白字十分醒目，插图更是线条复杂，体现了当时已经较为完善和发达的印刷工艺。

(四) 广告费用

广告费，"一日至七日，每日每字大洋四厘；三日至七日，每日每字大洋三厘；八日至半月，每日每字大洋二厘；半月以上，每日每字大洋一厘五；半年，每日每字大洋一厘三；全年，每日每字大洋一厘二"。除此之外，广告费用还要按照位置核算，处在版面有利区位价格稍贵，登在社论前者价格加倍，登长期者特别从廉。字体均以五号起码，使用大字还要相应加价。

在 1935 年 7 月 23 日的报纸上，登了一篇本报营业部启事，其中说道："近来各方友好，屡掷各种广告启事，嘱托免费刊载。本报因篇幅所限，致将出资之广告启事，多不能尽量登载，故刊费收入，甚行减少。兹经商决，由七月十日起，嗣后种种义务广告启事，一概拒绝揭载，凡我友好，切勿再为延托也。"从这一则启事中，我们至少可以了解到两件事：其一，《绥远民国日报》的广告发展状况良好；其二，报纸编辑部已经意识到了广告性质和广告费的关系，开始有意识地维护自己的经济权益。

第三节 《绥远民国日报》的抗日救亡宣传

"九一八"事变后，日本帝国主义策动蒙古旧贵族德王等进行分裂自治，绥远地区的抗日形势格外严峻。蒋介石奉行"攘外必先安内"政策，将主要精力放在围剿红色政权上；山西军阀阎锡山及地方实力派在绥远抗日问题上的态度摇摆不定，久久不能做出正确有效的指示。内蒙古东西部地区的抗日救亡斗争蓬勃兴起，1932 年 10 月，呼伦贝尔"东北民众救国军"通电抗日；1933 年 5 月，"察哈尔民众抗日同盟军"发动察北抗战。在内蒙古西部绥远地区，也有"反帝大同盟"发动的抗日救亡活动和以抗日救亡为中心的爱国进步思想文化运动。① 傅作义作为阎锡山旧部，一定程度上仍受其控制，但他坚持"不惹事，不怕事，不说硬话，不做软事"的原则，同日军和德王进行斗争，在军事上作了相应准备。

"九一八"事变爆发后，《绥远民国日报》作为国民党绥远省的喉舌，在抗日问题上将国民党中央"诉之国联""待公理之裁决"以及"攘外必先安内"的宣传基调放置一边，立场鲜明、言论大胆，以抗日救亡、团结御辱为最重要的宣传内容，无论新闻还是评论，无论正刊还是副刊，《绥远民国日报》以各种形式表达着抗日救亡的主题，充分表达了绥远人民和报纸编辑部的爱国情怀，言辞激烈而恳切，情绪担忧而愤慨。

一 运用标语口号进行抗日宣传

使用标语口号是《绥远民国日报》进行抗日救亡宣传的重要手段之一。《绥远民国日报》在第二版固定位置长期设置抗日标语宣传栏，以标语口号的形式进行抗日宣传。在东三省和内蒙古东部地区相继沦陷的形势下，内蒙古西部绥远地区的蒙汉各族人民，特别是爱国青年，逐渐掀起了反帝爱国的抗日救亡运动。标语口号的长期刊载，更是不断激起爱国青年的抗日热潮。1931 年 12 月 30 日第四版"本周宣传标语"：

1. 全体武装同志要一致动员捍御外侮保卫国权！
2. 全体民众，要作政府后盾准备与日拼命！
3. 国民毁家纾难是目前应尽的责任！
4. 甘心媚外者就是中华民族的仇敌！
5. 督促国联惩处暴日！
6. 拥护第四次全国代表大会决议案！
7. 绝对不买不卖日本货！

---

① 郝维民：《内蒙古近代简史》，内蒙古大学出版社 1990 年版，第 154 页。

这些标语口号紧紧围绕当下的抗日形势——收复东北失地、团结抗日等问题，明确表达了报社的立场，表达了报社对于政府、对军队、对人民百姓的心愿，反映民意，凝聚民心，对于形成舆论、引导舆论起到了积极作用。值得一提的是，1932 年 9 月 26 日第四版的运动会特刊中的标语口号：

一、提倡体育是救国的唯一要图！

二、有健全的体格才有健全的精神！

三、有健全的体格才能捍卫国家！

四、运动的目的不在夺取锦标在强壮身体！

五、努力竞赛勿忘体育道德！

六、和平谦让守纪律就是体育道德！

七、欲洗国耻须要注重体育！

八、绥远全省运动大会万岁！

九、中华民国万岁！

抗日救亡已经成为全社会共同关心的主题，就连《绥远民国日报》的运动会副刊都编写了多条口号，既符合运动会的主题和机遇，又表达了救亡图存的坚定立场。

除此之外，《绥远民国日报》的"报缝"处长期刊登抗日标语，如"中华民族为东亚和平计民族沦亡计应怀有我无敌之决心""打倒残暴不仁强占我土日帝国主义""希望全国民众应一致对日同仇敌忾""全国上下捐除私怨精诚团结驱逐残暴蛮横之日本帝国主义"等，刊登的位置突出醒目，标语的内容态度鲜明，表达了绥远地区人民的抗日决心和勇气。

二 新闻标题中反映出抗战态度

新闻标题具有对新闻内容进行概括或评价的作用，是"能提纲挈领地揭示书籍或报章杂志内容、突出文章主题的名称"①。《绥远民国日报》有关抗日宣传的内容，新闻标题表达了鲜明的抗日立场和思想倾向。如《绥远民国日报》1935 年 4 月 9 日第二版的新闻《如此残忍！宁有人心！

---

① 刘建明主编：《宣传舆论学大辞典》，经济日报出版社 1992 年版，第 275 页。

（引题）日伪军演放毒瓦斯（主题）沈同胞被毒死五百余》，抨击了日伪军生化试验和战斗的可恶行径，标题表达了对日本帝国主义的深恶痛绝，也点燃了绥远人民心中的熊熊烈火，拼尽全力，保家卫国，除之而后快。

1931年11月20日第2版的新闻《壮哉，马占山将军！（引题）杀敌灭虏指顾间事》，标题以一个"壮"字高度赞扬了黑龙江省主席马占山将军的抗日行动，读来酣畅淋漓，大快人心。

1934年1月9日第二版的新闻《暴日毒辣阴谋（引题）促溥称帝移热河改号满蒙帝国（主题）并又利用石逆乘机窃发》，引题中"暴日""毒辣""阴谋"三词都是对日本帝国主义的丑陋面目的揭露，三词连在一起更是加重了丑陋的程度，也加重了读者仇恨的程度。

三　运用评论文体表明立场

"九一八"事变爆发以后，《绥远民国日报》发表很多评论文章，其中以社论数量最大、言辞最激烈、抗日情绪最饱满，表达了绥远新闻界和绥远省党部的抗日要求以及为国效忠的决心。

社论旗帜鲜明，立场坚定，字里行间透露出国破家亡的悲痛和誓死捍卫国家的信念。《绥远民国日报》的很多评论文章认为，只有全国上下团结一致、共同奋斗，才能抵御强寇，雪除国耻。

《绥远民国日报》1933年1月1日新年专刊第1版刊登了傅作义的文章《我们今年应有的觉悟》指出，"当此严重关头，我们在政府方面，固当振作精神，厉兵秣马，以准备御辱的实力，清匪整财，救济农村，以增厚民族的力量。而民众方面，尤应激发朝气，同仇敌忾，人民与政府，共同负起责任，然后总能够巩固我们的西北边防，挽救我们国家危亡。"傅作义提出，在国家存亡的危急关头，必须全国上下，一致团结起来，共同奋斗。

1933年1月8日《绥远民国日报》第1版的社论《国人应一致抗日》，详细说明了关于是否攻取榆关的问题，理性分析此举是利大还是弊大，也敦促政府、国人，抛弃消极情绪，做拼死之抵抗。其中摘引蔡廷锴的电文，字字动容，道尽了一个将军的国破家亡的悲痛和以死相拼的决绝。

榆关失陷，全国震动，连日以来，请缨抗敌者，不乏其人，华北将领，待命动员，对于"御侮救国，不辞牺牲，并愿与华北共存亡"，西南政务会决议：（一）电京促保境御侮援热，（二）电张学良汤玉麟死守，（三）西南实行精神物质援助，并通电全国云："九一八日军日寇以来，蹂躏我领土，劫掠我权利，屠杀我人民，今复进兵榆关，此而可忍，全国覆亡，可立而待，今危机之势已成，吾人再不能以忍辱含垢之心理，求因循坐误之外交，惟在全国上下，一起奋起，誓死抵抗，如尚不持抵抗之心理者，当以全国公敌视之，如有丧失国家寸土者，亦当以全国公敌视之。"蔡廷锴电中央谓"榆关热河，危在旦夕，敌弹到处燃烧，闻之发指……廷锴谨率所部待命北上抗敌，他人不忍牺牲袍泽，以博民族英雄，廷锴即不牺牲国土，以博个人苟安享乐云云，俱见言辞慷慨，痛下决心，不与日寇共戴天，愿与中国共存亡，苟全国天下，俱抱此心，准备总动员，与日寇搏战，纵其炮快枪利，战具精锐，物质力量占以优胜，而我以民族精神，抱必死决心，与之长久周旋，莽莽中原，当不致就此沦陷也。"

夫日寇吞并中国，已成传统政策，自得东三省后，热河领土，列入与图，攻热本属预定步骤，惟热河地势高陵，气候严寒，不利于行军，与其久攻热河，损兵折将，耗费必多，不若擒其要害，轻而易举，故取榆关，即是取热河也，夫榆关为东省与华北之要隘，如欲保守东省，榆关不可不得，如欲窥伺华北，而榆关又不可不取，况日寇侵占东省之后，囊括华北野心眷眷不亡，客岁天津之变，即其明证，故攻取榆关，意中事耳。

当此外侮迫紧，国亡无日之际，实忍无可忍，让无可让，凡属军人，领率三军，立于最前线上，国民急起拥护，自为后盾，背城借一，破釜沉舟，勇往直前，毋稍逡巡，以我整个之国力，作孤注之一掷，抛弃一年来之悲观愤恨等一切消极的心理，转入迎敌拼命汉贼不两立的积极态度，以我为中心，引救国为己任，勿图责望政府，勿仅诿过他人，竭个人之心思财力，贡献于整个民族国家，其成也为国幸运，其败也亦属光荣，存亡关键，在此一举。

四 要人题词提醒勿忘国难

要人题词也是表明报纸抗日立场、凝聚社会舆论的方式，《绥远民国日报》每年新年增刊都会刊载许多政界要人的题词，这些题词铿锵有力，态度鲜明，在绥远范围内影响力极大，对于宣传抗日御辱、提醒不忘国耻，也起到了一定作用。

1932年1月1日《绥远民国日报》的新年纪念增刊刊登了绥远省政界要人的祝贺题词，绥远省政府主席傅作义的题词为："二十一年，民国绵绵，难难缔造，念彼先贤。惟彼先贤，后人之师，萧规曹随，至于今兹。莫道今兹，国势日非；彼黍离离，我安适归！北风飑飑，雨雪飘飘，紫气东来，心中忉忉。忉忉如何，振笔作歌。勗哉勗哉！眷我山河，眷我山河，须齐努力，唤起同胞，斯刊之职！"

纪守光撰文《念一年元旦敬告同志书》，其中有题词："元旦是个新的开始，一切都待我们走上新路的！生死存亡，相距至微，不容我们不有最后的努力奋斗！过去错误，要我们诚恳地去改正，未来艰巨，要我们勇决地去担当。文过饰非既不可，逃避退怯亦不能。兴起吧，我们中兴党国的大力！"

1933年1月1日潘秀仁撰文《新年百话》，其中题词："新年见面，必曰：'贺喜！'其实这个年头儿，山河破碎，国事日非，愁有万千，何喜可贺！国事家事天下事，事事关心，那有闲情逸致，欣赏新年！既往不咎，来者可追，还是老老实实打个正经主意要紧！"

五　文艺副刊成为发表抗日文艺作品的园地

绥远人民，尤其是一些知识分子、文艺青年，他们无法血战疆场来报效祖国，却没有一个不是义愤填膺。于是他们纷纷在期刊上发表文艺作品，以笔为枪，以字为弹，表达自己的爱国情绪，为救亡图存贡献自己的力量。

1932年《绥远民国日报》副刊《塞风》发表了很多有抗日情绪激烈、进步思想的作品，如1932年5月21日第四版的小诗《怒吼吧》，就对中国同胞发出了怒吼的倡导，呼吁全民团结在一起，爆发洪荒之力，拯救国家于危亡之中，拯救自己于水火之中。1933年5月4日《绥远民国日报》副刊《学林》一篇题为《义不容辞的爱国天职》的稿件文笔舒缓，娓娓道来，使用大量排比、比喻、反问来解释"我们为什么要爱国"这一深刻命题，文章读来十分精彩。而对于这个问题，作者的回答是"不为名誉，不为利禄，只为完全展示自己的人格"。

我们对于国家，不仅应该视它如财宝，要用力将它保护；却当待它如慈母，要尽心将它侍奉，所以我们对它，须显出至情至性，齐心合力，去恢复它原来的荣誉，充实它应有的威力；使它远足以恤善邻，近足以惩顽寇，那岂不好？但这事亦非易办。非我们全体努力振作不行，非我们表现出真正称是它的祖孙不行，就是说，非充分将我们的人格表现出来不可。

《绥远民国日报》的另一副刊《十字街头》当时也发表了大量宣传抗日的作品。1933 年 4 月 23 日第四版，署名肇祥的一篇小短文《献给时代青年》谆谆教诲、语重心长："你们要负起庄严的使命，更要肩担伟大的责任，做恢复山河的先锋，改造社会的铁军，一切大事全部待着你们完成。"如长者般表达了对硝烟弥漫的时代大环境里的当代青年的殷切希望和深切嘱托。

"九一八"事变爆发之后，《绥远民国日版》的副刊发表了大量宣传抗日救亡的诗歌和文章，有的直抒胸臆，有的暗喻暗示，但都表达了绥远人民抗战爱国的热情，起到了教育、唤醒群众的作用。报纸新闻和副刊都充满了抗日救亡的呼声，副刊成为知识分子、进步青年和文艺青年表达爱国情绪、批评时局的有力武器。

第四节　《绥远民国日报》的西北开发宣传

西北是中华民族的发祥地之一，早在先秦就已经有中华民族的身影甚至是政权的建立，然而，随着历史的变迁，经济政治重心都逐渐转移到东南沿海，西北竟慢慢成为蛮荒之地，深居内陆，交通不便，自然环境恶劣，工商业难以发展，经济极其落后。

步入近代以后，西北各地与东南沿海地区的发展差距逐渐拉大。在当时，政府和社会各界对西北地区关注甚少，1931 年以前，开发西北的战略构想虽已提出，但仍处于初步酝酿阶段，未将其落到实处，开发、建设西北的种种计划和决议只不过是一纸空文，社会影响微乎其微。

20 世纪 30 年代，开发西北成为解决民族复兴和国防建设的社会方案，国民政府和社会各界在开发西北的问题上达成共识，闭塞的西北地区掀起了一场持续数年之久的建设热潮。西北开发先后经历了初步酝酿

（1928—1931 年）、着手实施（1931—1937 年）、积极推进（1937—1945 年）三个阶段。① 1931—1937 年，正是开发、建设西北的战略构想进一步具体化并着手实施的重要阶段。绥远本就地处西北，《绥远民国日报》紧跟政府建设步伐，重点关注西北开发，积极报道相关事宜，并且在报刊中发表关于开发西北的认识和观点。

1931 年，西北开发计划经过初步酝酿和完善已经到达了进一步具体化并着手实施的阶段。受各界舆论的影响，国民政府的一批政要人物也发表言论，倡言开发西北的重要性。如国民党元老邵元冲指出："以今日之国势而论，东北则藩篱尽撤，东南则警耗频传，一有非常，动侵堂奥，故持长期奋斗之说，力主建设西北，以保持民族之生命线……"②

在国内内乱和抵抗日本帝国主义的严峻形势之下，在国民政府开发西北的战略计划的实施之下，在有识之士和政要的呼吁之下，绥远省政府逐渐意识到了开发西北的重要性：日本帝国主义妄图夺取中国的土地、物产和一切资源，西北再不开发就要沦落到日本铁蹄践踏的悲惨境地；西北再不开发，绥远人民乃至全国人民就要苦死饿死。

《绥远民国日报》是绥远省党部的喉舌，积极报道西北开发的相关进程，发表推动西北开发的重要言论，将西北开发作为报纸的重要议题。1933 年 1 月 1 日，新年第一天的报纸版面上发表了有关建设西北的评论《西北的认识与建设西北的刍议》。该文在剖析当前社会现状的前提下，深刻阐释了西北地区的重要性和开发西北的必要性，然后提出了西北开发的种种措施和注意事项。

> 肥沃的西北，的确是调节中国社会上普遍的窘困的唯一的经济区域，同时它的一部分——内蒙，又是东部暴日老早就垂涎的地方；假若我们自己还是一味的把这个物产丰饶，人口稀少的沃土，永远的置之不理；那么，这个肥富之躯，也要渐渐的和满洲一样的沦于日人经营之下。那是多么可惜，多么可耻的呢！所以，为防止日本的贪食，并解决中国全部的困窘问题起见，对于这个西北之重要化的事实，不妨喊叫出来，引起全国人民的注意。但是，事实是非常不易做到的，一切的计划，都不是个人所能做到的，必得国家明令保护，并且实在

① 李云峰、曹敏：《抗日时期的国民政府与西北开发》，《抗日战争研究》2003 年第 3 期。
② 邵元冲：《西北建设之前提》，《建国月刊》1936 年第 2 期。

的赞助，才能奏效。所以，有些关心社会国家的人，起初尽管叫喊一气，结果不久就缄口不谈，把这个最重要最实际的问题搁在一边了。

文章强调要想开发西北，国家、社会和个人都一定要落到实处，切不可逞口头之快，要表面威风。此文对西北和西北开发有了全面而深刻的认识，名为"刍议"，实际却极有见解，语言流畅，剖析详尽。

发展交通、兴修水利是西北开发的重要方面。当时的绥远省交通较为发达，公路、铁路和航空建设基本成熟，报纸中时常可以见到政要人物乘坐飞机视察或出席会议，建设委员会 1931 年 5 月呈送国民政府的"开发西北计划"中拟筑归图铁路（归绥—图古里克)①。绥远省主要进行了水利建设和垦殖工程，而《绥远民国日报》刊载的新闻和文章主要有三个方面，其一为民生渠水利建设，其二为农村建设，其三是基于垦殖和发展实业的关于土地和物产的调查研究。

一 民生渠水利建设方面的报道

绥远省西北地区位于大陆性气候区，降水少，空气相对干燥。因此，在西北开发的具体实施过程中，民生渠水利建设就成了重中之重，只有解决缺水的问题，才能进一步开发建设。《绥远民国日报》紧密跟进民生渠建设工程，一有新闻，马上发布。1933 年 2 月 4 日《民生渠水利公会 新订定用水规则 函省府分别公布》，1933 年 2 月 11 日《萨托民生渠水利公会 收买卖地亩渠捐》，1933 年 9 月 13 日《再电财部请拨棉麦借款振兴水利》，1934 年 2 月 1 日《民生渠水利公会 农事讲习会 农民毕业者近百人》，1934 年 12 月 14 日《热烈欢迎声中 沃摩度等昨莅绥沃等今赴萨视察民生渠 省府建厅分别派员随行》，1934 年 12 月 15 日《沃摩度一行 昨晨赴萨视察水利 黄天章冯鹤鸣等奉派陪同前往》等，都是有关民生渠建设的报道。

通过持续报道，我们可以看到，公会组织、政府重视、农民积极参与其中，社会各界都紧锣密鼓地开展着水利建设工程，一方面用以强壮自己，另一方面则可以抵抗侵略。

---

① 刘萍：《"开发"与"救济"——抗战前关于开发西北的讨论》，《近代中国研究》2006年第 5 期。

二 农村建设方面的报道

移民垦殖被认为是开发西北的第二个重要内容,即将荒地划分为若干垦殖区,进行相应规划从事垦殖。绥远以农牧区居多,降水少、气候干燥、土壤贫瘠,建设农村所必需的土壤要素难以实现,无论是土壤水分等自然条件,还是种植技术等人为因素,西部地区都十分落后,因此,在西北开发这一远大目标面前,建设农村势在必行。

《绥远民国日报》于 1933 年 9 月 12 日刊载的《救济绥远农业计划书 建厅长呈实业部采择》是由时任厅长撰写呈交事业部的计划书,该文从各方面阐释了建设农村的举措和计划,对于如何建设这一问题解释得十分详尽。文章列举了当时农业发展的问题,如农民素质低,种植技术和收割技术差,农产品收成不好或者成熟的农产品保存不当,在运输过程中损坏,导致销量低……种种问题的出现都让农业建设举步维艰,但即使如此,该厅还是想出了各种应对方案来改善农业现状,着实值得夸赞。文章中写道:"本厅为救济农业失败起见,极力提倡,改良籽种,图谋出路,以及工艺物品之种植,随即筹款购买,美国抗旱莜麦高粱等项种籽,又复购备黄豆,以及亚麻,甜菜,花生,棉花各项种籽,以备工艺物原料之需品,一面借贷各县农民,按照原来种法,广为种植,一面委托农民试种,初种之期,多不适宜,又复详加解释,随时派员调查考核指导,又按各县土地之肥瘠,寒暖之气候,分别调换种植,结果寒带宜于莜麦。平原宜于高粱,黄豆,亚麻,甜菜,花生,棉花,并于每年十一月一日举行,绥远农产比赛会。"

除此之外,该厅还想要发展工业,不仅止步于生产农作物,还想要将农作物制成新产品,如加工成为酒精或者工业油。以往都是商家收购小麦等原材料,卖给外国商家,外国人机器制油再以高价卖回给中国人,中国人依赖于此,无法从中解脱出来,因此慢慢把钱都转移给了外国人。该厅长意识到了这一问题,因此请求政府支援资金用于购买机器,有了机器和原材料,中国人自己就可以制造出我们需要的油和酒,更可以省下很多钱。

通过文章可以看出,绥远省政府和人民都为农村建设和地方富强费尽了心思,付出了很多心血,甚至成为全国农业建设的领头羊,不断作出新的大胆的尝试,也在进行从农业到工业的大跨步。《绥远民国日报》刊载此文，一方面将政府文件公之于众，另一方面也是为了让全省人民都看到自己农业的进步，在内忧外患的形势之下，能够增长生活的信心和勇气，农民的努力有实实在在的效果，有计划的未来也能更有盼头。

每年 4 月 21 日是绥远省植树节。植树节的设立本身体现了对保护环境的重视，而对于当时的社会环境来说，首先战乱频仍，强国壮兵才是关键，因此植树活动的根本意义就在于垦殖，在于开发实业，在于巩固堤防；其次此时的人们就已经意识到了生态保护的重要性，关于植树的言论中，一边指出了对于经济发展的有利影响，一边又提出对百年之后的生活环境大有裨益。

1934 年 4 月 21 日第三版短评《造林之于绥远》显示出当时人们已经意识到植树可以改变荒漠、风沙、寒冷、苦旱的恶劣环境：

> 本日为谷雨节气，乃绥省植树之期。关于造林之利益，功用及栽培方法，党政各界之宣传品已言之繁祥，勿庸吾人再赘。兹所欲简单言者，特欲就人所忽略之最重要点，唤起绥民及当局之注意与信念，以期决心以最大之力量，大规模以造林！……是以吾人认为现在绥省当局及绥民，应对造林有一特殊之深切认识，必须深信绥省二三十年后，必能一大改观，使现在荒漠枯燥，风沙，寒冷，年年苦旱之恶劣环境，一变而为气候温和，风景宜然，再无荒凉风沙苦感之宜人佳域。虽不能比与东南之江浙，然吾人敢信其必能与黄河下游之豫鲁冀无大差异！若我绥省当局与人民均能抱此莫大信心，然后决心以全省最大之力量为之，由专家周密计划，以科学的大规模方法努力造林，则此种目的自亦不难达也！此则为吾人于今日植树节之简单言，深望当局及各界领袖深切注意幸甚！

同日同版，报纸还刊载了"造林运动标语"：

> 一、造林是振兴我国实业的先声
> 二、造林是救济水灾旱灾的根本办法
> 三、造林可以点缀风景增进健康
> 四、造林可以巩固堤防
> 五、森林有涵养水源的效能

六、森林能清空气健身体

七、森林有防治风沙的效能

八、造林可以调节雨量

九、努力造林救济木荒

十、植树是追思总理最好的纪念品

十一、努力造林是政府和人民共同职责

十二、要解决民生问题须先从造林着手

十三、造林有改良土壤的效能

《绥远民国日报》每年 4 月 21 日前后以及当日都要对植树节进行报道。1933 年 4 月 11 日第三版刊载一则"扩大造林运动委员决议"的消息，1934 年的 4 月 21 日第三版持续报道"本省植树节扩大造林今日在烈士公园举行散发宣传品藉资提倡"的新闻。除了新闻报道之外，编辑部还撰写短评和时评，足见《绥远民国日报》编辑部对这一事件的重视程度。

三　土地和物产方面的报道

西北矿产蕴藏极为丰富，有石油、金、银、盐、石炭、铁等，具有极大的开发利用价值。绥远省也有多种矿产，如果能够有效地开发经营，不但可以大大增加西北财富，而且能够增强国民经济基础。

无论是开发矿产资源还是移民垦殖，科学的认识都是关键，了解自身状况对设定发展道路大有裨益。《绥远民国日报》从 1934 年 12 月 14 日起持续刊载了"本省物产调查"的一系列文章，对各类物产及各种矿产进行了调查和报告，如《本省物产调查之一矿产类煤炭　萨县产煤能炼钢东胜产煨炭可御寒　均用土法开采产量甚微》中说："所需矿物中之煤炭，为数不多，人类生活中消耗煤炭，因人口共有二百三十万左右，所需既少，且靠蒙地居民，用牛羊粪作燃料，一般小农，多用秸秆杂草，代替煤炭，求的方面，较人口众多工业繁盛之区，弗及远甚，供的方面，除归萨陶武安固集丰八九县，仅用人工土法开采，只是供附近居民取暖做饭所需外，所有工厂用煤，及沿平绥线各地消耗煤炭，皆供给于大同。"

矿物资源是工业发展的动力，而土壤资源则是农业发展的基础。土壤的调查与研究，关系到一个区域的农业改进和发展，至关重要。绥远省作为中国西北的一个重要的农业区，土地辽阔，人口稀少，因此，开发西北自然以农业发展为首。西北农业有待解决的问题有很多，其中碱土问题就是很重要的一个。土地是农业的基本要素之一，而西北土壤富有石灰质，加之气候干旱，造成大面积的土地碱性过强，土地农作物收成较低，甚至严重的地方农作物完全不能生长，只有把各区域碱土的程度和各种作物的耐碱力研究明白，才能找到合适的解决办法，才能真正地发展农业，开发西北。1935 年 7 月 23 日《绥远民国日报》刊载的《绥远土壤　碱性之初步的研究》一文，参考前人成绩，结合本省具体情况，提出了改良与利用碱土的方法，实用性很高，想必为当时的农业发展做出了极大的贡献。

1931 年"九一八"事变发生后，东北既失，西北已经成为中国最后之防线，而西北地势险要，易守难攻，自古便是兵家必争之地，也成为历代都城所在，可见具有国防所需的重要因素，只要开发，就有防御之效；另外具有重要的经济意义[①]，倘若经过最大限度地合理开发垦殖，就可以解决一大部分人的生计问题；另外，西北资源丰富，具有极大的开发利用价值。

在当时的自然和社会条件之下，绥远人民深刻认识到了开发西北的重要性，并为之做出了各种各样的努力，踏实务实地走好了西部开发的每一步，甚至走在全国的前列，扛起了"西部大开发"的大旗。

第五节　《绥远民国日报》的社会改良报道

1931 年日本入侵，同年《绥远民国日报》创刊，此时的绥远省经济凋敝，政治混乱，社会落后，军阀混战，商业也不景气。傅作义自上任以来，从剿匪、教育文艺、医疗卫生、生态保护等各方面进行了综合治理，并在其在任之间取得了显著成效。《绥远民国日报》作为国民党绥远省党报对这些举措予以报道。

一　剿匪类内容

在 20 世纪前期的中国政治舞台上，政权急剧更迭，地方局势复杂混乱。北洋政府统治时期，中央权力失控，中国大部分地区都处于兵匪交替

---

① 刘萍：《"开发"与"救济"——抗战前关于开发西北的讨论》，《近代中国研究》2006 年第 5 期。

危害的境况，匪患成为各地普遍面临的重大社会问题，内蒙古地区受军阀统治和连年战乱的影响尤为严重，热河、察哈尔、绥远地区因匪患猖獗而长期动荡不安，特别是绥远地区备受荼毒，人民不仅饱受战乱和灾荒之苦，还长期遭受土匪的蹂躏，一些统治者的怠忽职守与巧取豪夺，土匪残暴满汉、烧杀掳掠的斑斑劣迹，成为民国时期内蒙古历史上黑暗的一页。①

傅作义主绥期间，逐步加强了对乡镇的权力掌控，将"盗匪窃扰""金融紊乱""吏治腐败"视为绥远三大害。除调集军队围剿土匪外，还增加城镇乡村的公务人员，广泛展开清查户口、联保、发动民众检举等活动。经过1年多围剿、追歼，歼灭大小匪伙40余股，为巩固成果，绥远省政府加强了乡村建设，设立乡训所，组织自卫武装。有效地遏制了匪患，至20世纪30年代中期，危害绥远多年的匪患基本得以肃清。②

绥远剿匪进行得如火如荼，《绥远民国日报》也不断跟进对其报道。

1931年12月26日第三版《萨县股匪迫近托县　区保卫团严为戒备》："本报廿五日夜托县电话：土匪周昌旺股，在萨县三眼井村盘踞，迫近托境，人心颇慌，区保卫团纷纷调动，严行戒备，欲为堵截。"

1931年12月30日第二版报道了集宁清匪大会的隆重举行，"集宁县近来对于清剿盗匪及整理保卫团积极进行，不遗余力，刻以筹备就绪，于本月五日召集各界暨各区乡甲长在县府大礼堂开清匪大会，到会者五百余人，全场空气异常紧张"。

《绥远民国日报》在剿匪报道中，积极设置议程，不断提醒民众剿匪的重要性、严肃性和紧迫性，在民众心中建立起了"剿匪是最重要的事"的观念；通过舆论也不断给土匪施加心理压力，制造了"下一个没准就是我"的恐慌。总之，作为绥远省党部的喉舌，在剿匪一事上，《绥远民国日报》功不可没。

二　教育文艺类内容

由于军阀混战、政局动荡、经济凋敝，民国初期的内蒙古地区教育在

---

① 郝维民、齐木德道尔吉主编：《内蒙古通史（第六卷　民国时期的内蒙古）》，人民出版社2011年版，第952页。

② 郝维民、齐木德道尔吉主编：《内蒙古通史（第六卷　民国时期的内蒙古）》，人民出版社2011年版，第952页。

发展过程中也遇到了一系列问题，如经费不足、师资缺乏、生源不稳定等，严重制约着教育事业的正常发展。国民党统一全国后，内蒙古地区的教育呈现出前所未有的快速发展势头，内蒙古各地相继建立了各类中小学师范学校和职业学校。① 1931 年傅作义主持绥政，注重发展教育、倾力育才，通过保障教育经费、改善办学条件、推行义务小学、强化师资队伍等一系列措施的提升，绥远省教育状况有明显改善。

对于教育事业傅作义是极为重视的，因为其认为欲振兴国家，必先兴教育，因此，《绥远民国日报》对于教育也较为关注。教育类新闻，一般有报道会议、演讲或者推广相关方案，如 1932 年 12 月 22 日第二版《全会昨开四次大会 通过改革教育方案》、1933 年 9 月 15 日第三版《傅主席昨赴一中 集合全校训话 情意恳挚语言直爽 对开除学生极为难过》、1933 年 9 月 23 日第三版《教育家张伯苓 昨在联欢社讲演》《准噶尔旗 教育促进会》、1934 年 2 月 2 日第三版《省府整顿教育计划 财厅每年应拨教费廿一万余元 教厅每年应拨教费九万八千余》、1934 年 2 月 26 日第三版《实施义务教育 教厅拟定方案 省府核准施行》、1934 年 3 月 1 日第三版《各县教育 教厅考核成绩 丰镇列为上等》、1934 年 3 月 12 日第三版《治学方法 胡适在天津法商学院讲演》等。

除了一般的新闻报道，报纸对教育事业还做了评论，如 1935 年 3 月 27 日第二版刊载的专论《道德与教育》，论述了道德的正确意义，人类只有道德才能够维持生活，还有道德和教育的关系。编者不仅发表了这篇文章，还在此正文之前，使用特殊加框，更加吸引人注意地写道："《道德与教育》，阐述正义，力挽颓风，阐之详明，极为中肯，疏为不可多得之系统的长篇论说，暮鼓晨钟，实具振聋发聩之功……"

我们能够看到编辑部对其观点的肯定，由此可见报社对教育的宣传。报纸及时发出公告，让读者尽早了解教育界的新变化，宣传教育的重要性，加大教育的普及率，这也是《绥远民国日报》为社会改良做出的贡献。

不仅教育，在文艺方面，《绥远民国日报》也做了大量宣传。1934 年 2 月，报纸对民俗国际展览会做了大量报道，报道内容包括场馆筹备、参与群众、会上演讲等，可以说对展览会做了多角度的全方位报道，可见该

---

① 郝维民、齐木德道尔吉主编：《内蒙古通史（第六卷 民国时期的内蒙古）》，人民出版社 2011 年版，第 952、367 页。

报对这一届民俗国际博览会的重视，也就是对文艺事业的重视。同一时期还有对省执委会常会关于注重艺术宣传的决议的报道，对文艺事业的重视在这一时期爆发。

三　医疗卫生类内容

《绥远民国日报》对当地的医疗卫生事业也很是关注，1933 年 12 月 22 日第三版上刊载了一篇名为《民政厅组织　卫生行政委员会　并拟定简章已正式成立》的消息，第一时间报道了卫生行政委员会成立的消息，并在消息中说："以卫生一项关系人类体格强弱，国家盛衰，就看国人体格如何，故欲求国强，须先从卫生着手，培养国人体力，而后始能言救国焉。"

此文充分肯定了卫生的重要性。在 1934 年 5 月 13 日第三版《公安局提倡卫生　后日举行卫生大会　制定标语二十六则　令各商号粘贴门前》一文中介绍了卫生标语 26 则：

> 注重公共卫生，扫除一切污秽尘埃，纸烟有害青年，消除有害卫生的虫类，清除便粪污土，身体要勤加沐浴，不吃腐食物，要养成清洁的习惯，宜按时补牛痘，唤醒民众大扫除，不可任意涕唾，不可随地便溺，衣服常洗濯，讲卫生是保身的良法，普及卫生教育，扑灭蚊蝇虱类，要随时勤加运动，流通室内的空气，消除室内的潮湿，鸦片烟是有害卫生的东西，烟酒为卫生的大敌，鸦片金丹等毒物为害最烈，蓄发缠足留指甲为卫生的大障碍，我们要做卫生模范区域，取缔不洁的饮料食品，扑灭蚊蝇，可以减少瘟疫媒介。

有一副刊《医学周刊》向读者传播医学常识，如冻伤、急性传染病等，使读者了解常见疾病的症状和防治，除此之外，对淋病和手淫也有涉及，足以见得当时社会风气之开放。不仅医学常识，刊物也包含对医学理论的探讨，如《解释中医长内科西医长外科之谬说》，可见当时的绥远省和本报对医学的重视程度。

第六节　《绥远民国日报》的历史作用

《绥远民国日报》只存在了短短五年时间，之后由于战乱被迫改名

《绥远西北日报》直至 1937 年停刊，但是在当时发挥了重要作用。

一　作为国民党绥远省机关报的《绥远民国日报》

《绥远民国日报》是国民党绥远省机关报，以宣传三民主义、灌输效忠党国思想和指导地方党务工作为宗旨，是"革命的喉舌""宣传主义的木铎""国民之导师"。《绥远民国日报》以党政机构和政府工作部门为主要报道对象，涉及的新闻人物多为政府官员，国内新闻几乎全部来源于国民党中央通讯社，本地新闻也多来自政府扶植的通信机构。《绥远民国日报》的一切言论都要服务于党部，新闻以党政要闻为主，对于宣扬党义、贯彻政府的政令政纲，起到了显著作用。另外，《绥远民国日报》又是国民党绥远地方派系之间激烈争夺的对象。不同派系争相安排自己的亲信控制报纸版面，不同版面之间内容矛盾、观点冲突，《绥远民国日报》成为国民党派系斗争的缩影。

二　作为抗日宣传重要阵地的《绥远民国日报》

《绥远民国日报》作为国民党绥远省党部的喉舌，在抗日问题上将国民党中央"诉之国联""待公理之裁决"以及"攘外必先安内"的宣传基调放置一边，立场鲜明、言论大胆，起到了积极的宣传动员作用。报纸上充满了抗日救亡的呼声，副刊尤其成为进步青年表达爱国情感，批评政府批评时局的有力武器。

在抗战宣传的内容方面，《绥远民国日报》关注"九一八"事变后的东北形势，揭露日寇暴行，在收复东北失地方面态度坚决，宣传爱国主义情怀；反对德王自治与民族分裂，推动了各民族同仇敌忾，共赴国难，维护祖国统一，为构建国家认同助力。《绥远民国日报》发表大量社论和短评，运用标语口号表达鲜明的抗日立场，及时报道战争进程，同时大量报道当时的国际局势，为抗日期间动员群众做出了积极贡献。

《绥远民国日报》之所以能够不顾国民党中央的"缓抗"基调，大张旗鼓地进行抗战宣传，原因有两个方面。

首先，从报纸的政治背景和其文艺副刊的关系来说，30 年代中国报纸的正刊与文艺副刊，在抗日问题上基调往往并不一致。这是一个普遍现象，绥远有些报纸的情况，也是如此。

其次，当时文化落后的绥远，国民党和绥远省政府在文化上的统治比较松弛，特别是 1935 年 6 月国民党反动政府亲日派的头子何应钦和华北日军司令梅津签订了臭名昭著的《何梅协定》，华北五省（包括绥远）的国民党党部撤销后，绥远当局对文化的控制更加放松。当时报纸的副刊稿件一般不送审，所以不容易发现问题。① 绥远政界的一些上层人物，既不读书也不看报，就是看报也就是看看大标题和一些无聊的桃色新闻，更很少看副刊的文章。② 因为绥远没有职业文人，更没有著名作家，给报纸投稿的大多是一些中学生。大概上层人物们认为不值得一读，所以也发现不了问题。当时绥远国民党政府在文化上的统治，不像上海、南京、武汉、平津等大城市控制得那么严密。就是杨令德编《绥远西北日报》副刊时，《边防文垒》刊登小侠译的从上海《密勒氏评论报》发表的《斯诺与毛泽东会谈记》连载 3 期，在绥远也没有引起什么风波。还是杨令德的老乡在国民党中央宣传部工作，看到这篇译文便去报告他的主子邀功领赏，才引起国民党中央来电追查。也仅仅撤掉了杨令德《西北日报》副刊编辑的职务了事。③

---

① 中国人民政治协商会议呼和浩特委员会文史资料委员会编：《塞上忆往——杨令德回忆录》，内蒙古人民出版社 1988 年版，第 52 页。

② 章叶频：《塞北文苑萍踪》，中国人民政治协商会议呼和浩特委员会文史资料委员会编，1985 年，第 20 页。

③ 章叶频：《塞北文苑萍踪》，中国人民政治协商会议呼和浩特委员会文史资料委员会编，1985 年，第 20 页。

第三章

《绥远西北日报》研究

1935 年《何梅协定》签订后，国民党绥远省党部撤销，党部机关报《绥远民国日报》停办，1935 年 10 月 15 日更名《绥远西北日报》重新出刊，对外宣称"系私人集资营业，专以宣传西北实业，促进文化为主旨，并无任何党派与政治作用"①，以躲避祸端，掩日方耳目。1937 年秋归绥沦陷，《绥远西北日报》停刊。《绥远西北日报》仅存在了两年时间，是《绥远民国日报》的继续。

《绥远西北日报》创刊后，绥远党政要员及各界名人纷纷题词祝贺。这些贺词传达了当时各界对该报的定位及期望，也可以窥见该报创办所承担的社会使命。绥远民政厅厅长袁庆曾的题词是："西北广漠，亟待开发。贵报揭橥，提倡建设。沟通民智，灌输文化。争先快睹，声宏实大。"认为西北开发、绥远建设以及启迪民智、传播文化是该报的主要职责。绥远教育厅厅长闫伟的题词是："嗟我边陲，人文落后。牖民先觉，将属谁某。西北日报，惠心指导。纪事纪言，有闻必告。□□论列，是非辨别。无偏无陂，公理昭揭。负此任使，自今日始。敬祝前途，福无涯俟。"闫伟的题词侧重强调报纸在人文启蒙、传播信息方面的作用。郭麟傑（职务不明，笔者注）的题词为："今民穷国危而边事益坏，救亡首要厥在振拔。人心热望，贵报特致力焉。"将振拔人心、救亡图存作为期待。归化通讯社同人题词中，"民众喉舌，西北铎声。落笔生花，除奸惩凶。如置书邮，四海风行"等说辞值得关注。这些题词中不再强调宣传三民主义，而是从经济和文化建设的角度着眼，强调其信息传递功能，与当年《绥远民国日报》的定位有很大差别。这是由时局因素和特殊的时

---

① 《发刊词》，《绥远西北日报》1935 年 10 月 15 日。

代背景决定的。这些题词也提示了《绥远西北日报》在内容方面的侧重。

《绥远西北日报》的创刊号发表两条《本报紧要启事》，其一云："本报筹备以来为时未久，今日创刊诸欠周到，务希各界硕彦及我同业时加指导，以匡不逮。"这则启事在表明报社谦虚态度的同时，也说明了该报创刊较为仓促的事实。另一条启事云："本报为消息灵通互相策进起见，拟与各地出版社报纸杂志通讯稿件长期交换，如承不弃，即希商洽办理为盼。"通过这则启事可以看出当时国内新闻界有彼此互换新闻的做法，《绥远西北日报》也希望通过这种办法增加新闻来源。

《绥远西北日报》创办的第二天，也就是1935年10月16日，在第四版刊登了《敬答朝报记者》的稿子。《朝报》是当时国民党绥远党部党员张遐民、金载民以私人名义创办的"半党报"。这是一篇访问记，通过两报记者的对话，可以看到当时《绥远西北日报》记者的职业追求和职业抱负：

> 《朝报》记者说："我们谈本省报纸的新闻吧。过去以及现在，差不多总是千篇一律。固然一份报纸的价值的高下，不能完全取决于这一点，但我们觉得新闻实占极重要地位。过去太沉闷了，今后我们所希望的是消息（新闻）要广，要速，千篇一律的通讯社稿固然不可不采，全取又未免太那个了！"
>
> 现在，就这一点略谈我们的意见和感想，希望同业诸君加以指正。
>
> 报纸的重要元素固然是言论与新闻，但后面恐怕尤其重要一些。要完成新闻纸的使命，也可以说要使新闻纸有活的生命，无疑要赖新闻的充实。绥远的新闻纸是否充分完成了它的使命，它的生命是否活跃，怕还须严格的加以讨论。
>
> 《朝报》记者的话是对的，千篇一律的完全采取通讯社的稿子，实在是未免有"那个"的感觉。同时我们如果进一步检讨这个所谓的千篇一律的通讯社稿，是否够得上是"新闻"，怕也要严加追问的。
>
> 限于物力和人力，报馆没有单独的采访，完全采取通讯社的稿子也不可厚非，可是，究竟什么才是"新闻"，我们觉得全体同业都应当注意一下。

老实说，绥远的报纸，往往不但是浪费篇幅，并且也是浪费读者的时间和精力。本来不是"新闻"，写出来油印出来由通讯社送到报馆再排印登出来，读者便须一一看过。正如同吃饭一样，我们所给予读者精神上的粮食，毒物也有，腐毁的东西也有，读者无形中吃了毒物而不自觉，这该有多大的罪过？

自然，新闻记者本身上的精神浪费处正多，抄上一道公事，录上几个不三不四来来往往阿猫阿狗的名字，再不然剪上报再誊出来，这就是新闻记者的工作吗？

新闻纸是不是需要读者，绥远的报纸是不是还能抓得住读者，我们愿与全体同业共同来忏悔、反省！真的，这是第一步的工作，我们先要反省，先要忏悔。

《朝报》记者所说的"同业们总应有一种进取的态度"，第二步才能谈到。

"希望全绥新闻界急起直追吧！"我们愿奉《朝报》记者的话为圭臬，同时也更愿意奉献给我们全体同业。

从这篇访问记中可以看出，当时绥远新闻界存在采访力量薄弱、报馆稿件缺乏的弊端，刊载的新闻主要来源于各类通讯社。这段对话为我们认识当时新闻界状况提供了侧面印证。两家报纸的记者对当时绥远地区报纸内容千篇一律、严重雷同问题有清醒认识，对这种现象深感焦虑。《绥远西北日报》的记者已有明确的"读者"意识，认为报纸是为读者提供精神食粮的，不应以虚假、过时的内容浪费读者的时间和精力。言论和新闻是报纸最主要的构成要素，而新闻的地位至关重要。新闻要来源广泛、讲求实效，而一些会议新闻和各界要人的迎来送往等题材，并不是最具新闻价值的题材，但绥远的报纸上却充斥着这样的内容。至于剪摘平津报纸新闻的做法，也不值得提倡。这些观点是从业人员的职业反思，是一种理性的思考。他们呼吁新闻界以进取的态度改变现状，使绥远新闻界的面貌为之一新。从这篇访问记中可以看出当时绥远地区新闻从业者的职业理念和职业追求。

《绥远西北日报》为"中华邮政特准挂号认为新闻纸类"，社址在归绥文庙街5号。报价本市每月六角，半年三元五角，全年六元八角；外省每月七角五分，半年四元三角，全年八元五角。

第一节　《绥远西北日报》的内容及形式

《绥远西北日报》为对开四版铅印报纸，版面由正刊、副刊两部分构成。头版为广告，偶有社论刊登于上半版；第二版刊载国内外新闻，基本来源于中央通讯社的各地分社；第三版为绥远地方要闻，大多来源于绥远地区的通讯社，少部分由该报记者采写；第四版为副刊，稿件类型较多，主题鲜明。

一　《绥远西北日报》的新闻报道

《绥远西北日报》创刊于 1935 年 10 月 15 日，创刊当天，报纸上的新闻内容列表如下：

表 3-1　　　　　　　　　　第二版　国内外新闻

稿件类型	新闻来源	稿件题目	备注
集纳式新闻	中央社日内瓦十四日路透电 中央社日内瓦十四日哈瓦斯电 中央社伦敦十四日电 中央社伦敦十四日路透电	《国联十八人委会昨开会　讨论对意经济制裁　并通过禁止与意一切财务性往来决议案　英警告英侨速出离亚境》	国际要闻
集纳式新闻	中央社上海十四日电	《六全运会昨日之小波折　川向大会提两抗议　经足球裁判员加以解释遂告解决　褚民谊昨日表演太极拳》	时事热点
集纳式新闻	中央社清江浦十四日电 中央社汉口十四日电	《骆马黄敦堤防全毁后　窑湾全镇陆沉　鄂溃堤修复需款约六百万》	政情通报
消息（简讯）	中央社福州十四日电	《林主席昨在闽视察党政检阅　定二十五日前后返京》	领导视察
消息（简讯）	中央社	《中央国府昨合并纪念周　邵讲如何克复无形之敌》	会议新闻
消息（简讯）	中央社杭州十四日电	《黄华表周象贤等应百武宴毕　昨由沪返杭》	领导活动
消息（简讯）	中央社汉口十四日电	《行营昨举行纪念周　钱大钧报告　结束时应注意事项》	会议新闻
消息（简讯）	中央社上海十四日电	《汪孔等昨由沪返京》	领导活动
消息（简讯）	中央社福州十四日电	《蒋鼎文昨赴闽北祝察防务　与街商洽剿匪事宜》	领导视察
消息（简讯）	中央社香港十四日电	《萧佛成抵粤　陈济棠昨设宴洗尘》	领导活动

续表

稿件类型	新闻来源	稿件题目	备注
消息（简讯）	中央社杭州十四日电	《罗斯爵士昨离杭返沪》	名人政要活动
消息（简讯）	中央社长沙十四日电	《湘制就保安团旗 何键派杨石松等分赴各团校阅并代表授旗》	领导活动
消息（简讯）	中央社张家口十四日电	《蒙政会开会后 各委无提案 吴鹤龄昨过张赴庙》	时事热点
消息（简讯）	中央社上海十四日电	《黄绍雄昨由沪返杭》	领导活动
消息（简讯）	中央社南京十四日电	《公务员承销 赈灾公债 将由薪金项下发放》	政情通报
消息（简讯）	中央社天津十四日电	《日电通社经济考察团今晨由济抵津 津市府及日领馆均准备欢宴 该团定明日赴平》	领导视察
消息（简讯）	中央社哈尔滨十四日电	《俄"伪"边境冲突 日指苏俄当局故意造成严重事端》	国际新闻

表 3-2   **第三版　本地新闻**

稿件类型	新闻来源	新闻标题	备注
集纳式新闻	绥新社讯	《风惨露冷 灾胞待哺 赈务会昨商募捐工赈事项 民厅派员详查灾情 包头水势近数日间已大落 赈务会派员在包产办急赈》	赈灾报道
集纳式新闻	绥远社讯	《吴鹤龄今日可来绥 将负责斡旋西旗事 石王表示听从中央调处 望早平息免地方受蹂躏》	政要活动
消息（简讯）	华光社讯	《平太教授史润生返平 亲察印花税毕》	工作视察
消息（简讯）	华光社讯	《张昭民视察印花税毕 昨日赴平进京》	工作视察
消息（简讯）	绥远社讯	《永济渠工程修复 临河县长电省报告》	会议报告
消息（简讯）	绥远社讯	《北城楼四面钟 设回光点灯 市民极口称便》	民生新闻
消息（简讯）	绥远社讯	《省府电覆蒙政会 解释编组保甲规定》	会议新闻
通讯	绥新社讯	《萨县水灾损失惨重 淹田地六百余倾 损失财物约十万元之钜 水淹三十余乡 灾民七十余名》 小标题由"被灾区乡""灾区面积""灾民统计""损失人物"串联组成	系列报道
消息（简讯）	归化社讯	《丁旺夺吉昨赴平公干》	工作视察

续表

稿件类型	新闻来源	新闻标题	备注
消息（简讯）	归化社讯	《教厅令各校重视国术》	政令训令
消息（简讯）	归化社讯	《骑四旅长孙长务由隆来绥》	工作视察
通讯（专访）	绥新社讯	《包头史家营人民防灾得力 田舍未受水害》	民生赈灾
消息	知行社讯	《包市最近进货情形 较上年减十分三四 糖味运来六十余吨》	民情通报
消息（简讯）	华光社讯	《包头农产比赛会前日审查完毕 近日举行比赛》	农业发展
消息	绥远社讯	《军部代表柏毓鹏定明日离绥返京 今日赴青冢游览古迹 昨苗玉田等欢宴柏氏》	工作视察出访
消息	边闻社讯	《牛申之等由包出发测量黄河筑坝工程 包水灾会工赈即将实行》	赈灾报道
新闻报道	边闻社讯	《包市公安局破获制毒案 将送交县府侦查 萧毓衡供词狡展》	社会治安
消息（简讯）	本报特讯	《潘王在并谒蒋召毕 日内离并返绥》	视察出访
新闻报道	知行社讯	《无赖徐昆山 霸占人妻 谋害本夫》	百姓日常

对创刊当天报纸第二、三版内容进行分析，发现《绥远西北日报》正刊部分新闻报道呈现如下特点：

从新闻来源来看，《绥远西北日报》的稿件主要来源于中央通讯社及绥远本地通讯社，本报记者采写的稿件较少。

第二版的国内外新闻均来源于国民党中央通讯社的各地方分社，及时报道国内外重大新闻，反映时局变动。相较于1935年之前，报纸时效性有了显著提高，中央通讯社前一日的新闻一般能够在第二天见报，能够做到新闻时事的及时跟进。归绥当地虽没有设立中央通讯社分社，但通讯员办事处的设立一定程度上加强了新闻采编业务的能力与水平。

第三版的绥远地区新闻大多来源于绥远本地通讯社。1928—1937年是绥远地区新闻事业快速发展的十年，也是绥远地区新闻通讯社从无到有的发展时期。省会归绥的通讯社主要有"塞北通讯社""绥远通讯社""西北通讯社""归化通讯社""绥远新闻社"和"光华通讯社"等，包头主要有"包头通讯社""边闻通讯社""知行通讯社"等。这些通讯社有的由国民党党部或政府直接创办，有的虽是私营性质，但得到党政部门的资助和支持。它们一般规模很小，设备比较简陋，大多局限于本地新闻的采访。第三版有该报记者自行采写的新闻报道，但数量较少，内容简短，报道效能有限。

从稿件类型来看，集纳式新闻、消息（简讯）、通讯、评论等文体构成了《绥远西北日报》的主要文体。评论性文章大多位于《绥远西北日报》第一版，第二、三版基本不刊登评论；评论文体仅以社论形式出现，短评、专论较少。

第二版国内外新闻一般由集纳式新闻与消息（简讯）为主，文体类型较为单一，报道内容也以党部和政府会议、党政要员的活动为主，时政要闻、政令训令等也占到很大比例。《绥远西北日报》的新闻版面严肃规整，第二版经常采用并列集纳的方式，将多个来源的同一事件报道编辑在同一条新闻中，特别是国内新闻部分，几乎是中央社电讯稿的简单汇编。消息的篇幅短小，内容简明扼要，文字干净利落，在有限的版面上最大限度地刊载了更多新闻，报道领域较广，可以看出该报注重信息传递功能的定位。

相较于第二版的简短细碎，《绥远西北日报》第三版的当地新闻稿件显得生动多样一些。除消息外，通讯、专访、调查报告等数量也不少，涉及的领域包括了政治、经济、文化、社会民生等各个方面，更加贴近民生民情，写作也更加形象生动。例如《绥远西北日报》1935 年 10 月 15 日第三版刊载的报道《无赖徐昆山　霸占人妻　谋害本夫》在报道社会新闻时不忘向民众传递正确价值观；而绥新社的通讯《萨县水灾损失惨重　淹田地六百余倾　损失财物约十万元之钜　水淹三十余乡　灾民七十余名》则深入第一线，报道翔实，客观准确。

新闻标题是"能提纲挈领地揭示书籍或报章杂志内容、突出文章主题的名称"[1]，通过分析新闻标题，可以使我们了解报纸的定位与特点、引导舆论的能力以及报纸的立场和思想倾向等。《绥远西北日报》第二、三版的新闻标题平稳规整，句式呆板，缺乏个性和灵气，几乎为清一色的主谓宾陈述句式。标题类型虽然既有单一题和复合题，但是句式单一，没有起到吸引阅读、评价事实的作用，反映出《绥远西北日报》以政情通报、政令传达为主要职能的特点。

以标题代替导语是《绥远西北日报》的重要特征之一。1935 年 10 月

---

[1] 刘建明主编：《宣传舆论学大辞典》，经济日报出版社 1992 年版，第 275 页。

15 日刊载的绥新社电讯《风惨露冷　灾胞待哺赈务会昨商募捐工赈事项　民厅派员详查灾情　包头水势近数日间已大落　赈务会派员在包产办急赈》等，起到了提示新闻事实的作用。标题不够简明，代替了导语的功能。

二　《绥远西北日报》的评论

新闻评论是新闻媒体对当前重大新闻事件或重要社会问题发议论、讲道理、明是非的一种议论文体，一般具有引导、监督、表态、深入、启迪等重要作用。新闻工作者的新闻评论功底、职业使命感以及媒体的舆论导向都可以从这一文体中表现出来。

整理搜集《绥远西北日报》近两年的报样，笔者发现，该报评论呈现如下两个特点：其一，90%以上的评论分布于第一版的上半版，读者拿到报纸后，置于头版的社论马上可以呈现在眼前，有利于发挥社论的导向性和指导性作用；其二，该报评论类型较为单一，仅有社论一种形式，专论、短评等评论性文体很难看到。

社论是"报纸的心脏"，除具有一般新闻评论的认知、教育等功能外，更重要的是代表媒体乃至政党、政治团体等直接发言的喉舌与作用。《绥远西北日报》孕育在特殊的时代，处于抗日战争正式爆发前的历史关头，社论所涉及的内容基本是广大民众极为关心、迫切需解决的现实问题。《绥远西北日报》的社论关注时局，与国民党中央保持一致，同时对一些重要的党政活动表达关注。例如 1936 年 5 月 26 日社论《绥省重严与毗邻关连》：

> **绥省重严与毗邻关连**
>
> 绥省隐忧，现在已到严重之阶段。在表面上看去，似乎平静如常。然默察近东情势，实警惕不安。如斯状态，国省当局，宜全体动员，齐一步法，预先盘算，应此关头。
>
> 溯冀察问题发生以来，塞上风云，亦随时变化。绥省处此漩涡中，当局故苦于应付，本春共匪窜晋，本省一度空虚，防共之声，遂行高倡，民众惊惶，会一度紧张。在兹半年期间，内忧外患，相交煎迫，是楚是秦，日有纷隙。水深火热，饱尝虚惊。时至今日，更不堪闻问，将由虚惊，而或陷于身受也。

就绥省内政以言，近半年来，当局宵衣旰食，躬干苦干精神，愈加迈进。在此危难环境中，挣扎支撑，诸政见兴，日增进展。各蒙旗王公，萃集省垣，推诚相兴，共济时难。蒙汉官民，感情融洽，政简人勤，地方安谧，边瘠省垣，似斯治绩者，盖属罕见。此在内政上可告无虞。但以近东形势观之，绥省颇危也。顾近来冀察外委会之外交情形如故，毫无进展。走私偷税，益加畅旺也。

绥省地处塞北，为国防要隘，西北诸省门户。东可鞭挞察冀，南能攫取晋秦，西又控制新宁，北更捍御蒙俄。在军事上，或政治上，均可管毂诸省，胁制一切。无论对我对俄，在地理上，为必争之区。似有一度险像出演之可能，苟如斯，绥省虽不必惜，而华北及西北诸省，俱甚堪虞。故时贤谓"欲保守远西北，须由近西北做起，近西北即绥远"。诚哉斯言，吾人以保持绥远，不第以保全西北，并可以保守华北。此应急于筹策折衡，早定大计，保我领土之完整。

傅主席主绥以来，勤政廉明，内治外交：诸凡努力，各方情形，尤能瞭然，应付策略，处治裕如。苟到严重阶段，尤可不顾一切，为国效忠。故吾人可代表民众而请氏努力支持局者也。

该社论以"绥省隐忧"为由头展开阐述，指出绥省各方齐心合力已取得了一些成就，但在诸多不利因素下，仍面临严峻考验；作者切入时弊，认为绥远省的地理位置使之自然成为易被侵略的重要目标。接下来引出"保持绥远，不第以保全西北，并可以保守华北"的重要论断，对傅作义主席上台后采取的各项举措给予高度评价，通过对具体工作的指导进行思想启迪。

有的社论旗帜鲜明，发挥了引导舆论的褒贬评介作用，如1936年12月20日的社论《警告张学良》。在西安事变之后，《绥远西北日报》承接国民党立场，对张学良、杨虎城囚禁蒋介石一事给予强烈谴责，是国民党党报性质使然。

与重要节日、纪念日、活动日、国耻日以及外交建交、签约、各国领导人来访和我国领导人出访等送往迎来的外交活动相配合，《绥远西北日报》往往借助新闻由头发表社论，起到舆论引领作用。1937年3月，绥远抗战先烈祭奠之日，举国哀悼。3月15日《绥远西北日报》刊载社论《追悼抗战阵亡烈士》起到了告慰英烈、勉励后人的舆论先导作用。

二十五年绥远抗战，含义至大，占中华民族解放史上最光荣的一页，有划时代的严重性。阵亡先烈，理宜享国人崇拜。今日全国致悼，非仅安慰英灵，正所以唤醒未死，逢兹盛典，岂容无言？

《绥远西北日报》针对国民党内的风雨变化发表社论，发布时间恰当，对当局意图把握到位。笔者发现，《绥远西北日报》前期的社论发布频率较低且言辞较为温和；而从1936年下半年开始，随着绥远抗战、西安事变等重大历史事件的轮番上演，《绥远西北日报》社论发布频率大大提高，态度不再温吞，言辞变得犀利。《绥远西北日报》社论的论调随着党部政治态度的改变而迅速调整。在蒋派反共时，该报大肆报道"赤匪"新闻，社论《绥省重严与毗邻关连》中"本春共匪窜晋"的字眼即可体现；在国共合作抗日之时，1937年7月28日社论《我们应该怎样抗战》、7月29日社论《抗敌救亡之行动》等话锋一转，言论主张一致对外。在不同阶段，该报社论都能以国民党的方针政策为指导，发表的评论观点鲜明、倾向性明显。总体而言，《绥远西北日报》的社论代表了国民党中央和绥远省党部的立场。

三　《绥远西北日报》的副刊

《绥远西北日报》的副刊进步倾向明显，与正刊的"规矩""严谨"相比，在抗日观点的表达上态度更加明确，言辞更加大胆。《绥远西北日报》的副刊稿件来源多样，类型丰富；内容多为原创，同时也转载一些外来翻译作品，兼具休闲性与实用性特点。

（一）副刊内容丰富多彩

1. 注重儿童教育，培育文学素养

1919年美国教育家杜威来华访问，提出了"以儿童为本位"的儿童观，中国社会在20世纪上半叶掀起了"儿童本位主义"的狂潮。对于儿童的教育、培养在处于西北塞外的绥远地区也有所体现，余温尚存。1931年傅作义主持绥政，注重发展教育，通过保障教育经费、改善办学条件、推行义务教育、强化师资队伍等一系列措施的提升，使得绥远省教育状况有明显改善。《绥远西北日报》副刊之一、创刊于1936年4月1日的《乐园》为小学生提供了发表作品的平台，充分体现了对儿童的重视。

副刊《乐园》以绥远省立归绥第三小学作为通讯处，作品来源完全交由学校学生运作，改变传统的以成人为创作主体、以说教性文章为主要内容的状况，给予学生充分的创作自由。1936 年 4 月 1 日第四版副刊《乐园》的《发刊小言》写道：

> 我们做教育生活的人，对儿童的前途是应该负全部责任的。当然我们不能让他们的一生毁灭在我们的疏忽与冷漠之下。我们尊敬儿童，我们爱护儿童。对他们的注意自然也随敬爱而增加了。那么我们能不利用他们的个性来指导他们鼓励他们？
>
> 爱发表，喜夸奖，好竞赛，这都是孩子们特具的个性，要是他们戮力向上，对这些优点是不能不利用的。所以，我们出这个刊物也只有"对孩子们负责"这一理念的……我们愿意为小朋友们服务，希望他们的天才不被埋没。当他们正在该尽量表现与发展他们的本能与天才的时期……那么我们对领导儿童的责任是至重且大是逃避不开的，其实也不应逃避。所以，便鼓起童真来努力呼唤与协助了。

编者在《发刊小言》已经将尊重儿童创作个性，重视儿童教育发展的初衷充分展现。《乐园》内容主要以学生的习作为主，"让大家把自己作好的日记或作文，在报上发表出来，一方面鼓励同学用功，再一方面又能引起家长重视儿童"（见《绥远西北日报》1936 年 4 月 1 日四年级学生梁祥《我们的祝辞》），版面有多人以同一题目为题创作的文章集合，也有以儿童视角创作的习作和文学作品，从中可以感受到儿童的内心世界与他们所认识的世间百态。《乐园》中刊登的优秀习作，展现了当时莘莘学子的风采，以及较为优秀的文笔功力。例如《乐园》创刊号六年级学生祖云高的习作《一个惊喜的梦》：

> 用过晚饭便约了几位知己的同学，信步遨游，沿路芳草盛开，鲜花灼灼，林中好鸟，亦鸣声上下，入耳如仙境一般的动人，我们且走且观，一路谈谈笑笑，真是逍遥自在，快乐极了。
>
> 走了数步，忽见一条蜿蜒如带的小河现在眼前，水淙淙的流动，草儿葱翠碧绿，有如一幅美丽的书稿；河中有鱼儿三五，游来游去，现出自由活泼的样子……

文章在展现作者梦中与朋友出游的所见之景的叙述隐约可见柳宗元《小石潭记》的影子，作者移步换景，在移动变换中带着我们领略不同的景致，可读性强。作者在文后继续讲述梦中的自己摘果负伤，观动物搏斗等经历的事情，曲折坎坷，首尾呼应，给读者留下极强的想象空间。

在儿童身心尚不成熟的阶段，关注儿童感受，从儿童视角为其提供话语空间是副刊《乐园》的可取之处。《乐园》以小学生习作为主要内容，重视儿童的所思所想、所见所感，对于促进绥远地区的中小学教育、提升儿童文学素养起到了积极的推动作用。当然，相较于同一时期其他地区的儿童副刊，《乐园》副刊刊发的习作内容较为单薄，在民族认同感的培育、实际技能与科学精神的倡导方面，还显得较为不足。

2. 推广农村建设，启迪西北开发

20世纪以来，"开发西北"的呼声随着民族危机的加深而日益高涨。30年代远在西北边陲的绥远省在傅作义主席的带领下开展的乡村建设运动正是西北开发的具体体现。《绥远西北日报》创办之初已将时代的关键词"乡村建设""西北开发"作为办报的重要理念。其创刊词提出："概藉绥远之交通物力，开发广大之西北，吾人深悉此意，较时人独早，曾于数年前，即拟发行报纸，鼓吹西北之实藏，暨绥远之重要，俾资宣示国人，关心西北。""本报系私人集资营业，专以宣传西北实业，促进文化为主旨，并无任何党派与政治作用。"（见《绥远西北日报》1935年10月15日第二版"发刊词"）种种论调与绥远当局的大政方针不谋而合。《绥远西北日报》的副刊之一《农圃》是这一时代背景下极为鲜活的例子。

《农圃》创刊于1935年，是以职校农圃社为通讯处的半月刊。上海《申报》和南京《中央日报》驻绥记者刘映元在《农圃》创刊号说明了该副刊创办的主要背景与缘由：作为中国西北一隅的绥远，贫弱的症结在于与欧美各国产业文明方面的差距。创办副刊《农圃》的目的在于响应傅作义政府号召，为增进农业繁荣尽力。《农圃》副刊的文章内容，主要涵盖如下三个方面：

首先，详尽向读者介绍西北实况，提供信息咨询。西北开发的口号早已不绝于耳，但人们对西北地区的相关情况却了解甚少，急需报刊的宣传与介绍。为了避免开发西北变成一种"无目的的举动"，副刊《农圃》"拟用探访或考察的方法，把西北农牧的情形，贫困的症结，蕴藏的富源，民众的习性，介绍给读者，做将来开发西北的一个小小参考"（见

《农圃》创刊号 刘映元《卷头语》）。

其次，为农民与政府建立沟通的双向渠道，将言论观点供给政府参考，迎合乡村建设号召。乡村农民与政府是相辅相成的主体，《农圃》副刊作为"农民播音和收音的机关"，一方面把农事信息和政府政策以畅通的渠道告知农民，另一方面"把农民的痛苦，农村的需要，告给有责任的人们知道，同时再把我们所学的，以及政府建设农村的方针，解释给农民知道……把合理的地方阐明，把没有做到的地方指出，供给政府参考，以期乡村建设早日有成绩可见"。

最后，普及农业知识，服务农业生产。创刊号刊载的《作物营养谈》以通俗易懂的文字介绍作物维持其生存所进行的光合作用和代谢作用，通过表格形式对比分析不同农作物风干物之灰量，深入浅出地为受众普及农业知识。《农圃》副刊中设置的"农艺小品"栏目用小品笔法和幽默口吻，描写农事经验、农村习俗及农业知识，很好地规避了科学性文字的呆板。1935年11月15日刊载的《卖鹁蛋的老人》，通过对话体形式为读者介绍了鸡舍建设与管理等农事技巧，将文学题材与科普知识巧妙融合，令人耳目一新。

3. 关注妇女群体，唤醒救国情绪

1936年12月6日，绥远省知识界进步女青年在归绥成立绥远省妇女会大会，通过了妇女会简章，选举产生了妇女会理事及会员70余人。妇女会在《绥远西北日报》的副刊上开辟《绥远妇女》专栏，直到1937年10月归绥被日军侵占才停止工作。

《绥远妇女》副刊紧扣会议宗旨，将"解放妇女权利自由"与"唤起抗日救国情绪"两大基本原则贯穿于副刊之中。1937年7月29日刊登文章《痛心的回忆》，对妇女缠足的恶习进行批判，以劝告性的文字将亲身经历的真实事件向读者展现，声讨封建残余思想对于妇女的戕害。

数千年来处在封建势力的礼教束缚下的中国妇女，已经失掉了做人的资格。在经济政治上没有女子的地位和权利，在生理方面还给予摧残……深受其苦的姐妹们，快觉悟吧！缠足究竟有什么好处？本身失去自由，且不说筋骨折断，肌肉溃烂，身心的痛苦，是笔墨难以形容，深望你们不要再迷信那"三寸小金莲"的美梦。……

我们在家庭到田庄或出社会做事，总得解放了自身，才能如意的动作起来，所以我希望你们不要一味地守护地把足缠下去，更不要给子女再加这种非礼的束缚，因为缠足能残害他们终身的幸福和生命。

虽很早政府对缠足妇女实行劝导检查罚款等措施，但如今缠足这种"不争气"的现象仍然屡禁不止，缠足妇女仍然比较普遍，究其原因，是"乡村妇女的无智"。

作者指出，妇女作为封建礼教束缚下的弱势群体，蒙受着方方面面的摧残与不公正的待遇，对妇女缠足的问题，作者以感情炽烈的劝诫句式呼吁："快觉悟吧！""在家庭到田庄或出社会做事，总得解放了自身，才能如意地动作起来"。值得一提的是，作者不仅从生理角度出发，认为缠足影响了女性的身体健康，使女性步履困难，还从女性参与社会活动的角度出发，认为缠足使女性难以投身到社会生产过程中来。作者告诫人们，要"在可能的范围内多给他们一种和善的劝导以期收到最大的效果"。

在国家内忧外患的生死关头，唤起妇女救国情绪也是《绥远妇女》副刊的重要内容。编者在《绥远妇女》第九期《为民族生存而努力》中这样写道：

> 卢沟桥事件的发生，成了中华民族生死存亡的关头，在这最危险的时候，我们都知道只有抗战，只有和日本一拼才是我们的生路……现在我们要全国整个的团结起来，力量坚固，我们相信是可以抵得住敌人的炮弹的。
>
> 在后方的人们该做些什么，是要赶快动手的时候了。国防最前线的绥远，我们的妇女同胞，快点起来做我们应做的事情。组织后方工作，训练民众以救护常识，或仍组织看护训练班，来广泛的宣传，很多很多的事情，要我们来做。我们要把这责任负起来，为我们中华民族的生存而努力。

国难当头的忧患意识已经于字里行间中尽显，整篇文章动员的意味十足，号召妇女摆脱无所适从的状态，力所能及地投入到抗战救亡中去。

在副刊文章《我们企望政府要做的两件事》中，作者尖锐地指出了绥远当下的最大积弊是"人民无智"。"在绥远不认识字的妇女已是到了惊人的数目，不晓得国家危险和时事新闻怎么能谈到爱国救国呢？所以那些可怜的老小妇女们急需要受些教育。"作者以"天下兴亡，匹夫匹妇皆有责"的口号进行号召，希望政府资助妇女常识训练班，对绥远妇女进行组织和培训，提高女性智识。

4. 刊发特刊特辑，激励抗战情绪

《绥远西北日报》从创刊到停刊的近两年时间里，发表了一些特刊、特辑，或是对某一主题进行的集中策划，或是对某一事件所出的专号。特刊、特辑往往与抗战救国主题相关，文字图片相互配合，版面丰富，内容生动。1936年10月31日发行的《蒋介石五十寿辰纪念特刊》，醒目的手书通栏大标题大气磅礴，版面自上而下浑然一体。《蒋委员长为集款捐机 敬谢全国同胞同志书》将报道与蒋介石个人肖像巧妙搭配，使得版面严肃整洁。特刊整版以蒋介石五十寿辰这一事件为依托发表了一系列文章，如邵元冲《蒋介石先生的家庭教育与学术修养——为介石先生五秩诞辰作》，也有庆祝寿辰的纪念歌与纪念诗。值得关注的是，文章多将庆祝诞辰与国运危机的现状相互联系，铿锵昂扬的歌词和诗文紧紧围绕拥护蒋介石领导、共同保家卫国的主题。

1937年3月15日发行的"抗战阵亡烈士追悼特刊"刊登了国民党各级部门重要领导、社会各界重要人士对绥远抗战中牺牲的烈士所撰写的挽词，密密麻麻的挽词占据副刊整体版面，让人肃然起敬并为之动容，加上《全国隆重悼国殇 蒋委长以下均致挽词 未死者应知所奋勉矣》（见《绥远西北日报》1937年3月15日第四版）的标题，万众一心的家国情绪和全民动员的抗战激情瞬间被激起。

（二）副刊风格刚健慷慨

1. 摒除"花粉"气息，文风朴实刚烈

《绥远西北日报》的副刊一扫中国报纸副刊之前特有的儿女情长的矫情"花粉"气息，或从源于生活的朴实实际出发，或展现慷慨激昂的刚烈文风，是一种与时代背景相吻合的"文艺"副刊。

创刊于1935年10月15日的副刊《塞风》是《绥远西北日报》中极具代表性的副刊之一。在创刊号中，霍慕慈的《谈风》一文解读了副刊名称，阐明了该副刊的内在风格：

> 轻风细雨，这是富有诗味的境地。但，我不爱轻风，现在的时
> 代，我们也不需要"习习的微风"

是"暴风"雨的时代了，我们就在这种境地里挣扎着

塞上的风，自有其雄壮伟大处，我们愿浸润徘徊于塞风中

沙漠里的骆驼，无日不在塞风中喘息着，这里没有诗人的意境，没有轻快的气氛，但骆驼，才是真正的负重者……

作者在文中提到了鲁迅的《准风月谈》，意味着《塞风》副刊会和《准风月谈》一样看似风花雪月儿女情长，实际要将此种模式完全摒弃。《塞风》副刊的基调是基于生活的朴实实际与高于生活的刚烈昂扬，是时代需求在文学副刊上的体现。副刊《边防文垒》的刊头语也有类似表述："我们的态度是不开倒车，不作帮闲文章，不作无病呻吟，反之，有背时代潮流的讲述，有背民族利益的词文，有歪曲真理的论调，我们将毫不留情地加以批判和痛斥。"

2. 紧扣时代脉搏，回应时事热点

1936 年底在西安事变发生前后，副刊文章的倾向也随之发生变化。《边防文垒》《潮音》《汉魂》《绥远妇女》《金析》等一批以动员性基调的感情充沛的副刊随国运危机的逐步加深而争相面世，对救亡图存主题进行了集中宣传。

在当时影响颇大的进步副刊《边防文垒》定期推出"每周谈话"专栏，内容针砭时弊。或对国内外局势进行深刻剖析并提出相应希冀与对策，或针对本地区相关军事政治事件发表个人看法，以关键词进行统领整体文章的形式使得文章主观性色彩明显，相关的主张观点能够反映当时文人志士对于某事件做出的评述。例如，1936 年 12 月 17 日《边防文垒》第五期"每周谈话"专栏中一篇题为《外强中干》的稿件："国际强盗鼓吹的侵略阵线泛滥到太平洋沿岸的亚洲，形成了东西三大强盗携手的新壁垒。这一事实的表现，确是人类和平的大障碍……他们以强盗结合的方式共同进攻新社会制度的苏联，侵略被压迫的弱小民族，以达其重分世界殖民地和相互承认既得的贼物的目的。"作者充分联系当时风云变幻的国际局势，看清了法西斯国家的本质，在剖析列强阴谋的同时也揭露其"外强中干的本质"，认清它只有少数领袖的嘶声狂呼，却没有群众拥护的实质。如此以小见大的剖析与呼吁，对于帮助人们认识法西斯势力终将灭亡的结局，以远见卓识帮助人们坚定信念。

除此之外，副刊《边防文垒》中，相关诗作、随笔、论评等多样的

文体稿件进行对整体一期副刊稿件的编排，就抗战救亡这一主题进行全方位的与之有关的诠释与文学创作。"国防文学"的动员性十足，慷慨热烈、振奋人心。

(三) 副刊是地方文化的摇篮

《绥远西北日报》的副刊《塞北牧草》《骆驼草》等经常向绥远读者提供当地文坛动态，"介绍一些文学上的思潮和国内外文学名著，以及文学运动情况，这对于爱好文艺者也许有些帮助"①。有的副刊还提供图书讯息，版面附有"书刊介绍"栏目，为同好之人提供实用性讯息。《绥远西北日报》1935 年 11 月 25 日刊登《申报〈自由谈〉停刊》，认为《申报〈自由谈〉》"充满时代的呼吸"，"停刊原因虽不明，但这不能不令人认为该报主持人有意取消进步的读物"，对《申报〈自由谈〉》给予充分的肯定与认可，对其停刊，表达了不解与不满的情绪。副刊《塞风》1935 年 12 月 4 日刊登了莫泊三（音译有误，实为莫泊桑）的《项链》与达尔蒙的《红鸡蛋》等国外名著，副刊《骆驼草》也曾刊登列夫·托尔斯泰的小说《高加索的囚徒》。这些作品开阔了读者视野，推动了外国文学作品的传播。副刊《塞风》1936 年 1 月 1 日发表《二十四年中国文坛的总清算》《一九三五年中国诗坛》《一年以来的绥远文坛》3 篇文章，对中国与绥远文坛进行了梳理总结，使读者对当时的文坛状况能够有一个比较全面的了解。

《绥远西北日报》的副刊还发表了很多纪行和游记作品，从文化角度展现城市面貌，例如副刊《塞原》刊登的《归化城，绥远印象记之一》，副刊《塞风》刊登的《旅沪印象记》等。副刊《塞北牧草》由绥远社诗歌研究会编辑，内容为诗歌研究会内部人员的诗文创作，散文诗、叙事诗、抒情诗种类多样，文采十足；副刊《友的艺园》由归绥师范的学生编辑，发表的大多为学生习作。

1936 年 12 月 17 日《绥远西北日报》副刊《边防文垒》上，刊登了题为《英记者司奴与毛泽东会谈记》的稿件（原文来自上海《密勒氏评论报》，由主编杨令德转发，司奴即为美国记者斯诺。笔者注），报道了毛泽东与斯诺的会见中谈到抗战必胜、中国人民一定要走抗日民族统一战线的道路等内容。《绥远西北日报》副刊编辑杨令德对一些文字进行了删

---

① 《编后记》，《绥远西北日报》1935 年 11 月 4 日。

减处理后转发了这篇文章，大量敏感性字眼用××字符进行代替。但最终因这篇文章被撤职。当时绥远省当局设有"公告组"专门负责新闻审查，由陈德民任组长，各通讯社的新闻稿和发往外部的新闻电均需送审。在这种控制下，常有报道被封禁，报馆或编辑遭受惩戒的情况时有发生。① 这一事实说明，虽然《绥远西北日报》的副刊与正刊相比，稿件不必送审，自由度要大得多，但是政治观点与国民党中央有明显出入的稿件还是会被查处。"当时在国统区控制下，绥远还是以傅作义势力为主，不至于像内地那样严密，所以能于极为复杂的环境中，透露出不少进步诗文甚至能冲破重重困难发表了毛主席的论著。但这并不能说明国民党的新闻审查有所放松。只因为副刊稿件一般不送审，容易漏网。"②

《绥远西北日报》的副刊在丰富报纸内容的同时，也成为绥远地区文学作品的发表园地和培育作家的摇篮，在为广大读者提供丰富的文学养料的同时，活跃了绥远省的出版文化，激发了广大民众的抗战热情。《绥远西北日报》的副刊关注儿童、妇女、农民、抗战勇士等不同群体，是绥远地区文化发展的缩影，社会状况、文化变迁、民众思想都可以从中窥得一斑，对于研究绥远文化历史极具史料价值。

四　《绥远西北日报》的广告

《绥远西北日报》的内容中，广告是其中的一部分。在报纸前身《绥远民国日报》创办之初，由于经费、经验等各方面的局限，刊载的广告量较少。随着绥远地区经济贸易的发展，《绥远民国日报》的广告数量有所增多。党部撤销、报纸改头换面以《绥远西北日报》之名再次发行后，广告数量并没有因此减少。

（一）广告价目

《绥远西北日报》在报头附近的显眼位置刊登广告刊例、价目等基本情况，以竖行表格加框形式呈现，突出醒目。

（甲等）登于第二三版要闻栏内每日每方寸洋七角概无折扣
（乙等）登于第一版每日每方寸洋二角

---

① 忒莫勒：《内蒙古旧报刊考录（1905—1949.9）》，远方出版社 2010 年版，第 24 页。

② 中国人民政治协商会议呼和浩特委员会文史资料委员会编：《塞上忆往——杨令德回忆录》，内蒙古人民出版社 1988 年版，第 30—49 页。

图 3-1 绥远西北日报的广告价目（1936 年 1 月 1 日第一版）

（丙等）登于普通版每日每方寸洋二角

以上面积均按三方寸起码 不足三方寸亦按三方寸收费半月七扣一月以上特别从廉长期面议

（丁等）小广告四十六字以内每日洋一角 九十六字每日洋三角

过九十六字即按丙等价目表计算三天起码不足三天亦按三天收费半月七扣一月六扣半年五扣字大小均按五号字计算大字照加

由甲、乙、丙、丁等级划分的形式明确不同版面位置的广告价目，甚至在某一等级中还有按照日期等标准的更为细致周密的划分，使得广告价目明确，读起来一目了然。而通过报样的阅览可以发现，大部分广告位于第一版及第四版副刊部分，而第二、三版要闻版面广告则只是偶有出现，面积较小。

（二）广告种类

《绥远西北日报》的广告主要刊登在第一版的全版和第四版的下半版，第二、三版偶有刊登，数量不多。总体来看，广告规模不及《绥远日报》，与其他报纸大致持平。以1935年10月15日报样为例，第一版与第四版的广告总数共计17则，其中第一版刊登的广告为：绥远敬记纸庄广告、国民政府航空公路建设奖券办事处启事、绥远山西省银行广告、威廉士医生红色补丸广告、《文化建设》第20期出版广告、虎标良药万金油广告、五台山及大丰包牌香烟广告；第四版（副刊）刊登的广告为：补药大王金刚广告、言记号茶叶部广告、绥市粮价、绥远平市官钱局广告、绥远饭店电影部电影《飞花村》《啼笑姻缘》、绥远农业银行广告、双利汽车行广告、南古丰轩新添涮羊肉广告、蒙古新闻社迁移启事、绥远银行特聘张光第律师为本行常年法律顾问特此通告等。

从中可以看出，该报的广告可以分为商业性广告与非商业性广告两大类。商业性广告包括产品广告、企业广告等；非商业性广告包括政府公告、文化广告、个人广告（类型有启事、声明、征婚广告等）以及基本信息公示等。

1. 商业性广告

《绥远西北日报》中刊载的商业性广告类型众多，其占据主导位置，构成了报社收入的重要来源。银行、商店、药房、医院、面粉公司、印刷局、纸店、饭庄等均有涉及，内容丰富，五花八门，从侧面反映着绥远当时的社会生活百态。

《绥远西北日报》多次在报纸刊登《国民政府航空公路建设奖券办事处启事》，内容是发行奖券筹措资金用来赈灾救济、资助体育，"既致富又爱国舍此莫属"，图文并茂，相较于全为文字的内容而言，形象生动，吸引眼球。该报还定期发布"绥市粮价"，切实服务百姓，方便群众生活。

2. 非商业性广告

市政府部门为传达政令而在报刊刊载的广告为非商业性广告，类型包括各种公告、启事等。《绥远西北日报》属于省级党报的性质，因党部撤销、掩人耳目的原因，承载政府当局政策、法令宣传的政治广告几乎消失殆尽，仅在不够醒目的边角部分出现。例如1936年4月1日第四版刊登的"中央革命债务调查委员会举行债务登记通告"，1935年12月30日第

（1936年5月26日第一版）

（1936年7月5日第一版） （1936年7月13日第一版）

图 3-2 《绥远西北日报》的部分广告版面

（1935年10月15日第四版）

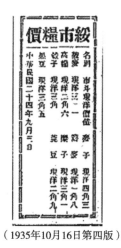
（1935年10月16日第四版）

图 3-3 《绥远西北日报》的部分广告版面

一版刊登的"绥远归绥地方法院布告"，这是与他省党部报纸有所区别的重要特征。

文化广告以文化类信息为主，旨在丰富人们精神生活，增长文化知识，提升文化素养，陶冶情操。《绥远西北日报》的文化广告包括如下几类：文娱演出类的广告，如绥远饭店的影片上映；书刊类广告，如《文化建设》杂志内容及征文启事；教育类广告，如各类招生广告"绥远私

中央革命債務調查委員會

舉行債務登記通告

綏遠歸綏地方法院佈告

院長萬宗周

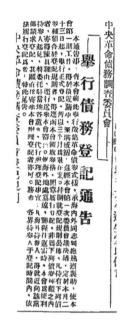

（1936年4月1日第四版刊登）　（1935年12月30日第一版左上角）

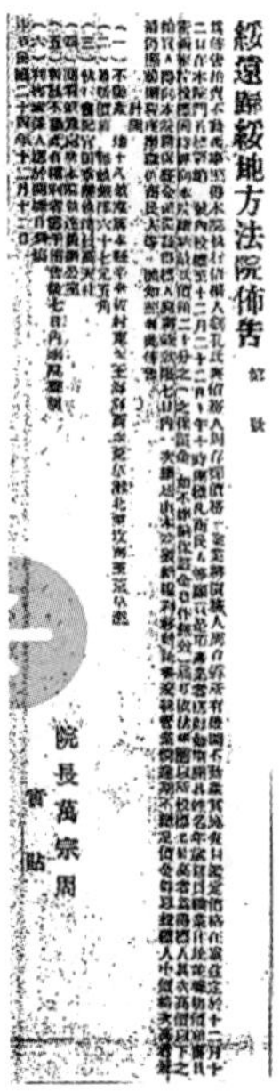

图 3–4　《绥远西北日报》的部分广告版面

綏遠省政府通告

中華民國二十五年七月八日

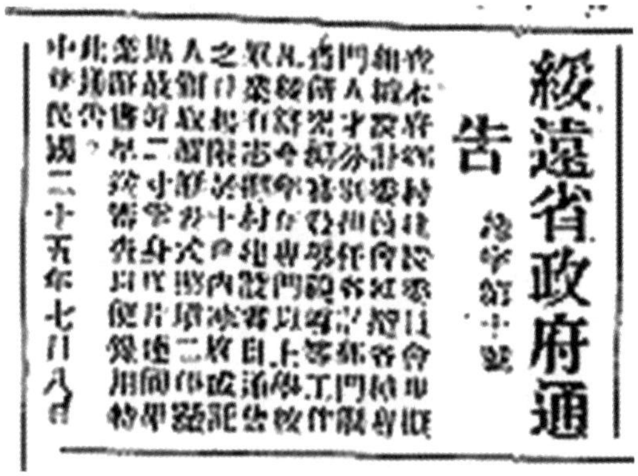

（1936 年 7 月 13 日第一版）

图 3–5　《绥远西北日报》的部分广告版面

立正风初级招考编级生启事”“中国国医函授招收各级学员”等。

个人广告，即满足个体需要，运用媒体发布的广告。主要类型有个人启事、声明、征婚、寻人、婚丧等广告。这类广告篇幅较为短小。

（1935年10月15日第四版）　　　　（1935年11月4日第四版）

图 3-6　《绥远西北日报》的部分广告版面

（1935年10月15日第一版）　　　（1936年11月5日第四版）

图 3-7　《绥远西北日报》的部分广告版面

（1937年3月14日第一版）　　　（1936年12月20日第一版）

图 3-8　《绥远西北日报》的部分广告版面

（三）广告特点

《绥远西北日报》的广告种类繁多，上至政府、企业，下至商铺、个人，商业性广告与非商业性广告并行刊登。当时绥远报纸的广告制作水平一致，《绥远西北日报》的广告形式相对单一，部分广告内容夸张，存在言过其实的情况。整体来看，该报所刊登的广告基本以简单的文字介绍为主，通常用大号字体突出广告宣传主体，用小号字体言简意赅地介绍内容，整体形式较为呆板单一。另外，值得关注的一个现象是，在众多商业性广告中，药品广告往往夸张虚假，格调不高，如很多药品广告中有"一粒见效""包治包好""不好返洋""求子福音，保证受孕"的字眼，虚假夸张。一些宣传"五行阴阳""趋吉避凶"等迷信色彩的相士广告在报样中随处可见。一些男科广告、妇科广告，也使报纸看起来非常不雅。

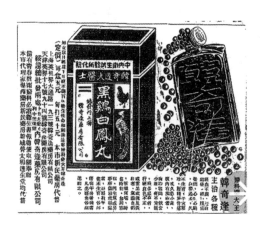

图 3-9　《绥远西北日报》的部分广告版面

图 3-10　《绥远西北日报》的部分广告版面

图 3-11 《绥远西北日报》的部分广告版面

抛却广告的虚假性、欺骗性以及低俗性等消极因素，不少广告一定程度上采用多种艺术手段进行修饰渲染，以此达到更强的宣传效果，形象生动且不失趣味。在当时有限的条件下，黑白版面的报纸中图文结合的形式一定程度上破除呆板劣势，引发更好的广告效应。例如 1935 年 12 月 4 日刊载的"妇科新药"广告中，"是她们的天使"字样赫然醒目，长着翅膀的天使图案使得整体广告协调生动。

（1935 年 12 月 4 日第四版）

图 3-12 《绥远西北日报》的部分广告版面

而不同日期报纸刊载的广告"威廉士医生红色补丸"，广告形式花样繁多，更以治疗前后对比的图案以及患者"真人真事"增强广告说服力，避开广告的负面宣传来谈，其创新的广告宣传模式在当时应属先进做法。

（1935年12月30日第一版）　　　（1936年7月15日第四版）

图 3-13 《绥远西北日报》的部分广告版面

（1936年11月5日第四版）　　　（1935年10月15日第一版）

图 3-14 《绥远西北日报》的部分广告版面

第二节 《绥远西北日报》的抗日救亡宣传

笔者梳理《绥远西北日报》报样发现，关于日本的相关新闻报道在前期报样中与1936年态度有了明显转变。其中暗含着国民党当局从"攘外安内"向"抗日救亡"的反转，相关的新闻报道字里行间中能把握到历史时局变化，揣摩当时国民党当局倾向性的转移。

一 创刊至绥远抗战前的情况

笔者发现，自 1935 年 10 月该报创刊至 1936 年上半年，抗日救亡的论调在《绥远西北日报》消亡殆尽。《塘沽协定》之后，国内禁止组织抗日机构，停止所有排日抵抗活动，中日关系呈现一派"亲善"假象。《绥远西北日报》的国内时政要闻、绥远地方要闻等已经基本没有排日内容。第二版中央通讯社发布的国内新闻显示出国民党当局与日本关系的明显缓和，而第三版绥远地方新闻部分基本没有与日本相关的报道，更无抗日宣传可言。

与正刊不同，《绥远西北日报》第四版的副刊诸如《汉魂》《潮音》《边防文垒》等，抗日宣传基调恳切，情感炽烈，显示了与正刊部分截然不同的政治倾向。这一现象说明，国民党绥远地区的报纸审查制度执行得并不严格，同时也说明副刊不被当局重视，作品发表相对自由。关于《绥远西北日报》副刊的抗日宣传，上节已详细阐述，在此不再赘言。

《绥远西北日报》第二版发表的来自中央通讯社的国内新闻中，与日本相关的报道很多是中日两国友好往来的内容，如 1935 年 11 月 4 日第二版《讲演会 日代表抵津 昨赴南大讲演》《日工政会考察团昨午由津抵平 北平清华两大学茶会招待》；第三版《日人佐藤等由平到包游历》等。当日报纸第二版的集纳式新闻《汪伤愈趋佳境睡眠安适 国际闻人分电慰问 注射破伤风血清无何反应颊肿已半退 中枢要员昨晨赴行探视》报道了汪精卫于南京遇刺的后续情况，其中小标题《美日要人关切》中有如下报道：

> 汪院长被暴徒阻击受伤消息传播后，日外相广田，美国务卿赫尔，已分别电令该国驻华大使馆，派员到我外交部代表慰问，我外交部接见后，亦令驻日驻美大使馆，分向日美外交部致谢。

从这些报道中可以看出，1935 年底中日关系呈现暂时缓和迹象，虽然这种"亲善"不过是一种假象。

1936 年下半年中日矛盾逐渐升级，《绥远西北日报》的国内新闻反映了国民党对日态度的变化，例如 1936 年 10 月 31 日第二版《杨永泰被刺后 某方恶意宣传 我外交部已提出严重警告 日人在并强行盘踞民房》：

　　杨永泰被刺发生后，日本报纸屡次做恶意推测，并进行挑拨污蔑，闻我外部已派员向日大使馆提出严重警告，要求加以制止云。

　　题目中的"严重警告""强行盘踞"，报道中的"加以制止"已经表明稿件倾向。而1937年3月15日第二版《日各政党交相责难　佐藤将不安于位》通过佐藤演说引发骚动的事实，从侧面体现出日本对中国的压迫、责难。

二　绥远抗战爆发后的抗日宣传

　　1936年发生的绥远抗战是抗日战争中的重要事件，是抗日战争的先声。以1936年11月绥远抗战爆发为转折点，《绥远西北日报》的对日态度发生了明显转变。这一时期，《绥远西北日报》对绥远抗战进行了全方位报道，连续刊载《本报代收全国各界慰劳绥东将士捐款》宣传倡议，同时附有各界人士的捐款数目，将绥远众民支持抗战的热情以公示形式加以宣传，启迪民众的爱国热忱。自绥远抗战爆发到高潮以及后续的多个月中，慰劳绥东将士捐款公示一直未曾间断，其中开头"先生！太太！少爷！小姐们！"四个感叹号，言辞恳切，令人动容。

　　1937年以后，《绥远西北日报》上关于团结抗日的社论逐渐增多。1937年3月14日第一版社论《精诚团结始能御辱图存》，开头即亮出社论观点："自强自救之道，端赖全国上下，万众一心，拥护政府，集中力量，阻止外患，不致为人蚕食也。"接下来社论通过援引孟子"国必自伐，然后人伐之"以及蒋介石的演讲词作为论据，揭示"天下兴亡匹夫有责"的道理。

　　《绥远西北日报》1937年3月15日第四版推出"抗战阵亡烈士追悼特刊"《全国隆重悼国殇　蒋委员长以下均致挽词　未死者应知所奋勉矣》①，刊登国民党各级部门重要领导和社会各界人士对绥远抗战中牺牲的烈士撰写的挽词。版面上密密麻麻的挽词让人肃然起敬并为之动容。在副刊版面，绥中文学研究所创办的副刊《金析》推出"追悼绥远抗战阵亡军民"专号，缅怀英烈，表达敬意与慰问之情。这些悼亡版面再次激励人们团结一致，对抗强敌。

---

　　① 《绥远西北日报》，1937年3月15日第四版"抗战阵亡烈士追悼特刊"。

三 "七七事变"后抗日宣传走向高潮

笔者梳理报样发现，抗日战争全面爆发后，《绥远西北日报》的抗日宣传走向高潮。危急关头该报力主民众应与政府一道，振作精神、同仇敌忾，共同负起抗日责任，表达了绥远省的抗日要求以及绥远新闻界为国效忠的决心。以1937年7月28日《绥远西北日报》为例，第一版社论《我们应该怎样准备?》，高声呼吁绥远新闻界站起来，绥远省政府站起来，绥远民众站起来，以凝练的语句表达了绥远省的抗日要求以及绥远新闻界的忧患情怀。第二版除去广告，90%的内容均是关于抗日的最新时事动态，头条标志性明显，"中日战争"成为重要关键词。《大批日军源源而来 在卢沟桥投掷毒气弹》报道了时局的激烈变化。

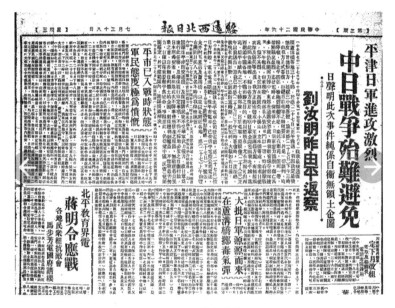

图 3-15 报纸版面

需要注意的是，在全面抗战爆发之后，相较于第二版抗日宣传的全面开花，第三版绥远当地的抗日宣传相对较为薄弱。笔者认为，全面抗战爆发之初，侵略势力并未深入绥远，加之《绥远西北日报》自身报道实力和条件有限，人员短缺，因此，《绥远西北日报》的本地新闻版面报道能力无法满足时局变化。1937年秋归绥沦陷，《绥远西北日报》被迫停刊，短短两年时间，报纸配合国民党当局，在抗日宣传方面发挥了一定作用。

图 3-16　报纸版面

第三节　《绥远西北日报》的西北开发宣传

西北开发是 30 年代社会各界的共同呼声。包括绥远在内的西北各省都受到了西北开发思想的影响。《绥远西北日报》创刊之初就将西北开发作为办刊的重要宣传内容。1935 年 10 月 15 日第二版发刊词中写道：

> 西北就中国地势言，即陕甘青新蒙古宁绥是也，此数省者，得天独富，盖藏最丰，唯货弃于地，殊少知者，在昔国人，注视于东南，曾以全副精力经营开发，每目西北为穷区荒壤，无利可与，弃西北诸省，等于蔽徙屣，晚近国人，高倡开发西北之声，直达云霄，然就中知西北实况者，百不得一二，间或知之，实举漏万，皮毛而已，每云开发之道，非偏于理想，即纽于奢论，甚或以他山之攻，拿作西北之用，即舆实地情况，扦格不同，此皆由缺乏报纸之宣扬，致将大好富源，全国上下，罔有知者，殊深浩叹。
>
> 绥远为西北一省，地势险峻，超越诸省，平绥铁路，接达津宁沪汉，黄河水运，直通甘宁秦晋，绥新汽车，横贯蒙古新省，四通八达，交通便利，为西北锁×，交通枢纽，可以掌×西北，控制东南，货物积散专赖此邑，开发西北，斯为先决，时人谓"开发远西北，必先从近西北着手，绥远即近西北也"。概藉绥远之交通物力，开发

广大之西北，吾人深悉此意，较时人独早，曾于数年前，即拟发行报纸，鼓吹西北之实藏，及绥远之重要，俾资宣示国人，关心西北，唯以力薄才单，筹备至再，不克如顾，近代虽有报纸三数家，然皆各有专长，而与西北实况，又少揭载，国人既不知西北情形，期其集资开发，岂不戛戛乎难哉？……

由此看来，西北开发作为《绥远西北日报》宣传重点，已在该文有了清楚明显的表达。发刊词最后明确指出，"本报系私人集资营业，专以宣传西北实业，促进文化为主旨，并无若何党派与政治作用"，此话虽可能为复刊之初掩人耳目，但从中同样可以看出报社同仁对于西北开发的一片热忱以及对于西北开发宣传的明确支持。下面笔者拟从如下两个方面总结《绥远西北日报》中关于西北开发宣传的内容。

一　正刊部分对西北开发的报道

笔者通过梳理《绥远西北日报》报样，对于部分报道涉及的西北开发的各项领域作了分类，现报道主要集中在赈灾济民、兴修水利、发展交通、移民垦殖以及兴办实业等方面。

1935 年 10 月《绥远西北日报》创办时期正是绥远地区水灾不断泛滥的时期，各区县洪灾不断，造成的经济损失不计其数。这一时期《绥远西北日报》有关赈灾捐助义演、指示政令等内容占据了大部分版面，反映了政府各界的密切关注。从 10 月到 11 月，《绥远西北日报》上有关赈灾的报道多达几十条，如《萨县水灾损失惨重　淹田地六百余倾》《风惨露冷　灾胞待哺（引文）赈务会昨商募捐工赈事项　民厅派员详查灾情　包头水势近数日间已大落　赈务会派员在包产办急赈》《牛申之等由包出发测量黄河筑坝工程　包水灾会工赈即将实行》《包头史家营人民防灾得力　田舍未受水害》《永济渠工程修复　临河县长电省报告》《赈务会劝募股昨决定　演剧三日筹款赈灾　五临查灾委员报告灾情　五原一区淹田四百有余倾》《沛城外水位高于城内　全县有陆沉危　苏派成静生再沿六塘视察沭东灌三县灾况》《赈灾游艺会　昨日在大礼堂开幕　北平艺员昨日抵绥　省赈会发宣言乞赈》《今秋水雹交侵中　托萨凉损失惨重　民财两厅派员复勘竣事　呈省府按报灾条例核办》《内部电覆省赈会　五原等县灾重至深　请款救济已咨赈会统筹　孔毓楫电报五原灾况》等，对民众了解灾情起到了告知作用。交通与垦务方面的工作也有不少相关新闻,如《省会公安局修环城马路》《五太路冲毁　全路完成　势须延期》《王靖国昨日来绥　今日赴并报告垦务　王谈绥西防务巩固伊盟安谧》等,而实业进展方面的内容如《包头最近进货情形》《绥百货涨价但存者尚多》《电灯公司日内发放职员奖金》等,也占据了一定的版面。

梳理《绥远西北日报》关于西北开发方面的报道笔者发现,这些内容与《绥远日报》《包头日报》等其他绥远报纸大同小异,基本都是采纳绥远当地通讯社的稿子,报道简略,编辑手段单一陈旧,宣传力度十分有限。相较于同期其他报刊,诸如《包头日报》对西北物产的介绍和西北研究的宣传,以及适时宣扬西北开发取得成绩的同时,不忘指出政府和党部工作的不足之处,《绥远西北日报》对西北开发这一重大报道主题的策划能力不足,报道方式有所欠缺。

二　副刊部分的西北开发宣传

虽然在正刊部分对于西北开发的宣传作用有限,但其副刊部分的西北开发主题宣传值得肯定。例如副刊之一《农圃》就是极为鲜活的例子。其在提供信息、普及农业知识、建立农民与政府双向渠道等诸多方面的宣传十分巧妙,宣传效果明显好于正刊。详细内容已在副刊部分介绍,在此不再赘述。

第四节　《绥远西北日报》的乡村建设报道

30 年代中期,绥远地区的乡村建设也随着轰轰烈烈的全国性热潮如火如荼地进行着。傅作义入主绥远时,绥远匪患猖獗、金融凋敝,社会状况不容乐观,经过几年的努力整顿,绥远省的社会状况出现了全新气象,经济稳定,秩序井然。其中,乡村建设运动是傅作义执政时期的重要举措之一。

《绥远西北日报》作为“西北之铎”“民众之声”,刊载大量新闻报道、政府政令、实时消息等反映乡村建设状况的内容。梳理《绥远西北日报》近两年的报样,将其乡村建设方面的报道分为如下两个部分。

一　宣传乡村建设举措

在绥远地区的乡村建设运动中,组织机构的设立与变革起着至关重要的作用。《绥远西北日报》刊登了绥远省乡村工作人员训练所、绥远省乡村建设委员会、委员会训练及下设分组等各个行政机构的建立信息及相关人员的任命公示，使百姓对乡村建设方面的信息了然于心，有利于活动的推进与开展。例如1936年2月2日第三版中《乡训处调处县长服务期满分别回任学院训练延长半月》一文中这样提到："绥乡村建委会训练处，于去腊二十三日奉调现任归绥县长郝熙元，候补县长畅维兴等到处服务，担任政治训练及考核学员操行事宜。"1936年1月10日第三版《乡训处制定县长及指导员论调服务办法》指出："各县（局）长及自治指导员，均需参加佐助本处编辑乡村工作人员手册事宜。"这些政令的刊登扩大了乡村建设运动的影响，有利于乡村建设运动的推进。

《绥远西北日报》还刊登了很多乡村建设干部的招考信息和乡村工作指导员的招生简章。例如1936年2月20日第四版《绥远省政府乡村建设委员会训练处第三届招生简章》："第三期学员计划招考300人。投考合格，凡籍隶本省，年龄在二十岁以上三十岁以下，且满足下列条件之一者均得以报名投考：初中以上学校毕业者；经检验为小学教员者；曾任区长及助理员者；各县报送的小学教员和区助理员；曾在保卫团干部训练所毕业者；现任或曾任公务员两年以上者；由于以上资格者。"1936年5月20日第三版《乡训三期生将结业续招四期学员本年度本省初师毕业者有志投考者即免予初试》："绥远省乡训处第四期学员计划招生300人。报考资格，凡藉录本省年龄在二十岁到三十岁之间体格健壮，无不良嗜好且具有下列资格之一者，均可以报名投考：初中以上毕业或肄业者；曾任小学教员两年以上且有证明文件者；现任或曾经担任公务员两年以上者；优于以上资格者。"

二　报道乡村建设成果

《绥远西北日报》1935年的"另起炉灶"时期，恰好是全国乡村建设运动蔚为大观的时期。绥远乡村建设运动进行了3年，在实行过程中阻力频频，最终因抗日战争爆发被迫结束，但就全国乡村建设发展状况来看，傅作义领导的绥远省乡村建设仍具有一定的时代性与代表性。相关的乡村建设成果与具体举措在《绥远西北日报》得以详细报道。

在农业生产方面，《绥远西北日报》1936年3月21日第三版《乡训处农场改良畜种成绩优良》刊登的绥远社讯这样写道："乡训处为改良本省猪样鸡种起见，特附设农场一处，曾于去岁由河北定县购到波支猪，撒冷种羊，来行鸡，北平油鸡各若干，在新城西北城角，设场喂养"，报道了改良畜种的情况。1936 年 10 月 31 日第三版《清水河粮食丰收　奸商操纵粟价日涨　官绅协谋遏制办法》则反映乡村建设过程中提高粮价的决策努力；1935 年 10 月 16 日报道的《农产比赛会　各县产品都送齐》、1936 年 10 月 31 日报道的《包头农产比赛会》等文以粮食生产竞赛的形式，在报道乡村建设关于提高村民生产积极性的过程中发挥不遗余力的作用。

在卫生医疗方面，1936 年 3 月 25 日第三版《乡建会颁三期学员工作纲要　本期内五项主要工作须达应得数字及进度》指出，乡导员到乡服务后，详细调查流行病情况，并推行注射水痘疫苗。

在社会治安方面，诸如《新城南门外发生拐诈案　乡民高小柱失洋数十元》对犯罪事件进行追踪报道；《包市公安局破获制毒案》报道了对缉毒案件的破获；1937 年 7 月 29 日《警察局注意治安　昨召开局务会议　定严查户口办法》，是户籍建设方面的新闻。《绥远西北日报》报道了绥远社会治安方面的案件和做法，可以感受到当时社会在治安方面的努力及取得的成效。

《绥远西北日报》刊登大量"剿匪"报道，既有傅作义政府对本地土匪的持续追剿，也有针对中国共产党的所谓"剿共"新闻。《绥远西北日报》创办于国共斗争激烈的 1935 年，为配合国民党当局的政治动向，经常刊登"剿共"宣传，把中国共产党称为"共匪"或"赤匪"，不断宣传绥远民众与共产党划清界限，鼓动民众参与"剿共"斗争，将中国共产党妖魔化，反动倾向明显。"剿匪"新闻集中刊登于 1935—1936 年底，而随着中日矛盾的持续尖锐，"安内"的论调被逐渐取代，在 1937 年的报样中，报纸整体的宣传中心产生了偏移。

在 1936 年 1 月 1 日正值元旦的《绥远西北日报》中，曾刊发《（民国）二十四年绥远省会警政年报》《一年来之绥远民政概况　办理积榖训练团警　设中心区推进卫生》等一系列关于乡村建设的"年报性质"的总结。《警政年报》一文中就"全市人口""营业歇业""出生死亡""达警案件"4 个部分进行详细周密的总结，概括一年来收获，总结成就与不足，为新一年乡村建设点明方向。

在教育方面，《绥远西北日报》报道了绥远省政府开办义校，成立短期义务小学的消息，1936 年 7 月 16 日第三版《省府制定四期乡村工作纲要（续）令乡导员切实推行捏报懈怠从严治罪》中提到的"乡导员服务之乡（镇）未成立的，由乡导员负责商同该乡（镇）长、县（设治局）长筹办"。《绥远西北日报》还报道了很多体育方面的新闻，介绍绥远本地体育事业的发展状况，同时放眼全国各地。1935 年 10 月 16 日第二版《全运第五日之竞赛成绩 打破全国纪录四项 教王电吴前城请勉励各选手继续努力 以为全国青年模范》，表明了对于体育精神的尊崇与积极参与。1936 年 10 月 31 日第三版《冬季公开篮球赛 定下月开始举行 昨日起已开始报名 体育场昨开会决议》等，详细介绍"报名须知""竞赛规程"，吸引体育健儿参与，发扬体育事业。1935 年 10 月 16 日第三版《绥健儿南征 李萃玉夺权 全运会西医平庸 张玉治服药受伤》是绥新社特派员从上海发来的快讯，其中"田""球""八""女"四个关键字放大加框显示，使之分成四个报道部分，由于是记者从现场发回的报道，稿件写得生动详细，可读性强。

总体来看，由于国民党自身存在的根本弱点以及诸多不利因素，乡村建设的预期目的没有达成。《绥远西北日报》以文字形式展现了轰轰烈烈的绥远省乡村建设运动，或通告政令训令，或宣传乡村建设思想，或报道乡村建设成果，对于当时寻求中国前途命运、探索振兴乡村之路的绥远及社会各界有着积极意义。

第五节 《绥远西北日报》的历史作用

一 延续了《绥远民国日报》的党报职能

绥远省国民党各级党部和政府机关报担负着传达政令政情的任务，是"革命的喉舌""宣传主义的木铎""国民之导师"。在绥远省党部撤销的背景之下，《绥远西北日报》对外宣称私人报纸，其公开宣传"三民主义"的职能已经无法实现。1935—1936 年，各类抗日组织被取消，各种抗日宣传被禁止，在这种背景之下创办的《绥远西北日报》，不得不淡化政党报纸的色彩，政令、训令、决议、政情通报等内容也都采取较为低调的方式进行刊登。在其新闻报道中，政府部门会议、政治要员活动以及社会各界动态是最主要的内容，国内新闻全部采用中央通讯社电讯稿，从这个角度来讲，它依然是国民党中央在绥远地区的传声筒。

二　反映了 30 时代中期绥远社会的关键议题

30 年代中期，抗日救亡、西北开发、乡村建设、社会改良等是绥远社会的关键议题。不可否认，作为《绥远民国日报》停刊后重整旗鼓的产物，存刊短短两年的《绥远西北日报》回应了时代主题，为绥远民众获知时局动态提供了信息选择，同时在启迪民心、开发民智以及引导舆论、增强认同方面发挥了特定的历史作用。在国内时局方面，《绥远西北日报》的报道与国民党中央的各项政策保持了高度一致性。

在抗日宣传问题上，绥远抗战之前的《绥远西北日报》正刊部分，新闻中已经没有抗日内容的稿件，相反，刊登了不少反映"中日友善"假象的新闻。直到绥远抗战爆发，《绥远西北日报》才以大量新闻报道和态度鲜明的社论，表达了抗日立场。这不是《绥远西北日报》一家的做法，当时国内国民党各级党报都是如此。与正刊不同的是，《绥远西北日报》的副刊发表了很多抗日主题的文学作品和专刊专辑，在抗日立场的表达上更加自由，反映了民间的抗战呼声。

西北开发、乡村建设也是当时绥远建设的关键词，傅作义政府着力经营，各方面建设取得显著成绩。《绥远西北日报》相关报道较多，通过政策传达、会议新闻等形式宣传政府的做法和成效。可惜的是，独家新闻较少，基本都是采用绥远几家通讯社的稿件，深入挖掘不够，报道流于表面。这是绥远地区报纸的普遍弊端，《绥远西北日报》没能从根本上加以改善。

《绥远西北日报》的记者数量有限，采访力量不足，新闻报道严重程式化，内容缺少感染力，会议新闻和党政领导人新闻充斥版面，各家报纸的稿件千篇一律，没有个性，这是《绥远西北日报》及当时其他报纸存在的普遍问题。虽然在创刊之初刊登的《敬答朝报记者》的稿子表明了报社同仁的职业理想和抱负，但限于条件，在后来的运行中，《绥远西北日报》没能实现突破，没能实现以新闻价值作为衡量新闻的标准，改变会议新闻和领导人活动新闻充斥版面的局面，也没有避免与其他报纸内容雷同的情况，独家新闻较少。这主要是资金有限、人力不足造成的。

第四章

《包头日报》研究

第一节 《包头日报》的创办与发展

一 《包头日报》的创办

包头也作箔头，位于内蒙古中西部，西通陇藏，北连外蒙，民国时期是绥远省的国防重镇，也是重要的商贸城市。"包头逐渐发展为商业城市，或是说具有'水旱码头'的称号，是十九世纪七十年代以后的事情。那时外国资本和中国买办资本已相继侵入内地，收购西北一带土特产（绒、毛、毛革、药材等）的洋行在包头开设了'高价招远客'，于是一向没有很好出路的西北各省的土特产，才利用牛、羊皮筏子由甘、青、宁各省区经黄河运集到包头。"① 民国初年，山西、河北和京津等地的商业资本使包头地区快速繁荣起来，银行、邮局相继创办，洋行、货栈鳞次栉比，经营各类商品的门市共有300多家，绸缎、丝棉、皮毛、日用百货一应俱全，繁盛程度与省会归绥不相上下。1923年，平绥铁路修到包头，进一步促进了包头的商贸发展；30年代，包头兴建机场，修筑公路，有线电报和电话线路四通八达。市场的活跃及交通、通信的发展促进了信息流动，为报刊创办提供了条件。

1925年冯玉祥出任西北边防督办后，实行了剿匪、修路、反旧俗、兴教育等一系列改革，社会呈现一派清平景象。30年代，国民党政府实行西北开发政策，包头地区受这种思想影响，也积极发展交通、兴修水利，注重社会的改良与进步，为包头地区报刊发展奠定了社会基础。

20年代初，"五四"新文化运动的风潮传到绥远，新思想新文化迅速

---

① 内蒙古文史研究馆编：《解放前的包头商业》，《包头史料会要》（第一辑），第117页。

传播，社会风气焕然一新，为报刊的创办提供了文化基础。"五四"新文化运动之后，合订本《新青年》《时事新报》《学灯》《觉悟》《晨报副刊》以及新式标点的《红楼梦》《水浒传》等新书新报传到塞外，平、津、沪等地的大报也在这两个城市有一些订户。1923 年平绥铁路包头段通车后，在京读书的绥远籍大学生暑期归来，在归绥、包头等地散发宣传品、演出话剧，使新文化和新思想传播到塞外。1925 年下半年，冯玉祥在包头主持创办的西北边防督办公署机关报《西北民报》思想敏锐，文笔犀利，是内蒙古西部地区新文化的先驱。包头地区的先觉人士也在多年的办报风潮中受到影响，提出了创办一份报纸以应对局势需要的想法。

《包头日报》创刊于 1931 年 12 月 16 日，受到包头县党部和包头商会的资助，是包头县党报，也是包头政府的机关报。《包头日报》创刊号总结该报的办报宗旨为：阐扬三民主义、代表地方舆论、促进社会文化、沟通西北消息。①

创刊号中的《发刊辞》这样写道："一曰阐扬本党主义……使一般民众对于党的主义耳濡目染，潜移默化，俾予吾党以实力的拥护也。二曰代表地方舆论……当本舆论神圣之旨，言地方所欲言，言地方所应言，作忠实的民众之喉舌，而尽其天职也。三曰促进社会文化……于不违背总理遗教与党的政策之原则下，当尽量介绍当代各种新思潮新学说，以促社会文化之进步。四曰沟通西北消息……今后特注重边疆消息之并拟在可能的范围内，作各种有系统的调查，将西北之实际情况，贡献于国人之前，作有志开发西北者之参考资料，俾开发西北由理论的探讨而渐及于事实的表现。"②《包头日报》强调阐扬三民主义，秉承总理遗教，印证了其作为国民党地方党报的属性；它所强调的"代表地方舆论""做民众喉舌"的宗旨，反映了其收到政府及商务会资金支持的背景，以及以地方政商人士为主要读者的报纸定位；至于"沟通西北消息""促进社会文化"，既是报纸特性和时代需求，也体现出了《包头日报》的地方特色。包头是西北开发的发动力，报纸可以提高地方民众的文化智识，推动包头社会不断进步。

① 忒莫勒：《孤品〈包头日报〉创刊号的史料价值》，《内蒙古史志》2005 年第 2 期。
② 忒莫勒：《孤品〈包头日报〉创刊号的史料价值》，《内蒙古史志》2005 年第 2 期。

二 《包头日报》的发展演变

北洋政府时期，包头有《晋边日报》《绥西日报》《包头画报》等几份以个人名义创办的报纸，存在时间不长，影响不大；另有一份较有影响的报纸是 1925 年创办于包头的西北边防督办公署机关报《西北民报》，是中国共产党在国民军中的喉舌，出刊一年左右，西北军撤出包头后停刊。

《包头日报》的前身是包头通讯社出刊的油印新闻稿《包头通讯》。1927—1937 年，绥远地区出现了多家新闻通讯社，有的是国民党党部或政府直接创办的，有的以私人名义创办，但事实上得到政府部门的资助，与政府部门关系密切。这些通讯社的油印新闻稿成为当地报纸的主要新闻来源。每天，通讯社将刻印好的地方新闻稿分送各报社，供报社免费采用，也送往一些能够给予资金支持的机关，每月收费一二十元，当时叫作津贴。包头有"包头通讯社""边闻通讯社""知行通讯社"3 家通讯社，其中"包头通讯社"是绥远地区创办最早的通讯社。1921 年 12 月 16 日，《包头日报》的创刊纪念增刊发表王锡周的《对于包头日报创刊的祝望》一文，称：

> 当通讯社发刊的时候，我们曾以"包头"比作它的姓，"通讯"为其乳名，并且希望它长大成人以后，给它改名为"日报"，继续着"通讯"的责任，努力前进；同时大家又在地方筹措了几笔款项，到天津购置铅印机，打算在最短的期间就改出"日报"。然而，理想往往与事实是相反的，通讯社出刊不过半年的光景，竟突遭莫大的厄运，次年——十九年（1930 年）——春间于无可如何中溘然休刊了！……今春本省党务恢复公开以来，通讯社也就随时而复活了！并且承着诸同仁的惨淡经营，居然长大成人《包头日报》在今日创刊！

由上文可知，包头通讯社 1929 年 8 月在包头县党部领导筹议下创办，曾经筹措了款项，购买了铅印机，但因 1930 年中原大战爆发、政局动荡而停办。直至 1931 年秋复由县党部召集地方会议，"由县党部、商会、教育会、农会及地方公正士绅各推定 1 人，组成包头日报社董事委员会，并由委员会聘请社长及编辑发行、校对各人员进行工作。印刷由华北印刷局包印"①。1931 年 12 月 16 日《包头日报》创刊后，牛进禄（牛申之）为社长，刘泽霖（刘澍）为董事长，杨亮之为总编辑。② "每月刊印 800 份，本县城内销 200 份，其余均外销。每月经费 750 元。按月由省政府补助 200 元。省党部补助 100 元。其余由地方筹措。"③ 地方经费来源于包头各家商号，在当时通信事业落后的情况下，商号不仅是《包头日报》的主要用户，也是资助者。

《包头日报》为铅印日报，除创刊号为 4 开一张半外，现存报纸均为每日 4 开 4 版。④ 报名由国民党元老第四届中央监察委员张继（字溥泉）题写，报头设在第一版右上角，竖排，报名下刊登期数和价目表，以及"总理遗像""总理遗嘱"。《包头日报》的版面安排与当时国民党其他地方党报的版面安排基本一致，第一版是广告，第二版是国内新闻和国际新闻，第三版是本地新闻，第四版是副刊，以及部分广告。这样创办之初，《包头日报》对本地新闻报道较少，国内国际新闻主要来源于中央通讯社；没有社论栏，仅有副刊部分的"来论"栏目，内容简短，主题分散；广告数量较多，内容丰富，全面反映了包头社会的金融商贸和文化生活。

1932 年 2 月，社长牛进禄因事辞职，刘澍接任社长。刘澍字泽霖，山西偏关人，清末秀才，1922—1927 年在包头商会中任文牍，是商会的代表人物。由于业务扩大，人员增加，办公的房舍不足，商会捐赠了 10 亩地和 9 间房，加上报社自己筹集的资金，在南门里盖新厂房、办公室。1932 年秋天，报社迁入新址。

刘澍任职期间，《包头日报》各方面业务有一定进步。1933 年下半年，《包头日报》取消"总理遗像""总理遗嘱"栏目，精简报头篇幅，只在报名下写明价目、地址、刊号等，为新闻和广告留出了更多版面。《包头日报》报头的改动，应该是参照了《中央日报》及其他地方党报的做法。虽然改动比《中央日报》晚了约一年的时间，毕竟追随国民党中央党报在不断学习、不断进步。

刘澍任职期间，对报刊功能的认识不断加深，引领舆论的能力不断增

① 绥远通志馆：《绥远通志稿》第六册，内蒙古人民出版社 2007 年版，第 246—247 页。
② 忒莫勒：《孤品〈包头日报〉创刊号的史料价值》，《内蒙古史志》2005 年第 2 期。
③ 绥远通志馆：《绥远通志稿》第六册，内蒙古人民出版社 2007 年版，第 246—247 页。
④ 忒莫勒：《孤品〈包头日报〉创刊号的史料价值》，《内蒙古史志》2005 年第 2 期。

强。1933 年下半年，《包头日报》开始出现社论，成为该报发表态度观点的重要窗口。1934 年后社论出现的频率越来越高，在抗战动员、开发西北、革新文化等方面代表政府、反映民意，发挥了积极的社会作用。

1934 年 8 月 20 日，李聚五接替刘澍，任《包头日报》第三任社长。李聚五就任后，为了打开销路，曾以商务会名义推销报纸，招揽广告，扩大了报纸销路，办报资金充裕起来，聘用的编辑数量增多，工资待遇也有所增加。

这一时期《包头日报》版面再次调整，第一版为国内新闻，第二、三版为副刊与广告，第四版为省市新闻。这样，便将国内新闻和省市新闻安排到了最方便阅读的位置。由于采编人员的增加，本地新闻的报道大大加强，报纸的整体水平有了很大提升。

1937 年包头沦陷前夕，报社工作人员大多随军西行撤退，留下的厂房和机器设备等财产大多落入了日军手里，《包头日报》停刊。到 1945 年抗日战争结束，国民党军队开入包头，《包头日报》复刊。"国民党的党政要员马秉仁、李聚五、牛申之、王佐兴等也以抗战'功臣'、接受大员的身份，相继返回包头。李聚五以市政务委员会副主任和原《包头日报》社长的身份，将原报社的房产和零散的机器设备接收回来，经过几个月的筹备，于 1946 年 8 月，恢复出版了 8 开、石印的《包头日报》。此时，牛申之任社长，王绥之任副社长。"①

1946 年初，国民党接收包头时成立的政务委员会改为包头市政府、县政府两个行政机构，接着，包头市参议会、县参议会也正式设立。这时的《包头日报》，改为市、县参议会领导下的宣传机构，筹集资金，整修设备，1946 年 5 月，改为铅字印报。② 1949 年 9 月 19 日绥远"九一九"起义前一天，《包头日报》发表了"绥远已成瓮中之鳖，被迫而投降……"的新华社述评。绥远和平解放后，《包头日报》经过一度徘徊，终于走上愿意接受中国共产党领导的道路。从 1949 年 10 月 1 日起，4 开 1 版的《包头日报》就全部采用了中共新华社的电讯内容。1950 年春，包头市人民政府成立，《包头日报》跨入了新的历史阶段。

---

① 宋东江：《包头报业发展概况》，《包头史料荟要》（第十一辑），内蒙古文史研究馆编，第 32 页。

② 王绥之：《原〈包头日报〉概略》，《包头文史资料选编》（第九辑），中国人民政治协商会议包头市文员会文史资料研究文员会编，1986 年，第 190 页。

三　《包头日报》的特色

20 世纪 30 年代，绥远省的归绥、包头、萨拉齐、集宁、丰镇、凉城、和林、武川、临河、五原等县办有县级党部机关报，是绥远地方党报体系的组成部分。这些报纸的创办目的是宣传国民党党义，教育启发民众，使各项政令深入民间。这些县级党报往往规模较小，多设在当地党部内，没有独立的办报场所。人员规模 2—3 人而已。多为 4 开小报，出版周期以周报为多，多用石印，发行量一般在 500 份以下，且为赠阅。县级党报的经费来源为县政府和县党部的拨款，经常捉襟见肘，入不敷出。在这些县级党报中，《包头日报》规模最大，也最有影响。①

《包头日报》是国民党绥远省包头县的党部机关报之一，但由于创办之初受到商会的资助，发行销售方面也得到商会的支持，这就使它与绥远地区的其他党报有所不同，具有一定的特殊性。

首先，《包头日报》对商会新闻予以特别关注。不同于其他绥远党报，《包头日报》受到商会资助，相关新闻数量较多，既有本地商会动态，也有外埠商会消息，间或还帮助商会刊登各类需要公布的信息，起到广而告之的作用。

其次，《包头日报》对商会在态度和情感方面给予支持。《包头日报》涉及商会报道时，在标题和内容方面都具有明显的倾向性，对商会给予较多专门支持。

在县级党报中，《包头日报》广告数量相对较多，最初设在第一版，后来置于每版最下方以及报纸中缝位置。《包头日报》编辑较为简单粗糙，但是，在广告版面往往配有生动有趣的图画，相较其他版面，更加吸引读者的注意。1932 年 4 月 23 日《包头日报》第一版广告包括：平市官钱局通告、戒毒医院设立通知、包头中国银行和农业银行业务办理广告、印刷局开业广告、酱园广告、照相馆广告、眼镜店广告、万国银行的开奖号码、"康氏桂英离婚启事"和"乔鲁氏要紧启事"，一共 10 则。后来报纸改版，广告被移到了每版下方和中缝位置，看起来面积似乎被压缩，但实际上数量却增加了不少，例如，1936 年 11 月 23 日，第一版下半版的广告有包头交通银行、欧亚航空公司包头站、景新他涤塘和包头饭店。第

---

① 张丽萍：《内蒙古民国报刊史研究》，内蒙古大学出版社 2014 年版，第 62 页。

二版副刊下半版广告有包市汇兑行情、商品定价（各类面粉、药材、皮张等的不同价钱）、妇科药广告、护肤品广告，还有"边闻通讯社通告""律师蔡玉章通告"。中缝广告有：绥西垦业银号、包头中国银行、包头消费合作社、平市官钱局、丰业银行和一则卖地广告。第三版依然是副刊，下方的广告有：永仁堂老药铺舒肝保健丸、虎彪万金油、福聚成饭庄、电气公司、包头德华兴商行、绥远盛兴时商行、包头晋华卷烟分销处。第四版下半版的广告有：振北美术照相馆、全乐茶室、本报营业股承接各种铅石印件启事、寻物启失、大夫门诊移址启事。整张报纸上有 29 则广告，数量较以前增加近 3 倍，种类更多，内容更杂。

第二节 《包头日报》的内容

"九一八"事变后，日本不断制造各种事端，意图尽快蚕食中国。抵御外侮成为这一时期国内舆论的主旋律，各级各类报纸对日本侵华的具体动向极为关注。《包头日报》对日军制造的各类事件也密切关注，但限于采访能力，主要采用中央通讯社的稿件，作为信息传递者，为包头地区民众提供了国内战事信息。

除抗日救亡议题外，《包头日报》对西北开发、社会改良等议题也给予特别关注。

一 《包头日报》的西北开发议题

"九一八"事变后，随着民族危机的不断加深，西北地区在国防建设和物资储备方面的战略地位越来越重要。东北既失，西北已经成为中国最后之防线，"外患日急，非从速开发西北不足以言国防"[1]；开发西北也成为解决中国民生问题的重要出路，发展西北地区实业，可以巩固国民经济的基础。在政府要员、工商巨子、学者文人、社会名士的呼吁下，开发西北成为国民党政府发展国民经济、巩固国防的重要政策实施起来。

陕、甘、宁、青四省是国民党中央西北开发的重点，但西北开发的思想却影响了西北各省。绥远地区虽然没有得到中央措施在资金等方面的具体支持，但绥远省主席傅作义认为，应对日本的侵华野心必须做好战前准

---

① 张定国：《近代开发西北的主张》，《西部大开发》2006 年第 7 期。

备。他对绥远地区经济及社会进行整顿，采取一系列促进绥远地区发展的措施。

绥远是西北开发的根据地，包头是绥远朝向西北的门户。① 包头向西通往宁夏、甘肃，向东通向北平、天津，向南临近山西、陕西，向北与外蒙连接。20 年代包头通了铁路，加上黄河水陆交通和欧亚航空公司，包头成为重要的西北交通枢纽，也是国防贸易中心。《包头日报》作为国民党包头县委的机关报以及包头商会资助的报纸，在包头地区的政商阶层有着广泛影响，对西北开发议题一直予以关注。1934 年 11 月 19 日《包头日报》第一版刊登了李树茂的文章《我对于包头日报的一点意见》，在对包头的战略地位进行分析的基础上，提出了《包头日报》应加强西北开发问题的观点。作者认为，中国社会面临日军侵略的危机，只有开发西北，才能实现救国目的，西北风物和西北研究应该成为《包头日报》的报道重点。《包头日报》发表该文，表达了对此观点的认同。在 1931—1937 年间，《包头日报》有关西北开发议题的报道较多，全面反映了包头地区的开发状况。

《包头日报》刊登了很多介绍西北及绥远物产的文章，对绥远地区的经济状况和风景名胜进行介绍。1934 年 3 月刊登的《包头县商业概况》对包头商业的兴起、发展、不同行业的经营状况、产值、市场、政策等予以详细介绍。绥远地区盛产皮毛，绥远商业历来有"皮毛一起百业兴"的说法。《包头日报》对绥远的皮毛产业详加介绍。《包头日报》还刊登过很多西北考察团动态的新闻，对西北调查研究予以极大关注。

《包头日报》关注西北屯垦事业，报道包头地区的屯垦情况。包头地处黄河沿岸，水利资源较为充足，地理条件适宜屯垦。发展屯垦可以为对日作战做好物资方面的准备，也可以避免遭遇天灾人祸时人民陷入疾苦境地。在大力倡导"寓兵于农，开发西北，巩固边防"的口号下，屯垦是这一时期包头政务的主要内容，1932 年，王靖国任绥西屯垦督办驻扎包头，督导该地区屯垦事务，自此开始，包头地区土地垦殖面积有所扩展。《包头日报》作为党部和政府机关报，其开发西北的报道中有相当部分是关于屯垦事业的报道，主要内容包括宣传政府屯垦措施，鼓吹屯垦事业的推进情况。报纸曾报道王靖国关于屯垦问题的推进思路，如 1932 年 12 月

① 张贵：《包头史稿》（下卷），内蒙古大学出版社 1997 年版，第 99 页。

16 日第四版《绥西屯垦王靖国 为包头日报周年纪念作》，刊登了王靖国对屯垦与救国关系的论述，表达了发展屯垦的决心和态度，说明了屯垦事业的计划和步骤。1932 年 12 月 16 日发表《兵垦救国论，为包头日报过年纪念作》及《绥西屯垦——为包头日报周年纪念作》两篇文章，报道了"军界要人齐集包垣，屯垦办事处昨开军事会议，并讨论今后屯垦事宜"，以及"梁上栋昨由绥莅包，考察各种实业，以便次第举办开发西北"的情况。文章写道："闻梁氏来包任务，系奉实业部命令，专考察水利交通垦荒等事，然后根据考察所得，贡献实部，分别先后缓急，以便次第着手开发西北云。"

《包头日报》注重交通和水利建设报道，关注实业发展状况。在西北开发进程中，屯垦、军工、实业等各方面的进展都离不开水利和交通条件的改善。因此，兴修水利、发展水陆交通在西北各省显得尤为重要。《包头日报》报道了民生渠的修建进度以及有望完工的利好消息："工作时间将近三年，渠长一百九十五华里，计干渠一，支渠十到十四，全部成功可灌田两万五千余顷，产粮二百五十余万石，其增加西北生产部不可谓不巨，唯彼时限于经济时间关系，所成者不过干渠一道，一至九支渠稍施工程，其十至十四各支渠不过空有图案。"工程结束后，由绥远省政府、华洋义赈救灾总会及萨托两县地方，各推代表三人为理事，组成民生渠水利工会，1933 年 1 月 1 日正式成立，负完全责任，管理民生渠。"欲开发西北者，必先开发绥远，开发绥远，必利交通。"[1] 30 年代包头地区兴修了铁路、公路，提高了交通运输能力，1934 年 10 月 12 日《包头日报》还报道了包头航空事业的发展。

《包头日报》在报道开发西北取得成绩的同时，对存在的问题也并不讳言。1932 年 12 月 15 日第三版《开发西北声中之临河现状 土匪去后委员来 粮贱堪抵缴烟款 粮价贱烟款巨 农民盖藏俱空矣》，报道了临河开发过程中存在的种种弊端。1934 年 2 月 25 日第三版社论《开发西北问题》指出了当时调查研究虽然较多，但西北开发的具体方案和经费筹措尚无应对方法。1934 年 4 月 24 日第三版社论《打开西北的生路》将西北颓势指向当时的社会政治，认为国民党中央政府应该对回族同胞予以扶植，应该与苏联复交并确定通商事宜。《包头日报》探讨社会问题、思考

---

① 绥远省政府编印：《绥远概况》，1933 年。

解决方案的意识值得肯定。

二 《包头日报》的社会改良议题

国民党绥远省政府建立之前，包头因军阀混战和自然灾荒等原因，社会政治经济文化相对比较落后，耕地被罂粟占据，市面上烟馆林立，民众中瘟疫流行，医疗卫生、文体教育事业均无人问津。傅作义主持绥远省政后，绥远的社会治安、金融秩序、城乡建设、教育状况都有了巨大改善，匪患基本被剿灭。包头作为绥远省的重要组成部分，社会面貌也在傅作义主政期间有了极大改善。

辛亥革命以后，绥东和绥西形成了两大土匪集团。历次政治变动及军火走私给土匪提供了武器装备，包头地区匪患日盛。尤其冯玉祥退出包头后，一万多枪支散落至民间，很多枪支落入土匪手中。30 年代，土匪杨猴小为患一方，绥远百姓不堪其扰。傅作义就任绥远省政府主席后，集中剿灭匪患，打击土豪劣绅。取得显著成效。《包头日报》有关"剿匪"的报道数量较大，如 1932 年 4 月 25 日第三版刊登 4 条剿匪报道，在第四版还有《保卫团官兵凶如虎狼》的新闻，说明了"原设立保卫团是为剿灭匪患，结果匪患未除干净，保卫团又成一患，处处欺压百姓，剥削百姓，百姓皆是敢怒不敢言"的情况。经过清剿，土匪外逃，《包头日报》在绥远匪患基本清除后，仍对窜逃土匪的动向密切关注，防止其再次入绥生事。《包头日报》采用消息体裁报道当时剿匪的进展与成果，同时，采用政府公告等形式对剿匪形势加以通报。1931—1937 年，《包头日报》一直坚持着对剿匪问题的持续关注，直到 1937 年日军占领包头前，"剿匪"报道仍在进行。

《包头日报》1933 年 1 月 29 日副刊《学汇》上登载的《恭颂陆军第二百一十五旅四百三十团二营第七连连长赵公延恒德政》说明了剿匪工作取得的成效，表达了包头民众对剿匪成效的肯定：

> 近年来，本县土匪猖獗，骚扰地方，为患兹甚，尤以每届冬令，此抢彼劫，时有所闻，而距城数十里之郊民，为避匪逃亡，全村几绝炊烟，道途几无行人踪迹，幸自今冬田树梅旅长驻防以来，匪徒畏威匿迹远扬，城乡居民得以安居乐业几者，实得田公庇护以至，而田旅长部属第七连赵公延恒自驻防第二区哈令沟召湾及第二区……昼夜分

班巡逻放哨，搜匪除盗，不遗余力，以至盗匪绝迹，居民得以安然度日，且长官兵士对村民无不和乐亲善，以至于夫马匹一切用费丝毫不向村民索取，村民莫不私衷庆幸，因感无以为报，谨登报鸣谢，聊表微忱。

在国民党中央及其他省区的党报话语中，"剿匪"报道主要指剿灭红军的报道。由于红军并未在绥远地区活动，因此，《包头日报》等绥远地区的报纸所言"剿匪"即是剿灭地方土匪王英、杨猴小等，非是围剿红军意思。但是，《包头日报》毕竟是国民党的地方党报，《包头日报》的国内新闻版也刊登国民党中央通讯社关于围剿红军的相关稿件，虽然所占版面篇幅不大，但其反动立场不可忽视。

除了匪患，鸦片泛滥也是包头社会存在的重要问题。鸦片种植不仅危害公共健康，使得粮田面积减少，造成粮食短缺、粮价升高，还危害社会风气、荼毒黎民百姓，威胁国家根本。傅作义主政绥远后，为改变这一不良现象，限制鸦片种植，整治大小烟馆，治理社会风气。《包头日报》积极支持傅作义的禁烟政策，报道省政府的禁烟措施，反馈禁烟情况。1932年4月25日第三版《省政府为禁种鸦片 规定烟亩罚金 水地每亩十二元 旱地每亩八元》，1932年4月29日第三版《省政府派定本县本年度烟亩罚款现洋八万元 县府开会规定各区应分烟地顷数》，均是对省政府治理鸦片问题的政令传达。《包头日报》还报道了社会各界对政府禁烟问题的反馈情况，如1932年7月23日第三版《包头旅平学会呈省府 改善征收烟款办法 烟款应全收平市旧钞实行焚毁 收款应按烟田实际数折扣计算》，1932年7月24日第三版《改善征收烟款办法 包头旅平旅绥等学会通电各县请一致主张》，报道了包头旅平旅绥学会对省政府禁烟措施的意见和建议，是对政府政令的积极反馈。

发展教育、提高民智是民生大计的重中之重，傅作义主绥期间，制定了《绥远省教育厅管理教育款产办法》和《绥远省各县局管理教育款产办法》等专项办法，给予教育事业充分的经费保证，提高教师工资，普及小学义务教育，创办职业学校等。《包头日报》在这些方面自然也进行了宣传报道，1932年5月15日第三版省内新闻《教育局今日举行本县各小学校学生学业成绩观摩会，昨函达各界邀往参观》，1932年4月30日第三版省内新闻写道："局长交议（督学杨毅明代）查本县近年以来，荒歉成灾，盗匪横行，地方困苦，民生凋敝，以致原有乡村小学除第一区南海乡尚能支持外，其余概行停顿，兹拟于本城西门外脑包乡，筹设小学一处……"1932年5月23日第四版副刊"一高周刊"："小学教育的实施问题：小学教育对国家、对个人而言的重要性，其次是教育实行的方法，'一、小学教育需适应时代的精神。二、小学教育须有充足的经费。三、小学教师问题。'"

第三节　《包头日报》的历史作用

一　是一份尽职的国民党县级党报

总体而言，《包头日报》是一份尽职的国民党县级党报，是绥远省国民党嫡系的宣传工具。《包头日报》传达国民党绥远省党部和包头县党部、政府的政令，转载中央通讯社新闻，提供国内要闻、省府新闻和包头本地新闻，是包头政商阶层的重要信息来源。《包头日报》对抗击日寇、开发西北、剿匪禁烟等议题高度关注，刊登了很多相关报道，安排了大量版面篇幅，配合了国民党中央和绥远省当局的重点工作，记录了时代风云和国家、地区的重大事件。《包头日报》遵守国民党中央的宣传纪律，抗日方面的内容多采用消息文体，态度不温不火。

二　满足了社会的信息需求

《包头日报》很大程度上满足了社会的信息需求，是1931—1937年间包头地区社会信息的主要来源。1931—1937年日寇侵占包头前的这段时间，是包头商业活动的黄金时期。各商号为了经营好自己的店铺，急需了解各地的行情、国内外战事的发展和政局的变动。《包头日报》同时受到包头县党部、政府和包头商会的资金支持，刊登政府和商会的启事通告，代表地方舆论，服务于地区发展，在通信事业落后的历史条件下，成为《包头日报》地区最有影响的报纸。《包头日报》与归绥的《朝报》和《归绥通俗日报》合作互利、互通消息，登载的内容包括包头商埠动态和省会农村郊区的新闻，具有与其他各报不同的特色。[①] 改组后的《包头日报》加大了对当地新闻的报道力度，关注社会新闻，报纸的新闻性

---

① 张丽萍：《内蒙古民国报刊史研究》，内蒙古大学出版社2014年版，第65页。

有所增强。

三 业务水平有限

《包头日报》的业务水平有限，国内新闻几乎全部来源于中央通讯社，省内新闻也基本来自省内几家通讯社，报社自己采写的稿件分量较小。稿件以消息为主，篇幅简短，很少使用通讯文体。1933 年以前，社论很少；1933 年改版以后，社论的频次大幅增多，但水平有限，评论流于表层，认识也很局限。另有很多以"社论"为名刊发的稿件为资料摘编，不是严格的评论文体。副刊多由包头中小学学生供稿，水平不高。这就使得该报信息功能较强，而舆论引导能力较为有限。

经营方面，《包头日报》的发行达到七八百份，是绥远省县级党报中规模最大、影响最大的一家。除了发行方面的收入，广告与零活印刷方面的收入也是收入的一部分。加上县党部、县政府、商会的固定拨款，《包头日报》的办报经费较为充足。报馆设有专门的采编人员、印刷铸字工人，但总体数量不多。

第五章

《民众日报》研究

呼和浩特以西的绥西地区，是抗战时期华北战场的主战场之一。抗战时期先后爆发了绥远战役、五原战役、包头战役等一系列重大战役和"伊盟事变"。国民党所属晋绥军、中央军、蒙旗民兵组织和中国共产党领导下的各抗日武装在这里长期坚持抗战，对地区乃至全国抗战形势都产生了深远影响。其中，伊克昭盟（今鄂尔多斯市，简称伊盟）以其独特的地理位置和政治意义显得尤为重要。这里既是中国军民与日本侵略者斗争对峙的最前沿，又是中国共产党以延安为中心的中华民族抗日总指挥部的近邻。特别是在内蒙古东部、中部蒙旗相继沦陷之后，伊克昭盟一盟七旗坚持正义的抗日立场，在中华民族抗战史上占据重要地位。

在严峻的抗战背景下，《民众日报》（蒙汉合璧）在伊克昭盟当时的政治中心扎萨克旗创刊。这份由绥远省伊克昭盟（简称伊盟）国民党当局党务特派员办事处主办的报纸，不但是绥西地区主要的国民党党报之一，同时也是抗战期间在伊盟地区唯一坚持长期出版并具有较大影响力的报纸。作为在蒙古族同胞聚居的伊盟扎萨克旗出版的蒙汉合璧报纸，《民众日报》为在绥蒙地区启发民智、倡导文化、团结当地蒙汉各族人民、鼓舞绥西地区士气民心、传达军情政情等方面，都起到了相当重要的作用。

作为当时伊盟地区屈指可数的报纸之一，《民众日报》见证了绥西地区抗日战争和解放战争时期，伊盟乃至全国许多重大事件，通过大量的新闻报道和一手资料，记录了那个特殊时期的中国面貌。

第一节 《民众日报》的创刊与发展

《民众日报》作为存在于 20 世纪三四十年代的一份国民党方面的地

方性报纸，距今已经过六十多年的时间，加之报纸本身发行量不大，又经过了抗日战争和解放战争的洗礼，许多与报纸相关的信息和资料都已散失，报社工作人员也基本都已过世，无法提供太多有效的参考资料。现在能够查阅到的关于《民众日报》的主要资料，都来自国家图书馆的缩微胶片，主要包括 1939 年 11 月 9 日到 1948 年 6 月 18 日的汉文版报纸，以及部分对应蒙古文版报纸。其中部分报纸印刷模糊，难以辨认，蒙古文版散失情况相对严重。

一　《民众日报》的创办历史和社会背景

1937 年日本发动全面侵华战争，中国人民开始了八年艰苦卓绝的抗日战争。绥远地区由于靠近日伪军盘踞的华北地区，因而成为日寇侵略的首要目标之一。为了阻击日寇沿着平绥铁路进攻绥西地区，南京国民政府将"中央军"汤恩伯十三军、门炳岳骑七师及"晋绥军"傅作义三十五军等大量部队集中在绥远以东地区。[①] 但在随后与日伪军在张家口一带发生战事后，国民党军队大败亏输。时任第二战区司令长官的阎锡山为了保存"晋绥军"实力，同时全力保证山西太原地区的安全，决定放弃绥远，命令傅作义三十五军等部队撤退至晋北参与太原保卫战。同时命令赵承绶为代理绥远省主席，处理具体事务。[②]

这一部署引起了绥远局势的极大混乱。归绥、包头等地民众纷纷出逃，留守部队人心浮动，绥远政府在财政厅长李居义的带领之下，开始向陕北榆林撤退。国民党各路部队纷纷退往后套、伊盟及陕北榆林神木地区。[③] 1937 年 10 月 14 日，归绥城被日伪军占领。10 月 17 日，包头被日伪军占领。至此，绥远地区大部分为日寇侵占，只剩下后套地区的五原、陕坝、磴口及黄河以南的伊克昭盟部分地区仍在国民政府手中。

在这种危急情况下，原来设在归绥城，负责管理蒙旗地方的绥境蒙政会也无法继续留在归绥。[④] 土默特总管荣祥给时任绥境蒙政会会长、伊盟盟长沙克都尔扎布建议，把绥境蒙政会迁往伊盟扎萨克旗新街镇，领导绥境蒙政会在伊盟继续坚持抗日斗争。沙王接受了荣祥的建议，率领蒙旗王

① 梁冰：《鄂尔多斯通史稿》（下卷），内蒙古大学出版社 2007 年版，第 900 页。
② 梁冰：《鄂尔多斯通史稿》（下卷），内蒙古大学出版社 2007 年版，第 903 页。
③ 梁冰：《鄂尔多斯通史稿》（下卷），内蒙古大学出版社 2007 年版，第 179 页。
④ 梁冰：《鄂尔多斯通史稿》（下卷），内蒙古大学出版社 2007 年版，第 1176 页。

公回到伊盟。①

伊盟因为有着黄河和沙漠作为屏障，加之国民党和蒙旗独立旅部队有很大一部分后来撤至伊盟境内，使伊盟暂时免于日军的侵略。但日本侵略者从未放弃侵略伊盟的企图。在归绥和包头相继沦陷后，经过日军和汉奸的联合攻势，伊盟的达拉特旗扎萨克康达多尔济（康王）和杭锦旗扎萨克、伊盟副盟长阿拉坦鄂其尔（阿王）先后公开投降了日本侵略者，并在包头成立伪"伊克昭盟公署"，造成了伊盟蒙古王公的分裂。② 1937年12月，由伪蒙军"总参谋长"吴古廷指挥伪第八师等骑兵部队猛扑东胜县，准备一举攻克伊克昭盟中心，以便威胁控制伊克昭盟各旗归附，但遭到东胜军民的一致抵抗。敌伪军在攻城时遭到扎萨克旗、郡王旗保安队从后路攻击，致使伪蒙军大败。③ 军事进攻失败后，1939年夏末，日伪军一手策划和支持德穆楚克栋鲁普（德王）在归绥成立所谓"蒙疆政府"，并要求蒙旗王公出席成立大会，希望通过控制蒙旗王公的办法，达到统治整个内蒙古地区的目的。但遭到伊盟盟长沙克都尔扎布拒绝，沙王仅派出两个协理参加大会。④ 尽管阴谋未能得逞，日本人一直未放弃"不战而占领伊克昭盟"的计划，对伊盟虎视眈眈。

为此，日伪政府利用伪"蒙疆自治政府"和下属的"伊克昭盟公署"作为掩护，不断对伊盟地区的王公和人民进行政治和舆论宣传。通过在沦陷区管制舆论，控制报刊和电台等方式，日寇将绥远大部地区新闻报刊事业都严格掌控在手中⑤，并利用这一便利大肆进行反动宣传，鼓吹"大东亚共荣""东亚圣战"，灌输亲日思想和奴化意识。同时，特别注重对蒙胞的舆论宣传，大量出版日蒙合璧、蒙汉合璧的报纸杂志，表面上打着"日蒙协和""复兴蒙古文化""防共反共"的幌子，实际上就是企图迷惑和离间汉蒙同胞、破坏抗日民族统一战线，以达到"用文化侵略当做军事侵略的先导"的不可告人目的。为此，日本侵略者不惜大量印刷免费报刊发放，甚至采取强制派发、有奖阅读等多种方式鼓励阅读。加上这

---

① 梁冰：《鄂尔多斯通史稿》（下卷），内蒙古大学出版社2007年版，第179页。
② 梁冰：《鄂尔多斯通史稿》（下卷），内蒙古大学出版社2007年版，第915页。
③ 奇天祥：《回忆在伪蒙疆政府时期》，《内蒙古文史资料》（第一辑），内蒙古人民出版社1989年版，第78页。
④ 梁冰：《鄂尔多斯通史稿》（下卷），内蒙古大学出版社2007年版，第183页。
⑤ 忒莫勒：《内蒙古旧报刊考录》，远方出版社2010年版，第31页。

些报刊经费充足，编排印刷也相对精致，①具有一定的舆论迷惑性，使得伊盟地区舆论宣传形势岌岌可危，加强抗战舆论宣传势在必行。而蒙旗《民众日报》正是在这一历史背景下出现的。

二 《民众日报》创办过程

（一）《民众日报》简介

《民众日报》创刊于 1939 年 7 月 1 日，终刊时间不详，大约在 1949 年 9 月包头和平解放前后。现存报纸最晚至 1948 年 6 月 18 日为止，共存 2348 期。创办地点为绥远省伊克昭盟扎萨克旗新街镇（今内蒙古自治区鄂尔多斯市伊金霍洛旗新街镇）。该报为 4 开 2 版石印单面印刷。"这报用石印印刷，蒙古沙漠中没有新式印刷机，但是石印的成绩颇可满意。"除了印刷机损坏维修的个别时间段外，一直使用石印印刷方式。相较于油印具有文字清晰，印刷精美，阅读体验好的优点。报纸有蒙汉版各一（1945 年后改为汉文两版，后改回），蒙汉两版内容相同，蒙古文版内容由汉文版翻译而来。在元旦和报刊创刊纪念日等特殊节日，额外发行一张纪念专刊。该报从创刊初始即为日报（中间曾经改为周报，后改回），这在当时相当难得。社址初在伊克昭盟扎萨克旗，抗战胜利后随迁至包头。该报以报道绥蒙抗战动态和沦陷区情况为主，"据说内容相当精彩""篇幅虽小，影响却大"②，被时任伊盟盟长的沙克都尔扎布称赞为"蒙旗唯一有力的报纸""首屈一指的蒙旗晨钟、塞北灯塔"。③

在组织上，《民众日报》"设有社长一人，处理全社的各项事宜。社长以下，设有编辑、采访、电务、发行等股长职务，分别处理各股所应办理的事务"。④创办初期，报社工作人员有十多人，分属各股。历任社长白音仓、胡凤山、赵城璧、刘锡骥、余萼。总编辑先后为樊幼苹（原《青岛时报》总编辑、绥境蒙政会资议）、武学耕。⑤报纸发行全部采取免费赠阅形式，每期发行量在 300 份以上。就报刊性质而言，《民众日报》

---

① 忒莫勒：《内蒙古旧报刊考录》，远方出版社 2010 年版，第 27 页。

② 许如：《进步中的蒙旗》，《塞风》第 4—5 合期，1939 年 8 月 1 日。

③ 沙克都尔扎布：《蒙旗前进的号角》，《民众日报》1940 年 7 月 1 日《本报周年纪念特刊》。

④ 《民众日报沿革》，《民众日报》1945 年 7 月 1 日《本报周年纪念特刊》。

⑤ 忒莫勒：《内蒙古旧报刊考录》，远方出版社 2010 年版，第 85 页。

是由国民党绥蒙党务特派员办事处直接主管的伊盟地区党务机关报，也是国民党在伊克昭盟的地方党报。

（二）沙王请命与《民众日报》的创刊

《民众日报》这份报纸之所以能够得以创刊并出版发行，主要归功于当时的绥境蒙政会会长、伊克昭盟盟长沙克都尔扎布（又称为沙王）的不懈努力。当时的伊克昭盟地处边疆，交通拥塞、地广人稀，一直以来都是文化的荒漠。诺大的伊盟竟无一份报纸发行。沙王在任伊盟盟长期间，深感蒙旗地方"文化落后、民智未开"，[1] 要想在抗战之中求得伊盟的生存与发展，就急需开民智，促文化。蒙旗民众急切地盼望着能有一份服务于蒙旗人民的报纸。蒙旗有识之士也多有呼吁"许多在北平大学校受过教育的蒙旗青年初次提出出版蒙文报纸的意见"。[2] 正是基于这些原因，沙王在借 1939 年初赴重庆出席国民党第二次全国临时代表大会并述职的机会，向中央政府上书，请求中央政府对蒙旗文化事业的发展给予支持与协助。这其中，就包括了创办一份服务于伊盟蒙旗人民报纸的请求。"民国二十七年，（沙王）趁赴渝述职之便，曾向中央政府上条陈关于展开蒙旗文化发展之重要……中央政府十分重视，短时间内就大批拨款，派遣人才……先后成立了五大相关机构……《民众日报》就是其中一个单位。"[3]《民众日报》的创办，正是当时国民党中央政府对于沙王请求积极回应的结果。也正是由于有着这一渊源，后来沙王一直对于他所倡议的《民众日报》给予额外的关怀和帮助，这对《民众日报》的生存和发展是具有重要意义的。

（三）报社筹备与正式发行

1939 年春，国民党中央政府正式决定在伊盟创办一份报刊，以促进蒙旗文化，宣传抗日。在选择办报单位的问题上，国民党中央政府颇费了一番思量。经过慎重考虑，决定由中央党部委派察绥蒙旗党务特派员办事处（简称绥蒙党部）负责这份伊盟报刊的创建活动。之所以将伊盟地区这份报刊的出版发行工作交给该办事处，主要是有以下两个考量：

---

[1]　沙克都尔扎布：《蒙旗前进的号角》，《民众日报》1940 年 7 月 1 日《本报周年纪念特刊》。

[2]　远帆：《论蒙旗民众日报》，《民众日报》1940 年 7 月 27 日。

[3]　沙克都尔扎布：《蒙旗前进的号角》，《民众日报》1940 年 7 月 1 日《本报周年纪念特刊》。

首先，创办报刊进行抗战宣传和文化传播，正在绥蒙党部工作范围之内。绥蒙党务特派员办事处是在 1938 年 5 月华北"冀绥平津党务指导专员办事处"察绥主任赵允义的亲自安排下重新组建起来的。[①] 在抗战期间，该办事处就是国民党党务部门在伊盟地区的总部所在地，主管全盟党员党务工作，与绥境蒙政会组成管理伊盟的党政领导机构。1935 年，何应钦与日本华北司令官梅津美治郎签订《何梅协定》，绥远地区国民党党部停止工作。1937 年全面抗战开始之后，在绥远的国民党党务系统几乎破坏殆尽，剩余的人员纷纷逃亡伊盟、河套等绥西地区。绥蒙党务特派员办事处的重新设立，正是为了在绥西地区重建国民党党务系统，从而组织发动民众，团结军民，统一思想，"从事抗战工作，或协助国军杀敌，意图最后胜利之获得"[②]，创办报刊十分有助于绥蒙党部工作开展。

其次，绥蒙党部由于是在绥远党部的基础之上组建的，里面聚集了当时绥远地区一批长期从事宣传工作，有相当宣传经验的从业人员，其中包含一部分来自已经停刊的绥远及其他地区报刊的新闻工作人员（《民众日报》总编辑樊幼苹就是从原来青岛地区内逃而来的原《青岛时报》总编辑），从而也就拥有在伊盟地区创办一份具有相当水平报刊需要的人才、技术和经验基础。再加上绥蒙党部和伊盟政府的大力支持，确保了报刊能够顺利出版发行。

至 1939 年 4 月，报刊筹建工作正式开始，"（沙王）任命一部分蒙旗青年进行实现这个计划的准备"。[③] 并由时任绥蒙党务特派员办事处主任、国民革命军陆军新编第三师中将师长白海风（同时也是中共绥蒙工委委员，蒙旗独立旅军政委员会总负责人）作为报纸的负责人，领导《民众日报》新闻社和报纸筹备工作。经过近三个月的艰苦奋斗，克服了诸多困难，报纸出版准备工作全部就绪。出版前夕，首任总编白音仓"以报纸为启发蒙旗民众服务，故决定将这个报道新闻的机构取名《民众日报》"。[④]《民众日报》就这样在 1939 年 7 月 1 日以日报形式和读者见面，走进了历史舞台。报纸发行后据说"很受蒙人和对蒙事有兴趣的人士的欢迎"，很快影响力就不仅局限在绥蒙地区，"（自七月一日创刊以来）已

---

① 高琛琳：《民国时期国民党绥远省党部研究（1911—1915 年）》，硕士学位论文，内蒙古师范大学，2011 年。

② 《绥远省党务工作计划大纲（1938 年 6 月 12 日）》，内蒙古自治区档案馆档案 446/3/6。

③ 远帆：《论蒙旗民众日报》，《民众日报》1940 年 7 月 27 日。

④ 《民众日报沿革》，《民众日报》1945 年 7 月 1 日《本报周年纪念特刊》。

经在绥宁青蒙旗及其他公共团体当中赢得多数读者"。①

三 《民众日报》的发展历程

从 1939 年 7 月 1 日创刊，到 1948 年以后停刊，《民众日报》出版发行 10 年左右。在这 10 年出版发行的过程当中，以对报刊影响巨大的"伊盟事变"和抗战胜利为界，可以将《民众日报》的发展历程划分为三个时期。

（一）蒙旗初创时期（1939 年 7 月 1 日至 1943 年 3 月 26 日）

《民众日报》创刊的 1939 年，抗日战争进入了战略相持阶段，国民党和日寇在绥远战场长期处于对峙状态，伊盟地区整体局势比较平稳，这十分有利于报社的发展壮大。同时，《民众日报》自创刊后，得到了来自伊盟党政人士的亲切关怀。伊盟盟长沙克都尔扎布特别关注本报，在创刊号、每年的元旦专刊和周年特刊上都会刊登文章、题词祝贺，大批伊盟党政军界大员纷纷效仿。而时任《民众日报》社长的白音仓是蒙古族，甘肃人，会说流利的蒙古语和汉语，能力颇强。后来担任了伊克昭盟盟长沙克都尔扎布的随从，深得沙王信任，很快进入了绥境蒙政会，担任蒙政会赈济会委员，后晋升为蒙政会委员，加上他又是绥蒙党部特派员，成为当时伊盟政界举足轻重的人物。正是这一系列背景，使得《民众日报》得到来自党务和政府系统的大力支持。因而《民众日报》在扎萨克旗新街镇创刊后，初期发展形势一片大好，各项物资都相对充裕，印刷所用印刷机和油墨纸张及雕刻漫画所用刻板供应充足。

由于公务繁忙，白音仓难以兼顾报社社长的各项工作职责，因而《民众日报》的日常工作，就落在了由中央政府委派，长期担任《民众日报》总编辑的樊幼苹身上。樊幼苹是"在绥远的青岛的名记者。以前他是青岛最大而有力的《青岛时报》的总编辑"，② 有着相当丰富的新闻采写和管理大型日报编辑工作的经验。正是在樊幼苹的带领下，报纸很快在转载新闻之外，发展了驻伊盟东胜、杭锦旗、达旗、郡王旗等旗和驻陕西榆林的通讯员，为报社收集蒙旗周边新闻。报纸逐渐走上正轨。

在 1939 年 12 月 31 日至 1940 年 2 月 28 日期间，由于石印印刷机故

---

① 远帆：《论蒙旗民众日报》，《民众日报》1940 年 7 月 27 日。
② 远帆：《论蒙旗民众日报》，《民众日报》1940 年 7 月 27 日。

障，改用油印，蒙古文版取消，仍坚持每日出版，但印刷效果较差。《民众日报》创刊一周年之际，报社的人事进行了调整。1940 年 6 月 30 日的《民众日报》在头版发布公告："本报启事一：本社奉令改组，以胡特派员兼任社长，自即日起由新任负责综理社内一切事务，此启。"原社长白音仓由于又兼任了伊盟保安长官公署的副官长、保安司令部团长的职务，工作繁忙无暇分身，故辞去报社社长职务，并将其交给了同是绥境蒙政会委员、参事处主任的胡凤山。1941 年 8 月，报社地址曾由扎萨克旗新街镇绥蒙特派员办事处内迁到萨林召，后迁回。

作为当时在蒙旗出版的唯一报刊，这一时期的《民众日报》不负众望，排版美观，印刷清晰，内容丰富，是报纸发展过程当中的黄金时期。该报在全国的蒙旗都引发了轰动效应，风行一时。据记载，《民众日报》"在绥宁青蒙旗中，有关蒙事机关和图书馆，以及各大中学校中，流传甚广"。[1]

（二）"三二六"伊盟事变后时期（1943 年 3 年 26 日至 1945 年 11 月）

正在《民众日报》创刊发展的黄金时期，突然爆发了震惊中外的"三二六"伊盟事变。在事变中，《民众日报》社"遭受了不幸，石印机和电台都为兵燹所毁"。[2] "公私财物遭毁一空，工作同仁大多都逃亡榆林。"[3] 报社已经难以继续执行出版发行的任务了。该报时任社长赵城壁在榆林收罗躲避兵灾的各位报社同仁，重整旗鼓，将报社暂移榆林，以期重新出版报纸。"为了负担起报人的使命，本社同志在艰难万险的挣扎中，仍使这个蒙受灾难的报纸——《民众日报》又在五月十六日和社会人士见面了。"[4] 在 1943 年 5 月 16 日《民众日报》"本报启事"当中，正式刊登了复刊启事，继续发行。

　　　　本报暂在榆林出刊
　　　　扎旗三二六事件，本报损失一空，所有社内同仁先后流集榆林。念此蒙旗唯一文化之花，乃几多惨淡经营血汗所成之结晶，糜于一旦不独有负多人苦心，对蒙旗前途，损失亦至伟且巨，故决在榆筹备出

---

① 远帆：《论蒙旗民众日报》，《民众日报》1940 年 7 月 27 日。
② 《伊盟需要文化拓荒》，《绥远文讯》1944 年 2 月 25 日第 2 期。
③ 《民众日报沿革》，《民众日报》1945 年 7 月 1 日《本报周年纪念特刊》第一版。
④ 《民众日报沿革》，《民众日报》1945 年 7 月 1 日《本报周年纪念特刊》第一版。

刊。唯社内原有什物，已一丝无遗，处此物资困难条件下，一复旧观，实为难能，故仍延旧日日刊名称，而刊物则暂出周刊，原有态势，徐图恢复，盼社会人士，对此能多加原宥也。

当时报社将社址暂时设置在榆林的鼓楼。"因限于人力财力物力各种条件的不足，只能每周出版一次。"石印机已经损毁，报刊改为油印印刷，8 开 1 版，每周日出版。无蒙古文版，制作相当粗糙，"消息的来源，完全从《陕西日报》摘取，比从前可要逊色多了"。① 同年 10 月，由于"伊盟事变"已经平息，社长赵城璧决定将报社迁回伊盟扎萨克旗。10日，报纸停刊并迁移，社址仍然设在绥蒙党务特派员办事处，并于 12 月7 日复刊。但是仍限于条件不足，报纸虽恢复日刊，只能继续采取油印，"日出临时刊一张"，无蒙古文版。

时任社长赵城璧在事变中受伤，精神也受到一定刺激，难以承担社长责任，故而报纸在扎萨克旗复刊后，辞去了社长职务。1943 年 12 月，绥蒙党部指派刘锡骥接替赵城璧任《民众日报》社长。这个时期"报社同仁在刘社长的领导下努力修复惨祸，经营一切，迄今稍有起色"，但是"（报纸）较之事变以前实不可同日而语。因人财印刷等诸方面难以尽善尽美，实有负社会人士爱戴本报之盛意"。② 事实上，《民众日报》的这种糟糕状态一直持续到 1944 年 5 月 1 日才出现较大改观，大致恢复到事变之前的水平。报刊改为石印，日印一版，无蒙古文。1945 年夏，《民众日报》经国民党中宣部批准，改组为实验性质简报，但名称仍然保持旧的报名。③ 自 1945 年 8 月 18 日开始，报刊改为两版印刷，均为汉文版，无蒙古文。

虽然《民众日报》报社同仁希望努力恢复报纸旧观，但事实上，由于受"伊盟事变"牵连，报社失去了来自党政系统的绝对支持，人力物力财力始终处于匮乏状态。加上后继的社长和总编辑水平能力较之前有所下降，整个报刊从版面编排到内容写作均有缺憾，制作粗糙，在影响力方面也较从前大幅下降。可以说，"伊盟事变"就是《民众日报》由盛转衰的转折点。

---

① 《伊盟需要文化拓荒》，《绥远文讯》1944 年第 2 期。
② 《民众日报沿革》，《民众日报》1945 年 7 月 1 日《本报周年纪念特刊》第一版。
③ 《边务消息之绥蒙伊盟政情》，《边疆通讯》第 3 卷第 8 期第 16 页，1945 年 8 月。

（三）抗战胜利后迁往包头时期（1945 年 11 月至 1948 年 6 月后）

抗战胜利后，国民党为了全面恢复和加强其独裁统治，在美国支持下积极准备发动内战。中国共产党也在力争实现国内和平的同时，在政治和军事方面与国民党展开了针锋相对的斗争。绥远因其所处战略地位成为国共两党激烈斗争的重要战场。8 月，绥远地区的国民党一方面从伊克昭盟和河套地区大举出动，抢占战略要地和交通要道，先后攻下了包头、归绥等地①；另一方面，加紧在内蒙古地区开展党务活动。1945 年 10 月，国民党内蒙古党务特派员办事处在北平成立，赵城壁（原《民众日报》社长）等被分别任命为绥蒙党部主任特派员等职务，以期在政治和宣传上与共产党进行斗争。随后，赵城壁领导下的绥蒙党务特派员办事处从伊克昭盟搬迁至包头办公。②

在这种背景之下，《民众日报》随特派员办事处从伊盟扎萨克旗迁到包头，继续以原报名出版。在包头出版期间，1946 年 12 月 8 日，获京警绥字 1 号登记证，发行人杜振华。后来，社长变更为余萼（由国民党中央宣传部指派），主编为武学耕，编辑段光武。在包头出版期间，为加强对绥蒙地区宣传，仍坚持每日蒙汉两版形式印刷。

随着抗战胜利和国共之间出现摩擦，特别是解放战争开始后，整个国民党党报系统进入了与共产党进行舆论斗争的轨道。这一时期的《民众日报》也未能例外，沦为了国民党攻击污蔑共产党和解放军的宣传机器，版面编排混乱，印刷粗糙，内容毫无可读性，再没有抗战时期对民众宣传的那种强大影响力，慢慢地变得无人关注，连报刊停刊时间都不详，虽然报刊至少应该出版到 1948 年年底之后（现存最后一张《民众日报》为 1945 年 6 月 18 日发行），据推测可能一直出版至 1949 年包头和平解放才告停刊。这份出版发行长达十年，在伊盟抗战时期起到了重要作用的《民众日报》就这样走进了历史的尘埃当中，再未留下一丝波澜。

① 白拉都格其等：《蒙古民族通史》第五卷（下），内蒙古大学出版社 2010 年版，第 539 页。
② 白拉都格其等：《蒙古民族通史》第五卷（下），内蒙古大学出版社 2010 年版，第 545 页。

第二节　《民众日报》的编排特点

一份成功的报纸，除了内容方面应当满足受众的需求外，报纸本身的编排也应当经过深思熟虑和多方探索。通过版面安排、消息来源和栏目选择等编辑技巧，适应读者的阅读习惯，增加吸引力，从而形成自己的特点。《民众日报》在办报过程当中特别注意这方面的问题。作为一份党报，《民众日报》充分借鉴了本系统内其他报刊的编排特点，并在此基础上根据所处环境和自身条件进行创新，创办了一份传统又不失特色的报刊。

一　清晰舒适的版面设置

《民众日报》是一份4开2版单面石印的报刊，日常使用黑色油墨印刷，逢元旦、创刊周年和建党周年时出版的特刊使用红色油墨以示庆祝。报刊为蒙汉合璧形式，左面一版为蒙古文版，采用回鹘式旧蒙文，竖排书写。右边一版为汉文版，采用繁体汉字，横排居多。汉文版右上角报头是由当时国民政府立法院副院长叶楚伧题写的"民众日报"竖排四个大字。报头的左右两边，分别是"民国二十八年七月一日创刊"和发行人姓名（即当时的报社社长）。报头下方是当期报纸的期号。再下方并列的是"本报已呈经中宣部登记"的声明和报社地址。1942年4月10日，将中宣部登记声明改为两竖栏，左栏书写"内政部证：警字六七三五号"，右栏书写"经中华邮政登记确认为第一类新闻纸类"。在报纸眉线上方，居中是"民众日报"四个大字，其左边为当期星期数，后又增加了"陕西邮政管理局执照第二七五号"字样；右边为发行时间，使用中华民国纪年。在蒙汉文版面之间的中缝上，用蒙汉文分别竖排书写"实施国民精神总动员""蒙旗同胞坚决抗战到底"等口号。

报纸蒙汉两版都被黑色细线分割，早期划分为上中下3栏，个别时候根据需要划分为4栏乃至更多，也有为了刊登一篇较长文章而将在局部几栏合并成一栏的通栏乃至破栏出现。在各个栏内，一般又分割为几个独立板块各自刊登内容，或用方框，或用细线加以区隔。第一栏最宽，和报头平齐。这一栏一般刊登国内或国际重大军事或政治新闻。这一栏标题字号最大，或为一个重大新闻主题副题引题全部使用，或者用三四行标题为后面的简讯做指引。第二、三栏每栏一般都书写两到三篇新闻通讯，标题一般为两行书写，字号较小，内容既包含了国内国际新闻，也包括了绥蒙地区的本地新闻。版面左下角一般为社评位置，视社评的字数多少决定是否破栏。1944 年之后，报纸转而模仿《中央日报》的版面设置情况，将报纸栏数提高至六栏。每栏的宽度减少，报道的新闻数量总体增加。重新调整布局后，报纸的新闻报道依旧延续着国内、国际、伊盟本地、评论等，从上至下依次排列的顺序刊发。各栏通讯标题之后，会用括号标出新闻通讯的消息来源。采用通讯社稿件，以【××社××地点××日电】形式标出。本报自采新闻一般标注【本报讯】，由地方通讯员采写的报道一般采用【××通讯】的形式标注。

作为报刊的重要组成部分，其版面设置与编排方式决定了报刊是以怎样的面貌呈现在读者面前的。合理的页面布局不但能让文章更加清晰，一目了然，同时也能最大限度地提高读者的阅读兴趣和阅读效率。总体来说，《民众日报》的版面编排清晰、布局合理，读者的阅读体验相对友好，是一份编排优良的报刊。这一编辑水平在抗战时期战火连天的背景下难能可贵。

二 广泛多样的消息来源

《民众日报》作为绥蒙党务特派员办事处主办的伊盟地区唯一的国民党党报，肩负着在伊盟地区启发民智、交流文化、宣传抗战等一系列重大责任。为了让伊盟军民更好地了解当前国内国际乃至周边地区抗战局势，营造乐观向上的蓬勃生气，激发人民群众的抗战热情，配合军政系统在抗日战场的行动，报社尽全力满足读者对于国内外新闻的强烈需求。本报新闻通讯的主要来源"是该报派驻各旗的通讯员和中央社及中央广播电台的广播"。[①] 正是通过引用中央社新闻和自采新闻同时使用的办法，《民众日报》得以全方位进行抗战报道和其他宣传活动，取得了不错的效果。

（一）国内外新闻动态主要采用中央通讯社稿件

通过对现存的《民众日报》进行分析，我们可以发现：报刊最主要的新闻来源就是国民党中央通讯社（简称中央社）。通过随机选取 1939—1945 年《民众日报》50 张进行统计发现，在全部新闻当中（除去社论），

---

① 远帆：《论蒙旗民众日报》，《民众日报》1940 年 7 月 27 日。

来自中央社的新闻占《民众日报》报道的比例超过 70%，在个别时期（如 1945 年 8 月 15 日至 21 日之间），90% 以上的新闻报道正文前冠以【中央社××地×日电】的字样。《民众日报》报道当中来自中央社的新闻所占比例较高的原因主要有以下几条：

一是当时中央通讯社是国民党中央政府的官方通讯社，是当时中国媒体特别是党管媒体序列当中主要的消息来源。作为国民党地方党报的《民众日报》，自然要大量采用中央社报道。

二是作为蒙旗唯一的日报，《民众日报》担负着为伊盟军民报道全国抗战形势、鼓舞士气的重要作用。中央通讯社在抗战时期随国民政府西迁重庆，其间规模不断扩充，在国内建立 52 处记者站等分支机构，在国外设立有 25 处分支机构。① 利用这些分支机构，中央社大量报道抗战前线情况和国内外新闻，是当时报道中国抗战消息最多也是最权威的新闻通讯社，《民众日报》大量采用该社稿件非常正常。

三是由于《民众日报》创刊时间短，影响力较小，无力向各地派出记者进行采访。而绥远地区原有的"绥远通讯社""武川通讯社""包头通讯社"等采编能力十分有限，且均已在抗日战争当中破坏殆尽，难以提供足够的新闻。大量采用中央社的报道实属无奈之举。

抗战时期中央社仍处于发展阶段，在一些报道领域，特别是在国际新闻方面由于海外通讯社分支存在较大的缺憾，导致《民众日报》的许多新闻稿件不得不通过中央社的国外新闻通讯社获得。采用的国外通讯社新闻主要来自美国合众社（标记"合众电"）、英国路透社（标记"路透电"）、法国哈瓦斯社（标记"哈瓦斯电"）等。在日本宣布无条件投降次日，《民众日报》全版紧急刊登了日本投降的消息：②

世界战事胜利结束

日本无条件投降

接受中美英三国之波兹坦公告

唯一要求为保留天皇

这篇国人已经苦盼十四年，标志着对日寇斗争最终取得胜利的珍

---

① 中央通讯社，中国台湾网 http://www.taiwan.cn/twrwk/mt/twmt/txsh/200708/t20070801_416299.htm。

② 《民众日报》，1945 年 8 月 13 日。

贵通讯，正是引用自美联社的紧急电报。

（二）伊盟地区新闻多采用本报自采稿件

由于各种客观条件的限制，《民众日报》的多数稿件均来自中央通讯社，占比甚至超过70%。但是，绥远地区的新闻报道，特别是伊盟和榆林本地新闻的报道，90%以上稿件是本报和各地通讯员自采新闻。

报社自采新闻的题材主要集中在对伊盟地区抗战消息、领导人动态、党政机关、社会团体的活动情况和各旗县相关新闻的报道方面。早在《民众日报》创刊之初，报社就在伊盟所辖各旗县和榆林、绥西地区都安排了若干通讯员为报纸提供稿件。这些通讯员专职负责各旗发生的党政、军事及民生新闻的采写报道。如：1939年11月3日的"杭旗通讯"《杭旗一片抗战声 保卫祖国不后人 扩大纪念周之紧张表现》报道了杭锦旗总理纪念周情况；1939年11月10日的"本报讯"《东胜扩大动员工作 各机关团体召开联席会议 通过成立动委会等十三案》报道了伊盟党政会议情况；1939年11月28日的"郡王旗消息"《绥蒙第三区专署 整饬所属保安团队 已成立训练班分期训练》报道了郡王旗民兵训练状况；1945年7月7日的"西公旗通讯"《西公旗七七举行纪念大会》报道了在西公旗抗战纪念大会上的情况，等等。

这些由报社自采的新闻虽然较少，但通过报道伊盟及周边新闻，特别是各地积极抗战及绥远各地胜利的消息，满足了读者对于伊盟本地及周边新闻的需求，极大地鼓舞了伊盟军民抗战到底的决心和信心。

三 极具创意的特色项目

《民众日报》虽创刊于西北文化贫瘠地区，交通通信均不便利，但所幸报社同仁，特别是首任主编樊幼苹，有着深厚的办报经验，使得本报自出版开始就有意识地培养着区别于本地区其他报纸的气质。这一独特气质主要是通过一系列富有本报特色、具有极高辨识度的新闻评论、抗战漫画和纪念特刊来表现的。

（一）新闻评论

一张真正的报纸不应当仅仅是新闻的简单集合体，而是通过自己的新闻报道让读者的认知趋同于报纸的价值观，向他们传播报纸认同的观念。特别是对于抗战这一特殊历史时期下的国民党党媒，这一点尤其突出。要让阅读报纸的军民读者从心底里支持抗战、支持国民党政府和各项政策，除了向读者报道新闻外，必须就当前国际国内发生的大事和问题给出权威意见，通过摆事实、讲道理的方式让读者知晓、接受，以达到统一意见，团结抗日的最终目的。

《民众日报》自创刊之日起就有着专门的新闻评论板块。这一板块虽然时有时无，篇幅也大小不等，但是作为《民众日报》最直接的观点表达渠道，确实有着独特地位。每当有重大事件发生，总会在报纸左下角看到本社评论文章（事实上，评论是本报屈指可数的有固定位置、固定名称的栏目）。本报的新闻评论由报社内资深记者予以编写后刊发，采取不署名形式发布，代表本社对该事件的态度。《民众日报》的"社论对国内国际大事及蒙旗问题皆有论及，反映着蒙古大众的情绪，战时蒙民对国家的忠诚和蒙民对自身幸福的关心"①。

笔者对《民众日报》新闻评论进行了分析归类。以下是 1939 年 11 月 9 日至 1940 年 8 月 19 日部分新闻评论标题和内容。部分报纸文本散失或字迹不清难以辨认，以下统计的只是部分报纸的新闻评论。

表 5-1　　　　　　1939 年 11 月 9 日至 1940 年 8 月 19 日部分评论

时间	标题	内容
1939 年 11 月 9 日	贡献给国家	号召民众支援抗战
1939 年 11 月 10 日	敌寇又一阴谋	揭露日寇经济榨取
1939 年 11 月 13 日	欧战与远东	论述欧战爆发对中国的意义
1939 年 11 月 14 日	再论欧战与远东	同上
1939 年 11 月 16 日	英国撤军一事	论述英国从中国撤军回国事宜
1939 年 11 月 17 日	苏联的态度——对中国抗战	戳破苏联对华政策变化传言
1939 年 11 月 21 日	晋西之捷与绥蒙大局	分析晋西大捷对绥蒙的影响
1939 年 11 月 22 日	敌犯粤南	分析日军进攻广东目的
1939 年 11 月 28 日	苏倭有无谈判可能？	分析苏日和平谈判传言
1939 年 12 月 25 日	纪念云南起义	分析云南起义现实意义
1940 年 1 月 1 日	贺新岁	新年寄语

① 远帆：《论蒙旗民众日报》，《民众日报》1940 年 7 月 27 日。

续表

时间	标题	内容
1940 年 1 月 17 日	欧战扩大以后	分析德入侵法国影响
1940 年 2 月 2 日	中国人的伟大	鼓舞军民抗战斗志
1940 年 2 月 7 日	当抚心自问	反省是否尽到抗战责任
1940 年 3 月 1 日	伊盟现势	总述伊盟地区抗战现状
1940 年 7 月 1 日	本报二周年	回顾创刊两周年经历
1940 年 7 月 7 日	抗战三周年	回顾抗战三年
1940 年 8 月 13 日	伟大的纪念日——8.13 淞沪会战	淞沪会战精神

虽然笔者只列出了报纸一个阶段的新闻评论，但能够明显感觉到《民众日报》社论题材的包罗万象：既有对国际重大新闻的评述，又有对国内战局的分析，既有重大纪念日的意义升华，又有对蒙旗现状的评价和反省。对当前大事和争议事件给予权威解读，从以下这篇社论当中或许能管窥一二：当面对日本外务省长官近卫在发表对日条约意见时，曾谓"日本并未被征服，盖因天皇诏书造成云"，《民众日报》社给予了猛烈抨击，当即发表社论《日本未被征服?》。社论认为"在联军已进驻东京之后仍有人发表如此狂言，足见日本仍颇有心怀叵测野心勃勃之徒，暗示军国主义可遇机再发也"，并认为根源在于"日本狡诈善变，对于自己所犯历史错误无丝毫悔改，大批军国主义分子未受惩处"。接着，作者忆及"九一八""七七"以来，日本将侵华行为强词夺理谓之"中日亲善""东亚共荣"，蛮横无比，然而自投降后"对占领盟军极尽谄媚之能事，丑态百出"，表现出巨大反差。并指出通过官近卫此番言论，发现日本实则"外表驯良，内心狡诈，待其羽翼丰满之日，恐又露出其狰狞一面"。评论希望"为东亚和平计，为世界获取长久之和平计……联大和盟军司令部对此番言论不可等闲视之，应有一警觉，详加惩处……以摧毁日本军国主义之滋生土壤"。全文立场鲜明，逻辑清晰，论证清楚，语言犀利，结论可信。结合着具体发生的事例，在今天看来都具有相当的说服力，可想而知在当时的伊盟军民当中引起了多大反响。

在整个抗战期间，《民众日报》保守估计发表了 310 篇以上的新闻社论。正是通过这一篇篇评论文章，影响了一批又一批伊盟军民，向他们阐明了全民抗战的伟大意义，坚定了中华民族的必胜信念，有效配合了报纸其他形式的报道。

（二）抗战漫画

虽然《民众日报》的报道一直使用白话文，也在尽力简化报道的复杂程度，但由于伊盟地区特殊的社会环境，大多数居民为蒙古族，且教育情况相对落后，许多蒙民不仅不认识汉字，就连蒙古文也不认识。当地的汉民文盲率也相当高。在这种情况下，为了使《民众日报》的抗日宣传能够在这部分读者当中产生影响，引起他们的兴趣，特地开办了抗战漫画栏目，专门为他们服务。报社聘请专门的漫画师进行绘画，配合当天的新闻内容进行设计，"漫画是先用毛笔画成，然后再由熟练工人经石印手续重制。制作颇为不易，相当精美"。没想到发行之后，不但是文盲群体，连"一般贫民和妇孺都能从这些有味而富有启示的漫画中了解问题，所以（漫画）成为最受欢迎的一项"，① 起到了意想不到的效果。总体来看，《民众日报》的抗战漫画主题主要集中在以下几个方面：

图 5-1　《民众日报》的抗战漫画　　　　图 5-2　《民众日报》的抗战漫
　　　　《我们长大了》　　　　　　　　　　画《巍巍屹屹之长沙城》

一是歌颂中国军队在抗日战场上的英勇表现，着重反映的是军人不畏

---

① 远帆：《论蒙旗民众日报》，《民众日报》1940 年 7 月 27 日。

强敌的精神面貌。图5-1是刊登在1939年11月22日报纸上的《我们长大了》漫画，表现出中国军人逐渐成长，已经成为压倒敌人的有力支撑，对抗日战争已有优势。图5-2是1941年11月4日《巍巍屹屹之长沙城》漫画，创作于第二次长沙会战胜利之后，通过表现长沙城在日军攻击面前屹立不倒，反映中国军人顽强抵抗、不屈不挠的战斗意志，并侧面配合当时长沙大捷的新闻。

图5-3 《民众日报》　图5-4 《民众日报》　图5-5 《民众日报》的
的抗战漫画《抗日　　的抗战漫画《只有　　抗战漫画《合唱：打倒
儿童团——在炮火　　全民的力量才能将　　日本　打倒日本　杀
中长大的儿童》　　敌寇汉奸彻底消灭》　汉奸　杀汉奸……》

二是反映全民族抗战，全体中华儿女共抗外侮的伟大精神。图5-3是刊登在1939年11月9日报纸上的《抗日儿童团——在炮火中长大的儿童》，图5-5是刊登在1940年3月29日的《合唱：打倒日本　打倒日本　杀汉奸　杀汉奸……》。两张漫画都反映了抗日战争得到全民族各阶层所有人的拥护，上至老人下至儿童全都团结在抗战的旗帜之下。正如图5-4刊登在1939年11月28日的这幅漫画题目：《只有全民的力量才能将敌寇汉奸彻底消灭》，抗战胜利全靠全民参战，共同对敌。只要全民团结起来攥成一个拳头，猖狂的日伪军在中国人民面前就是一堆土鸡瓦狗。在这类漫画中，将中国人民的抗战精神描绘得昂扬向上，乐观积极，这也激励和影响着读者的抗战心理。

　　三是讽刺抨击日本侵略者及汉奸的丑恶嘴脸，诅咒他们早日走向完全灭亡。图5-6是在汪精卫通电叛国求荣之后，于1939年11月16日刊发的《不负少年头!?》，引用了汪精卫早年著名的"引刀成一快，不负少年头"一诗，配合西装革履却被砍头的汪精卫，讽刺感油然而生。图5-7是同年11月27日刊发的《在新秩序的途征上　建设新坟墓》，针对的是当时日本人提出的东亚新秩序主张，通过将新秩序的道路比作通向坟墓的路途，揭露出日本所谓"和平主张""东亚新秩序"的真实面目。而图5-8《敌阀的最后一分钟》刊登在1940年3月9日报纸上，结合当期刊发《高密敌军有五名自缢》的新闻，预言了日寇的最终灭亡。这一部分漫画当中，将日寇汉奸描绘得丑陋猥琐令人作呕，厌恶之情油然而生。

图5-6　《民众日报》　　图5-7　《民众日报》　　图5-8　《民众日报》
的抗战漫画　　　　　的抗战漫画　　　　　的抗战漫画
《不负少年头!?》　　《在新秩序的途征　　《敌阀的最后一分钟》
　　　　　　　　　上　建设新坟墓》

　　这批漫画制作精美，生动鲜活，通过画笔把对抗日的全力支持和对敌人的无情鞭挞表现得淋漓尽致。作为一种新鲜的报道形式，《民众日报》对抗战漫画的运用还比较生硬，而且由于种种条件限制也没有存在太长时间，但是，它作为报刊宣传形式的创新尝试，为后来的伊盟乃至绥远地区报刊内容和形式上的创新开了一个好头。

（三）纪念特刊

纪念特刊是《民众日报》的又一特色。作为报刊的固定栏目，每当元旦、报纸创刊周年和重大纪念日（如国民党成立 50 周年），报纸都会出版相应的纪念特刊以示庆祝。纪念特刊作为副刊附在正常出版的当期报纸之后，采用红色油墨印刷以示庆祝，制作相当精美。纪念特刊的内容与平时报纸内容有很大不同：特刊不刊登任何新闻和通讯报道。除了每年刊发报社对过去一年报社各项事宜的检讨和对未来的寄语，盘点《民众日报》走过的历程外，以刊登党政领导人和著名学者的政论文章为主。这些文章的主题根据纪念日的不同而有所改变（如元旦特刊有贺岁含义，周年特刊有祝贺本报成立之意），但是基本上都围绕着伊盟建设和抗战宣传进行。

伊盟国民党党政系统对特刊的政论文章格外关注，将其作为重要宣传阵地。时任伊盟盟长的沙王除了每年固定在元旦特刊上亲自代表党政机关刊发《元旦献词》外，还以个人身份先后发表《蒙旗前进的号角——纪念民众日报创刊周年》①《抗战中的蒙旗文化》② 等一系列政论文章。同期发表的政论文章还有：时任绥蒙党务特派员办事处主任白海风《一年来的检讨》《轴心必折日本必败》、蒙政会委员荣祥的《寄蒙旗同胞》、胡凤山的《怎样建设蒙旗》等一系列精彩政论文。1940 年元旦特刊上，时任《民众日报》主编樊幼苹写就的长篇政论《世界往哪里去》③，以"希特勒好梦难圆、墨索里尼上了当、美国是否参战、苏联之谜、中国是安定远东的主力"等五个方面为主要论述点，向读者立体展现了 1940 年冬的世界反法西斯战争形势，得出"战争的烈焰，今春更形扩大，将由巴尔干烧到远东，再烧到太平洋，美苏将再难独善其身，必然加入到反对德日阵营中来"的深刻结论，在蒙旗传阅一时。这些特刊上的政论文章篇幅较大，甚至长达数千字，多角度深入论述一些通过日常新闻报道和评论难以论述清楚的观点和问题。或娓娓道来，或旗帜鲜明，系统阐述了伊盟经济文化建设、民众动员、抗战前途命运等重要问题的态度，为蒙旗军民未来的工作指明了前进的方向，在民族生存的大是大非面前做出正确判断，具有重要的指导性意义。

此外，在纪念特刊上刊登当时国民党党内知名人士为报刊手书的题词

---

① 《周年纪念特刊》，《民众日报》1940 年 7 月 1 日。

② 《周年纪念特刊》，《民众日报》1940 年 7 月 1 日。

③ 《民国卅年元旦特刊》，《民众日报》1940 年 1 月 1 日。

寄语也是看点之一。陈诚、邓宝珊、马占山、叶楚伧、朱绶光、陈玉甲等
国民党重要人士都曾为《民众日报》周年特刊题词。时任第八战区副司
令长官傅作义曾亲笔题词：

领导文化　　促进建设
嘉惠蒙胞　　辅翼政法
六载经营　　功在党国
我祝斯刊　　永昭边汉
　　　　　　——傅作义题①

图 5-9　傅作义题词

时任国民党中央政府革命军事委员会政治部部长陈诚的题词：

实行三民主义，
争取抗战胜利
　　——陈诚题②

图 5-10　陈诚题词

此外，邓宝珊题字"边疆铎声"，③ 朱绶光题字"一支湘管，纵横绥
蒙，谨言宏论，允执钦中"。④ 时任伊盟二十六师师长何文鼎题字"秉笔
求民隐，因时地制宜。红旗传捷报，紫塞播先知。春晖生瀚海，曙铎震西

---

① 《民国卅年元旦特刊》，《民众日报》1940 年 1 月 1 日。
② 《民众日报》五周年纪念特刊 1944 年 7 月 1 日。
③ 《民众日报》一周年纪念特刊 1939 年 7 月 1 日。
④ 《民众日报》一周年纪念特刊 1939 年 7 月 1 日。

绥。贤劳功党国，遐迩庆期颐"。① 从这一句句题词当中，能够深刻体会到当时国民党党政人士对该报过往成绩的大力肯定和对报刊未来寄予的深切期望，也从侧面反映了该报在伊盟地区做出的重要贡献。

《民众日报》纪念特刊的初衷，确有纪念特殊节日的用意，但更重要的是以此为契机，对伊盟建设和抗战建国大业进行阶段性总结和前景展望，对伊盟军民阶段性工作给予充分肯定。正是由于这些特刊的存在，加强了报社工作人员对该报工作的自豪感，提高了该报在蒙旗军民心目中的地位和威望，对报社工作的展开起到了相当正面的作用。

第三节 《民众日报》的宣传报道内容分析

《民众日报》作为在抗战烽火当中创刊的一份报纸，在伊克昭盟沙漠当中诞生那天开始就带着沉甸甸的历史使命和责任，承担着在伊盟地区报道新闻消息、进行政治宣传的双重任务。作为国民党在绥蒙地区的党报，它的宣传报道内容始终与国民党及其中央政府当时的国家政策和任务密切相关。在《民众日报》创刊一周年特刊上，作为报刊的主管领导，时任绥蒙党务特派员办事处主任的白海风写就了《本报一周年》一文，其中就对该报的使命做了明确交代："……此本报以后仍力激发旗民爱国情绪，使肩起抗战重任者一；……尽力宣传三民主义以促进抗战胜利者二；……提高蒙旗人民智识，共策社会日进文明者三。"其后，虽也曾历经波折，但《民众日报》的报道内容一直围绕着此三项任务进行着，为伊盟地区文化传播、坚持抗战、争取全民族独立做出了突出贡献。但同时，由于《民众日报》作为国民党政治舆论宣传工具的属性，使得它也存在对国民党的过度美化和对中国共产党进行抹黑等负面宣传报道的情况，在解放战争时期尤甚。

一 抗战爱国报道

在面对日本侵略者的疯狂进攻，中华民族面临亡国灭种危机的关键时刻，国民党系报刊在抗战报道方面的消息是迅捷的，态度是坚决的，言

① 《民众日报》六周年纪念特刊 1945 年 7 月 1 日。

论是悲壮的。① 在全民族抗战，伊盟地区大半沦陷，"交通堵塞，信息濡滞，及一切设备简陋，条件方面多有未足"②，人力物力极度缺乏的艰苦条件下，《民众日报》自创刊起就一直高举反对对日妥协，坚决团结抗日的大旗，刊发了大量旨在团结蒙胞共同抗日的新闻报道。报社编辑发行人员发挥了崇高的新闻理想，一直坚持着报刊的发行工作。在创刊一周年特刊的社论《本报周年纪念》当中，这些新闻人写道："兹当本报周年纪念之辰，我们全体职工同人谨以最大誓愿：用我们的秃笔与'纸弹'，配合着前方将士的枪弹与血肉，对敌寇施以猛烈打击，以完成民族解放的伟大使命！"这话语振聋发聩，时隔大半个世纪依旧回音阵阵。他们用纸笔作弹药，报纸为阵地，向敌人发动猛烈的进攻，极大地鼓舞了伊盟军民的抗战热情。

抗战报道是《民众日报》报道的重中之重，有关抗战的新闻往往能占到报纸版面的一半以上。《民众日报》的抗战报道是全方位的：既报道国内各战区抗战最新战况和军情，又报道国际反法西斯战争情况和各国相关动态；既报道我方将士英勇战斗的感人故事，又报道日寇在中国的暴虐行径和种种阴谋。当然，作为伊盟地区的报纸，对自身及周边地区抗战进展和战争情况的报道是重中之重，也是最吸引读者注意力的新闻之一。《民众日报》的抗战报道主要集中在了以下几个方面。

（一）报道国内正面战场情况

肩负为广大伊盟民众报道全民族抗战形势重任的《民众日报》，对抗日正面战场报道着墨甚多。当时，国民党方面军队在抗战正面战场的战斗情况是国人关注的焦点，也是《民众日报》集中报道的内容。报纸每日在上方显眼位置设置联排大字标题，并辅以详细报道，向读者报告各个主要战场的最新战报。对正面战场的四次长沙会战、桂南会战、枣宜会战、中条山会战等各战役都进行了追踪报道，集中展现了中国军队抗击日寇、浴血奋战的英勇事迹。1941 年 9 月，第二次长沙会战开始，《民众日报》每日将战况报道置于报纸头条位置。9 月 21 日发表长篇通讯《敌拟进犯长沙　我预有充分准备　不久将对敌展开大歼灭战》，报道长沙会战的各项准备情况。长沙保卫战胜利后，报刊随即发表《长沙大捷　我军总计

---

① 蔡铭泽：《中国国民党党报历史研究（1927—1949）》，团结出版社 1998 年版，第155 页。

② 白海风：《本报一周年》，《本报一周年特刊》，《民众日报》1940 年 7 月 1 日。

斩首七万余 生俘寇军七百九十六人 敌军师团长二名亦授首》，全版刊登长沙大捷系列报道，详细介绍了此次会战双方兵力、日寇进军路线及目标，中国部队的应对和顽强血战，以及后续情况："此次长沙大会战，地方由各战场抽调精锐部队43万余人（约占侵华兵力1/4）分三路向我进攻……我军预做准备，诱敌深入后调集大军将敌军后路截断，并予以重重包围痛起猛击，毙伤七万余人……余寇几部被我重重包围，不日即可完全消灭云。"① 此外，报刊还利用多种报道方式对战场情势进行报道，在1939年11月22日报道晋西大捷时，还附带了晋西战役经过地图，方便读者更加直观地了解战斗经过，收到了较好反响。

作为身处绥蒙地区的报纸，绥远本地正面战场的战争情况是《民众日报》报道的重点。报纸对绥西地区抗战时期历次战役的情况和涉及战争各个方面都有报道涉及。这一点在绥西战役的报道当中体现得淋漓尽致。1939年12月至1940年3月间，在绥远西部地区，时任第八战区副司令长官的傅作义率35军、81军和地方部队，发动了包头战役、绥西战役、五原战役等系列会战，合称"绥西会战"。其中五原战役合计歼敌3500余人，俘虏300余人，缴获大炮16门、汽车近50辆和大批武器弹药。击毙日军水川伊夫中将、特务机关长桑原荒一郎等，被当时媒体称为"五原大捷"，不仅改变了绥远地区的抗战形势，而且提振了国民的抗战信心，使全民族都为之一振，受到了蒋介石的亲自嘉奖。② 作为发生在绥西地区的重大战役，《民众日报》从12月开始就对该战役给予极大重视，将其放在报纸头条位置连续报道。比如以五原大捷后头条刊发的一则战场通讯《五原克复后我继续大捷 毙敌七百余击沉舰艇多艘俘获敌指导官四伪师长一》为例：

> 五原经我克复后，连日敌由包头归绥等地陆续经安北等地窜至五家河北岸，大财主村附近图渡河向我反攻。廿四日晨，运来橡皮船多只，及大批架桥材料，并将折桂乡（五原县北）民房拆毁，取出木料备建浮桥。我军一部向敌进攻，激战数小时，歼敌三百余。这晚敌趁月色朦胧，由大财主村先后强渡四次，均经我迎头痛击，敌被击毙及溺死甚多，敌势大挫。廿五日正午，敌又由包绥增援步兵三千余，

---

① 《民众日报》1941年10月14日。
② 文思：《我所知道的傅作义》，中国文史出版社2004年版，第87页。

附炮十二门、汽车三百余辆,并藉飞机掩护,兹敌在陆空联络下由二杨圪旦(五原东北)附近进犯,又遭我军阻击,在五加河畔展开壮烈战争。我军纵横驰骋,冒弹冲杀,并以大炮猛烈轰击敌寇,击沉敌艇多艘,毙敌七百余,目前五原周围仍在激战中。①

这则战场通讯详细介绍了当前五原战场敌我双方战争的最新动态,细数我军缴获武器件数、歼灭与俘虏敌伪军数量等数字,大大提高了新闻的真实性。言辞中充分表现出了绥西中国军队不怕牺牲、英勇杀敌的勃勃英姿和顽强拼搏的战斗精神,使人读完无不大呼痛快,备受鼓舞。事实上,《民众日报》对绥西会战的报道时间跨度长达4个多月,先后发表了介绍包头战役的《绥西我军大举进攻 傅已冲入包头城内 并派劲旅攻归绥另一部绕袭绥东》②《今日号外 克复包头萨县》③《绥西我获空前胜利 包头毙敌千三百名》④ 等通讯;报道绥西战役的《绥包敌寇蠢蠢蠢动 新民堡敌被我击溃》⑤《绥境敌分三股西犯,乌拉山前展开血战》⑥《窜扰柴磴之敌已被我完全击溃 驻军现正办理安抚事宜》⑦ 等各类通讯、简讯100余篇(条),对绥西会战的整个历程和战斗细节进行详细报道。并附有作战地图、评论文章以方便读者加深了解。

正是通过大量报道正面战场的战况,《民众日报》歌颂了中国将士奋勇争先、勇猛杀敌的豪迈气概,揭露了日本侵略者外强中干的内在本质和仓皇逃窜的狼狈形象,极大地安定了民众的恐惧心理,鼓舞了伊盟军民的抗日热情。同时,报道也向伊盟人民传达了国民政府坚决抗战的决心,让蒙旗军民感受到与全国人民同心协力、并肩作战、共同抵抗日寇的爱国情怀,坚定了抗战必胜的信心,抗日斗志更加振奋。

(二) 追踪世界反法西斯战争局势

作为世界反法西斯战争的一部分和东方主战场,中国抗日战争的成败与世界反法西斯战争形势息息相关。由于国力和军力的相对弱小,中国人

---

① 《民众日报》1940 年 3 月 28 日。
② 《民众日报》1939 年 12 月 21 日。
③ 《民众日报》1939 年 12 月 23 日。
④ 《民众日报》1939 年 12 月 25 日。
⑤ 《民众日报》1940 年 1 月 31 日。
⑥ 《民众日报》1940 年 2 月 1 日。
⑦ 《民众日报》1940 年 2 月 4 日。

民一直希望与世界其他反法西斯国家和人民相互支持与合作，一同并肩作战抵抗侵略，维护民族和国家的独立。为此，中国军民迫切需要了解国际局势的发展情况。

正因如此，虽然地处偏远的西北地区，但《民众日报》自创刊起就非常重视国际新闻报道，在报纸上专门设置了国际板块和国际要闻简讯栏目，专司刊登国际政治军事动态，日报道国际新闻5—10条。如遇国际重大政情军情，更是利用大幅版面加以报道，并配合评论、漫画等形式，向读者深入解析事件前因后果及可能的影响，以帮助广大蒙旗同胞充分掌握国际反法西斯战争局势和重大事件发展动向。特别是在苏德战争和太平洋战争爆发之后，《民众日报》进一步加强了国际新闻的报道力度，篇幅占到报纸的一半以上。

《民众日报》国际新闻的主要内容，一方面是欧洲、北非、太平洋各战场最新战况，对大不列颠空战、斯大林格勒保卫战、诺曼底登陆和太平洋战争等重要战役都进行了连续深入报道。1945年初，欧洲战场德国已无力回天，美军遂把重心放在太平洋战场，对日作战进入最后反攻阶段。《民众日报》在社论中表示"德国已近覆灭后……其东方盟友日寇必将腹背受敌，也到了灭亡前夜……抗战胜利的曙光即将到来"[1]。自1945年2月起持续紧跟远东作战动向，先后发表《硫磺岛美军强大 激烈战斗至中部机场》[2]《美国旗飘扬在琉球岛上 日军数千集体投海》[3]《美英舰队轰击日本大捷 出动军舰百五十艘超堡轰机两千余》[4]《美使用秘密武器原子炸弹 具有宇宙基本威力》[5]《苏联对日宣战 已向关东军发动进攻》[6]，向读者完整报道了日本侵略者走向最终败亡的全过程。

另一方面，世界各国对中国的支持及对日本侵略者的谴责和制裁信息，特别是关于美国、苏联等周边大国对华、对日政策，谈判进程等关乎中国抗战大局的信息也是重点报道的对象。《民众日报》还报道了大量关于敌对方日本朝野政治、经济形势、军事部署等方面的新闻，加深了民众对日寇的了解。

《民众日报》的国际新闻作为当时伊盟蒙汉军民了解世界局势的唯一途径，以其报道之全面之迅捷赢得了读者青睐。这些来自世界各地的政情

---

① 《民众日报》1945年2月1日。
② 《民众日报》1945年2月24日。
③ 《民众日报》1945年6月25日。
④ 《民众日报》1945年7月21日。
⑤ 《民众日报》1945年8月10日。
⑥ 《民众日报》1945年8月12日。

军情极大地开阔了蒙旗军民的眼界，为民众了解了世界反法西斯信息，从而坚定抗战胜利的信心方面居功甚伟。

（三）揭露日寇在华暴行与阴谋

除了报道中国军队的英勇抵抗，对站在中华民族对立面上的日本侵略者，《民众日报》也进行了猛烈的攻击和鞭挞。对日寇在中华大地上所犯下罄竹难书的滔天罪行进行揭露谴责，对日寇所进行的种种阴谋给予无情拆穿。"日寇的残酷暴虐，远超文明之国民所能想象，凡是能毁灭我们民众的人间性和民族性的暴虐手段，他们无不尽力实施。"[①]

日寇对沦陷区的同胞采取了惨无人道的奴役和压迫。一方面，日寇将中国百姓视作奴隶，随意进行经济掠夺和人身奴役："（日寇）对乌盟及绥东各旗蒙胞，近已改变其怀柔政策……将王公制度废除改建旗长制，王公之实权被废除殆尽……各旗只留一召庙，其余尽数拆毁，所有喇嘛尽征为府兵……在乌兰察布境内强征蒙古骑兵两千……并令蒙民集中，每六十户居于一处，所有零星房屋村庄悉数焚毁""并加收各种捐税，蒙胞苦不堪言。""我蒙胞因不堪日寇压迫及供敌驱使，纷纷逃亡内地云。"[②]"（日寇）占据广州湾后，已将通明港至海康绥西一线的公路修通，常派部队下乡，搜刮人民粮食……路上衣服齐整之男女，均被逮捕，以汽车解至两营。或强充壮丁，或迫为军妓……两营赤坎之间，完全属敌宪兵队地盘，百姓生活暗无天日。"[③]另一方面，敌人企图从精神上瓦解我斗志，"（日寇）与王逆英合组之绥东大蒙公司，已被敌寇攫取唯独有公司改名大发公司，专营料面、烟土、海洛英（因）等毒品，以荼毒我同胞"[④]，妄图以贩卖毒品等种种卑鄙手段腐化毒害我同胞。

而在敌企图"速战速决""三个月灭亡中国"的图谋破产之后，又企图以包装好的文化侵略来达到其目的。在沦陷区进行奴化教育，大肆宣扬"大东亚共荣""东亚新秩序""王道乐土"，美化侵略战争，培养亲日意识，妄图消解我们的民族意识，瓦解抵抗。在绥蒙地区更是利用所谓"民族问题"作为掩护，鼓吹"蒙古民族自决""日蒙协和"，激化蒙汉矛盾，企图通过民族离间来达到其分化抗日民族统一战线的目的。针对日

---

①《我民何辜　倭压榨我乌盟蒙胞》，《民众日报》1942年1月18日。

②《我民何辜　倭压榨我乌盟蒙胞》，《民众日报》1942年1月18日。

③《人间地狱　广州湾敌寇横行》，《民众日报》1943年7月4日。

④《敌寇极谋毒害我同胞》，《民众日报》1943年9月5日。

寇这一阴谋，《民众日报》刊发了多篇文章，向读者痛陈日本军国主义殖民阴谋，批判敌寇各种荒谬宣传："满蒙同胞必须团结起来……日本人灭亡中国的办法就是用分化切割方法各个吞噬……'九一八'占领东北四省，成立'伪满洲国'，满人全给他当奴隶了。'七七'后又占领察绥，东蒙的蒙古同胞也都给他当了奴隶了……为了离间我们，强分了什么满蒙汉人，使我们兄弟不和。"① "敌人欺骗我蒙古同胞的言语，左右离不开一个什么民族自决，什么汉人欺压蒙人，他们来替蒙人打抱不平……然而东蒙的沦陷已经七八年了，说到民族自决自治，那只有天知道！但德王和他的部下受尽敌人特务机关、顾问机关无数的怄气，却是极明显的事。说到人民的痛苦，更是受尽剥夺自由，统制物资，限制煤面，增加税款以及捕杀奸淫的惨祸，敌人何曾愿意替蒙古同胞打抱不平？他们恨不得把蒙古同胞完全消灭，才能够满足他们的心愿。"②

《民众日报》正是通过一系列消息通讯和社论，对日寇暴行进行赤裸裸的曝光，真实再现了日寇铁蹄奴役下同胞的悲惨命运；对日寇精神亡我的阴谋进行了深刻揭示，破坏了日寇的狡诈诡计；点燃了蒙旗千千万万血性同胞的满腔怒火，更加坚定了各族人民毫不妥协、团结抗日的决心。

二 "忠党爱国"宣传

作为由绥蒙党务特派员办事处主办的国民党地方党报，《民众日报》必然会站在国民党一边，担负起为国民党利益摇旗呐喊的宣传职责，这是由它本身的性质决定的。

（一）宣扬"三民主义"和领袖至上

"三民主义"作为国民党的官方意识形态，无疑得到了最大限度的宣传，《民众日报》对其不吝以最崇高伟大的词汇予以形容，将其称为"绝对正确"之"圣经""行动指南"。时任绥蒙党务特派员办事处主任的白海风将宣传三民主义作为本报"一等目标"："三民主义为国民革命最高原则，亦即抗战建国之至上准则，全国人士均应努力研求，绝对信仰，彻底奉行，用期以此宝典圣经，达到最后胜利目的。但蒙旗偏处塞外，接受较迟，熏陶亦浅，即稍有了解，亦认识模糊，且未普及每个角落，致难发

---

① 《告被日人压迫下的蒙胞》，《民众日报》1940年3月10日。
② 《现阶段蒙旗蒙古同胞的责任》，《民众日报》1940年7月1日。

挥其效力。此本报以后尽力宣传三民主义以促进抗战胜利。"正是基于这一目标，一方面，《民众日报》将号召民众将三民主义作为国家和民族前进的最终目标而努力奋斗。"建设三民主义崭新蒙旗"① "为了三民主义的新中国竭尽力量"② 一类话语几乎出现在每一篇社论和重要文章当中。另一方面，《民众日报》要求党员 "以三民主义为唯一真理"，"做三民主义的忠勇斗士"③。在日常生活中 "更彻底的奉行三民主义"④，抗战建国要 "在三民主义的共同旗帜下努力" 才能实现 "最后成功"⑤。总之，就是把三民主义作为一切行动的最高准则、唯一真理加以宣传。

除了对三民主义的宣传外，宣扬对于国民党领袖蒋介石绝对忠诚的领袖至上思想也是重点。抗战爆发后，蒋介石借机强化了自己的权力，在 1938 年的国民党临时代表大会上正式当选国民党总裁，将党政军大权集于一身。⑥ 国民党党务系统开始全力塑造对蒋介石的个人崇拜。在此背景下，《民众日报》主要从两方面加以宣传。一是在版面上，专设《总裁训词》栏目置于报纸显眼处，每日刊登一至两条蒋介石就国家、党团、抗战等方面的演讲、文章摘要。排版时如遇 "总裁" "蒋主席" 等对蒋介石的称呼，都要在前面空一格以示尊敬。二是在文章宣扬蒋介石 "民族救星" "最高领袖"，号召国民要对其 "无限忠诚"，以期从无形中塑造对蒋介石的追随崇拜。

在抗战的背景下，对三民主义和蒋介石的宣传目的是合二为一的，都是讲求国民党特别是蒋介石和国民党中央政府对国家人民的绝对领导，要求党员及民众绝对 "忠党爱国"，实质是为国民党在中国进行独裁统治进行舆论上的鼓吹。

（二）宣传绥蒙党政机关的政策

除了作为国家宣传机器的一部分，《民众日报》还要承担绥蒙地区党政机关的宣传职责，将其作为绥蒙党政信息公开窗口和对民宣传政绩的方式。

作为绥蒙地区唯一发行的党报，《民众日报》以其刊发便利和传阅广泛，成为绥蒙党政机关公布重要政务信息的主要渠道。发布的内容主要包括：一是会议信息。报道绥境蒙政会和绥蒙党务特派员办事处召开会议的

---

① 《伊盟现势》，《民众日报》1940 年 8 月 4 日。
② 《加紧努力完成抗建大业》，《民众日报》1944 年 11 月 12 日。
③ 《抗战中的蒙旗文化》，《民众日报》1944 年 7 月 1 日。
④ 《一年来的检讨》，《民众日报》1941 年 1 月 1 日。
⑤ 《抗战五周年》，《民众日报》1942 年 7 月 7 日。
⑥ 王奇生：《党员、党权与党争》，华文出版社 2010 年版，第 322 页。

议程、议题和出席人员。如《绥蒙会开会讨论 救济蒙旗军民粮食 决定办法四项即积极执行》报道提及"沙王等蒙政会全体委员参会"。① 二是传达国家法令和地方政令。1942 年末，由于伊盟连受灾害，农业减产，粮食及日用品价格大幅上涨。蒙政会发布《绥远省蒙旗临时平抑物价通告》，详细规定了肉类、蛋类、谷物、草料等重要物资的最高价格表，并就"物价限定后之严厉执行办法"② 向全社会征集意见。三是绥蒙地区重要人事调整动态公示。1940 年 8 月 4 日报纸刊发的《晋升蒙政会委员》，公示了"绥境蒙政会秘书处主任经天禄，参事处主任胡凤山，民治处主任贺耆寿，赈济会委员白音仓等已经行政院通过，同时晋升为该会委员，该会顷已奉到绥蒙指署"的人事任命。四是党政要员最新动态。

此外，《民众日报》还广泛宣扬绥蒙军政在经济、民生等方面的政绩，为绥蒙国民党政府统治歌功颂德。除此之外，报纸还格外突出报道党政军"爱民如子"的"光辉事迹"，比如 1943 年刊发的报道写道"廿六师自驻扎桃力民一带以来，军民感情极为融洽。金秋收割，该师七十七团官兵全体出动，协助农民收割。蒙旗民众以廿六师官兵遗爱在民，特于中秋佳节携大批礼品分赠该师官兵，藉资酬德与联欢之"。③ 以及"扎旗各机关职员劳动服务修筑之马路业已竣工，路颇宽阔平坦，行人大称便利云"④ 的报道，并发表《今后的蒙旗》等社论为国民党政府摇旗呐喊。

三 绥蒙文化与民生宣传

《民众日报》虽诞生在抗日战争的大背景下，为抗战服务是本报的主要目的，但抗战宣传并非报刊全部使命。面对蒙旗"沙漠草原，风气闭塞，文化落后，人民知识水平特为低下"的现状，面对偌大土地众多人口竟无一张报刊的尴尬现状，《民众日报》也担负起了"竭力启发，多方迪导，努力提高蒙旗人民智识，共策社会日进文明"的社会重责，将努力提升蒙胞文化水准，服务蒙胞日常生活也作为报刊的重要职责。

（一）提升蒙旗文化

蒙旗作为西北边疆，历来就是文化荒漠地区。"虽然有一个时期，蒙古

---

① 《民众日报》1939 年 11 月 9 日。
② 《绥蒙动员会召开临时平抑物价会议记录》，《民众日报》1942 年 11 月 18 日。
③ 《××师助农收秋》，《民众日报》1943 年 10 月 3 日。
④ 《蒙旗碎锦》，《民众日报》1944 年 6 月 6 日。

民族曾发挥过辉煌的武功，威震欧亚，也表现过英勇的精神，浮海东征。但时至今日，徒留下潜移默化的宗教和故步自封的经义文学。"当时蒙旗面临现状是"荒野穷落，交通滞塞，文化落后，民智未开，依然蕴藏着守旧思想的潜伏力。如胶着着阻碍着一切的进步"，结果"就蒙地人民的生计和社会的生存来说，若不积极改善和提高全体人民的文化生活，仍自甘暴弃，毫无自觉，很快就将堕于谷底"。面对抗战的严峻形势，"欲使蒙旗成为全民抗战之一环，必须建立以崭新的文化，为继续生命的大动脉，这文化要以新生活运动为用，并以经济建设为体，一方面保有着固有文化的优点，一方面吸收现时代文化的精髓。务使融会贯通，发展无间。这样才能奠定蒙民自动自治之正确基础，而与新世界人类共谋幸福"。① 以上都是作为时任绥蒙领导人的沙王对在蒙旗发展文化当中重要作用的清晰认识。而《民众日报》一定程度上正是为了改变这一文化上的落后现状而创办的。

《民众日报》作为一份蒙汉合璧的日报，希望使蒙汉民众都能享受到最新的文化知识。为提高蒙胞文化水平，除了日常的新闻报道和评论之外，还专门不定期开辟了"生活指导""世界知识""医学常识""畜牧常识"等栏目，专司向蒙民进行科学文化启蒙，服务于蒙民的生产生活。

"生活指导"栏目用小文章向民众普及了"铁的重要性""牛奶要煮沸来喝""如何用雷电算远近"②"斤两互换法"③ 一类的生活基本常识。

"世界知识"栏目向读者介绍世界最新锐的前沿科学知识：类似"煤制衣袜""氮气治疗精神病"④ 这类在当时普通蒙民看来有些匪夷所思的知识在这里随处可见。其中，在介绍德军 V1 火箭时，报纸写道："火箭已被证明是一种有价值的武器，此次战争中由于火箭的使用，摧毁了不少飞机。其形如炮弹，用液体燃料发动，以自动机器驾驶，而用电力控制。火箭可装于载客货飞机上，以增加飞机时速到每小时一千英里，在两小时内跨越大西洋。""上次大战给予飞机以崛起，这次大战也许会产生一个火箭的启蒙时代！"⑤ 笔法亲切，内容新奇，极大地开阔了蒙胞的眼界，提高科学素养。

"医学常识"栏目用长篇文字向蒙胞普及了鼠疫、天花、百日咳、感冒、

----

① 沙克都尔扎布：《抗战中的蒙旗文化》，《民众日报》1944 年 7 月 1 日。
② 《生活指导》，《民众日报》1944 年 7 月 1 日。
③ 《生活常识》，《民众日报》1944 年 6 月 9 日。
④ 《世界知识》，《民众日报》1944 年 6 月 6 日。
⑤ 《世界知识》，《民众日报》1945 年 6 月 5 日。

沙眼等草原易发生疾病的机理和预防方法等基本医疗常识，并号召蒙民为儿童"接种牛痘可预防天花"等①，为本地居民医疗卫生知识提高打下基础。

"畜牧常识"栏目中，对蒙旗地区畜牧业生产进行了科学知识宣传，比如设立"普通家畜饲料医疗问答"板块，宣传了农牧民喂养牛羊时如何进行饲料配比、疾病防治等相关知识，极大地促进了蒙旗畜牧业的发展。

《民众日报》刊登的这些基本知识，这些在我们今天看来实属平常，但在当时蒙旗文化落后的现状下无疑是石破天惊的，对当地人民的生活具有很强的指导意义，一定程度上改善了他们的生活。正是这一个个看似零碎的知识，在蒙旗民众头脑中种上了科学进步的种子，对日后当地发展作用不可小觑。

（二）服务蒙旗民生

《民众日报》对蒙旗民众的贡献，还表现在它作为公共服务平台的重要作用。在这份报纸上我们能看到大量服务于普通蒙旗群众的内容。民众可以登报发表的内容包括：一是启事类，其中包括订婚启事、结婚启事、离婚启事、讣告等（见图5-11）。二是声明类，有脱离关系声明、遗失声明、变更声明等（见图5-12）。三是广告类，刊登的广告包括了书店、医疗站、学校等机构。1940年1月8日刊登"第二战区文化书店　榆林分店广告：本店于十二月二十八号开幕，为目前实际迫切需要，以经售二战区及全国各地各种书籍杂志为业务现已运到新书四十余种，杂志数种，欢迎各界参观惠顾并希望广加播导赞助，是所深幸！店址：榆林八狮上巷十一号"是本报第一份广告。

图 5-11　启事类广告　　图 5-12　声明类广告

① 《医学常识》，《民众日报》1942年3月24日。

　　除此之外，《民众日报》还会为民众预告本旗举办活动的动态，如庆祝大会、庙会、书画展等信息。1940 年 3 月，西北摄影队军事委员会派一支电影放映分队深入绥蒙地区，向民众放映抗战电影以宣传抗战。《民众日报》每日预报电影队播放影片情况，吸引群众观看："晚七时将再度于蒙政会礼堂前放映，今次为《好丈夫》新片，效果极佳。该队将仍按原计划于原地继续放映各抗战名片，以答谢蒙胞雅意。时间有限，尚希蒙胞勿失良机。"[①] 此外，报纸甚至会不定期报道一些群众关心的伊盟本地伤人、失窃等引发社会轰动的案件信息。以上这些致力于服务百姓的内容数量虽然不多，但至少表达了一种愿意服务于蒙胞的态度和意愿，这是值得肯定的。

四　反共报道

　　《民众日报》的发行横跨了抗日战争和解放战争，时间长达十年。在这过程当中，经历了国民党与共产党合作共同抗日的阶段，也随着局势变化不可避免地逐渐走向了反共宣传的错误方向，这是《民众日报》一段难以回避的不光彩历史。

　　《民众日报》对共产党的报道受国共关系的影响巨大。在 1943 年前国共合作的蜜月期，报纸时任总编樊幼苹又是共产党地下党员[②]，《民众日报》对共产党活动主要采取了"不报道"的态度，既不主动赞扬也不抹黑攻击。但随着 1943 年国民党掀起反共高潮加上樊幼苹的去职，《民众日报》上关于共产党的负面报道开始星星点点地出现。一开始表现得还比较克制，如在 1942 年年底大幅连载王实味的《野百合花》[③]，利用文章间接抹黑共产党和延安整风运动，通讯《延安二三事》[④] 指责中共消极抗战、误导知识青年等文章时有出现。而到 1945 年前后抗战末期，国共摩擦逐步剧烈，报纸对中共的政治攻击又上升了一个层次。无端指责中共"军队朝西北扩展"，并污蔑称陕北边区 200 万民众"恳请中央制止中共祸国残民"；"（民众）不堪忍受中共荼毒蹂躏"，恳请中央"亦促毛泽东

---

　　① 《抗战影片照常放映》，《民众日报》1940 年 3 月 27 日。
　　② 王之一：《中国军网——烈士纪念堂》，http：//www. 81. cn/yljnt/2013－12/24/content_5704029. htm。
　　③ 《野百合花》续四，《民众日报》1942 年 11 月 12 日。
　　④ 《延安二三事》，《民众日报》1942 年 12 月 14 日。

迅速释放被逮捕之民众、关闭边区，归政中央，整编部队前往回复陕北秩序"① 一类的攻击指责开始大量出现，充斥版面。而至解放战争时期，《民众日报》在国民党"中宣部"的直接"指导"下，完全沦为了国民党战争中的舆论工具，对已处于完全敌对的中共采取了无下限的抹黑和攻击，大肆污蔑中共领袖及解放军，对中共的政策进行妖魔化，言语刺耳，内容荒唐，不堪入目。国民党当局企图以此令蒙旗民众产生对共产党的恐惧情绪，以掩饰战场上节节败退的不利局面。这阶段的报刊宣传可以说是《民众日报》发行过程中最大的败笔。

第四节 《民众日报》的宣传策略

"宣传的基本职能是传播一种观念（理论、方针、政策、伦理道德、立场态度等）……其出发点是出于自身需要，把一定的观念传播出去，让受众了解、接受，从而争取受众的信任和支持。"②《民众日报》作为一张担负着沉重宣传使命的国民党地方党媒，要想让读者相信和支持自己的宣传内容，采取一定的宣传策略非常必要。对现存《民众日报》进行整理分析后，我们可以清晰地发现其宣传策略大致有以下几个方面。

一 用选择性新闻引导受众

在《民众日报》的宣传策略中，新闻选择是非常重要而隐蔽的手段之一。蒙旗消息闭塞，本报是蒙旗受众关于外界信息的主要来源。而刊登哪些信息完全取决于《民众日报》自身的观点或相应标准，或过滤掉"不合标准"的信息，或通过把简单的事实相整合，构成与实际大相径庭的"新闻事实"，强化信息某些方面的意义，甚至"衍生"出新的意义。这种对战场信息重新"包装"、整理配送的宣传策略有效地营造了有利己方的整体舆论环境，极大地加强了宣传力度。

报纸在这一策略指引下可以明显发现，关于国军战争中新闻报道都是正面消息，充斥着"进军某地""收复某地""歼敌×人"的内容，而对于不利的战事从来都是讳败不报。1944 年长衡会战、豫中会战、桂柳会战三次战役，《民众日报》即使发布关于这些战役的报道，内容都是《中

---

① 《中共最近之企图》，《民众日报》1944 年 9 月 5 日。
② 李良荣：《新闻学导论》，高等教育出版社 2006 年版，第 35 页。

宣部记者招待会 张参事答记者问：湘战不影响政治》① 《虎牢关雄峙无恙 各县我军予以严重打击 我空军飞临助战士气正旺》②，似乎国民党已取得大胜一般。《豫中战事好转、虎牢关阵地在我掌握》③ 报道中宣称"豫中战事近日极形好转，更加我军机出动袭扰，洛市群众无不振奋，人心日益安定。各商店仍照常营业，街上行人往来如梭，毫无慌张之象。"解放战争时期，亦只报道国民党军队获胜的新闻，对其他消息视而不见。

除了只刊发捷报，《民众日报》还专挑敌方失败狼狈的新闻报道。仅只1940年2月2日，就刊发了三条关于日本侵略者的负面新闻：《倭内部意见分歧严重 美倭僵局绝无打开可能》《敌国经济严重危机》《高密敌军有五名自缢》，其中极言敌"电力煤炭粮食日趋紧张……国内金融将引发严重通货膨胀""自侵华以来……经我军奋勇抵抗，伤亡甚重……深感前途之黯淡，意志薄弱者唯有自杀一途。前日高密敌军因厌战而自缢之敌军竟有五名之多，敌军之崩溃已迫在眉睫云"，用贬低敌人的方式来树立本方的威信。这一报道手法在解放战争时期对共产党宣传方面也广泛运用。

二 用倾向性语言感染人

除了对新闻进行选择，《民众日报》报道的字里行间都透露出倾向性。抗战时期，对中国军人的描述都是"威武""勇敢无敌""奋不顾身""奋勇冲杀"，战斗结果往往"大胜""大举进攻""痛创敌军""毙敌甚重"，充满了对中国军民无限褒扬之情。反观对日本侵略者往往就是"窜扰""溃败""受创奇重"等负面描述。通过在用词方面的强烈感情色彩，有助于民众强化敌我意识，可相当程度上改变民众认知，促使民众坚定信心，在战争中全力支持国民党军队。

三 用理性分析说服人

古人云"事实胜于雄辩"，但绝不意味着"用事实说话"的宣传方式可以取代雄辩。宣传者鞭辟入里的分析，使对方百思不得其解的疑虑迎刃而解，这就是理性宣传的力量。④《民众日报》的宣传中，发表的评论文

① 《民众日报》1944年9月12日。
② 《民众日报》1944年5月1日。
③ 《民众日报》1944年5月3日。
④ 李良荣：《新闻学导论》，高等教育出版社2006年版，第43页。

章大多论证严密，丝丝入扣，一气呵成，具有强大说服力，对蒙旗民众的思想和行为都产生了相当影响。

面对日寇鼓噪"日蒙和善""民族自决"，企图分化瓦解汉蒙同胞，《民众日报》发表《现阶段蒙古同胞的责任》长篇评论为蒙胞理性分析了当前形势。文中首先回顾道："东北四盟当中的三盟在九一八之后继东北四省而沦陷，锡乌各旗在七七事变后陆续为敌人所蹂躏，到现在全瓯的仅有伊盟和西北数旗幸存。大多数蒙旗都受着日寇的摧残。"并提出"怎样挽救沦陷区域的同胞？怎样保持干净的土地？这是每一个蒙古同胞应该考虑的问题"。明确指出沦陷的原因之一是"敌人的阴谋诡计老早给蒙古同胞和王公掘下很深的陷阱……敌人欺骗我蒙古同胞的言语，左右离不开一个什么民族自决，什么汉人欺压蒙人，他们来替蒙人打抱不平。"对此，文章完全戳破了敌人的谎言"东蒙的沦陷已经七八年了，说到民族自决自治，那只有天知道！……但人民的痛苦，更是受尽剥夺自由、统制物资，限制煤面，增加税款以及捕杀奸淫的惨祸，敌人何曾愿意替蒙古同胞打抱不平？他们恨不得把蒙古同胞完全消灭，才能够满足他们的心愿。"其后，更指出"三民主义中老早就表明：中国境内各民族一律平等，党章中更明白规定：对于国内弱小民族政府当扶持之……是国民政府的一贯政策。"从而认定"除了这些话，敌人再没有什么可以打动蒙古同胞的心的……无非是借点口实来挑拨离间我们汉蒙同胞，使我们兄弟阋墙，自打起来。他好坐收渔翁之利。"最后点题"既然知道敌人所玩的把戏，进一步就要划清敌我界限，今日蒙古同胞最大的任务，就是要收复我们已经沦陷的土地，拯救被敌人压迫的同胞。不惟要洗刷蒙古同胞的耻辱，还要告慰成吉思汗的在天之灵。"论点清晰，论据明确，论述清晰透彻，让读者不由信服。这样的长篇评论的刊发，对揭示当前重大问题的内在本质，引导民众抗战情绪，与敌寇进行民心争夺战方面的作用不言而喻。

可以说，《民众日报》的宣传手法，充分发扬了新闻理论中"事、理、情"的宣传策略，在加强报纸宣传效果方面起到了很好的效果。

第五节 《民众日报》的历史作用

"报刊是社会时代历史的忠实记录者和镜子，既是政治、经济、军事及阶级斗争的产物，又是政治、经济、军事及阶级斗争的工具，受社会各种因素的制约，反过来又对他们产生一定的影响。"① 因此，一切对《民众日报》评价，都必须要回到它所处的历史环境中去，由此出发做出的评价才能尽力客观。这对这张半世纪前的报纸本身也是公平的。

一　极大激发了绥蒙民众的抗战热情

抗日战争是一场中华民族在面临亡国灭种危机之际全面抵抗日本侵略者的自卫战争。特别是"伊盟为西北屏障，现处国防前线，敌人早企图用军事及政治进攻"的紧张境地，蒙旗民众迫切希望尽早了解时事的发展变化，这业已成为与广大蒙旗同胞切身利益紧密相关的大事，《民众日报》的出现满足了蒙民这一需要。本报向绥蒙地区军民及时全面地报道了中国军队抵抗日寇侵略的最新战斗动态。并适应形势变化，采用多种消息来源，将抗战动态、社论和长篇政论文等形式的宣传报道方式有机结合，不断创新各种宣传手段激发蒙旗同胞的抗战热情。本报始终坚持抵抗到底，决不投降的正确立场，对任何形式分裂国家、分化民族团结的行为和言论都予以坚决反击，表现出对国家民族负责报纸的担当。《民众日报》在抗战中的表现，为蒙旗同胞树立必胜信心、蒙汉民族团结抗战做出了不朽的贡献。

二　较有力地发展了蒙旗文化

作为创办时的一大目标，《民众日报》特别重视发展蒙旗文化。作为一份传播较广泛的蒙汉合璧报纸，其存在本身就对绥蒙地区，特别是蒙胞的文化发展大有裨益，除了日常的新闻、评论外，《民众日报》还积极利用漫画等形式扩大传播面，加深文化传播效果。此外，还陆续推出多项致力于服务蒙旗百姓生活的登报服务，开办提升文化水平的科普专栏、文化专栏，向蒙汉民众宣传现代知识，极大地开阔了西北边疆民众的见识。尽管由于种种客观条件的限制，使得《民众日报》的影响未能进一步扩大，其报纸本身的内容和形式也有诸多不足，但这不能抹杀日报在绥蒙地区发行近十年对当地文化发展潜移默化的推动作用。

三　是国民党宣传体系的传声筒

国民党新闻事业起步较早，形成了一套控制严密的党媒体系。"十年

---

① 甘惜分：《新闻学大辞典》，河南人民出版社1993年版，第67页。

内战期间，中国国民党所建立起来的新闻事业，其规模之大、分布之广、体制之完备，使中国历史上任何统治者的新闻事业，相形见绌。"①《民众日报》自诞生开始就是国民党宣传系统的组成部分。随着抗战局势和国共两党关系变化，国民党舆论收紧，报纸失去独立性和特色，成为国民党宣传系统旗下毫无特色的传声筒之一。

《民众日报》的创办就当时的历史背景而言实属不易，尤其是经过报社编辑同仁的不懈努力，其水平在国民党党报系统属中上质量。但是，《民众日报》报道内容和宣传手法上均有众多缺陷有待改进。特别是跟同一时期，甚至更早的中共领导下的报纸相比，有着较大差距。首先是内容方面，一个相当严重的问题就是转载新闻过多，由本报自编自采的新闻数量过少；报道国际和国内新闻过多，和绥蒙当地百姓密切相关的本地新闻、民生新闻过少；关于党政领导人的新闻过多，报道蒙旗人民群众的新闻过少。这使报纸势必难以获得蒙旗民众的共鸣，传播效果难以保障。此外，报道时对于新闻大多止于简讯和消息通报水平，未能够深入全面挖掘新闻背后的事实和感人细节，从而未能从中突出塑造典型英雄人物。这与国民党系统党报宣传理念落后有直接关系，也是和共产党系统的报纸（尤其是经过延安整风之后）差距最大的一个方面，在后来国共争夺舆论控制权的过程中败于共产党领导的报刊也就在意料之中了。

综上，《民众日报》创刊于绥远蒙旗茫茫沙漠之中，作为绥蒙地区国民党党报，也是该地区抗战期间唯一坚持长期出版的日报，在蒙旗传播较广，影响较大。特别是在抗日战争的艰苦奋斗过程当中，很好地起到了作为党报的喉舌作用，为打击日伪侵略军嚣张气焰，鼓舞伊盟民众坚持抗战做出了应有贡献。同时，我们也要看到受制于蒙旗地方发展状况的落后和能力不足，在报纸各个方面均有不尽如人意之处。还有其作为国民党党报，在意识形态方面犯下的种种错误。

总而言之，《民众日报》不失为一份优秀的民国地方党报，在其办报历程中，基本实现了其创办目的和历史价值，值得后人尊敬和纪念。

---

① 王静：《国民党统治前期（1927—1938）新闻政策研究》，硕士学位论文，山东大学，2007年。

第六章

《绥远日报》研究

第一节 《绥远日报》的发展历程及办报理念

一 《绥远日报》的发展历程

《绥远日报》是绥远省政府机关报。从国民党统一全国到抗日战争爆发，绥远省政府各部门创办了大批刊物，《绥远日报》是唯一一份汉文日报。《绥远日报》与《绥远民国日报》并称绥远两大报纸。

《绥远日报》创刊于 1930 年 7 月 21 日，是铅印对开报纸，共 4 版。其前身是 1926 年绥远都统商震用《西北实业报》的机器在其旧址创办的《绥远日报》，1928 年北伐以后，国民党把商震时期的《绥远日报》改为党报，作为国民党的地方机关报。① 1930 年春《绥远民国日报》因故停刊，省政府深感没有宣传机器的缺憾，"便用《绥远民国日报》的机器出刊了绥远省政府机关报，名为《绥远日报》，作为传达政令的政府喉舌"。②

《绥远日报》首任社长惠慕侠，主编张师曾。1931 年傅作义主政绥远，省政府最高顾问张策兼任《绥远日报》社社长，周均为总编。1932 年 11 月《绥远日报》改组，省政府秘书林超然接任社长兼总编，因为使用军用电台接收中央通讯社消息，新闻发布的速度比从前大大提高。出至抗日战争绥远沦陷前夕。③

---

① 中国人民政治协商会议呼和浩特委员会文史资料委员会编：《塞上忆往——杨令德回忆录》，内蒙古人民出版社 1988 年版，第 51 页。
② 绥远通志馆纂：《绥远通志稿》（第 6 册），内蒙古人民出版社 2007 年版，第 245 页。
③ 忒莫勒：《内蒙古旧报刊考录》，远方出版社 2010 年版，第 53 页。

从《绥远日报》创刊一周年后发表的纪念文章可以看出，初创阶段因为绥远地区教育落后，能读报纸的群众不多，报纸受到的重视程度不高，发挥的社会作用不够理想：

> 本报对社会新闻亦在尽量罗致之中，不论正确的，和病态的，均加以过细之分析以评论之，由此颇可引起一般的同情，然在此教育不发达的社会中，一般民众，识字者太少，纵使报纸如何通俗，事实如何简单，能读者仍属寥寥。此本报所引为憾者也。抑又以民众常识缺乏，对报纸不能达意，勿论民众，则所属智识阶级，亦多不出此，故新闻记者之地位，除记者个人在社会上有相当地位，不为人所漠视者，几属于零。绥远近数年来，以新闻记者奋勉之结果，似仅能博得智识界一部分之赞助，地位尚说不到，故于新闻的采访上，颇感困难。

到《绥远日报》创办两周年时，办报遇到的困难仍然很多，除读者过少外，还有办报经费缺乏、印刷质量不佳、新闻传递迟滞等问题。另外，报社毕竟购置了新的字盘，改进了印刷质量，提高了编辑水平，取得了一定进步：

> 本报之遗憾亦甚多，一因经费缺乏，印刷与编制未能如理想之步骤以实现，甚或受紧缩影响，横生阻碍；二因交通不便，省内外新闻，传达迟滞，未能完全用现代报界采集新闻之方法；三因环境限制，及事实拘束，弗克任意发展；四因地方文化关系，读者过少，不能发挥最大之效力。凡此数者本报俱欲求打开，以发挥其天职。忆此二年来，先以极简陋之印刷，草草问世，嗣经置新字盘，于印刷艺术上略加整顿，并扩充版位，于编辑系统上稍事改造，而励求进步，以快读者之意。后计篇幅经济，复原版位，实行版版有新闻之主张，虽不敢自谓进步，但以此一贯主张，宏正宗旨，确已能维持读者之信赖。是盖因本报始终站在民众之立场，顺应社会进化的趋势，精神物质，两都牺牲，而微具成绩也。然以此与本国各埠著名报纸较，实以蹬乎其后；若与世界名报较，则更不敢望其项背。是虽竭其发展之力，最近亦不过仅能适应绥远 xx（两字辨识不清）者之需求，供给

各地关心西北消息者之参考资料而已，价值云乎哉。

　　这一时期的《绥远日报》虽然整体水平有限，但能够以国内乃至世界一流报纸为榜样，按照大报的标准严格要求自己，这样的视野和抱负值得肯定。

　　到1933年7月21日《绥远日报》创刊三周年时，报社员工人数已达30人左右，一间办公室有四五名编辑办公。当天的报纸刊登了一张名为"本报全体同人摄影"的照片，从照片上可以大致看出报社的规模。同一天报纸的第四版，发表了署名为袁尘影的文章《一年来的绥市报界：为本报三周年纪念作》。在该文的"引言"部分，作者写道："中国的新闻事业，我们无容讳言，较之于欧美各国，万是相差太远，就是与我们同文同种的日本相比，也不啻有天壤之别。在这个各种事业较内地落后的绥远，更是不用说的，所谓新闻事业，也不过是在极幼稚中罢了。可是在这山河变色国难日深的这一年里，绥市的新闻界，虽不敢说是有一日千里的进步，可是各报社的各设备竞争的情形，却令我们有无上的欣悦。像这样的现象，可是二十年来绝无仅有的！"从这篇文章中可以看出，当时《绥远日报》的记者编辑对全国乃至世界报业的格局以及绥远报业所处的状况，都有清晰的认识，不因绥远闭塞而对报业发展一无所知。

　　《绥远日报》创刊三周年时，对新闻采访已经较为重视，共有外勤记者5人，在绥远报界属于采访力量较为雄厚的。"绥市的报纸，也渐渐知道采访新闻的竞争了，在从前各报馆各通讯社莫不是编辑兼外勤记者，但是这一年来，各报纸大抵慢慢地将这种习惯改过来了，报纸除了社会日报和通俗日报仍然是编辑兼外勤外，本报计外勤记者五人，民国日报一人，各通讯社除过绥远通讯社也是编辑兼外勤，其余归化、塞北、西北等通讯社，也差不多都有了外勤记者的。这与从前的编辑兼外勤校对的时代，真是进步的多多了！"① 当年在绥远召开的第十七届华北运动会，《绥远日报》和绥远通讯社专门派记者前去采访，是绥远省新闻记者参加运动会报道的新纪元，"这自然是本省新闻事业史上，值得记载的一件韵事！"

　　《绥远日报》创刊三周年时，从业者已经意识到报纸的发达程度决定于新闻是否新鲜精确，是否具有竞争力。"绥市的报纸如果要想发达的话，便非广罗精干的记者，给以优良的待遇，从事于各种新闻上的竞争不可！像现在的尽载通讯社的稿子，实在是失掉了报纸报告正确新闻和一个报纸应有的精神了""如果要是报馆好的话，我以为只要有一两处就行了。空有许多报社而却都是载以同一语句，同一新闻稿子（因为大都采用通讯社的稿子，所以便多雷同），那不是多费一些纸和工人的时间?"[1]《绥远日报》的从业人员已经意识到当时绥远报业的弊端所在，即独家的有分量的新闻报道薄弱，各家媒体内容雷同，有能力的编辑记者缺乏，报纸和通讯社光有数量没有质量。这些问题是 1933 年绥远新闻界存在的共同问题，也是《绥远日报》存在的主要问题。

1937 年 10 月归绥和包头相继沦陷，《绥远日报》停刊。

二 《绥远日报》的办报理念

国民党统一全国后，将发展实业、振兴经济作为建设目标，希望通过西北开发和乡村建设快速增强国力，使国家摆脱军阀混战带来的萧索和衰敝。《绥远日报》创刊后，将报纸职责确定为"协助政府督促劝导绥远建设"。1930 年 7 月 21 日《绥远日报》创刊时，发刊词中这样写道：

> 迩者天灾已过，人祸渐除，民困既苏，百事易举。况疲敝之除，非努力于建设一途。其何以恢复秩序而安闾阎，是大可有为之时也。夫建设事业之效用，或促精神之进化，或启物质之文明，关系于国利民福，至深且巨。在今日之中国，诚当排万难而行之；在今日之绥远，尤当竭全力以赴之。政府提倡于上，人民实行于下，上下一心，其功乃成。虽然政府之提倡，必待督促而益勤；人民之实施，必待劝导而益奋，则报纸尚焉。本社默察时势，详考边情，深知建设为绥远唯一之生路，特创斯报，期偿宏愿，督促劝导，固自引为首要之责也。

从《绥远日报》的发刊词中可以看出，在报纸创办之初，将协助政府督促劝导绥远建设确定为报纸的职责："（本社）默察时势，详考边情，深知建设为绥远唯一之生路，特创斯报，期偿宏愿，督促劝导，固自引为首要之责也"，抓住了当时社会的主要问题。

---

[1] 袁尘影：《一年来的绥市报界：为本报三周年纪念作》，《绥远日报》1933 年 7 月 21 日第 4 版。

"九一八"事变后，绥远的战略地位变得异常重要。《绥远日报》将"为国家申正义，为民众做喉舌，齐一朝野之步伐，鼓舞赴难之意志"作为报纸的使命。1933年2月7日第一版的《本报复刊之感言》中这样写道：

> 国难之严重如此，绥省之重要又如此，然则本报今后之使命为何如者？为国家申正义，为民众做喉舌，齐一朝野之步伐，鼓舞赴难之意志。如何而助成安内计划，如何而促进对外决心，皆为同人等所有事。诗不云乎"风雨不已""鸡鸣如晦"，同人等投笔有心，请缨无路，谨申报涛墨，进而立于言论之最前线焉。

在日寇侵略形势日紧的情况下，《绥远日报》将"助成安内计划，促进对外决心"作为自己的工作目标，将"鼓舞赴难之意志""立于言论之最前线"作为自身义不容辞的职责。

1933年7月21日是《绥远日报》创刊三周年纪念日。当天的报纸刊登了若干纪念文章，这些文章概括了报纸的发展历程、职责、成绩以及不足。其中涉及对绥远报界整体状况的描述，也有对报纸功能的探索。第一版的文章《本报三周年纪念辞》写道：

> ……报纸之使命，在能立于思想最前线，以举其"作民众喉舌""为世木铎"之职责，……以今日之绥远言，固已进居第一重要之地位矣。盖自东北四省沦陷之后，国家之唯一出路，在乎开发西北。而开发西北，实以绥远司其发轫之枢纽。此中发扬光大，有赖于报纸之大声疾呼者，更属不少。故吾人唯一之使命，一方在如何唤起全国移易视线，集中力量，以共同致其有效之工作，一方在如何促进西北各省从事切实建设，并以建设之事实，介绍于世，以促国中之注意；二者相互为用，效内益溥。故谓绥远居开发西北之重要地位，毋宁谓绥远之报纸尤占策进开发之主要动力……因之吾人办报的目的，第一要使编辑营业两部平均发展，绝非可如昔日之但重编辑，而忽视营业，盖二者缺一，皆未足以语完善之林也。

这段论述在重申了《绥远日报》"立于思想最前线""作民众喉舌""为世木铎"职责的同时，强调了在东北沦陷背景下，《绥远日报》将以绥远乃至西北的开发建设问题作为宣传鼓动的重点，同时将西北开发建设的成效对外传播。

同一天报纸的第四版，发表了署名为袁尘影的文章《一年来的绥市报界：为本报三周年纪念作》。从这篇文章中，我们能够看到当时《绥远日报》的记者编辑对报纸功能的认识已经达到了相当水平。在文章"引言"部分，作者写道："报纸是人类日日不可缺少的精神食粮，欧美有一句俗语是：开门三件事，牛奶、面包、报纸。把报纸当作人的食物般的重要，视看报纸为精神上的粮食于此可见！"在"立于思想前线""劝导国家建设"之外，还将报纸功能表述为"人类日日不可缺少的精神食粮"，可以看到受西方新闻思想影响的痕迹。

《绥远日报》能够抓住不同阶段国家发展的主题，将报纸使命与国家议题联系起来，以国家议题为自己的宣传重点，很好地体现了其作为政府机关报的职能。

第二节 《绥远日报》的内容及特色

一 《绥远日报》的正刊

（一）《绥远日报》的新闻

《绥远日报》的新闻包括国内、国际新闻和绥远本地新闻两个部分。与当时国内其他国民党省级报刊一样，《绥远日报》的国内新闻和国际新闻全部来自国民党中央通讯社，如南京、汉口、北平、南昌、哈尔滨中央社分社，另外还有香港、东京、日内瓦等中央社的国外分社，是国民党中央在绥远的传声筒。这种情况的一方面是因为地方报纸采访力量薄弱，基本不具备采访国内和国际新闻的人力和财力；另一方面，只采用中央通讯社的稿件符合国民党对地方党政报纸的要求，有利于国民党中央方针政策的有效传达，也有利于控制舆论。1932 年之前《绥远日报》的新闻时效性差，国内、国际新闻见报时间与发报时间至少相隔三天。1932 年冬，因用第 35 军电台接收各地要闻，发布新闻较从前大为迅速。[①]

《绥远日报》第一版为社论和广告（1933 年 2 月复刊之前全部为广

---

① 《绥远日报改组》，《绥远民国日报》1932 年 11 月 30 日。

告），第二版为国内、国际新闻，第三版为本地新闻，第四版为副刊。期间版面也有过调整，但上述版面安排持续的时间最长。另外，不仅第一版刊登广告，其他版也都会安排一定数量的广告。

《绥远日报》的新闻中，政府部门会议、政府官员讲话、各种文件章程以及政治报道占有较大比重，政令、训令、决议、政情通报等类型的稿件数量不在少数。省内新闻部分的 40% 为政情通报类的稿件，而一般性的新闻报道只占到稿件总数的 30% 左右。这些新闻以党政机构和政府工作部门为主要报道对象，涉及的新闻人物多为政府官员。可见，政情通报、政令传达是《绥远日报》的主要功能。

《绥远日报》的本省新闻头条一般为《绥远日报》记者自行采写，其他大部分新闻来源于省内几家通讯社，尤以"塞北通讯社"和"绥远通讯社"为主。这些通讯社大都受到政府资助。

《绥远日报》的新闻以消息为主，对国内政治经济新闻和本地党政要闻能够及时报道。特别是在华北形势日渐严峻的情况下，《绥远日报》关注时局，刊登了很多相关新闻。1933 年 7 月 21 日，《绥远日报》第二版的一则新闻标题为《山雨欲来风满楼　察局形势急转中》，未看新闻内容，透过标题便感受到前线的紧张局势。《绥远日报》通过报道一些党政要员的演讲积极报道各界的抗日呼声，政治新闻中很多内容与时局关联紧密。1933 年 2 月 28 日，《绥远日报》第三版的一条新闻标题为《热心救国拼命抗敌　百折不挠创痛愈深抗战愈坚　万众一心这才是拼命的真相　林森国府纪念周讲演》，同年 3 月 2 日，第二版有新闻标题《抗日救国军总指挥　方振武就职通电　志在驱除暴日收复国土　虽至粉骨碎身义无反顾》，都传达了一腔热血报效祖国的情怀，呼吁人们投入到抗日救亡的伟大潮流中来。

政治新闻之外，《绥远日报》的版面上也有一部分社会新闻，能够抓住社会生活的重要事件及时加以报道。1935 年 8 月，黄河秋汛爆发，包头两岸受灾严重。《绥远日报》从 8 月 10 日到 13 日连续 4 天在第三版头条以大字标题加以报道。8 月 20 日黄河水位下降以后，《绥远日报》仍对灾情加以追踪，发表了《黄河水位低落　可不致酿成巨灾》《各县局报告水灾　文电如雪片飞来》《各县水灾严重中　傅对灾黎极关心》《黄河水位渐退落　灾情不致再扩大》《包水灾惨重　第四区成泽国》《包成立救灾会》《包市各界组设水灾救济会》等十数篇稿件，对水灾给予了充分关注。

（二）《绥远日报》的评论

社论是报纸编辑部就重大问题发表意见的重要的舆论工具。随着华北形势日紧，《绥远日报》的社论传达了绥远政府的声音，起到了引导舆论导向的作用，成为《绥远日报》的灵魂和旗帜。《绥远日报》在1933年复刊改版之前，第二版中偶见社论，1933年2月7日，复刊后第一版刊登《社论》的形式基本固定下来，以后每天一篇社论，并在第二版不定期安排"短评"栏目。

《绥远日报》的社论关注时局，不遗余力地鼓舞抗日民众，表达出积极抗日的鲜明态度。1933年的2月，正值日本帝国主义大举进攻热河之时，2月28日《绥远日报》社论《须看最后胜利》用凝结血泪的语句，让读者切实地感受到时局的紧迫性，指出日本倾其全力极度压迫我国，我国"实已迫于生死存亡之关头"，指出我们的"自救之道"就在于"牺牲到底，奋斗到底"，鼓舞民众坚定信念，勇于与日帝作长期的斗争，誓死保家卫国，"吾国之广土众民，日本如能生吞活剥以尽则已，如其不能，则继余一人一卒，乃至退守巅表海涯，皆当再接再厉，誓死周旋，无所用其却顾徘徊"。社论强调"万不可依赖于外界之援助"，提醒那些还想着依靠外界救助来摆脱亡国命运的人们看清事实，"明乎眼前之环境"，时局要求国人必须自力更生，艰苦奋斗，无畏流血牺牲。

热河省沦陷后，东北四省全部落入敌人魔爪，日本野心膨胀，觊觎冀察二省，抗日形势尤为紧张。1933年4月13日的社论《国人应揭开面幕认清对人对事》指出了当前亟待解决的问题：抗日"其计划与步骤，则迄今国论犹未一致"，这个问题"至足影响抗日之前途"，呼吁国民重视起来，尽快解决这个影响重大的问题。作者认为当前政府的主张——"抗日剿匪同时并进"，是不符合实际的，"急于此必缓于彼"，国内多忙于内斗，对日本所知甚少，实在是有碍于抗日的步伐，提出国人不要再自欺欺人，要拿出切实可行的抗日方案来，"然后始可鞭策当局执行"，做好充足的准备，才能把握住机会，实现民族独立。

1936年蒙旗自治问题成为国内焦点，日军唆使德王、李守信、王英组织伪蒙汉奸军进犯绥远。12月1日，《绥远日报》发表社论《告伪蒙军中之同胞》，警告蒙伪军不要被人蛊惑背叛国家，呼吁伪蒙军中之同胞弃暗投明、觉悟反正，选择光明之路。1936年12月5日第三版发表短评《中国人不打中国人》，1936年12月6日第三版短评《告我蒙胞》，社论、短评互相配合，立场鲜明，为维护国家统一进行了入情入理的劝服与告诫，配合政府在舆论上给敌人以压力。

《绥远日报》1933年开始在第三版出现"短评"栏目，一直持续到1937年，一般短小精悍，简明的语句紧扣抗日宣传。如1934年3月4日，《绥远日报》发表短评《日军演习"夺取天津"》，配合消息文体中对日军此次演习的报道，表达了危急形势下的焦虑和激愤，"（日军）差不多已视中国国土，为其横冲直撞驰骋用武之地"，"最荒谬者，尤在于以'夺取天津'为他的演习目标。这种举动，不啻'目无中国'了，我不知道我们国人，对此作何感想！"作者表达了痛心之情，激发国民积极抗日。同年3月英国侵犯云南边境，藏军又遏制住川青滇三省，边境危急之时，《绥远日报》3月12日发表短评《呜呼！边境》，提出这样的疑问："唉！边疆发生这样重大的事变，或则事隔数月，或则势出万急，然而政府对此，试问有没有紧急应付的计划呢？"督促政府重视边境危机，拿出切实可行的应急计划来，保卫我国边境的安宁。1936年，在绥远抗战爆发后，一篇名为《请缨从军》的短评这样写道："东北学生七人团，自备服装及军用品等，来绥投军，愿参加前线学生作战，这是学生方面的奋起。粤四路军退伍军官五百人，自愿由粤北上，参加绥远战役，这是退伍军人方面的奋起。这里可以看出后方民众，不仅热烈输将，并且充满请缨从军的情绪，如此同仇敌忾，汤火不辞，我们相信民族复兴的机运，已经入于蓬蓬勃勃的成熟时期了！"1937年7月9日的短评《"七九"誓师纪念》写得同样发人深省。北伐誓师第十一周年纪念日，绥远省各界在烈士公园举行了盛大的纪念会，短评认为，"我们认为纪念北伐誓师，要将士们更要发挥御侮抗战的精神"，誓师纪念的重大意义也就在于此，将士们更要坚定流血救国的信念，无畏牺牲，保家卫国。作者写道，卢沟桥事变的爆发让这次誓师纪念"浮现着慷慨淋漓的情绪"，国难当头，将士们更要勇敢向前，抗日到底！

（三）《绥远日报》的其他稿件

《绥远日报》经常刊登社会调查类稿件，如《准格尔旗概况》《五原教育调查记》《临河县志》《中国一年来中央税制之变动》《绥商运渐起色　五年来出入统计》《农村建设的借镜——定县实验区素描　白映星归来报告》等。20世纪30年代，中央政治学校学生深入各地实习，发表了大批反映国情的实习报告，调查研究之风在社会兴起，刊登调查报告是当时国内很多报纸的做法。《绥远日报》刊登调查类稿件有利于读者全面了解社会状况，也是当时社会风尚在媒体的体现。

《绥远日报》第二版的《国际要闻便资》专栏刊登国际社会形势方面的稿件，如《三十年来欧陆霸权的角逐》《日俄战机之展望》《苏联之高等教育制度》《日本政治中心的推移》《俄国史纲要》《奥地利新宪法的精神》《意德两国统治经济情形》《日俄关系之现状》等。1934年1月9日刊登《由苏战农场建设说到复兴中国农村》，2月3日刊登的《从辽代历史上证明——满蒙本中国旧有》还站在国际视角关注中国的问题，为绥远地区的读者了解世界以及从世界角度思考中国提供了资料。

《绥远日报》有一个为读者提供实用性内容的专栏，名为"社会服务版"，所占版面很少，但长年累月刊登医药、法律方面的内容，起到了很好的科普及普法作用，给人们的生活提供了极大方便。

二 《绥远日报》的副刊

"九一八"事变以后，《绥远日报》的副刊也成为抗日宣传的重要阵地。副刊《西北风》发表过不少抗日悲歌，副刊《冰河》《星原》除发表反帝爱国诗文外，还登载时事评论文章。副刊《晨鸡》和《星原》均由在校学生编辑，刊登的多为现代新诗、小说、杂文等学生习作，其中《星原》每周四出刊，由绥远省中山学院星原社编辑。副刊《晨鸡》每星期二出刊，编辑者为绥远省立第一师范学生自治会。

除文艺副刊外，《绥远日报》还有行业性的专门副刊《警声》，每星期一出刊，李謇主编。1932年7月4日《警声》副刊刊登了《谈谈"责任"二字》《根据总理遗教阐明警察与民众应具之特性》《警察要科学化》《一个优良的警察》等文章。

另外，《绥远日报》还设有专题性副刊，如1936年开办的副刊《乡建旬刊》，刊登的不是文艺作品，而是关于乡村建设的专题探讨。如1936年3月20日第四版《乡建旬刊》发表了《我国农村破产之原因及目前救济之方法》《怎样去建设乡村》《绥远省农民本身缺点及救济之方法》等文章。

三 《绥远日报》的广告与发行

(一)《绥远日报》的广告

广告是报纸在发行之外的重要经济来源之一。《绥远日报》的广告数量较多，制作较为精良，在当时绥远地区的报纸中较为突出。

1932 年《绥远日报》每期广告数量在 20—30 条，一到四版的下半版及中缝都有广告刊登。1932 年下半年，第一版整版全部用来刊登广告。1933 年 2 月复刊后，第一版的上半版增加了社论和有关国际形势的内容，其余版面刊登广告。比较而言，《绥远日报》广告数量和制作水平高于绥远地区同期其他报纸。"有学者曾随机统计 1933 年 12 月 1 日《申报》的大量广告，发现该日 30 版中（10 版为增刊），29 版均登有广告，总共多达 540 条。许多广告占了 1/4 版以上，有的更占了半版甚至全版。"①《绥远日报》因为版数有限，广告数量无法与《申报》等大报相比，但综合地区经济文化发展水平考虑，广告数量不在少数。

《绥远日报》注重招登广告，1933 年 2 月 7 日复刊后在报头下刊登《广告刊例》公布广告价格："广告均按位置核算，特等每日每方寸八角，甲等五角，乙等三角，刊登一个月以上之长期广告特别优待，价目另议。"复刊后《绥远日报》注重经营管理，1933 年 2 月刊登《本报启事》（包含《本报编辑部启事》《本报广告部启事》《本报发行部启事》）。据此可知，复刊后《绥远日报》设有编辑部、营业部、广告部等部门。《本报广告部启事》写道："今日本报复刊，原有广告各户，均应继续有效，惟本日因稿件拥挤，未能一一登出，至为抱歉，现正整理一切，一二日内定可见报，务希原谅。再本月份起，所有广告费均收现洋，以免损失，特此通告。"从这条启事可以看出，《绥远日报》这一时期广告业务较多，广告数量不少。国内其他地区的报纸经常因为广告业务较多而增加版面，《绥远日报》没有这方面动作，而是选择让广告客户等待版面，经营观念与上海等大城市的媒体相比，还是相对保守。

1933 年 7 月 17 日《绥远日报》刊登《本报启事》称："各界惠登本报广告者，例应议价收费方能照登，此后一切空函、嘱登之件恕不如命，特此通启敬祈，各界见谅为幸。"这条启事估计针对当时无法回绝的关系广告和人情广告，以"本报启事"的形式使各界人士免开尊口，是规范广告经营的体现。

《绥远日报》刊登的广告涵盖的商品和服务内容十分丰富，是当时绥远社会生活的百科全书，小小广告蕴含着时代气息。广告涉及的领域，既

---

① 赵琛：《民国报纸广告》，《中国广告》2005 年第 4 期。

包括商务、金融、医药等领域，也涉及法律、教育等行业，还包括政府部门和社会各界的通告、公告、启事等。《绥远日报》的广告客户并非只是富商大贾，一些中小商家甚至个人的婚丧嫁娶也有广告意识，能够采用登报形式扩大传播效果。《绥远日报》的广告主要包括以下类型：

1. 政府通告类

《绥远省政府通告》经常出现在《绥远日报》的广告版位。另外，《绥远省政府民众问事处通告》《绥远归绥地方法院公告》《绥远省教育厅通告》《归绥县政府布告》《绥远平市官钱局特别储备旧钞启事》等也出现于商业广告版位，与个人或商业机构的启事并列登在一处。1934 年 3 月 7 日第二版还刊登了《决议任免事项》，内容是国内党政军部门官职的变动。政府的非商业广告与商户的商业广告并行刊登，体现了平等意识，是民国时期国内报刊的通行做法。

2. 金融商业类

《绥远日报》中的银行广告数量较多，如《交通银行添办教育储蓄和团体储蓄两种存款》的广告标题。归绥中国银行、山西省银行、归绥北洋保商银行、绥西垦业银号等诸多银行纷纷刊登广告，饭店、药店、茶庄、珠宝店、毛织工厂、航空公司都是广告客户，推销的商品有香烟、戒烟露、湘绣丝织、唱片唱机等无所不包，提供的服务有照相镶牙、交通票务等。

3. 医疗医药类

医药广告也是《绥远日报》的主要类型，数量最大，有时半个版面的广告中，医疗医药广告多达 4 条。各大药房的开业广告（同仁堂、同德堂药庄、怀仁堂药庄、济仁堂药庄等）见诸报端，医院的名医刊有画像，对应着各自擅长的治疗项目，宣传的药品有秘制时令救急丹、鹿胎冷香丸等，甚至还有口香糖，广告标题是《化食消毒口中香 人人乐用 到处欢迎》。1934 年 3 月 12 日，《绥远日报》发布了一则"冯氏断瘾救苦金丹"的广告，这个药品用于戒除鸦片上瘾，解清鸦片流毒，也体现了当时不少国人身受鸦片毒害的社会情形。

4. 文化教育类

《绥远日报》刊登的文化教育类广告有电影预报、图书销售、招生招考等。1933 年 4 月 13 日第一版刊登《本报"练习生"招考考期启事》，是实习生招考的公告。《绥远省立归绥女子中学校招考新生简章》太原

《华闻晚报》创刊广告，广告词是"晋省各报后起的急先锋"。从广告可知，上海商务印书馆绥远经理处经销中小学课本，中华书局的图书在绥远有时会减价销售，而当时所谓"印书局"，经营的项目包括笔墨纸张、书籍文具、账簿日记、信纸信封、中堂对联、砚台印泥，与现在的文具店差不多。

1936年1月20日，一版刊登出售无线电收音机的广告："春节到了　馈赠亲友的礼物预备了吗？请您用无线电收音机！最新唱机唱片！新奇挂灯吊灯！去赠送亲友必受欢迎！式样最多，定价从廉！因为这几宗又华美，又高尚，又实用，又漂亮！"

5. 社会生活类

《绥远日报》的广告中还有结婚启事、治丧通告等，属于社会生活类。

《绥远日报》的广告形式新颖多样，制作水平在绥远地区最高。版面布局上独具匠心，大小广告穿插有序，经常使用大字标题，字体、字号、行文等较为考究，编辑技法高过新闻版面。很多广告图文并茂，构图别致，漫画创作手法娴熟，用词巧妙精练，文字轻松活泼。当然，与国内大报相比显然还有差距。

《绥远日报》的广告会使用留白、悬念等广告技巧，如1932年11月15日第一版左下一则广告，仅有"快到"两字，没有交代此为何种商品或服务，1932年11月18日第一版相同位置，刊登"国货香烟"4个字，悬念得到一定程度的回答，但仍有大量留白，没有其他信息；11月24日第一版同样位置，刊登了详细内容，原来是"中国牌香烟"，提示了经销地址和电话。这样的广告形式属于悬念广告，是民国时期报纸经常采用的广告方式，《绥远日报》能够借鉴运用，有较好的广告效果。另外，像《注意注意　快看快看》这样的广告标题，也起到了吸引眼球的效果。

《绥远日报》的多数广告会连续多期刊登，广告后面都会有广告随文，附有商品销售的地址、价格、电话，是完整的广告作品。

(二)《绥远日报》的发行

广告费之外，报纸的发行费用也是《绥远日报》收入来源的一部分。《绥远日报》在报头下刊登的《本报价目》显示，"［本市］每月七角，全年七元五角零售三分；［外埠］照加邮费三角；［国外］每月一元三角，按国币计算，均用现洋空头订报恕不复。"可以看出，《绥远日报》的发行，除政府部门等订阅和赠阅外，还有一部分零售。

1933 年 2 月 7 日《绥远日报》复刊时刊登启事，《绥远省政府公报》于当日问世，附由《绥远日报》发行。可以单独订阅《绥远日报》，也可以同时订阅。"绥远省政府公报　复宣达省政府大使命　市县局及公务机关不可不看……附由本报发行……尤不可不看本报"，这则启事起到了恢复和稳固原有订户的作用，除宣传了附由《绥远日报》出版的《绥远省政府公报》外，更宣告了《绥远日报》作为绥远省政府机关报，在传达政令、通告政情方面的重要地位。

《绥远日报》复刊后，还在 2 月 11 日刊登《本报编辑部启事》《本报广告部启事》《本报发行部启事》。《本报发行部启事》这样写道："今日本报复刊赠送三天，所有从前阅户，均照旧送报，如有迟误及不到情事，请径行函知本股，以便查究。再自本月起，报价均按现洋收取，如用旧钞，亦按市价扣足现洋，以免损失。特此通告。"《绥远日报》设有营业部，且在旧城北门设有分销处。1933 年 7 月，旧城北门分销处迁往上栅子东口路北一号。当时的《绥远日报》并不完全是订阅的形式，报社设立分销处针对个人订户进行零售，是报纸订阅发行的一种补充。

《绥远日报》经常在中缝刊登营业部征订启事。另，1936 年 1 月 20 日，刊登广告销售各月份的绥远日报合订本，"存本无多，购者从速"。中缝广告可知，《绥远日报》社印刷部承印各种印刷品。

第三节　《绥远日报》的抗日宣传

1931 年"九一八"事变后，日军步步紧逼，1933 年夺取了热河，1935 年又侵占了察北八旗八县，并图谋进犯绥远。[①] "绥远省地处中国北部边疆，东邻察哈尔，南通晋陕，西连宁夏，北接外蒙古，是中国西北部的屏障。"[②] 在外蒙古独立、东北四省已然沦陷的情势之下，绥远的战略位置异常重要。

日本帝国主义对绥远觊觎已久，不断拉拢鼓动蒙古王公从事分裂活动，妄图实现其所谓的满蒙新政策。1936 年 5 月，沙王、德王等在日本

---

① 晓晋：《阎锡山与绥远抗战》，《文史月刊》2015 年第 7 期。
② 李丹夫：《试论绥远抗战及其历史意义》，《内蒙古大学学报》（哲学社会科学版）1988年第 3 期。

人支持下成立伪蒙古军政府，并招兵买马，扩充军队，成立了伪蒙古军总司令部，以德王为总司令，李守信为副司令。关东军接着对傅作义威胁利诱，进行策反，声称傅作义若不与日本"携手合作"，日本则支持德王以"武力解决"。傅作义同日军进行了坚决斗争，在军事上也作了相应的准备。11 月 15 日，绥远抗战正式爆发，傅作义亲自指挥作战，在 11 月 18 日夜击溃日伪军，取得红格尔图战役的胜利。① 之后，傅作义一鼓作气，收复战略要地百灵庙，取得了震惊中外的百灵庙大捷。12 月 10 日，乘胜收复锡拉木楞庙，取得了绥远抗战的胜利。绥远战争的胜利，使日本侵略者受到沉重打击，使全国人民的抗战精神大为振奋。绥远抗战成为全国抗战之先声，"四万万人闻之，神为之王，气为之壮"。②

发生于 1936 年 11 月到 12 月的绥远抗战是抗日战争中的重要事件，全国媒体广为关注，一时成为国内热点事件。《绥远日报》在此期间刊登了大量稿件，对绥远抗战进行了全方位报道，与全国媒体一道，营造了强大的宣传声势，激发全区人民抗战的热情。

一　《绥远日报》抗战宣传方式

（一）信息全面，来源广泛

绥远抗战期间，《绥远日报》的消息来源包括中央通讯社、本地通讯社以及本报记者采写的稿件，信息全面，来源广泛，使绥远地区的读者能够及时了解战争动态。

首先，大量采用中央通讯社的抗战报道。在 1936 年 11 月 5 日到 12 月 5 日绥远抗战战事集中的时间段里，《绥远日报》刊登了与"绥远抗战"相关的内容 626 篇（除去短评和社论），其中各地中央社电讯稿 229 篇，占稿件总数的 37%。这些中央社电讯稿报道了全国各地对绥远抗战的支持以及对守边士兵的捐助，凝聚其全国民众的力量和坚持抗战的信心。在选用的中央社各地报道中，"南京×月×日中央电"所占比例最高。

其次，尽力采用当地通讯社的抗战稿件。在 1936 年 11 月 5 日到 12 月 5 日这一个月的时间里，《绥远日报》的抗战报道中，当地通讯社稿件一共 223 篇，占稿件总数的 36%。相对于中央社电讯，当地通讯社对绥远

①　李丹夫：《试论绥远抗战及其历史意义》，《内蒙古大学学报》（哲学社会科学版）1988年第 3 期。

②　毛泽东：《毛泽东书信选集》，人民出版社 1983 年版，第 82 页。

抗战的报道为读者提供了最新的本地消息，让读者看到社会各界积极行动，为绥远抗战慷慨解囊、募捐劳军的感人状况。

最后，努力搞好本报的抗战报道。在战事最集中的 1936 年 11 月 15 日至 25 日，《绥远日报》刊登了很多"本报特讯""本报专电""本报快讯"以及"本报访谈"，本报记者的稿件在报纸上也很突出。这是因为本报记者具有一线采访的便利性，在绥远抗战的关键时期，《绥远日报》记者全力以赴，努力做好抗战报道。

（二）文体丰富，运用得当

绥远抗战期间，《绥远日报》运用消息、通讯、评论等多种文体对绥远抗战进行报道和评论，文体丰富，运用得当。

评论文体是表达报社观点的文体，《绥远日报》将评论作为抗战宣传的主要阵地，运用社论、短评等形式，代表报刊编辑部发言，配合抗战报道。从 1936 年 11 月 22 日到 12 月 15 日，《绥远日报》针对绥远抗战发表了 11 篇社论，集中在以下几个方面的主题：

1. 揭露日本帝国主义对绥远战事的干涉。绥远战事爆发后，日本试图掩饰其幕后主使者的角色，一再申明自己没有参与战事。《绥远日报》发表三篇社论义正词严地揭露敌人阴谋，强烈谴责日本人主导战事的卑鄙行径，提醒民众认清日本人的嘴脸，强调中国人民维护主权完整的决心和勇气。

2. 回应全国各地、社会各界对绥远抗战的支持。绥远抗战爆发后，全国上下、社会各界对绥远局势高度关注、热情支持。《绥远日报》从绥远战略地位及绥远抗战的重要性出发，希望中央对绥远抗战给予物资等各方面的保障。11 月 24 日的社论《望中央当局注意援绥三事》，提出军用服装、粮饷和将士家眷的安置问题，11 月 26 日《为国中之富庶阶级告》号召全国民众支持绥远抗战，感谢社会各界的捐款和援助。

3. 劝说蒙军同胞脱离日人回归正轨。与傅作义率领的 35 军发生战争的主要力量之一是德王的伪蒙古军，其成员主要是绥远地区的蒙古族男子。《绥远日报》发表社论提醒蒙古族同胞不要被日本人所利用，呼吁他们弃邪回头，及时反省，回归到正途上来。

4. 给民众"吃定心丸"。绥远战事开始不久，《绥远日报》发表社论《不说硬话　不做软事》，以傅作义讲话内容作为社论标题，鼓励民众要团结一心，英勇抗战，对于稳定军心、破除谣言起到了积极作用。11 月

30 日《绥远日报》发表社论《今日之绥远》，呼吁民众不要懈怠，要继续充实力量，守土卫国。在战事接近尾声的 12 月 6 日，《绥远日报》发表社论《时机不容坐失》，强调应乘胜追击，一举歼灭匪伪。三篇社论针对当时的绥战形势，发挥了战前动员、战时鼓劲、战后提醒的作用，立场鲜明，态度明确，在舆论上很好地配合了战事。

绥远抗战期间，《绥远日报》共发表抗战相关短评 25 篇，在第三版右下位置几乎每天刊登一篇，配合其他形式的报道，共同为抗战宣传营造声势。例如呼吁各界捐款的《各界起来》，配合 11 月 25 日社论的《希望大家不说硬话》，评论收复百灵庙喜讯的《民族复兴的关键》等。

绥远抗战之前，《绥远日报》编辑队伍不算强大，评论写作力量不算充实，但是绥战爆发后能够全力以赴，以极大的热情和极高的投入调动了绥远民众的支持，在舆论方面配合了绥远抗战。虽然在此期间发表的评论从标题拟定到正文写作都还有很大的提升空间，但较之以往，无论数量还是质量，都尽了最大努力。

消息是最适合进行战争报道的文体。绥远抗战期间，《绥远日报》刊登的消息多达 626 篇，其中战况方面的报道 286 篇，各界捐款支援方面的报道 340 篇。这些消息中，本报消息 174 篇，当地通讯社 223 篇，全国各地专电 229 篇。《绥远日报》大量运用消息文体报道战事进程，满足了民众对战事信息的需求。

绥远抗战期间，《绥远日报》运用通讯文体，对战争情况做了详细解读。通讯是比消息更为详尽、生动和深入的新闻体裁。1936 年 12 月 8 日到 10 日《绥远日报》连载通讯《大同慰劳伤兵记》，12 月 16 日到 21 日连载通讯《绥东前线视察记》，详细记述了绥远抗战中的很多细节，起到了凝聚人心鼓舞士气的作用，满足了读者的阅读需求。在绥远抗战之前，《绥远日报》几乎没有发表过通讯作品，新闻文体以消息为主。绥远抗战期间，通讯作品的数量虽然远少于消息，但已有很大进步。

（三）编排合理，版面讲究

《绥远日报》在绥远抗战期间的编排技巧较为讲究。《绥远日报》平时版式固定，编排较为保守，只对内容进行粗略分栏。但是对于绥远抗战的宣传，《绥远日报》做出了自己最大努力。

首先，新闻标题较为吸引人。标题堪称新闻的眼睛，能在第一时间对读者产生强烈的吸引力。《绥远日报》的战事新闻标题具有鲜明的倾向性，虚实结合，吸引视线。例如，《我军越红格尔图 分路追击匪伪军 前日激战匪军狼狈溃退 被我军夺获战用品无算》这个四行标题运用对比手法，让"匪军狼狈溃退"与"我军夺获战用品"形成鲜明对比，标题中"越""分路追击""狼狈溃退"等动词或动词词组准确生动，概括出了新闻的主要内容，鼓舞了军民士气。再如标题《各省纷纷捐款 慰劳我守土将士 同仇敌忾举国一致》中，"同仇敌忾""举国一致"等词的使用鲜明地表达了报纸立场；标题《中大教授吕斯百等来绥 慰劳前线守土将士 分别谒傅表示敬意》朴实直接，于无形中激励了将士和民众。

其次，运用集纳的编辑手段。集纳编排是一种经常使用的加强新闻传播效果的编排手法，是将多条相关电讯集纳在一个多行标题下刊出，集中报道某一方面的消息。集纳编排既可以将战况的快速变化连续呈现出来，也可以将各地民众的慰劳活动集中突出。

最后，开辟专门的抗战栏目。红格尔图战役爆发后，绥远战况举国关注，社会各界积极捐款慰劳将士。1936 年 11 月 24 日到 30 日，《绥远日报》在第二版开辟了名为《本报代收慰劳捐款》的救国专栏，代收全国寄来的慰问款项，公布了报社代收捐款的时间，内容加框予以突出。1936 年 12 月 1 日到 15 日，专栏被调整到第一版。救国专栏的开辟，是《绥远日报》为加强抗战宣传而使用的一种编辑手段。

绥远抗战期间，《绥远日报》通过多样化的编辑手段积极配合战事报道，及时全面地呈现战况，鼓舞了军民士气，争取了舆论支持。

二 《绥远日报》抗战宣传内容

在绥远抗战的紧张局势中，绥远地区的国民党党政报纸《绥远日报》和《绥远民国日报》肩负着传递抗战信息、组织引领抗战宣传、争取国内外舆论支持的责任。《绥远日报》不遗余力地通过消息、社论等新闻手段宣传绥远抗战，起到了揭露日本侵略真相和鼓舞士气、强化民意的作用。

（一）及时报道战争进程

绥远抗战期间《绥远日报》对战争进程密切关注，短短一个月内，就有战事报道 286 篇，为民众呈现了完整的战争信息。《绥远日报》的战事报道可以分为三个阶段，即战前关注战争局面、战中报道战事情况、战后跟踪后续进程。

《绥远日报》1936 年 11 月 5 日第二版发表集纳性消息，是对绥远抗战的最早报道。消息介绍了李守信部队急攻绥东的原因以及匪军的军事实力，同时介绍了绥军侦察敌情积极准备应战的情况，对绥战爆发前的绥远局势进行了详细报道。

11 月 11 日到 15 日绥远战争一触即发，《绥远日报》1936 年 11 月 11 日刊登新闻《绥旅平同学同乡会电中央增援绥东　并电傅主席表示感佩　望不屈不挠完成夙志》，报道了绥远旅平同学同乡会督促中央对绥远进行军事援助的消息，为争取社会各界的物质捐助奠定了舆论基础。绥远省政府主席、35 军军长傅作义是绥远抗战的关键人物，《绥远日报》对傅作义的讲话、指示及动向的报道，是报道绥远抗战的重要角度。战争爆发前，傅作义与赵承绶赴集宁视察，傅作义召集各级军官指示防匪事宜，激励全体官兵担当爱国守土大任。1936 年 11 月 14 日《绥远日报》在第三版刊登了视察新闻，使民众了解绥远省政府积极备战抵抗的坚决态度，有利于增强民众的抗战信心。11 月 15 日刊登稿件《政府重视绥东问题》，报道了国民党中央对绥东形势高度关注，强调绥东是中国领土的北大门地理位置十分重要，不容有任何大意。

11 月 16 日到 25 日是绥远战争最为激烈的时期，也是《绥远日报》战事报道的高峰时期，发表多条消息报道我军经过浴血奋战终于取得红格尔图战役胜利的情况。11 月 19 日到 22 日，《绥远日报》报道了匪伪动向，介绍了绥东形势以及傅作义主席亲赴前线指挥红格尔图战役的情况。11 月 19 日，新闻《我军越红格尔图　分路追击匪伪军　前日激战匪军狼狈溃退》附有傅作义的报告原文，介绍了绥东战事取得的战绩以及傅作义对日作战的决心。百灵庙战役之前，《绥远日报》刊登了傅作义主席与德王的往返电文，傅作义劝德王悬崖勒马痛改前非，让民众认清敌伪的嘴脸，争取民众的舆论支持，坚持抗战到底的决心，为即将到来的收复百灵庙的战役造势。

红格尔图大捷后，傅作义命令部队一鼓作气乘胜收复百灵庙。百灵庙是日寇建立伪蒙组织的巢穴，位于我国与蒙古国接壤的边境附近，军事地位十分重要。收复百灵庙后，又一举收复大庙。在 11 月 23 日到 25 日《绥远日报》刊登了 3 篇消息，及时报道战事详情，11 月 25 日还特意刊登了题为《占领百灵庙经过》的报道。11 月 23 日在收复百灵庙战役打响时，《绥远日报》刊登了傅作义主席捐款五万元用于绥远战争的新闻，这是一种无形的号召，是在倡议民众为绥远战事积极争取物资。11月24日刊登了傅作义主席的演讲稿全文，为绥远抗战做了总结，道出了绥远民众的心声。

11月26日到30日战争发生之后，《绥远日报》报道了绥军战后详密的防御策略，以及各界对绥远的支持，让全国民众对我方的战后举动有所了解。

（二）广泛报道社会各界的援助和支持

绥远抗战的胜利激发了全国人民的爱国热忱，各地迅速掀起了轰轰烈烈的援绥募捐活动。上海慰问总会、北平市民战地服务团、北京大学抗战后援会、清华大学绥远前线抗战服务团等团体前来绥远慰问劳军，全国各地上到政府官员、著名学者，下到妓女、乞丐都踊跃参加了捐款活动。《绥远日报》在报道绥远战事新闻的同时，也十分注重报道各地各界对绥远抗战的支持，11月15日到25日战争集中爆发期，《绥远日报》的稿件中有68篇是社会各界支持绥远抗战的内容。

《绥远日报》关于学界支持抗战的报道占了相当多的篇幅，从1936年11月14日到30日几乎每天都有学界支持绥远抗战的报道。绥远旅平、旅京同学同乡会是在北平、南京学习的绥远籍同学的联络组织，他们在捐助活动中表现最为积极。11月14日《绥远日报》刊登了《绥旅平同乡绝食一日写真 为什么我们要饿一天 这都是敌人的"恩典"》一文，报道了青年学生与敌人斗争到底的决心；11月19日报道了绥远旅平同学同乡会的会刊出版"救亡专号"的消息。通过这些报道，读者能够感受到青年学生对绥远抗战的密切关注和热情援助。

《绥远日报》还报道了绥远新闻界对绥远抗战的支持。从11月20日到12月7日《绥远日报》在第一版连续刊登了《绥远新闻界救国后援会启事》，宣布新闻界将把一天的工资用来慰劳将士的新闻，22日刊登了绥远新闻界救国后援会的宣告。除此之外，《绥远日报》报道了社会各界进步人士等对绥远抗战的支持，对他们的活动也给予关注。

《绥远日报》通过大量新闻报道，传递了全国上下献金救国、捐衣捐款的消息，激发了绥远及全国民众的爱国热情，发挥了报纸的宣传动员作用，在舆论上对绥远抗战给予积极配合。

（三）讨伐汉奸，揭露日本侵华真面目

《绥远日报》每天刊发一篇社论，揭露日本人的阴谋，拆穿其"没有参与绥远战事"谣言。

红格尔图战役爆发后，《绥远日报》发表了《日侵蒙恐国际干涉正谋掩饰》《某方飞机助战　我正严密调查》《日机助匪攻绥　外部疑问国际声明》等多篇文章揭露日方参与绥远战事的事实，谴责日方干涉中国领土完整，揭露匪伪的"西洋镜"把戏，指出我方已做好战争准备，战士有守土卫国之决心，有壮烈牺牲之壮志，警告日本不要做出越轨行为，表达了对匪伪施以痛剿的决心。在绥远抗战时期，《绥远日报》发表多篇稿件揭露日本人的谎言，在对日作战中发挥了战斗作用。

第四节　《绥远日报》的西北开发报道

步入近代以后，西北各地因交通不便、自然条件恶劣等因素，导致经济落后，与东南沿海地区的发展差距逐渐拉大。当时政府和社会各界对西北地区关注甚少，1931 年以前，开发西北的战略构想虽已提出，但仍处于初步酝酿阶段，开发、建设西北的种种计划和决议只不过是一纸空文，社会影响微乎其微。"九一八"事变后，《绥远日报》积极报道西北开发事宜，并且在报刊中发表了很多关于西北开发的观点。

西北开发，首先遇到的困难就是国人对西北情况不够了解，就如戴季陶所说："训政时期首重建设，建设之首要在民生，而吾国人士真能发扬民生建设之真义，并从事研究中国边地开发与内地开发者，实属甚鲜。即退一步言，真能指陈中国边疆之实况者，亦不多见。"① 30 年代，在民族危机的背景下和西北开发的呼声中，一大批考察团来到西北，在极其困难的条件下，对这块土地进行了深入的考察活动，为人们认识西北、开发西北起到了重要的先导作用。

一　对西北考察活动的报道

与大规模的西北考察同步，《绥远日报》及时报道关于西北考察团的活动，刊登了很多相关新闻：如 1934 年 3 月 11 日刊登消息《经委会西北

---

① 戴季陶：《中国边疆之实况》，新亚细亚月刊社 1931 年 5 月。

办事处 先查勘陕公路 考察甘肃农村》；1934 年 4 月 24 日刊登消息
《袁厅长将赴各县视察 先往绥西 后往绥东 探求民隐以谋改善》；
1935 年 8 月 25 日刊登消息《广大西北考察团 昨日由同莅绥 黄文衮谈
考察经过》；1935 年 9 月 19 日刊登消息《吴敬敷过绥返京 考察西北各
省农村峻事》等。这些消息的篇幅不长，报道了政府先视察情况、发现
问题，再谋求开发之法的施政思路。

除了报道考察进程，《绥远日报》还刊登了很多关于西北概况的稿件
及考察报告。如 1932 年 8 月 16 日刊登的消息《准格尔旗概况》就是一篇
考察报告，从土地人口、交通文化、军事政治、风俗人情、出产税收、特
殊阶级等方面，运用数据全方位报告了准格尔旗的各方面情况，确凿的事
实令读者信服。

言论方面的配合也是《绥远日报》宣传西北开发的重要方面。1934
年 3 月 1 日刊登消息《汪戴昨访宋 宋谈北上行程 积极开发西北》，标
题中的"宋"是指当时担任全国经济委员会常委的宋子文，文中录述宋
子文对西北开发的认识，"西北为我生命线，年来天灾人祸，人民痛苦异
常，亟应积极开发，现已在西安设西安办事处，余拟亲往促出进行开发公
路水利"，这番言论可以说代表了国民党中央的态度，呼吁全民响应国家
号召，大力推进西北开发。

对建设途径和开发方法的探讨也是《绥远日报》宣传西北开发的重
要内容。1934 年 2 月 26 日，《绥远日报》社论《今日寓有力量建设新
疆》，文章前半部分着重指出西北开发的国防意义重大，呼吁国民重视
边疆国防建设，核心部分则探讨开发的方法，大部分笔墨放在提出报社
的建议上。社论指出，新疆形势混乱复杂，经济落后，消息闭塞，"新
省握政权者，依二十余年之经验，习于闭关政策，对于内地消息与势
力，务为深闭固拒"，且战乱纷纭，"今日新乱尚未平定，北疆有盛马
之战，南疆有独立之耗"，新疆的实际情况为开发计划带来许多困难。
社论通过切合实际的考量，为政府当局提出建议，又进一步分析新疆的
发展状况，看到英俄两大国对新疆虎视眈眈，将其与中国东北相对比，
意在提醒国人勿忘东北之耻，抓紧建设新疆、保卫新疆，以免国土沦陷
之悲剧再度发生。社论特别指出督促国民开发新疆并不是指盲目地加快
开发速度，而是要把握住时机，按部就班踏踏实实地来，不可急躁冒
进，本末倒置。"现在政府计划建设新疆，吾人独以为无须急急，盖惟

本固者而后枝荣，在内部未巩固以前，殊不必驰骛于外表，必内地建设完成，产业开发，国力充实，而后再图边疆之开发，方不失本末重轻之权。"作者认为当时国家并没有足够的力量来建设新疆，"是故新疆之须开发，固为国人所公认，惟权衡轻重，在内部未曾巩固，国力未曾充实以前，殊不必多所驰骛，俾免招强邻之觊觎，而又无力以保其所有，陷于今日东北之结果也，况建设事业，需要资力与人才，而国家财政之困难，专门学者之缺乏，实未足以言建设二字，如全国经济委员会集合内外专门学者，及有绵麦借款以为挹注，乃成立经年，尚无丝毫之成绩，事实昭垂，不容伪饰。然则当局宁有余力以谈新疆之建设者哉？"此番论述确有道理，当时国家情况复杂，财政困难，人才缺乏，使大力开发新疆的构想不可能很快实现，作者更大胆辛辣地指出全国经委会实际上并没有丝毫的成果，对于如雨后春笋般出现的建设生产委员会一类的组织机构，后文中又再次提到其并无实际价值，"诚不如实事求是。少成立空议无补之机关"。提示国人要实事求是，脚踏实地，在条件不允许的情况下不必勉强开发新疆，为狂热开发西北、开发新疆的国民打了一针镇静剂，冷静下来思考救国救民的实际可行的方案才是中华儿女应该做的。而后作者认为当前西北发展建设之路在于"是以为目前计，政府宜先努力缩短新疆与内地之距离，使绥陕甘宁新之国道完成以后，再进而谋新省内部之开发，始不背本末先后之序也"，提出了切实可行地开发西北的具体方案。这篇社论充分体现了《绥远日报》切入时弊，倡导实事求是的救国发展路线，指引社会救国潮流，而且从已经过去八九十年的今天来看，《绥远日报》的观点合理，符合当时社会发展的实际情况，评论逻辑清晰，又通俗易懂，可读性强。

二　交通建设方面的报道

《绥远日报》积极关注西北交通建设问题，充分表达对发展交通的重视与支持。1933 年 7 月 17 日，有短评：《危哉危哉》，标题设有悬念，引起读者注意，不知何事如此紧急，再读到短评内容，便一目了然，"到了现在呢？交通不便的地方不用说，就是交通便利靠近火车线的地方，能够得到行旅安全么？我们只看平绥车屡次出轨道，发生毛病，实在感觉到行旅的生命安全，连三分都靠不稳了！"本篇短评用通俗易懂的充满生活气息的语言直截了当地指出当时交通的不便，出行的风险性高，行旅安全得不到保障的重要问题。"有路而不修，谁也不管，谁也不急，像这样下去，恐怕来往行人上了平绥车，比打日本躲着飞机炸弹，还要危险!"提醒政府与国民，与其担忧旅途安全，战战兢兢地出行，不如合理规划交通建设，加强出行的安全保障。

发展西北交通不仅能有效地解决交通安全的问题，更能带动经济的发展，俗话说"要想富，先修路"，交通建设在全国新闻媒体行业中引起报道评论热潮，《绥远日报》也不例外，1934 年 3 月 3 日刊登消息《王师长注意交通　饬部赶修包宁路　注意后套河冰解冻　分函省府军部预防》；1934 年 5 月 11 日刊登消息《平绥路积极整顿　张大分设车辆调度所　长途电话已购妥器材》。

三　水利建设方面的报道

兴修水利是当时研究西北开发计划必须涉及的一个重要问题。《绥远日报》关于水利建设的相关新闻中反复出现"民生渠"的字眼，1933 年 2 月 28 日刊登消息《建厅会同华赈会　完成民生渠　续修一至九支渠道　包西各渠分段与公》；1934 年 5 月 13 日刊登消息《开发西北水利　经委会派员来绥　筹设民生渠工务所》。民生渠顾名思义是惠及民众的水利设施，是当时西北开发的重要项目之一，建成后确实为当地百姓带来便利，人人称赞，《绥远日报》对其关注度很高，坚持跟踪报道，建成后也继续关注民生渠的相关管理工作，民生渠的相关新闻成为《绥远日报》报道水利兴修的典范。除水利设施建设进程的新闻外，《绥远日报》也大量报道各项水利会议、水利开发决议等政府的相关动态，如 1935 年 3 月 12 日刊登消息《河套水利会议十五日在五（五原，笔者注）举行　王师长冯厅长均往出席》。

四　移民垦殖方面的报道

移民垦殖，是西北开发的重要内容。《绥远日报》对此非常支持，在新闻报道上也多有体现。1933 年 3 月 3 日刊登消息《垦务局创设新农村　建筑办法分三种》，1934 年 2 月 1 日刊登消息《王靖国谒阎报告视察屯垦区经过　而陈去岁成绩请示今后方针　阎极关心垦区事务》等。

西北开发计划中还包括利用西北各地资源开设工厂、开发矿藏的内容。当时西北各地物产虽然丰富，工业却是空白。1935 年 1 月 25 日，

《绥远日报》刊登消息《绥商运渐起色　五年来出入统计（续）牛皮靴砖茶多销蒙地　皮毛出入年来较增多》，新闻中大部分是时间与数字的对应，统计数据翔实可靠，统计结果直观具体，一目了然地看出绥商的经营在缓慢地朝着好的方向发展，又进一步地对比了各项工商业的发展情况，得出更全面的结论。

因为这一时期西北开发与社会改良是同时进行的，西北的建设蕴含在整个中国的发展崛起中，以上简单论述的西北开发的四个主要方面与社会改良的主要内容有很多交叉的地方，移民垦殖与乡村建设，发展交通、兴修水利与治理水患、植树造林，兴办工矿实业与工商业发展都有着千丝万缕的联系。《绥远日报》在西北开发与社会改良的宣传上也相互联系，相互渗透，将二者相结合来看《绥远日报》的宣传工作，能有更全面更立体的认识。

第五节　《绥远日报》的社会改良宣传

一　乡村建设运动的宣传

20 世纪二三十年代，以晏阳初、梁漱溟、卢作孚为代表的一批忧国忧民、有社会责任感和历史使命感的杰出人士，用不同的思想和实践方式，深入乡村，去寻求和探索振兴中国农村之路，从事改造乡村的建设实验，在中国掀起了轰轰烈烈的乡村建设运动。民国时期的乡村建设运动不仅是一场旨在实现民族复兴的区域现代化运动，也是一场知识分子的伟大爱国运动，触及了中国现代化进程的核心问题，推动了当时社会风气的改变。《绥远日报》对于农村农民问题的关注程度不亚于西北开发，且在报社观点的表达上还要更全面更深刻，认识到了农村亟待发展的迫切需求，通过报刊文章来呼吁政府和国民重视乡村建设。

1933 年 7 月 21 日，《绥远日报》副刊上刊载文章《借本报三周年纪念日　献给关心农村的读者》，"因为天灾人祸交相煎迫，所引起的全国农村破产，现在已经稍稍动了人们的注意，关于农村状况的文字，不时也在报章上记载着，所以能打动要人们的心坎，也凭着这么一点的描写！但是他们所描写的这些文字，虽然能将农村的凄凉状况，一一描写出来，但对于农民身受的苦况，尚不能尽量的发挥，所以政府对于农村的救济事宜，仍是不能十分的积极"，作者指出报刊对于农村境况、农民处境的关注及描写还是远远不够的，呼吁民众关注农村、关心农民。作者还引用古人诗词来展现农村破产的惨状和农民身受的痛苦，代表了受压迫农民的心声："环顾现代，战区农民……十室九空，其惨状有目不忍视者，而陕甘各省，连年亢旱，赤地千里，民不聊生，交锋笔墨所能形容者，至于东南各省，膏腴之地，虽告丰□，复以谷贱伤农且遭□吏之敲剥，□胥之凌虐，哀我农民，既逢天灾，复逢人灾，身受惨状，岂止十倍哉！"（□为字迹无法辨识之字，笔者注）

虽然有些字迹现已无法辨认，但是我们仍能通过这段文字体会到当时农民生活的艰难和农村的凋敝，认识到当时农村欠缺合理的开发和规划，亟待整顿。看过文章，再理解标题，更能体会到《绥远日报》的良苦用心，用文字来激活国民麻木的神经，让关心农村建设的民众更多地投入到伟大的建设实践中去。

《绥远日报》积极报道领导人对乡建运动的态度，例如1934年2月1日的报道《冯建设厅长昨在区长训练所讲农村合作意义　派霍世贤往授课程　唤起该所学员注意》，报道了绥远省设置区长训练所加授农村合作课程并派合作指委会主任霍世贤授课，冯厅长为唤起学员注意亲自前往讲述重要意义，新闻中表达冯厅长"对于农村合作事业，极为关心，积极倡导"的重视态度。还是这一期的《绥远日报》，消息《王靖国谒阎报告视察屯垦区经过　而陈去岁成绩请示今后方针　阎极关心垦区事务》在报道乡村建设运动方面的倾向更加明显。

30年代绥远地区的农村建设组织数量较多，《绥远日报》对这些组织的运作与进展积极关注，相关报道也不少。1934年4月23日，《绥远日报》刊登消息《耕牛改良社　采购大批耕牛　运往隆县耕作》，报道耕牛改良社为救济春耕所采取的措施。1934年3月3日刊登消息《种牛改进社昨开筹备会议　积极募捐储备耕牛　春耕将届租给农民》；1934年3月9日刊登消息《信用合作社短期讲习所　拟在各区设立》，耕牛改良社、种牛改进社、信用合作社都是乡村建设运动时期农村兴起的合作组织。《绥远日报》经常在一期报刊上发表多篇乡村建设方面的报道，集中进行宣传。选取1934年1—4月的4份报纸为例：

表 6-1　　　　　　　　　　**1934 年 1—4 月乡村建设方面的报道**

日期	版面	新闻标题
1934 年 1 月 9 日	第三版	协商粮食滞销问题　梁上栋昨日莅绥　梁谈粮食滞销三大原因　限制外粮事海关已加税
	第三版	救济西北农村　平绥路局展减粮运特卖　按递远递减之旨再减价以期西北粮食得以外运
	第三版	冯晤暄草拟复兴绥农村刍言　举办保甲设立工厂　建筑铁道兴办水利
1934 年 2 月 1 日	第二版	统制全国粮食办法交经委会审查
	第三版	王靖国谒阎报告视察屯垦区经过　而陈去岁成绩请示今后方针　阎极关心垦区事务
	第三版	冯建设厅长昨在区长训练所讲农村合作意义　派霍世贤往授课程唤起该所学员注意
	第三版	本市粮业调查　灾害频仍一蹶不振　各家粮店莫不亏本
1934 年 3 月 9 日	第三版	信用合作社短期讲习所拟在各区设立
	第三版	固阳县实施第一期中心工作　分民财建教法五项　参照省颁办法推行
1934 年 4 月 23 日	第三版	整理田赋　制定粮赋登记法
	第三版	耕牛改良社　采购大批耕牛　运往隆县耕作

《绥远日报》第一版的"专载"栏目也经常刊登有关乡村建设方面的内容。1934 年 1 月 9 日的"专载"《由苏俄农场的建设说到复兴中国农村》从对苏俄农场的认识、向国外建设学习的过程中探索中国农村复兴之路，视角独特新颖，观点在当时颇为先进。《绥远日报》还刊登了很多乡村建设方面的调查报告。1934 年 2 月底到 3 月初，《绥远日报》在第三版的固定版面连载了一篇名为《农村建设的借镜　定县实验区素描　白映星归来报告》的文章，篇幅宏大，是对实验区比较全面的调查报告，涵盖范围甚广，从手工生活、铺店物价到生教设计、文艺设计，再有保健制度、改良农种等众多方面无所不包。《绥远日报》还设置了专门的《绥远乡运副刊》，每十日出版一次，由绥远省乡村工作人员训练所学生大队副刊编辑组创作。

二　整顿教育的宣传

南京国民政府把三民主义确立为学校教育的宗旨和人才培养的指导思想。绥远省政府积极响应，大力推行三民主义教育，对于整顿教育的宣传工作也十分重视，《绥远日报》关于教育方面的报道虽然不多，但仍通过精练的消息传达了绥远省的教育实时动态，体现了绥远省三民主义教育的发展状况。

1932 年 7 月 2 日，《绥远日报》的消息《训练民众　智识日增》指出，绥远省教育落后、人民无知是导致经济不发达的重要原因，"似觉办理庶政，颇多碍难之处"，不改变教育现状就难以举"兴革之事"，因此绥远省政府机关重视训练人民，加强常识教育，加大宣传力度，"而期智识日渐增高云"。《绥远日报》的相关报道主要有如下几个方面：

1. 普及义务教育方面的报道，如 1934 年 2 月 26 日的消息《教厅拟定施行义务教育　全省儿童均受教育　十年之内强迫入学》、1934 年 3 月 1 日的消息《教厅昨召集中小校长谈话会　阎谓须力求学生平民化　拟定短期义务教育方案》、1934 年 3 月 11 日的消息《包头提倡教育　各镇设立小学》等。这些新闻报道了绥远省政府在普及义务教育方面所做的努力以及取得的成绩，是《绥远日报》教育报道的重要内容。

2. 推行训育制度方面的报道。从 1929 年 7 月起，南京国民政府规定在各级各类学校中设训育主任、训育员，其任务是"时时与学生接近，藉以匡正其思想、言论、行动"。并且国民政府颁布《鉴定各学校党义教员条例》，指定优先任用国民党党员为校长、训育主任等重要职务。1933 年 7 月 17 日，《绥远日报》消息《五原教育调查记　学校颇呈蓬勃气象　质量均有相当进展（三）》中记述了小学生的训育目标，"遵照中华民国教育宗旨，并参照各该校校训级训分别训管之"。在 20 世纪 30 年代的绥远省，升学状况并不乐观，"本县小学生入学读书，时辍时读，初级毕业者，历年无多，高级毕业者更属有数"，尤其是家境贫寒的子弟，家庭教育意识淡薄，再加上去学校路途遥远，家里并不支持学生"小学"毕业后继续升学，"多于子弟小学毕业后，即着在家帮主务农，或充司账先生，无业闲万者，间亦有之"。可见，当时教育的成果并不尽如人意，"毕业生"的水平不能得到社会的认可，没有达到国家与学校的训育目标，绥远省的训育状况并不理想。

3. 整饬学风方面的报道。南京国民政府发布《整饬学风令》，严格规定和限制学生组织和团体的发展，采取各项措施加强校园管理，将前期比较自由散漫的学校教育置于国民党严格、统一的控制之下。1934 年 5 月 13 日，《绥远日报》消息《一中学校已复课　奖学考即将放榜　阎厅长

将赴绥西视察 返省后召集教育会议》报道了学校加强学生管理，整顿学风方面的内容。

4. 加强党义灌输方面的报道。南京国民政府指示，要加强党义灌输，凡中小学一律开设教授党义的公共课。前文中提到的《五原教育调查记 学校颇呈蓬勃气象 质量均有相当进展（三）》这篇报道，对于小学课程概况做了详细的记述，文中明确提到了党义课程的设置。

5. 实行军训和军事化管理方面的报道。南京国民政府规定高中以上学校实行军训制度，初中和小学进行童子军训练，倡导各地各级学校都应注重发展体育运动，增强民族体力。1934 年 3 月 12 日，《绥远日报》消息《训练童子军 造就健全青年》报道了绥远省积极施行童子军训练，坚持军事化的校园管理的新闻。

《绥远日报》不仅通过消息报道绥远省的教育动态，还在社论和短评中发表自己的看法。1934 年 3 月 5 日社论《论整顿教育》分析当前教育亟待整顿的问题所在，指出这一时期的教育虽然在扩大规模、完善体制等方面发展迅速，但新文化运动时期形成的自由民主精神明显削弱，通过仔细地分析教育情况，指出教育落后的重要原因。1934 年 3 月 1 日的短评《学生要纪律化》引用阎教育厅长在中小校长谈话会中发表的意见，"绥市中等学生生活颇贵族化，此后须力求使学生平民化"，作者又进一步补充了一些建议，"学生的天经地义，应以'专心学业'为唯一目标，此外一切的一切，毋宁有做第二者，不必过问，然后才可以保持纯洁学行，良好学风"，进一步申明"学生不独要平民化，并且最要紧的，尤在于要纪律化啊!"

三 治理水患、植树造林的宣传

30 年代，黄河河防工程年久失修，黄河水患灾害严重，频繁发生的决口给国家和民众带来巨大损失，治理水患成为人心所向，《绥远日报》也为治理水患献计献策。

1935 年 8 月 23 日社论《因水灾教训应有之努力》举印度和美国、法国、澳大利亚等国治理水患的成功案例，说明人们可以积极地改造自然，让自然为我们所用，而不是一味地接受灾害带来的流离失所、家破人亡，启示中国政府与国民要向这些国家学习治水经验，"此盖由于其水利事业之发达，由于其整个国民经济有健全之机构，即使一部分地区偶有灾荒，亦不难举全国之力以从事善后之故。是以虽偶因天时之突变而遭灾，不特可以从容进行急赈，并应有计划的进行复兴工作，此最重要之义也"。指出治理水患的治本之策不仅要大力发展水利事业，更要提高整体国民经济的实力，灾荒不易发生，一旦有水患再次发生，也可以有效减轻灾情，有足够的经济能力施行救济，不至于因为水患天灾而影响到国民经济的根本。文末再提建议，"至于在建设进程中，更采用征工制之集团工作办法"，这样做的好处一方面可以培养合力奋斗的伟大精神，另一方面又能够让人民明了治理水患，水利建设的最终利益属于自己，一举两得。"蒋委员长通电指示各端，苟能准是迈进，则今后在防止灾荒与发展国民经济之事业上，必可于短期内收显著之成效，是在各省政府与各地方民众之力行耳。"最后通过中央的指示，更督促大家重视水患治理，身体力行。

1935 年 8 月正是水患灾害严重的时期，治理水患成为全民关注的头等大事，《绥远日报》发表多篇社论，针对水患，提出很多治理建议，鼓舞民众共同努力，为尽快解决水患加把劲。1935 年 8 月 26 日发表的社论《治河必自治本着想》以及 1935 年 8 月 29 日的社论《对赈救本年水灾感言》都是典型代表。

与治理水患分不开的就是植树造林的热潮，《绥远日报》在 1933 年 4 月 13 日《七十师定十五日举行植树》中插入了醒目的"造林运动标语"一栏，以标语口号的形式呼吁民众植树造林，保护生态。1934 年 4 月 21 日又专门刊登了"造林运动标语"，强调植树造林对振兴实业、救济木荒、提供木材都有着重要的意义。1934 年 4 月 21 日消息《扩大造林运动 烈士公园举行植树典礼 建设厅印发宣言》中记述道："再说国家现在努力建设之际，关于修筑铁路，制造轮船飞机，设立各种工厂，建筑宏大工程，以及振兴水利，发展实业种种进行，莫不需要巨量的木材。"植树造林为救济水灾旱灾、巩固堤防、涵养水源、防治风沙、调节雨量的效能，既能赈济灾情，防范灾害，也利于农业的发展，农村的建设，点缀风景，增进健康，清新空气，又改善了社会环境。这则标语与当时西北开发、社会改良的时代背景紧密结合，突出强调人民的社会责任，唤起民众的社会责任感。同一天报纸的短评《绥省今日植树》，表达了《绥远日报》积极鼓励民众植树造林的意愿和对植树事业的重视，"数年来绥省的林政，经当局积极提倡，已有显著进步，这是一个欣幸的事，我们希望全绥民众本着今日植树的精神，一致大植特植起来，那么，造林的成绩，一定大有可观！"紧接着，在 1934 年 4 月 23 日，继续报道烈士公园的植树活动，在第三版最醒目的右上角位置占用了很大的版面作了充分的后续报道，大标题为《他时忠墓成阴树　应记群公此日栽　前日烈士公园植树盛况　各界参加者达五千余人》，从"烈士园一瞥""植树时情形""冯厅长致词""纪守光讲词"这四个方面对植树盛况作了报道，确可见当日民众植树的热情。

第六节　《绥远日报》的历史作用

《绥远日报》是内蒙古地区历史与文化的重要载体，是还原 30 年代绥远地区社会面貌必不可少的文献资料，对学术研究具有重要意义。《绥远日报》当时在绥远地区党政阶层和文化群体中有着广泛影响，在学生群体中也有相当读者。《绥远日报》的历史作用体现在政治、经济、文化和社会等各个方面，在传达政令、宣传抗战以及西北开发和社会改良议题方面作用尤其突出。

一　传达了国民党中央和绥远省政府的声音

国民党人认为，报纸是一种强有力的舆论工具，是"输入思想""激励民气"和与敌人"笔战舌战"的武器。[1] 1928 年 6 月国民党中央常务委员会通过了《设置党报条例草案》《指导党报条例》《补助党报条例》等三个重要文件。文件指出："各党报所有主张、评论除依据中央宣言决议及随时颁布之宣传要旨外，更须以本党主义及政策为最高原则"，[2]"各党报须尽量根据本党主义及政策，用理论的事实的艺术的方法摒除、纠正一切反动的谬误的主义及其政策"[3]。在国民党中央的要求下，除了个别报纸稍有特色外，几乎是千报一面。[4]

30 年代的绥远，经济凋敝，局势复杂，《绥远日报》作为国民党绥远省政府的机关报，其首要任务是传达国民党中央和绥远省政府的政令政情，协助政府督促劝导绥远建设，因此，党政要闻、政府会议、政要活

①　方汉奇：《中国近代报刊史》，山西人民出版社 1981 年版，第 633 页。

②　《指导党报条例》，国民党中央常务委员会 1928 年 6 月 9 日通过，转引自蔡铭泽《国民党党报历史研究》，团结出版社 1998 年版，第 94 页。

③　《指导党报条例》，国民党中央常务委员会 1928 年 6 月 9 日通过，转引自蔡铭泽《国民党党报历史研究》，团结出版社 1998 年版，第 94 页。

④　方汉奇：《中国新闻事业通史》（第二卷），中国人民大学出版社 1996 年版，第 361 页。

动、各种文件章程以及政治报道占有较大比重，政令、训令、决议、政情通报成为重要的稿件类型，新闻宣传上与国民党中央保持高度一致，言论口径照搬《中央日报》，对于宣扬党义、贯彻政府的政令政纲，起到了显著作用，发挥了"革命的喉舌""宣传主义的木铎"和"国民之导师"的职能。

二 在舆论方面配合并支持了绥远抗战

1931 年"九一八"事变爆发后，抗日救亡、团结御辱成为《绥远日报》的重要内容。作为绥远省政府的喉舌，《绥远日报》发表了大量社论、短评和消息来表达鲜明的抗日立场，及时报道战争进程和国际局势。《绥远日报》运用多种文体，在抗日问题上立场鲜明、言论大胆，起到了积极的宣传动员作用，体现出了报纸应有的责任和勇气，成为抗日宣传的重要平台。

绥远抗战期间，《大公报》《申报》等各大报对绥远战况关注极高，《绥远日报》不落其后，不遗余力地坚持抗日、宣传抗日，引领民众为民族和个人的生存而奋斗，从战争动向到双方实力，从领导号召到各界支持，《绥远日报》的全面报道体现了报纸应有的社会责任。无论是社论、短评还是消息，都体现了支持抗战的立场，传递了坚持抗战的决心，鼓舞了抗战士气。绥远抗战期间，《绥远日报》每天发表一篇社论解答疑惑、分析国内外时势，这些文章旗帜鲜明针对性强，对人们了解抗日形势起到了不可估量的作用。

由于采编队伍薄弱，专业记者人数不足，《绥远日报》的抗战报道也还存在很多不足，主要是新闻来源于中央通讯社和地方通讯社的较多，报纸自身的报道能力有限，新闻的数量和报道的深度跟不上战争时期人们的信息需求。这是这一时期经济欠发达地区媒体的通病。

三 推进了西北开发和乡村建设的开展

西北开发是 30 年代国民党着力实施的国家战略，是有利于民族复兴和国防建设的重要举措。与朝野上下的持续关注同步，《绥远日报》对西北开发高度重视，大量刊登有关西北概况的稿件，申明西北开发的价值和意义，讨论西北开发的途径和方法，并就发展交通、兴修水利、移民垦殖与兴办实业等问题刊登了很多切实可行的建议与观点。从 1931 年到绥远沦陷前，《绥远日报》刊登的西北开发稿件数量较多，消息、通讯、调查报告、评论等文体较为多样，特别是关于西北开发路径的评论文章，反映了编辑部的观点，对于引导舆论、达成共识、推进工作起到了重要作用。

对乡村建设和社会改良运动的推动也是《绥远日报》的重要议题。《绥远日报》通过报刊文章呼吁政府和国民重视乡村建设，普及义务教育，发表了很多推行训育制度以及整饬学风方面的报道。对农村和农民问题的关注有利于民族复兴和现代化进程，推动了社会风气的改变。《绥远日报》的报道重心与当时社会的核心议题高度一致，发挥了主流报刊应有的社会功能。

第七章

《内蒙古日报》研究

第一节 《内蒙古日报》的创办背景及发展历程

一 《内蒙古日报》的创办背景

1945 年 8 月 15 日，日本向同盟国无条件投降，中国人民抗日战争取得了胜利，国内的阶级矛盾逐渐代替民族矛盾上升为主要矛盾。抗日战争胜利后内蒙古地区的战略地位十分重要，国共两党对控制内蒙古均高度重视。呼伦贝尔盟、兴安盟、锡林郭勒盟、察哈尔盟等的全部地域，以及昭乌达盟和哲里木盟的一部分地区、伊克昭盟南部广大地区，已经主要被中国共产党控制；傅作义部队东进，国民党控制了内蒙古西部广大地区，占领了绥远大部分城镇。随着日本投降，伪政权及其出版机构也都随之崩溃，为国共两党报刊的发展提供了契机。

1946 年 6 月内战全面打响后，国共两党在战场上进行激烈角逐的同时，积极创办报刊进行政治宣传，为自己营造有利的舆论环境。中国共产党在乌兰浩特、赤峰、通辽、海拉尔、锡林浩特等地创办了一批革命报刊，及时报道解放战争进程，尤其是战争的胜利消息，以获得更多民众的支持。这些报刊集中记录了解放区的土改、建政、肃反、清毒和发展生产的运动，宣传土地改革主张，强调"耕者有其田"的土地政策，调动起农民参与土地改革的积极性，使农民加入到战争队伍中来；同时，宣传共产党的革命理论与民族政策，获得蒙古族的支持，团结一切爱国民主力量，夺取全国政权。这些报刊主要配合了党的中心工作，是解放战争时期中国共产党全国党报体系的组成部分。

抗战胜利后，内蒙古地区的国民党报刊也在内蒙古西部地区恢复起来。与战前相比，这一时期的国民党报刊数量和规模有所减少；与同一时期中国共产党创办的报刊相比，影响力大为减弱，没有彰显自己的宣传特色。随着国民党军队的节节败退和国民党政治力量的衰减，内蒙古地区的国民党党报也逐渐走向衰败。

二　《内蒙古日报》的发展历程

抗日战争胜利后，内蒙古地区的形势十分复杂，国共两党力量在这里展开较量。各种政治势力纷纷活跃起来，民族自治的呼声也再次高涨。中共中央决定以张家口为基地开展内蒙古自治运动，建立广泛的蒙古民族统一战线。1945 年 11 月 26 日，内蒙古自治运动联合会①在张家口成立，标志着中国共产党领导内蒙古自治运动的开端。民国时期，张家口是察哈尔省省会，1939—1945 年成为伪蒙疆政府所在地。抗战胜利后，察哈尔较早被中国共产党解放，是解放区通往东北的要道之一，战略地位十分重要。张家口是中共晋察冀中央局机关所在地，内蒙古自治运动联合会成立后，立即在张家口开展蒙、汉文报刊的出版工作，宣传报道自治运动，团结内蒙古地区各民族，呼吁建设新的内蒙古，以配合全国解放。

（一）《内蒙古周报》

1946 年初，内蒙古报社在张家口成立。张家口是中国共产党开展内蒙古自治运动的基地，1946 年 3 月 15 日，内蒙古自治运动联合会机关报《内蒙古周报》在张家口创刊，以揭露蒋介石的反动实质、宣传中国共产党的民族政策为宗旨。社长勇夫，总编辑石琳。机器设备为接收伪蒙疆政府而来，② 原系德王王府旧物，由晋察冀军区政治部移交给内蒙古自治运动联合会，用于创办《内蒙古周报》。汉文编辑由晋察冀军区政治部派来，主要有庄昆、羊宗先、邓泽等；蒙古文编辑主要来自蒙疆新闻社编译局蒙古文部。

《内蒙古周报》为 16 开铅印，采用蒙汉合璧形式，每册 20 余页，3万字。封面由简单的蒙古文标题和一张图片组成，并印有"请交换""请批评"的字样，"晋察冀边区邮政挂号，认为第一类新闻纸"，除创刊号

---

① 内蒙古自治运动联合会：是在中国共产党的领导下开展内蒙古自治运动的革命群众团体，同时又是一个团结内蒙古各族各阶层的统一战线性质的组织，在内蒙古自治政府成立以前还代行政权职能。
② 1939 年到 1945 年，张家口是伪蒙疆政府所在地。

外，封面没有汉文名称。内容中三分之二到四分之三是蒙古文，有的只有蒙古文而未译成汉文。报社约有 20 名职工，大多能胜任蒙古文采编工作。该刊稿源困难，除采用本报记者采写的稿件外，还选发新华社电讯稿和《晋察冀日报》供给的新闻稿。随着刊物越办越好，稿源渐渐增多，发行范围逐渐扩大。锡林郭勒盟和察哈尔盟所属的大部分地区、内蒙古东部地区和绥蒙地区都有该刊的读者，发行量也由创刊之始仅有的几百份增加到 2000 份左右。①

《内蒙古周报》刊载"时事政治、民族问题、科学卫生、文艺通讯"等切合内蒙古情况的稿件，② 内容主要有评论、各盟报道、一周时事简述、通讯、卫生常识、文艺等，版面以蒙古文稿件为主，有些文章只有蒙古文。艾青、萧三、萧军等许多会聚于张家口的文化界名人在《内蒙古周报》创刊号上题写了贺诗、贺词，后来还在《内蒙古周报》上发表诗文作品。创刊号上发表的头条文章，是勇夫撰写的述评《四个月的蒙联》，介绍了内蒙古自治运动联合会的纲领及成立 4 个月来的主要工作，向蒙古族群众介绍中国共产党的民族政策及领导民族解放运动的基本情况。

《内蒙古周报》宣传自治运动联合会的纲领、章程以及中国共产党的政策主张，介绍内蒙古地区的形势，"本报是内蒙古人民的言论机关，它是为内蒙古人民服务的，它所做的，它要说的，将决定于广大内蒙古人民的意志"，"为着促进我内蒙古的建设与繁荣，使人民重登安居乐业之境，本报愿把新的内蒙古介绍于全国人民之前，取得帮助和发展；同时，愿向全国民主进步的地区学习，交流各项宝贵的经验，求得改进和创造"。③《内蒙古周报》全文或摘要发表了《内蒙古自治运动联合会会章》《联合会目前工作方针的意见案》《对内蒙古人民的宣言》等自治运动的相关文件和章程，扩大了自治运动联合会的影响，符合周报创办的初衷。

《内蒙古周报》关注民族问题，宣传中国共产党在处理民族问题上的纲领和政策。周报发刊辞中写道："我们内蒙古民族，过去是最受压迫的一个民族，满清时代，受着清朝的压迫；民国以来，号称'五族共

① 方汉奇：《中国新闻事业通史》第二卷，中国人民大学出版社 1996 年版，第 1179 页。
② 《内蒙古周报》创刊号《编后》，1946 年 3 月 15 日出版。
③ 《内蒙古周报》创刊号《发刊辞》，1946 年 3 月 15 日出版。

和'，实际则被大汉族主义所歧视；'九一八'后，我内蒙古民族的处境更惨，日本法西斯成了我们的主宰，没有自由，也没有平等，完全处在奴役状态，数世纪以来，我们内蒙古民族从没有得到一个民族的应有的待遇！"周报指出，"本报怀着和全国人民同样的期望，愿意本着民主的精神，本着协商会议的主张，在民族平等、民主自治的原则下，与各族人民亲密地站在一起，共同贯彻这个伟大的历史使命！"1946 年 7 月 1 日，《内蒙古周报》社出版了"七一、七七纪念特刊"，发表了《中国共产党与蒙古民族》（专论）、《中国共产党二十五年》、《蒙古青年是怎样认识八路军的》、《抗战中的八路军和新四军》等文章，深入浅出地介绍中国共产党的民族纲领。这些稿件或来自《晋察冀日报》提供的新华社电稿，或由本刊记者采写。

除此之外，《内蒙古周报》还报道各盟市动态、一周时事等，如《照这样还有个活头——正黄旗清算"毫利希亚"胜利结束》。"毫利希亚"是蒙古语"合作社"的意思。在伪蒙疆政府统治时期，"毫利希亚"曾以"救济灾民"为名，胁迫牧民组成所谓"毫利希亚"赠送牲畜、物资、钱款等，成为掠夺牧民财富的工具。消息报道了对"毫利希亚"清算的结果。又如消息《几十年的冤仇都报了——五千蒙汉人民控诉陈子善》，报道了五千群众集会喀喇沁旗王爷府处决蒙奸陈子善的消息。还刊登一些学习资料、科技知识和卫生常识等内容。1946 年 7 月 1 日，《内蒙古周报》"七一、七七纪念特刊"刊登了通讯《卓盟在前进》，卫生常识《回归热》，诗歌《草原的歌声》等，内容较为丰富，形式较为通俗生动。

《内蒙古周报》基本每周发行一期，限于当时的局势和交通条件，发行集中在张家口地区，创刊初期每期只有几百份；后来发行范围逐渐扩展到锡林郭勒和察哈尔大部分旗县和地方部队，发行量有了一定程度的增加；1946 年下半年，发行范围扩大到绥远省，发行份数也增加到 2000 份左右。

内战全面爆发后，我军做出战略上的调整，不以一城一地为争夺目标，而是以打击敌人的有生力量为目的。中共晋察冀中央局机关从张家口撤往太行山，内蒙古自治运动联合会也退至锡林郭勒盟，《内蒙古周报》停刊，周报的部分职工和家属带着两台印刷机和其他物资到王爷庙，与《群众报》汇合。《内蒙古周报》存在了半年左右的时间，共发行 20 期左右。现存该刊，最后一期为第 12 期，存于中国国家图书馆、中国革命博物馆。①

图 7-1 《内蒙古周报》
创刊号封面

图 7-2 《内蒙古周报》
第八期封面

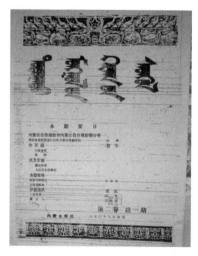

图 7-3 《内蒙古周报》第二卷
第一期封面

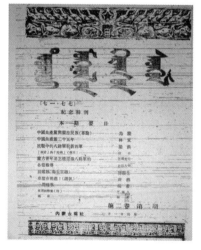

图 7-4 《内蒙古周报》第二卷
第二期封面

（二）《群众报》

在张家口之后，乌兰浩特成为内蒙古自治运动的政治中心，也是中国

———————

① 忒莫勒：《内蒙古旧报刊考录》，内蒙古图书馆编印，第 323—324 页。

共产党在内蒙古地区的报刊出版中心。① 从《群众报》到《内蒙自治报》再到《内蒙古日报》，这几份报纸在乌兰浩特的发展过程即是民族地区第一份省级党报的诞生过程。②

《群众报》的前身《东蒙新报》是创办于 1946 年春的东蒙古人民自治政府的机关报。1946 年 1 月 16 日至 19 日，东蒙古人民代表会议召开，1 月 19 日，会议通过《东蒙古人民自治政府树立宣言》，宣告正式成立东蒙古人民自治政府。《东蒙新报》即为东蒙古人民自治政府的机关报。

1946 年 4 月 3 日，著名的 "四·三" 会议召开，内蒙古自治运动初步实现了统一，内蒙古自治运动联合社成为内蒙古民族解放运动的组织者和领导者，是内蒙古群众的最高统一领导机关。东蒙古人民自治政府取消后，7 月 1 日，《东蒙新报》改组为《群众报》，作为内蒙古自治运动联合会东蒙总分会机关报。该报的创办目的是 "为着实现对东蒙地区广大人民群众及其干部政治上工作上之领导"，指出 "群众报之任务是集中、归纳、交流、研究群众斗争之各种实际活动及其经验，以之提高检查与充实上级机关的领导，并将领导机关之政策指示、经验思想传达贯彻到群众中去，以之普及深入，与坚持各种群众斗争"。③

《群众报》在王爷庙（今乌兰浩特）出版，社长博彦（也翻译为包彦），副社长兼总编辑特古斯。铅印，4 开 2 版，刊头题字哈丰阿。"该报有蒙汉文两版。汉文版为 3 日刊，4 开 2 版，共出 59 期。蒙文版刊期不定，初仅 4 开 1 版，从第 19 期起增为 2 版，约出刊 30 多期。"④

《群众报》之所以以 "群众" 为名，是因为《群众报》的 "政策和方针是和内蒙古群众的利益一致的，因此我们要求大家写稿子，将群众报作为群众的言论机关，大家读报纸，作为最通俗的读物，这样才能够充实 '群众' 的价值，使之走出少数文化工作者的圈外，真正与群众结合起来，作为群众斗争的利刃向那破坏和平民主，否认我蒙古民族存在的国民

---

① 张丽萍、谢海兰：《解放战争时期 "全党办报" 思想在内蒙古地区的贯彻和落实》，《新闻春秋》2015 年第 5 期。

② 张丽萍、谢海兰：《解放战争时期 "全党办报" 思想在内蒙古地区的贯彻和落实》，《新闻春秋》2015 年第 5 期。

③《内蒙古自治运动联合会东蒙总分会关于〈群众报〉的决定》，转引自内蒙古日报社、内蒙古新闻研究所主编《内蒙古新闻资料选编》第一集，第 157 页。

④ 此说依据忒莫勒《建国前内蒙古地方报刊考录》，第 125—126 页。《乌兰浩特市志》称《群众报》蒙文版 8 开 4 版，汉文版 8 开 2 版，均为周二刊。

党的大汉族主义者作坚决激烈的斗争，实现和平以完成'群众'的任务，获得内蒙古彻底解放的胜利".① 《群众报》的名称是中国共产党"一切为了群众"原则的体现，反映了解放战争时期中国共产党利用报刊动员群众团结起来谋求自身解放的宣传主张。《群众报》不仅报道了解放战争的进程和内蒙古自治运动的消息，还高度关心人民的日常生活，以为人民服务为己任，团结广大人民群众的力量。《群众报》发刊词宣称："实现民族平等、民主自由，保卫和平，是我们历史的神圣的任务。我们为完成这项任务，坚定我们全心全意为群众服务的立场，以鞠躬尽瘁的高度热诚，密切和东蒙工农兵群众的生活相结合，从群众的实际需要和自愿出发，来推动领导群众的政治、经济、文化的一切翻身斗争。"

《东蒙新报》改组为《群众报》的过程是内蒙古自治运动中力量角逐的反映。两份报纸代表了不同的政治路径，是不同政治力量的代言者。《东蒙新报》改组为《群众报》，这是中国共产党取得东蒙古自治问题主导权的标志，说明中国共产党的民族政策顺应历史发展趋势，符合内蒙古人民的利益。该报从 1947 年 1 月 1 日起改名为《内蒙自治报》，期次续前。②

（三）《内蒙自治报》

《内蒙自治报》的前身是《群众报》，1947 年 1 月 1 日第 60 期起改名《内蒙自治报》，社址、编辑人员及机构不变。铅印，初为 8 开，后改为 4 开。该报有蒙古文版、汉文版两版。汉文版初为双日刊，从 1947 年 11 月 15 日改为日刊，版面从 1947 年 9 月 1 日起改为 4 开 4 版。蒙古文版为双日刊③，是蒙古文版《内蒙古日报》的前身。"社长巴图（勇夫，原《内蒙古周报》社长），总编辑秋浦，江苏丹阳人，先后在《挺进报》和《晋察冀日报》当记者，内蒙古自治区成立之后调入《内蒙自治报》。副总编辑程海洲，山东曹县人，先后在《解放》杂志、《晋察冀日报》《东北日报》当校对、记者，内蒙古自治区成立后调入《内蒙自治报》。"④ 可见，《内蒙自治报》的社长、总编辑和副总编辑有着丰富的办报经验，他们的

① 1946 年 7 月 1 日《群众报》发刊词，转引自内蒙古日报社、内蒙古新闻研究所主编《内蒙古新闻资料选编》第一集，第 217 页。

② 此说依据忒莫勒《内蒙古旧报刊考录》，第 110—111 页。

③ 一说"初为对开 2 版，不定期。自当年 10 月 1 日出版的总第 94 期起改为 4 开 4 版，隔日刊"，《蒙古学百科全书》新闻出版卷，内蒙古人民出版社 2009 年版，第 166 页。

④ 《蒙古学百科全书》新闻出版卷，内蒙古人民出版社 2009 年版，第 166 页。

加入使得《内蒙自治报》有较高起点，能够与解放区其他报刊保持宣传及办报水准的一致。《内蒙自治报》以内蒙古地区的中国共产党初级干部和有一定阅读能力的蒙汉族农牧民为主要读者，以政治常识和科学常识为启蒙宣传的主要内容。

随着自治运动的开展，建立统一的自治政权已经成为内蒙古解放区各界群众的共同愿望。1947 年 4 月 6 日，《内蒙自治报》报道了内蒙古自治运动联合会执行委员会召开扩大会议的消息，揭开了内蒙古自治政府成立的序幕。1947 年 4 月 23 日，内蒙古人民代表会议在乌兰浩特召开，《内蒙自治报》发表社论，指出："我们在自己的土地上开始了人民的代表会议，我们有了决定自己命运和生活道路的机会。这机会是难得的，因此我们感谢为内蒙解放而拼命流血的烈士们，感谢苏蒙军摧毁日寇统治的义举，感谢二十多年来帮助我们越来越大的中国共产党，感谢和我们并肩作战打击大汉族主义蒋介石的八路军民主联军。"① 社论号召内蒙古地区蒙、汉、回等各民族团结起来，共同打击国民党反动派的进攻，求得各民族的共同解放。社论肯定了 1946 年"四·三"会议的重大贡献，回顾了一年来自治运动取得的成绩，宣布了内蒙古自治政府即将成立的消息。1947 年 4 月 26 日，《内蒙自治报》以版面套红报道了内蒙古人民代表会议隆重开幕的盛况。10 天的代表会议，《内蒙自治报》均进行了详细报道。

1947 年 5 月 1 日内蒙古自治政府成立，标志着蒙古民族实现了统一与自治的愿望，获得了政治上的彻底解放。1947 年 5 月 2 日，《内蒙自治报》以《在 4 万人民热望中——内蒙古自治政府宣布成立——乌兰夫、哈丰阿当选正副主席》为标题报道了这一特大喜讯，记录了内蒙古革命史上这一重要的历史时刻。

1947 年 9 月 1 日经中共内蒙古工委决定，《内蒙自治报》由中国共产党工委直接领导，成为工委的机关报。当天《内蒙自治报》的头版刊发了《内蒙古共产党工作委员会关于内蒙自治报的决定》，决定说："内蒙自治报创刊以来，对于内蒙古民族自治事业与人民解放事业，曾努力做了很多工作。今后为了加强与发挥《内蒙自治报》的作用，使之为蒙古族人民的彻底解放做更多的工作，真正服务于革命事业，服务于人民，成为一个蒙古人民的报纸，决定内蒙自治报由内蒙古党委直接领导。"

---

① 《庆祝人民代表会议开幕》，《内蒙自治报》1947 年 4 月 23 日。

《内蒙古共产党工作委员会关于内蒙自治报的决定》强调，《内蒙自治报》"必须加强报纸与群众的联系，与一切革命工作、革命机关联系，并要求共产党员、青年团员、革命军人、各部门革命工作人员以及翻身群众积极的自动的为内蒙自治报组织写稿与组织读报。"《决定》要求党员、群众积极为报纸写稿，贯彻"全党办报"方针。

《决定》规定该报的主要任务有以下三点："一、发扬民族正气与革命传统，提高民族解放的自信与民族气节，号召蒙古人民坚决粉碎蒋美反动派的民族侵略与民族压迫，消灭蒋美进犯军，表扬民族英雄，揭露一切蒙汉奸、蒋特等民族败类的阴谋活动，加强蒙汉人民亲密团结，动员各族人民支援前线，争取自卫战争的胜利，报道内蒙古人民自卫军作战与人民支援前线的实况，声援蒋占区人民反对蒋美暴虐专制的斗争。号召内蒙古人民埋头苦干，实行民主自治，继续奋斗，争取自决，为实现新内蒙与新中国而奋斗。二、全力反映内蒙各地人民的斗争与呼声，以最大的热情鼓舞与支援群众翻身运动，鼓舞与支援革命青年与一切革命工作者参加到群众中去，坚决进行反封建压迫的斗争，热心鼓励生产运动、思想改造运动及翻身群众的自卫、挖匪、反奸、识字等积极活动，表扬人民的英雄与革命工作模范，总结并交流工作经验，推进各项工作，贯彻人民报纸为人民服务，为工农牧兵服务的基本精神。三、宣传党与政府的各种革命政策，批评一切革命工作中的缺点，发扬工作优点，号召群众为实现党与政府的各种革命政策而奋斗。"[1]

1947年9月1日的《内蒙自治报》第一次刊登了毛泽东的照片，同时还有朱德的木刻像。此后，还刻发了马克思、恩格斯以及彭德怀、陈毅、林彪、鲁迅、聂荣臻、贺龙、刘伯承的照片或木刻像。《内蒙自治报》内容包括社论、重要指示、地方新闻、国内外新闻、读者来信、文学副刊、常识、启事、广告等多方面内容。从1947年11月20日第207号《内蒙自治报》可以看出，《内蒙自治报》为8开4版，第一版内容以揭露蒙奸为主，第四版为本市新闻及副刊。

《内蒙自治报》报道内蒙古自治运动的进展和成就，还刊登了很多蒙汉人民齐心协力、共同为民族解放而努力的新闻。如1947年3月4日第二版的新闻《劳军物品发送前线 蒙汉联军誓以立功答礼》写道："旧历

---

[1] 转引自内蒙古日报社、内蒙古新闻研究所编《内蒙古新闻资料选编》第一集，第159—160页。

年前，在反蒋暴政的共同目标下，在哲盟患难与共、并肩作战中的蒙汉联军，收到后方人民在物质困难情况下寄去的大批慰劳品后，无不被感动于群众的热烈拥军劳军的情潮里。全体指战员，无一不兴高采烈，并赤诚地在人民面前，誓为排除横在革命道路上的一切障碍和困难，为迅速彻底解放在蒋家暴政压榨下的哲盟人民，将用更多范围的蒙汉团结共同合作去灭敌。""数次反蚕食斗争经验，告诉了他们，也告诉了我们，蒙汉团结就是我们对敌抗蒋无锋不挫的可靠堡垒。"新闻以蒙汉联军收到劳军物资为由头，表达了蒙汉团结共同对抗蒋军的宣传主题。

再如，1947 年 10 月 25 日刊登的新闻《蒙汉铁骑驰骋察绥边境　并肩作战迭获胜利》提供了蒙汉骑兵粉碎敌人"毁灭性扫荡"的事迹："驰骋纵横于察绥边境及内蒙地区之蒙汉人民铁骑兵，在过去三个月中，已粉碎蒋匪的'毁灭扫荡'，解放广大地区，使四万余蒙汉人民重见天日。"虽然新闻见报时效性已大打折扣，叙述也略欠清晰，但仍然具有重要的新闻价值。

该报起初日销数百份，后增至 3000 余份。1948 年 1 月 1 日改为《内蒙古日报》。[①]

图 7-5　《内蒙自治报》版面

（四）《内蒙古日报》

《内蒙古日报》的前身是《内蒙自治报》。1948 年 1 月 1 日，内蒙古

---

① 此说依据兴莫勒《内蒙古旧报刊考录》，第 111—112 页。

日报社在乌兰浩特创办《内蒙古日报》，铅印，对开 4 版。该报有蒙古文版、汉文版两版，蒙古文版最初是隔日刊。1949 年该报的蒙古文版停刊，改出《内蒙古周报》，后又复刊。1949 年 1 月内蒙古日报社随党政机关迁至张家口。

该报系中共内蒙古自治区党委机关报，该报的蒙古文版是我国由中国共产党领导创办的第一张省（区）级少数民族文字的党委机关报。该报对解放战争的支持与宣传，有效地打击了国民党军队的气焰，增强了人民的信心；对土地改革和农业生产的中心工作的报道，有效地指导了农民的生产工作，激发了农民的生产积极性，使得农民加入到抗战的队伍中来。《内蒙古日报》在战争进程和舆论导向方面都起到了重要的作用，推动了历史的转折。《内蒙古日报》出版至今，是内蒙古发行量最大、创刊历史最长、影响最大的报纸，是内蒙古自治区党委机关报。

解放战争时期是内蒙古近代报刊事业恢复与发展时期。《东蒙新报》《群众报》《内蒙自治报》《内蒙古日报》等报刊都是在乌兰浩特创办的，形成了以乌兰浩特为核心的多层次、多文种的党报系统。各报刊都发行了蒙汉文报刊，有利于民族政策与民族纲领深入群众，民族工作深入民心，推动民族解放运动的开展。各报刊的主要任务都是为政治宣传服务的，配合政治运动，一方面及时报道解放战争的进程，发布人民解放军的出色战绩，鼓舞了军民的士气；另一方面，揭露国民党的专制实质，打击蒋美反动派的野心，为中国共产党最后夺取全国政权营造良好的舆论环境。同时，各报刊也都十分重视对生产活动的报道，配合土地改革政策，关心人民的日常生活，稳定民心。解放战争时期，战争形势严峻，交通受阻，经费不足，纸张与油墨的匮乏等因素严重阻碍了报刊的发行，但是内蒙古近代报刊事业为团结各族人民、推翻国民党统治、中国共产党取得最终胜利做出了不可磨灭的贡献。

1948 年 9 月 1 日，《中国共产党内蒙古工作委员会关于加强内蒙古日报的决定》规定了《内蒙古日报》蒙汉文版及《人民知识》和《内蒙古画报》的读者群及报纸定位："在目前条件下，确定集中人力物力，首先办好内蒙古日报，因此各地已办或拟办的小型报纸，应停办或缓办。又为照顾各地不同读者对象，避免重复浪费，特明确规定内蒙古日报汉文版，暂以初级以上干部及具有初级文化水平读者为主要对象，《内蒙古日报》蒙文版及《人民知识》暂以初级干部及农牧民为主要读者对象。《内蒙古画报》则应增添通俗文字，使之成为蒙汉群众的通俗读物。"

据《内蒙古日报》1949 年 9 月 1 日第二版《本报八月来报纸检查初步总结》一文中提到的数字，1949 年 1 月至 8 月的 8 个月中，《内蒙古日报》共出 224 期（第 310 期至第 533 期），1167458 份，每期发行 5200 多份。《内蒙周报》（《内蒙古日报》的蒙古文报纸与《人民知识》合并的《内蒙周报》）共出 34 期，发行 88430 册，每期发行 2600 份左右。出版蒙古文书籍 45 册，发行 77714 册。

第二节　《内蒙古日报》的内容及形式

一　《内蒙古日报》的正刊

（一）《内蒙古日报》的评论

《内蒙古日报》十分重视新闻评论，善于运用新闻评论紧跟现实，及时对重大新闻事件发表见解，表明态度，把握正确的舆论导向。

社论是代表报社立场的言论。《内蒙古日报》的社论多为对重大新闻事件和问题表明的立场和观点，帮助读者认清事实。例如，1948 年 2 月 5 日第二版的新华社记者发表的《东北蒋匪迭遭打击　政治情绪普遍下降》评述了东北蒋匪的士气称："年来东北在我军连续沉重的打击下，在我俘虏政策的影响下，不但军事上早已陷入完全被动，即其内部政治情绪，也发生了新的显著变化。"我军经过与国民党反动派的艰苦奋战后，大大打击了敌方的气势，减弱了敌方的兵力，使其军队内部的成分发生了变化，"老兵急剧减少，未受训练心怀不满的新兵大量增加"，动摇了其军心，逃亡者和投降者大大增加。《内蒙古日报》的社论对解放战争时期的新闻事实和重要问题做出分析，帮助人民群众辨别是非，区别共产党的革命道路与国民党的反革命道路、和平民主与霸权主义等，为群众解答心中的疑惑，让人民认清当时的形势，起到了引导作用。1949 年 1 月 1 日第一版刊登了新华社社论《将革命进行到底》（一九四九年新年献词），明确了"中国人民将要在伟大的解放战争中获得最后胜利"，然后说明了战争的曲折和敌我力量的变化，揭露了蒋介石统治集团的虚伪，指明了国民党反动派与美帝国主义进行勾结，认为我方应扩大我方阵营，团结起各个阶级的力量，最后阐明了中国的革命道路是光明的。

短评与社论相比，篇幅更小，类型更加单一，但是却灵活得多，可以代表个人，也可以代表编辑部。《内蒙古日报》的短评很多采用新华社稿件。例如，1949年1月5日第一版刊登的《按照新的情况制定　今年的农业增产计划（新华社短评）》中，首先总结当时的经济状况"东北华北各大城市陆续解放，我们已经掌握相当多的近代化的工业生产力量"，提出了农业与工业相结合的发展要求："今后的农业生产，必须与这种工业生产相配合，增产工业所必须的各种原料。此外，农村还必须大量生产城市人民所必需的粮食和其他生活资料，并须增产各种重要出口物质，用以换回各种建设器材。"短评提出了农村和城市相结合的发展要求："十年来在紧张的战争中，重要城市和近代化的工厂，被敌人占领。因此我们的农业生产，便与城市人民和城市工业逐渐隔离。且因敌人分隔封锁，物资调剂困难，而形成了地方性的自足自给状态。"解放战争时期由于情况已经变化，必须改变地方性的自足自给状态，使乡村与城市相结合。1948年10月1日第二版的《注意卖国贼的新阴谋（新华社短评）》中提到国民党反动派同美国进行勾结，还和日本进行勾结，"在这个计划之下，张群访问日本的主要任务之一，就是与麦克阿瑟及日本走狗商量动员一批日本军队参加中国的内战。这个阴谋的发展，值得中国人民的严重注意"。并指出了国民党反动派的致命伤："中国人民的力量已经如此强大，国民党统治的必然灭亡已经如此明显，以至所谓中日韩反共同盟也好，美国对于国民党的巨大援助也好，都显得缺少郑重的现实的意义。"

（二）《内蒙古日报》的新闻

解放战争时期，战事频繁，时间紧迫，消息能够有效地帮助读者了解重大事件。《内蒙古日报》中消息数量较多，主要分为动态消息、综合消息和经验消息。

动态消息是最常见的消息类型，主要用于报道国内外的重大事件与新闻事实，用于反映新事物、新情况、新动态。它能最直接地向人们传递信息。《内蒙古日报》大量运用消息文体，报道解放战争进程，是报纸内容的重要部分。

消息能够在简短的文字中叙述新闻事实，没有议论，不拖泥带水，让读者看过以后能够清楚地了解战况。例如，1948年1月5日第二版的《东北我军发动强大冬季攻势　两周克昌图等七城　歼敌两万三千余人》《华中叶挺五祐地区　歼敌"进剿部队"七千》《胶东莱阳地区　我再歼

敌四千六百　敌增员八个旅全被击溃》《苏鲁豫皖解放军　收复商水周家口考城》等。经过 1947 年一年的艰苦奋战,我军改变了战争形势,大大削弱敌方兵力。这几则消息报道了我军的出色战绩,暗示出了发展前途,有助于增长我军气势,瓦解敌方军心。《内蒙古日报》重视新闻报道的系统性和连续性,用动态消息报道战争进程是一个连续的系统的过程,为读者解释了复杂的战况,让读者了解战争的变化与发展。

《内蒙古日报》中有很多简讯,内容简明扼要,用最简单的方式阐明事实,属于动态消息。例如,1948 年 1 月 5 日第一版的《支前消息》和《简讯》。

　　　　支前消息

　　(喜扎嘎尔旗讯) 索伦街妇女自己生产的猪肉四十斤、粉条三十一斤、肥皂十四块、牙粉五十五盒、牙刷三把、烟草两盒、烟叶十四斤慰劳由前线来的炮兵指战的同志,他们见了特别感激和感动的说:"你们这样关心我们,今后我们更要努力大量消灭敌人,早日完成任务来报答大家对我们热烈的期待。"(郑淑琴)

　　　　简讯

　　(纳盟讯) 工作队到成吉思汗街北边一个村子做群众工作,很快就起来了三十六个积极分子。工作队就把一切工作都交给他们三十六个人来办。可是这三十六个人中多半都是坏蛋流氓。在斗争地主恶霸时,相互争权夺利,惹起群众不满。工作队也认识到是走了少数人的路线,就把这三十六个人推翻,另行组织贫农小组。真正的雇贫农才敢起来。(阿拉谭)

《内蒙古日报》将目光也投向了国外,采用了很多新华社稿件报道国外动态。例如,1948 年 1 月 13 日第二版的《意共刘全大会　八国兄弟当代表列席》《坚持独立解放战争　缅共成立民主政权》和《反饥饿政策的工潮　席卷德境英占区　汉堡万余码头工人罢工》。再如,1948 年 3 月 2 日第二版的《哥特瓦尔德新阁组成　捷人民狂欢庆祝　世界民主舆论亦热情欢呼》《英国共产党　全代大会闭幕　通过重要决议多件》《捷新民族阵线　中央行委会成立　隆波托斯基任主席》等。

综合消息不是发生在一时一地的具体消息,而是在一个较长的时间和较大空间的能够反映全局性情况、动向、成就和问题的报道。与动态消息相比，综合消息报道容量大，声势大，能对读者产生较大影响。在内容上，除了报道事实，还要有鲜明的观点，透彻的分析，抓住事物的本质。

例如，1948年1月7日第一版的《本市群众运动进入第二阶段 业已酝酿成熟 即将开展斗争》总结了乌兰浩特市的群众运动进入第二阶段后的发展："（本报讯）综合报道：本市群运自十二月初，总结第一时期南区与爱国区的群运工作以后，即着手布置第二时期全面展开群运的工作。截至本月五日，第二时期工作各区酝酿时间长短不一致，但从了解情况宣传组织阶段说，都已发现与解决了一些问题。"接下来，将新生区、和平区、南区第二时期酝酿阶段的情况、群众运动的问题刊登出来。这条是横纵结合的综合消息，既提到了群众运动从第一时期迈向第二时期的发展，又涉及了乌兰察布市的多个区。例如，1948年2月5日第二版的《晋冀鲁豫人民武装 一年歼敌约四万 生擒敌新一旅长等》报道了晋冀鲁豫军区一年的战绩："（新华社晋冀鲁豫三日电）晋冀鲁豫军区司令部顷发表第十一号作战公报，公布全区（缺豫皖苏）一九四七年人民武装战绩。在去年一年的爱国自卫战争中，我各区民兵自卫队，在配合正规军作战与单独对敌战争中，获得了伟大战果。"然后从作战次数、歼敌数量和缴获武器数量三个方面展示了统计材料，给出了具体数字。该报道是横向综合消息，把一个地区的多个新闻事实综合起来，反映了全局性的状况。

再如，1948年1月1日《内蒙古日报》刊登的《本市各界欢度新年——迎接大反攻大翻身》，将全市各界庆祝新年的活动汇集一处加以报道。

（本报讯）乌兰浩特市为迎接一九四八年，争取人民翻身自卫战更大胜利，全市各机关团体学校部队翻身群众，皆进行了旧年总结，以愉快的心情，热烈参加新年各种活动。兹将全市准备庆祝元旦简要报道如下：

本市爱国区七八甲翻身群众，自动组织了秧歌队，他们将两月前斗争恶霸伪警刘汉卿，宝彦昌及其欺压群众的事实，用简练通俗小型的剧，准备在元旦日中广场表演。全市商民并拟高悬国旗，张榜结彩，市政府亦特在大马路中建筑了牌楼，上面以斗大的字写着：争取自卫战争与人民翻身的更大胜利。

部队方面，连日来组织了宣传队。第一师政治部的新年标语、传单、年度以及警卫二营的＊加强自卫队等秧歌节目。均富有意义。

各机关方面：贸易公司准备了"土地回家"秧歌剧。常委、文工团、军机厂、供给处以及新生区八甲妇女则准备联合公演《牛永贵负伤》《劳军》《农家乐》等节目。防疫本部有《我们的三查运动》的节目。民政部、卫生局、医学院、邮电管理局等六机关准备了一百二十余人的秧歌队。报社亦在紧张工作下组织了秧歌队。

学校方面，军大院校内热烈张灯结彩，展开新年壁报，歌咏等比赛外，尚有三个秧歌队共有三百余人，出演《除奸》《拥军》等剧。

（又讯）各机关秧歌队在元旦日表演地区：党委报社在新生区与和平区。军大在爱国区与和平区。贸易公司在铁西区域南区。警卫二营在爱国区与南区。另外，各机关规定元旦日上午举行团拜。午后各秧歌队在党委司令部表演。三号军大门前进行各秧歌队比赛。

（又讯）本报工厂工友，于日前选出工厂工作模范高善庆、孙鼎臣、孙寿松、李洪义、刘清池等工人，小组模范五人，学徒模范八人，报社当分别予以奖励，以资鼓励。

再如，1948 年 1 月 5 日《内蒙古日报》刊登的《翻身后生产运动中，二流子懒汉大转变》，将在生产运动中转变的真实的人、具体的事经采访后集中在一起，宣传效果非常震撼。

（本报集讯）在各地热热烈烈的大生产运动中，很多二流子懒汉转变，积极参加生产。巴旗腾克努腾克中从前靠偷东西过活。土改后经群众说服教育，生产很起劲，种了四亩五分地，夏锄后坎木放排挣了四百多万元，现又榨出苏油一百八十斤，除自家用外能剩余一百斤，全家生活毫不忧愁。他说："我才知劳动真光荣，真能改造人"。××××不做活，翻身后去年除了分得的一垧七分地外，还开了新荒二垧三分，共打了七石一斗粮，在粮食评地时，他汇报连量、地级，积极发言揭露隐瞒产量的落后分子，起了带头作用。莫旗博努哈力××××，过去好吃好喝，土改后经宣传教育，生产很起劲，去年打了十六石多粮，并开了豆腐坊每天能磨豆腐三百块，送公粮帮助学校都很满意。四前旗四努四品×噶杳后屯十一小组长吕尚文小满时一地也不动，一人过活，土改后他自养耕以来忙于生计，挂锄后一天不歇，打了洋草六十多捆，去年共打了十八石粮，送公粮比谁交的都好。现在捡的粪已够上二垧多地了，还买了一匹马，准备今年大生产。斯力×加拉噶努图克复兴嘎查屯二流子鄂×多，转变很快，种了三垧地，仅二垧地苞米打了八石多，送完公粮又积极生产，××××熬了九百多斤面，每人能够分得四百五十斤，换苞米九石，除了交的公粮外一家三口能够新棉衣。今年一年吃穿不愁，他说："共产党是我的救命恩人，我算真翻身啦！"

经验消息是指对某一部门或某一单位的典型经验或成功做法进行的集中报道。《内蒙古日报》的经验消息报道了很多工作的成功做法。该报对征粮工作、群众运动工作等给予了高度关注，刊登了《西中旗征粮工作队　工作经验》（1948 年 1 月 6 日第一版）、《西后旗群工经验（布特格其同志在兴安盟群工会议上的报告择录）》（1948 年 1 月 6 日第一版）等。1948 年 1 月 13 日第一版的《关于积极分子问题》对积极分子的发现、培养和教育以及领导三方面展开了讨论，为群众运动的开展提供借鉴。以 1949 年 1 月 22 日第二版的《莫旗建党试点经验》为例，报道写道："为争取在今春完成整党建党工作，莫旗旗委会先后在万发屯、万宝山两公里进行试点，在旗委及盟委亲自领导下，各点均经过十余天酝酿、准备、公开整党建党重选支部等阶段，经大家讨论，认为有以下几点经验……" 这篇稿件以相当长的篇幅将莫旗建党试点经验及不足总结得细致、深入，对其他地区的建党工作具有参考价值，通过解剖麻雀的做法，对全区各地的建党工作进行指导。1948 年 1 月 7 日第二版的《晋冀鲁豫土地会议闭幕》、1948 年 1 月 13 日第一版的《郭前旗吉拉图区各村屯纷纷举行贫雇大会》和《召开雇贫农大会　彻底平分土地》等稿件分享了各地区召开土地会议后总结出的工作经验；1948 年 3 月 2 日第二版的《满足贫雇农要求，团结中农（主题）绥德黄家川土改新经验（副题）》，分享了绥德黄家川村"以产量为标准，以抽补为原则"的新经验，满足了贫雇农的土地要求，又团结了中农的经验。

通讯文体是一种比消息详尽生动的新闻文体，时效性不及消息，更强调报道的完整性，反映细节与本质。在内容上，通讯要报道有影响的典型的人和事。在表达上，语言更具有表现力，会用到第一、二、三人称叙事。解放战争时期，不管是战争进程、土改情况还是政策贯彻，都需要通讯对人和事进行系统的反映和总结，带给读者全局性的思考。《内蒙古日报》中的人物通讯数量较少，新闻很少以人物为写作对象，总结实际工作中经验和教训的工作通讯数量较多。工作通讯具有较强的指导性，比经验消息更加详细和完善。

例如，1949 年 9 月 1 日第二版刊登了《本报八个月来　通讯工作情况概述》，并附上了"本报八个月来稿统计表"，对八个月的通讯工作情况进行了总结。其中，在党报的通讯稿件中表现出来的缺点有"地区偏狭""现象多问题少""稿件零碎缺少重点与典型报道""表扬多批评少"等，另外，报社本身的通讯联络工作的缺点是通讯员组织还不健全，没有做到提高通讯员的报道水平，与通讯员的书信来往不够普遍，还有对通讯员的来稿未能进行保护，有些稿件未能全部退回。

例如，1949 年 1 月 16 日第一版的《兴安盟工委干部会议讨论问题之二　试办合作社问题》总结了"过去合作社的一般情况""改造合作社问题""应不应该赚钱""领导管理问题"。再如，1949 年 1 月 22 日第一版的《海市妇女工作情况》，先概括开展妇女工作的具体情况"海拉尔市妇女工作是从发动纺毛线完成军需任务开始的。从去年五月开始，为了使更多妇女参加纺毛线生产，由工作队女同志与工厂抽出劳动好、思想进步的女工，共十余人，组成妇女工作队，进行动员，发动贫苦妇女，进行宣传教育，教育内容主要是妇女只有参加劳动生产在经济上方能翻身"。提到了妇女轻视生产、家庭阻挠等困难，然后介绍了妇女的生产情况，并总结了对妇女的三点要求："普遍要求找其他的生产办法""要求解决婚姻及家庭压迫、虐待，保障人权""要求学习，提高文化政治水平"。还有同一版面上的《莫旗建党试点经验》，先概括开展建党工作的具体情况，"为争取在今春完成公开整党建党工作，莫旗旗委先后在万发屯、万宝山两爱里进行试点，在旗委及盟委亲自领导下，各点均经过了十余天酝酿、盘查、公开整党建党重选支部等阶段"，然后在"公开建党的条件与地点问题""公开讲的准备工作""公开整党与建党"几方面总结了经验。

再如，1948 年 1 月 1 日第三版的《自卫战争的一年》概括了 1947 年自卫战争的过程，每个月份都有记载，具体到了重点日期的歼灭人数和收复地点。例如，同一期第五版的《内蒙一年》就是从政治、军事、财政经济、群众运动以及干部培养与文化教育五个方面对 1947 年内蒙古的各方面工作进行了总结，勾勒出内蒙古自治区的面貌变化。

二 《内蒙古日报》的副刊

报纸中的副刊是区别于新闻、评论和广告的报纸版面，同样满足读者的阅读兴趣。《内蒙古日报》的副刊在解放战争和土地改革的大背景下，积极配合中国共产党的政治宣传工作，与解放战争的进程紧密相连，为中国共产党夺取全国政权提供了助力。《内蒙古日报》副刊在促进近代社会由专制社会向民主社会转型、深化经济政策、加强思想文化建设方面都扮演了重要角色。解放战争时期《内蒙古日报》的副刊发行较为频繁，曾发行过副刊《草原》《农牧民》和《新闻工作》。

《内蒙古日报》的副刊《草原》表彰和纪念了模范人物与战士，为军民树立典范，引导军民加入到战争中来，扩大了战争队伍，推动了解放战争的进程。例如，1948 年 1 月 7 日第二版第三期副刊《草原》刊登了记录好人好事的《王老太太》，赞美了人民群众的美好品德："在十月二十四日那天，我部队驻在陈家窝堡，乌力吉同志求这位王老太太补皮鞋，王老太太就爽快的拿去给补好了。补完后，王老太太悄悄的卖了两千元的猪肉，就给包饺子……"

副刊《农牧民》主要刊登与农业相关的内容，深化土地改革政策是其宣传重点。由于基层农民的文化水平不高，副刊《农牧民》中关于农业和土地改革政策的内容具备通俗化的特点，遣词造句简单易懂，还配有插图便于农民群体理解报纸内容。副刊也受经济因素的制约。土改的宣传也成为了解放区报业的一个重点，《内蒙古日报》的副刊对于土改的报道，批判了封建地主阶级的顽固性；对于农业的报道，普及了农业知识，加大对粮食问题的关注，激发农民的生产积极性。副刊《农牧民》在形式上轻松活泼，刊登不同文体的稿件，并辅助以装饰性元素以增加稿件趣味性。文体上除了随笔，还有诗歌。例如，1949 年 1 月 7 日第二版第六十七期副刊《农牧民》刊登有于长荣的诗歌《农人四季》，内容上具有极强的概括性和抒情性，表达了作者内心强烈的情感，是内容和情感的双重浓缩。《农牧民》重视有关农业进程的报道，对具有较强积极性的农民进行了表彰。例如，1949 年 1 月 5 日第二版第六十七期副刊《农牧民》的《兴家立业扎下富根 买牛买马日子更稳》写道："西后旗 x 努联合嘎查前后联合屯老乡们，全年干活都挺积极，庄稼又好，粮食打的也多，除交公粮还够今年吃穿生产。"例如，1949 年 1 月 7 日第二版第六十九期副刊《农牧民》刊登出了模范屯老乡的干活计划，使其具有模范带头作用的农民的积极性感染到其他农民。

副刊《新闻工作》不断普及新闻知识，传授报道方法，强调新闻工作的重要性，鼓励人们加入到新闻写作的队伍中来，激起"全民写作"的热潮。《内蒙古日报》非常重视群众办报原则，要求各地通讯员为《内蒙古日报》写稿，将为《内蒙古日报》供稿作为盟市旗县的重要工作。副刊《新闻工作》重视对新闻工作的引导，提出指导性意见。例如，1948 年 10 月 1 日第二版第十七期《新闻工作》的《要重视通讯工作》中写道："我们的报纸是党报，是人民的报纸，宣传党的政策，教育与鼓动人民。……通讯工作好坏的关键是：决定于领导干部是否重视这一问题，只要是上级领导方面重视通讯工作，抓紧领导，贯彻党报的精神，通讯员是可以打通思想，消除对通讯员工作的模糊观念，所以我恳切要求领导干部应当亲自动手带头写稿，推动别人，应检查各地通讯员写稿情况，好的表扬，坏的批评，要争取时间开会，进行检讨与总结工作，互相交流经验，学习搜集材料与写作方法，以便提高加强通讯工作。"还连续刊登"采通讲话"专栏，传递新闻写作的知识，如 1948 年 11 月 16 日第二版第二十期的"采通讲话之三"《我找材料　不是材料找我》、第二十一期的"采通讲话之四"《学习政策才能写好稿子》等。《新闻工作》重视对稿件中缺陷的批评与指正和对优秀稿件的表扬与奖励，如 1948 年 1 月 15 日第二版第一期的《纠正来稿中缺陷》、1948 年 10 月 1 日第二版第十七期的《集中火力抓住中心　克服秋收报道缺陷》、1948 年 11 月 16 日第二版第二十期的《奖励通讯员》。副刊《新闻工作》每个月还进行各地稿件统计，将各地方的来稿、登稿、退稿与待用情况用表格呈现出来，其中鲜明的数字更好地向人们展现了各地写稿的能力与积极性的差异。

三　《内蒙古日报》的广告

《内蒙古日报》1949 年 1 月 1 日第四版上刊登了《刊登广告条例》，明确指出了刊登广告的要求："一、每行（二十一字），每天三千元。二、字数不够一行者亦按一行计算。三、标题花边按实占行数收费。四、连登五次者九折，十次以上者八折。五、刊登顺序日期由本科决定。六、广告应领先读者，否则概不刊登。"

《内蒙古日报》广告数量不多，一般位于第一版的报头，位于报名的左右两边，或者位于第二版或第四版的底部。采用加边框和加线，放大广告标题和更改广告标题字号的方式对广告的内容加以突出，以达到更好的宣传效果。由于解放区的经济形式以农业为主，交换较少，商品经济没有发展土壤，因此《内蒙古日报》的广告较少且以文化类广告为主，主要内容为新书和报纸出版方面的宣传。例如，1948 年 9 月 1 日第二版刊登光华书店发售《鲁迅全集》的广告，标价明确清晰。采用预约和非预约两种购买形式的售价不同，采用预约方式比非预约方式的售价更低；对不同的受众售价不同，对各地同仁和机关团体比一般的消费者的售价更低；对邮运包装的价格也作出规定。在同一版相近的位置，内蒙书店也刊登了新到的书籍目录，并为纪念"九一"创业周年提出了"优待读者"的促销手段，在当日购买的书籍一律八折。

除报刊和书籍外，《内蒙古日报》刊登的文化广告还有电影放映广告。乌兰浩特电影院会在报纸上刊登电影的放映启事，播放的电影多为从苏联引进的战争题材的电影。例如，1948 年 9 月 15 日第一版报头刊登苏联最新巨片《两个战士》的放映启事。

《内蒙古日报》刊登的社会广告以员工招聘和物品交换为目的，不以营利为主。例如 1948 年 9 月 29 日第二版刊登了内蒙古人民银行的"银行招收练习生"的招聘启事，逐条罗列出招聘宗旨、报考资格、考试科目、报名方式、待遇等。1949 年 1 月 14 日第一版刊登了内蒙古日报社资料室的"本社征求画报启事"，收集有关内蒙古地区的参考资料。社会广告为人们的日常生活带来了便利。

广告在一定程度上反映了当时的经济状况和社会风貌。总体来说，《内蒙古日报》的广告形式较为单一，只运用了纯文字的方式刊登广告，并没有刊登商品的图片，但应用到了一些花边和边框来突出广告内容，还通过调整文字的字体、字号来突出重点内容。广告的内容也较为简单，从内容上多为书籍和报刊的广告、电影放映公告和员工招聘启事。

《内蒙古日报》刊登的书籍和报刊广告，促进了报纸和图书的销售，鼓励人民读书，提升人民的文化思想水平，丰富人民的精神生活。解放战争时期，战争频繁，社会动荡不安，《内蒙古日报》广告的文化传播功能尤为重要，起到了稳定民心、稳定社会秩序的作用。

　　党政报刊都是宣传党的路线、方针和政策的工具，作为党政的喉舌，其主要目的是为政治服务。两党报刊的广告也都承担起政治宣传责任，发布政府通知和布告等内容，成为党政机关和人民群众沟通的桥梁。比较而言，共产党报刊广告的政治色彩更加浓厚，而国民党报刊广告主体为商业广告，更注重商业化。

　　与国民党报刊相比，共产党报刊的广告数量较少，并不是每一期报纸都刊登了广告。刊登的广告一般不占用报纸的重要位置，或在报头或在报尾，而且占用的面积较小。相比而言，国民党报刊的广告数量较多，几乎每一期都刊登了广告，广告面积较大，有的广告占用了报纸头版，报纸中缝也都有广告刊登，甚至会出现一个整版都来刊登广告的现象。其中许多广告会连续刊登。共产党报刊的广告并不过分注重广告的经济效益，更加注重社会效益。

第三节　《内蒙古日报》的政治军事宣传

　　抗日战争胜利后，中国仍然存在两种命运，两个前途。一个是独立、民主的新中国；另一个是半殖民地半封建的旧中国。蒋介石统治集团妄图窃取抗日战争的胜利果实，并且与美帝国主义进行勾结，要对中国进行独裁统治。蒋介石统治集团代表的就是一条反革命的道路。中国共产党则要带领全国人民走民主的道路，维护人民群众的利益，建立独立的民主的新中国。中国共产党代表的则是一条革命的道路。解放战争时期，革命力量与反革命力量进行最后的较量，革命力量最终走向了胜利。

　　1947 年 7 月，解放战争的形势发生了巨大变化，我军由战略防御转入战略反攻阶段。这一时期，《内蒙古日报》按照中共中央的阶段性宣传部署，配合战争进程，报道了内蒙古地区的战况及全国战局，对于鼓舞士气、服务政治起到了积极作用。

　　《内蒙古日报》关于战况的报道主要采用新华社的稿件，报道数量较多，涉及国内和国际的重大事件。在国内方面，主要内容是报道我方军队胜利的消息，将敌我在军事和政治两方面进行对比。其目的是激励人民英勇抗战，进行正确舆论宣传以增强我军抗战的信心，动摇敌方的军心，团结起一切爱国力量，使解放战争能够更快地走向胜利。在国际方面，主要内容是介绍其他国家的民主进程，为我国走上和平民主的道路创造了有利条件。

一 关于国内战局的报道

《内蒙古日报》报道了我军战争进程中的胜利消息，报道内容十分详细，具有真实性和权威性，战事报道一般明确交代部队、时间、地点、歼敌数量、收复城市等信息，具有极强的说服力；对比了我方的有利形势和敌方的不利形势，有利于增强我方的自信心，削弱敌方的士气。表 7-1 为 1948 年 1 月的政治军事宣传报道统计表（以 1948 年 1 月合订本要目为依据）。

表 7-1　　　1948 年 1 月《内蒙古日报》政治军事宣传报道统计表

时间	标题
1 日	自卫战争的一年
	歼敌一师攻占彰武
	民主世界新面貌
5 日	东北人民解放军一年歼敌 28 万　收复城市 58 座
	东北解放军发言人评一周战绩：蒋匪颓势无法挽救，最后必将全部被歼
	东北解放军发动冬季攻势：两周克昌图等七城，歼敌 2 万 3 千余人
	一周战况
	胶东莱阳地区：我再歼敌 4 千 6 百
	华中叶挺、武佑地区歼敌"进匪部队" 7 千
	苏鲁豫皖解放军收复商水周家口考城
	意民主阵线成立
6 日	粤省人民武装增至 7 万
	卓盟纵队某部歼灭耀武扬匪股，毙俘匪 120 余名
9 日	东北解放军续克北票 x 山台安
	华中形势剧变
	一周战况
10 日	公主屯我军歼敌两个敌帅
	希腊民主军发动强大攻势
	西北解放军 9 个月歼敌 6 万余
11 日	我自卫军某部开展陶高运动
	刘邓两将军号召树立艰苦朴素作风
	一年来美国侵华活动

续表

时间	标题
13 日	内蒙古人民自卫军改称内蒙古人民解放军
	意共六全大会八个兄弟党代表列席
14 日	公主屯之役我军歼敌超 2 万
	苏鲁豫皖公布 12 月综合战果
16 日	豫陕鄂解放军四个月歼敌超 5 万
17 日	察北蒙汉战骑解放土地 6 万平方里
	威海卫市区五分之三被我收复
18 日	陕甘宁地武 9 个月歼敌近 4 千
	冀鲁豫 16 万人获准参军
20 日	华东人民解放军 1 年歼敌 2 千万余
	一年来华东战局的演变
21 日	我黄河部迭获胜利
22 日	内蒙人民解放军南征半载歼敌 5 千
	西后旗额尔格图努图克第三次向封建开火
	晋察冀开始大破华战
	农整军队肃清军阀主义与宗派主义
25 日	山东、陕甘宁人民积极支前建伟功
27 日	华东之线兵团 4 个月来歼敌 6 万
29 日	东北解放军新立屯歼敌一师
30 日	意共号召人民警惕反动阴谋
	一周战况
31 日	西后旗额尔格图努图爱里查完阶级猛攻封建
	新立屯之役歼敌 7 千万余

从表 7-1 可见，1948 年 1 月中出现的《东北人民解放军一年歼敌 28 万　收复城市 58 座》《西北解放军 9 个月歼敌 6 万余》《公主屯之役我军歼敌超 2 万》《豫陕鄂解放军四个月歼敌超 5 万》《新立屯之役歼敌 7 千万余》等，从标题中就能获得解放战争进程的具体信息。以 1948 年 1 月 6 日第一版的《冀鲁豫地方兵团汶河北岸歼敌千二　鄂豫皖攻克潜山》为例，可以看出《内蒙古日报》关于我方的报道的具体特点。

(新华社晋冀鲁豫一日电) 迟到消息, 我出击运河东岸之冀鲁豫地方兵团, 上月十三日攻克东平县 x 后, 即进入汶河北岸扫荡蒋匪, 十九日在白家屯郑庄一带, 将敌 x 十三师十五旅包围, 展开激战, 济南匪首王耀武急派一一二旅在两架飞机掩护下, 从济南出发, 当被我军击溃。此一战役于 x 日胜利结束, 计 x 伤敌二三四团团长马振 x 等以下一○七五名, 生俘营长陈玉先以下二○七名, 缴获轻重机枪二十七挺、步马枪二百余只。蒋记县政府, 打死打伤敌百余人, 活捉伪县长以下二百五十余人, 缴获迫击炮一门, 机枪七十挺、步枪五十余支。又解放军于上月十八日, 在商城西南之洪店, 击溃出犯之蒋匪十一师。

这条报道记录了冀鲁豫地方兵团的战绩, 报道内容详细, 指出了具体的数字、日期、地点、部队、人物等信息, 并且报道的遣词造句都简单易懂, 保留了重要的信息, 省略了次要的信息, 便于读者阅读。

《内蒙古日报》也重视总结战争进程, 将一段时间内的战况呈现在人们眼前。例如, 1948 年 1 月 1 日创刊号的第二版上刊登了《自卫战争的一年》, 为读者总结了 1947 年一整年的战况。首先为我们总结了从 1946 年 7 月战争开始到 1947 年的几个重要阶段:

爱国自卫战争自一九四六年七月全面开展以来, 敌我力量之消长, 可分为四个阶段: 一九四六年七月至十月, 为敌军全面攻势高潮; 十一月至一九四七年二月, 敌军攻势受挫, 若干战线开始转入被动, 其攻势力量则较前减少; 三月至六月, 敌军攻势仅限于鲁中、陕北两线, 我军在晋南、东北、热河、冀东、津浦北段, 平汉北段各线, 先后举行反攻; 八月以来, 我军全国性的大反攻开始, 东起苏北, 西止陕甘宁的南线形势, x 北线同样转入日益强大的反攻, 中国军 x 政治形势, 从此进到一个新的阶段。

可见, 在解放战争的第一年, 我军歼灭了大量敌军, 开始转被动为主动, 从战略防御阶段进入了战略反攻阶段。然后该文章为我们呈现了每个月的战绩。以二月为例:"三日解放区综合战报, 一月二十六日至二月一日收复八座县城, 歼蒋军二万七千余人。九日延安总部公布, 七个月自卫战争中歼蒋军五十六个旅……"该文章占了一个整版，具体到了每个重要日子的歼敌数量和收复县城的数量，既歌颂了人民英雄的英勇奋战，又把我军的累累战果载入史册，成为重要的历史资料。《内蒙古日报》对一周的战争近况做出了总结。例如，在 1948 年 1 月 5 日第二版的《一周战况》中概括了 1947 年 12 月 25 日至 31 日一周的战争形势，从东北、南线和内线三个方面来总结，其中这样介绍东北的战争形势："蒋氏朝夕惶恐之东北解放军冬季攻势，已于本月十五日在零下三十度之奇寒展开，两周（十五日至二十八日）中，连克昌图、开原、北镇、玉田、海城、辽中、彰武等七城，歼敌二万三十余人，现攻势正猛烈开展中。与此同时，活动于长城内外之地方游击兵团，则继续作破击战，先后攻占北戴河及玉田，斩断了蒋匪关内外兵连线。潘阳蒋匪已慌做一团。"我军冬季攻势取得了巨大胜利。《内蒙古日报》关于我方的报道详细地介绍了解放战争的进程，一方面引导读者正确认识我方的实力，提升军民信心，另一方面引导读者认识中国共产党的领导。

　　《内蒙古日报》刊登了许多号召性的稿件，报道了我方军民的参战热情，表彰了积极抗战的军民和地区，以鼓励更多的人加入到抗战的队伍中来，团结起一切可以团结的力量，推动了解放战争更快地走向成功。以 1949 年 1 月 7 日第二版的《我自卫军八一部　嘉奖大虎山战斗功臣　各连战士宣誓向某部四连看齐》为例，这篇报道记述了内蒙古人民自卫军八一部于十一月十七日在东科后旗举行嘉奖在大虎山战斗中曾立大功某部四连大会的情形，赞美了在战争中表现出色的战士，并号召其他战士们向他们学习。报道中直接引用了大量的人物语言，有战士自己参战的感受："城内敌人约近两万，我方仅一百余人。担当一面攻击任务，坚持了八小时战斗，打垮敌人数次反冲锋。"有政委的态度："都政委号召'立功要功上加功，未立功的要订出计划，争取将来的立功。'胡政委讲话时说：'毛主席号召希望每个人都要成为一个功臣。'"有其他战友的决心："战士们不断地高呼：'达到你们的期望'，'甘心为你们牺牲'等口号，各连战士纷纷表示自己的决心。五连指战员奋起一同发誓：'学习第四连！建立英勇善战的新五连。'其余各连亦纷纷发誓向四连看齐。会经四小时结束。"选取的语言具有代表性，能够多角度地表现出军民渴望解放战争胜利的决心。

　　在 1948 年 1 月 13 日第二版的副刊《草原》中刊登了《纪念陶高同

志》（作者其鲁哥伦），先是介绍了陶高同志的基本情况："陶高同志是兴安盟西科后旗好坦扎拉嘎爱里人，家境贫苦，从十一岁就开始给人家放猪放牛，穿不上棉衣，吃不着热饭。十六岁给地主捞青，他家那时候什么也没有。"然后表扬了陶高同志群众观点强、为人亲切和学习积极三个优点。然后为读者再现他受伤时的情景："只看见医生跑到陶高同志那里去，两三个人围着负伤倒在地上的陶高同志。陶高同志的鲜血染红了军服，医生过来给止血的时候，陶高同志说：'你给我一卷绷带，我自己止血，你先给敖排长止血吧！'陶高同志看着自己的鲜血瞪着眼，不愿离开阵地，要求继续杀敌。他说：'看着自己的血，自己的血仇我自己来报！'"

最后，在陶高同志牺牲后，全师掀起了学习陶高运动，其他人也要向英勇的陶高同志学习，"陶高同志没有死，我们要学习陶高同志的作战"，"我们要学习陶高式的喂马，陶高式的吃饭，陶高式的帮助老乡……"该文章还配有乌兰夫（云泽）主席的题词，号召革命同志向他们学习。党报作为党和人民的喉舌，起着极其重要的宣传功能，党报应该对群众起着启发性和号召性的作用。该报道并没有直接呼吁人民群众参军或是战士应积极抗战，而是把人民英雄的真实形象和优秀事迹展现出来，一方面赞美出色战士的思想品德和行事作风，为其他人做出表率；另一方面鼓励其他人也能加入到立功的队伍中来。这样不容易使受众产生逆反心理，反而能更好地抓住读者的心理，以达到更好的宣传鼓动效果，从而增强我军的武装力量，推动解放战争更快地走向胜利。

二 关于敌方的报道

抗日战争时期，中国人民在中国共产党的领导下，经过了八年的艰苦抗战，取得了最终的胜利。日本帝国主义宣布投降，全国人民沉浸在胜利的喜悦中。但是，国民党反动派窃取了胜利的果实，与美帝国主义进行勾结，发动内战，使中国沦为半殖民地半封建社会，蒋介石集团妄图在中国进行独裁统治，这违背了全国人民的渴望和平民主的意愿。《内蒙古日报》揭露了国民党反动派的虚伪面纱，对国民党的恶行进行揭发，以更好地巩固我军的胜利果实，为我方作战营造有力的舆论环境。

在1948年1月5日第一版刊登了《东北解放军评一年战绩 蒋匪颓势无法挽救 最后必将全部被歼》，经过我军1947年一年的英勇奋战，歼灭了大量敌军，粉碎了蒋军的疯狂进攻，在战场上取得了主动权，该报道对比了敌我的力量，预告了国民党的统治走向失败的结局。以 1948 年 1 月 7 日第二版的《蒋匪帮作垂死挣扎　北平等地阴谋实行抢劫与暗杀　南京上海正进行大规模的逮捕》为例，可以看出《内蒙古日报》关于敌方的报道的具体特点。

蒋匪帮作垂死挣扎

北平等地阴谋实行抢劫与暗杀　南京上海正进行大规模的逮捕

（新华社陕北五日电）据确悉：若干大城市中的国民党特务机关正在阴谋计划在守城的国民党军失败时冒充共产党进行抢劫与暗杀。北平警察局某督查长已组织了几百个军统局特务分子，准备在北平国民党军失败而解放军尚未进城时冒充共产党发动抢掠。上海国民党特务机关准备假冒共产党之名破坏英美工厂，暗杀若干英美侨民，以便引起一般外侨和一般外国人民对于中国人民解放战争的恶意，并给予外国帝国主义分子以实行武装干涉的借口。

（新华社陕北五日电）国民党反动集团在南京及其他城市正实行大规模的逮捕。据悉，南京的逮捕开始于去年十二月下旬数日之内，在南京及其近郊村镇被逮捕者即达二千多人，包括工人、农民、小贩及若干小学教员与知识分子。上月二十日南京中央日报发表战犯陶希 x 所写的社论，说南京"共产党嫌疑分子"有两万以上，主张仿效阎匪锡山的所谓太 x 防谋法，对南京人民进行血腥镇压。这篇社论就是这次暴行信号。太原在上月一周之内遭阎匪逮捕者达八千多人，其中三千多人被枪击。自去年十一月底起，天津和北平人民被傅匪作义捕去者五千余人，至今下落不明。上海国民党特务机关在去年十二月十六日一天内逮捕了各机关职员及其他市民二百余人。

该报道详细地记述了蒋介石集团在大城市中肆意妄为、烧杀抢掠的恶劣行迹，其中写出了具体的时间、地点、人物和被迫害的人数。国民党的独裁统治是违背人民意愿的，无法得到人民群众的支持，失去了民心。《内蒙古日报》揭露国民党恶行，使得人民能够认清蒋介石政府的腐败与黑暗，在心中树立起和平民主的观念，投入到和平民主的建设中去。军事战争的胜利离不开舆论战争，我军对于敌方的舆论宣传取得了巨大的成功。舆论所实现的社会功能是以公开表达的集合式的公众意见直接或间接地干预社会生活。正确的舆论导向是来自民意的，正因为国民党的腐败统治违背了人民的意愿，才能使得我方占有舆论上的优势，揭露敌方的罪行，坚持和平民主的价值取向，推动新民主主义战争的胜利。

三 关于其他国家的报道

日本帝国主义投降，世界反法西斯战争取得成功，国际帝国主义力量被大大削弱，全世界人民渴望走上和平民主的光明道路，世界和平民主力量蓬勃发展。苏联为第二次世界大战做出了巨大贡献，挫败了德国法西斯的猛烈攻势，建立起了民主政权，成为社会主义国家。欧洲出现了八个新民主主义国家，包括波兰、芬兰、匈牙利、捷克斯洛伐克、南斯拉夫、保加利亚、阿尔巴尼亚、罗马尼亚。在亚洲，中国、朝鲜、越南、印度尼西亚也成为新民主主义国家。再加上早就成立的蒙古国，在世界范围内形成了一股和平民主的力量。同时，帝国主义中的民主力量日益壮大，民族解放运动也成为历史的潮流。

《内蒙古日报》在密切关注敌方和我方的战争进程的同时，也具备国际视野，将眼光投向了国外，为读者展现了外国民主世界的面貌。

《内蒙古日报》的专栏"国际一周"，为读者总结一周的国际要闻。以1949年8月3日第二版的"国际一周"为例，"美国帝国主义正在进一步进行新战争冒险的准备工作。继美国参院批准侵略性的北大西洋公约以后，美国总统杜鲁门于二十五日咨文美国国会，提出了作为这一侵略公约补充的'军事援外计划'。"指出，这个计划是罪恶的计划，实质是为北大西洋公约的国家提供武器装备和人员训练的费用，已经被美国和世界的舆论所阻拦。还提到了美国另一个侵略性计划组织——太平洋联盟，并做出点评"对于美帝国主义和中、菲、韩、日反动派想依靠这样一个脆弱的'联盟'来挽救反动派在中国和东方的统治的企图，有一点常识的人都会笑他简直是在做梦。"另外，提到了"日本吉田反动政府在麦克阿瑟直接指导下，愈加疯狂地发动了对日本劳工与民主势力的进攻"，指出"中国人民一定要联合远东各国人民反对这××反波茨顿公告的倒行逆施"。可见，虽然和平民主是世界的潮流，但是仍存在殖民主义等不安全的因素，这篇通讯为了让读者了解"杜鲁门主义"实则是对别国内政的干涉，美国进行对外扩张的途径。

　　1948年1月1日创刊号的第四版上刊登了《民主世界的新面貌》，文章占了一整个版面，从社会主义国家、新民主主义国家和帝国主义阵营中的民主力量三个方面介绍了不同国家的基本情况（国土面积、人口数量）、民主进程和经济政治发展状况，并且还介绍了四个民主国际组织。以苏联为例，首先介绍的是基本情况和民主进程"苏联是世界上唯一的社会主义国家，和平民主的堡垒。全国共有人口两万多，占全世界人口百分之九，共有面积二千二百万平方公里，占全世界面积百分之十七。联共党拥有党员六百万，为世界各国共产党党员数目之最多者"。然后提到了苏联战后经济的发展"战后苏联建设突飞猛进，工业截至一九四七年底，将超过战前水平百分之十八点六，农业机械化占世界首位。在新五年计划下，三十二万五千架新拖拉机、十二万四千架割打两用机，将被送到田里去，最近更×大量施用人造雨灌溉土地。工业和农业的电气化，至一九五〇年，可增至八百二十万×。"最后将苏联与美国进行了对比"苏联地下资源最×，开采量还不到十分之一。这若与美国再过十年就要开采枯竭的情形相比，那简直是不可同日而语了。以人口增加的速度来说，美国也难以比拟。现在苏联每年要增加人口一千万，而美国则还不到三百万。一九六〇年后，苏联将有人口三万万五千万以上，而美国尚不足一万万五千万。"苏联在工人阶级的领导下，经过艰苦斗争推翻了本国的反动统治，建立起人民政权。波兰、芬兰、匈牙利、保加利亚、阿尔巴尼亚、罗马尼亚等国也先后建立起人民政权，该报道对这些国家也进行了介绍。这些国家"不断排除了国内外反动派的阻挠与破坏，逐步实现了国家机关和军队的民主化，肃清法西斯分子，承办战犯，进行了土地改革、币制改革、稳定物价等，并有效地组织起战后更大规模的生产"。[①]抗日战争结束后国内外的民主力量都迅速壮大，全世界人民都渴望和平与民主，但是美蒋勾结，妄图在中国发动内战，进行独裁统治，这与世界的走向相反。《内蒙古日报》刊登关于其他国家的报道，扩大了读者的视野，使读者了解到全世界都走在和平民主的道路上，从而更坚定中国的和平民主道路，加快了中国的民主进程，为我国解放战争的胜利创造了有利条件。

---

　　① 张平、杨骏、吕英、乔希章编著：《解放战争史话》，中国青年出版社1987年版，第9页。

第四节 《内蒙古日报》的土地改革宣传

解放战争时期的土地改革由 1945 年到 1949 年，持续了四年的时间。中国共产党通过土地改革调动起了广大农民的积极性，团结起各阶层的力量。为了满足农民更强烈的土地需求，中国共产党开始实行"耕者有其田的政策"。1947 年 10 月，中共中央颁布了《中国土地法大纲》，但是在执行过程中出现了"左倾"错误，接着中共中央在十二月召开会议，纠正了土地改革过程中的"左倾"错误。随着土地改革的深入开展，截至1949 年上半年，我国基本上实现了土地平分，消灭了封建地主阶级和剥削制度，完成了土地改革。

一 对土地改革政策的宣传

"土地改革是新民主主义的一项基本任务。土改的宣传就成了解放区新闻事业最突出的一个中心。"① 《内蒙古日报》作为第一张省（区）级少数民族文字的党委机关报，注重宣传中共中央的路线、方针、政策，开展了土地改革的相关宣传报道。与战况报道主要采用新华社稿件不同，关于土地革命和群众运动的报道主要由《内蒙古日报》的记者和通讯员采写，新闻体裁也不仅限于消息，工作通讯的数量相对较多。

1948 年和 1949 年，经过政策路线的调整，内蒙古解放区报刊的报道重心由阶级斗争转向生产运动。《内蒙古日报》致力于打击封建地主阶级，使农民能够和土地结合起来，激发了农民的生产积极性，团结起农民加入到抗战的队伍中来。

《内蒙古日报》中出现的关于土地改革的报道数量较多。举例来说，1948 年 1 月 5 日第一版关于土地改革的报道就有 3 篇：《布特哈旗群工团内部 决定洗刷地主富农成分 大胆放手真正让雇贫农掌握》《西中旗仓巴达群众 庆祝农牧工联诞生 扭秧歌吃翻身饭人人笑容满面》《狗腿混入贫雇农小组 立刻影响群众情绪》；1 月 7 日关于土地革命的报道也有 3篇，《西前旗巴拉各贷务图克 查阶级整顿组织 计划旧历年前完成平分土地任务》《本市群运进入第二阶段 业已酝酿成熟 即将展开斗争》

---

① 白润生主编：《中国新闻传播史新编》，郑州大学出版社 2008 年版，第 250 页。

《晋冀鲁豫土地会议闭幕　与会同志卸下包袱　决心为人民服务　打下了贯彻土地法大纲的胜利基础》等，且都刊登在版面上的重要位置。《西前旗巴拉各岱努图克　查阶级整顿组织　计划旧历年前完成平分土地任务》的内容见下文：

　　西科前旗巴拉各岱努图克，在去岁秋收工作前，经反复斗争，挖财宝挖匪根运动后，大大削弱了封建势力。由于过去工作深入程度不同，全努图克十二个爱里，大致可分如下三种类型：（一）一般的爱里，其中比较成熟的兴安镇与新发屯两个爱里，其透的表现是：（1）群众大部分发动起来了，在斗争中不是干部包办代替。（2）地主的政治经济势力都垮台了。（3）基本群众掌权，自觉地认识到自己当了主任。（4）基本群众实际得到了经济利益，消减了赤贫。（5）农会已经得到改造。（二）工作已经搞过去了，但仍然有忠信、忠镇、忠安三个爱里，其发生现象是：（1）工作虽然经过砍挖运动，群众不是大部分起来。（2）地主富农里面还保存实际影响。（3）贫雇农觉悟低，不敢出来当主人。（三）工作是做了但是没有展开，或刚在开始的，有保安、保险、古迹村三个爱里，依此情形，该地当根据去年十一月间，兴安盟召开的工作会议精神，在该努图克提出的方针，在阴历年前后，彻底削减封建，达到平分土地之任务。但因工作深入程度不同，决定如下不同的工作具体步骤：（一）在工作透的爱里，彻底走贫雇农路线，各爱里深入进行阶级教育，以划阶级定成分，进行阶级分析为主，并普遍开展冬学运动，提高群众的政治认识，另外并用贫雇农训练班的形式，进行积极分子和农会干部的阶级教育，提高其政治认识和阶级觉悟，以此来打下平分土地的思想基础，对妇女工作开办妇女训练班，过去对此工作，没有布置，有的是自发的，现在从领导上开始动员妇女参加群众运动，这点是在工作中选择重点去进行，如此教育积极分子，争取妇女及落后分子。工作进行的具体方法是：首先在党内部开展查阶级定成分运动，进行彻底削减封建平分土地的教育，整顿好党的队伍以后，即发动农会贫雇农进行查阶级定成分的阶级教育，将农会的贫雇农成分确定，这时农会额党的非贫雇农成分之干部完全清除，召集农会里中农成分的会员开会，如此以贫雇农为主团结中农的步骤去进行查阶级教育成分好出身好的人成为会员。洗刷不好的达到整顿农会组织之目的，然后再吸收没入会的贫雇农并吸收贫雇农妇女参加农会。过去的妇女会组织，有会员群众的经过查阶级查出身后，可以完全参加农会，没有会员只有委员的妇女会，并组织农会妇女小组，以扩大农会组织。整顿农会组织后，对地主及恶霸富农，有斗的不够的重新斗争，已经数次斗争，并挖出财宝者，农会对其宣布将所有财产没收，一般的地主和富农听从农会宣布，将所留的东西如数交出，不反抗不破坏不斗争，反抗或破坏的即时进行斗争，并追出所有家底，在之前已被斗过的地主富农，农民给留下的东西不超过一般贫农家底的不再没收，但土地必须没收，重新平分。（二）在工作夹生的爱里，农会干部好的……（模糊不清），又在夏季六月中旬。（哈斯巴根）

从上面的报道可以看出，《内蒙古日报》的土地改革类新闻，写法更像工作总结，作用是情况通报。报纸对工作开展情况较好的地区和部门给予表扬，对工作开展不力的地区和部门给予批评。因此，《内蒙古日报》充当了中共内蒙古自治区工作委员会的喉舌作用，传达的是中共中央及内蒙古自治区工作委员会的声音，有力地领导了土地改革及群众运动。

《内蒙古日报》对《中国土地法大纲》的贯彻进行了一系列的后续报道。《大纲》颁布之后，各地区也纷纷召开了土地会议，总结土地改革的情况，并贯彻全国土地会议的精神。《内蒙古日报》对各地的土地会议给予高度关注。1948 年 1 月 7 日第二版的《晋冀鲁豫土地会议闭幕（主题）与会多数同志，卸下包袱，决心为人民服务，打下了贯彻土地法大纲的胜利基础（副题）》纠正了土地改革中出现的错误，进一步贯彻《中国土地法大纲》。1947 年出现偏差的原因是"党内的地主富农思想相当严重，和领导上的官僚主义，致雇贫没有翻透身，有的还没有翻身。"《大纲》中规定，对富农经济中的剥削成分——半封建剥削也予以废除。报道纠正了党内存在的错误思想，有利于深入消灭封建土地制度，推动土地改革的深入开展，巩固了解放战争的后方基础。接着在 1948 年 1 月 13 日第一版刊登了《郭前旗吉拉图区各村屯　纷纷举行贫雇大会》"郭前旗吉拉图区各村屯雇贫农，自旗雇贫农代表大会后，纷纷举行雇贫农大会。大会上以参加雇贫农代表大会的代表及骨干队为骨干，讲说了土地法大纲，宣传了雇贫农的当权。然后大家一起动手，抓地主（全区共扣了二百余名地主），挖财宝，追浮物，激烈展开翻身斗争。"明确提出了"斗地主财宝，夺权查翻身""查清阶级明敌我，所有地主一扫光""打倒地主吃饱饭，穷人翻身自己干"等斗争口号。然后提醒群众警惕地主的阴谋。废除地主的土地所有权在《大纲》中也有明确规定，是实现耕者有其田的基础，是土地改革成功的重要条件。随着《中国土地法大纲》的颁布，各地区召开土地会议，贯彻"平分土地"的要求，即以村为单位，按人口平分土地。在1948年1月13日第一版刊登的《召开雇贫农大会　彻底平分土地》中明确了四条领导方法："先打通干部思想，再打通群众思想""跳出圈子，面对雇贫农，深入雇贫农""点面结合""先轰后整理，深入细致"。"平分土地"运动声势大，范围广，效果显著，将各地区的土地改革推向高潮，使封建土地制度废除得更加彻底。

《内蒙古日报》是内蒙古党政机关的喉舌，重视贯彻中共中央关于土地改革的政策，以更好地指导农民完成土地改革的任务。1949年1月1日第二版中有两篇报道涉及了土地改革的内容，提出了新的一年土地改革的新任务。《迎接1949年　完成我们的新任务》中指出："我们的基本任务，是发展生产支援前线……党与政府的基本任务，就是领导人民发展农业牧业等生产以及副业生产。"《内蒙一九四九年生产计划大纲》对于农业生产提出了明确的指示：

1. 增产粮食六万三千吨，在每垧地（发地照时要改成三千六百万弓）平均产量一千五百斤的水平上，增产粮食三万六千吨，在改良办法上增产百分之五，即一万八千吨。扩大水田五千垧（兴安盟二千垧、纳文慕仁盟二千垧、突泉一千垧），增产稻子一万二千吨。

2. 试种棉花，在突泉、中旗、前旗各地，选适当地区试种棉花，在纳盟增种亚麻一千垧，种棉及亚麻土地免交公粮。

3. 试办公营农场，发展公营农业生产。自治区政府在乌兰浩特市附近，试办一个公营农场，投资十亿，计划开地一千垧，并发动机关部队进行农业生产。

4. 修防水渠：于一九四九年春修筑前旗洮儿河、扎赉特旗xx河两防水x（一长三十里，一长约百里，x宽二丈高一丈），修好后可避免前旗、扎旗、泰来、x来、洮安各旗县水灾。

5. 发放农业贷款三十亿，有重点的放给x修水利防水灾及灾区。

6. 政府要用奖励劳模开 x 大生产运动，决定于一九四九年二月八日召开劳模大会，总结一九四八年生产经验，布置一九四九年生产工作。

二 对土改纠偏的报道

《内蒙古日报》在深化土地改革政策的同时，也需要纠正政策贯彻和农业生产中的偏差，承担起了纠错的任务，以保证土地改革顺利进行。例如 1948 年 9 月 19 日第一版的《扎旗巴努干部 领导不深入听信假报告 盲目乐观致使百余垧地撂荒》："（扎旗讯）巴达尔胡努图克干部，在夏忙中不深入领导，到某一个屯中，只和二、三个人接近、讲话，了解情况，倾听部分人的不确实报告，便认为地都侍弄好了，抱着盲目乐观态度，将这种假情况反馈到努图克政府。但努图克检查撂荒委员会深入检查时，即发现百余垧撂荒地。（王波）"反映了领导没有全面了解土地情况的错误。

《内蒙古日报》的副刊也是宣传土地革命的重要阵地。"《农牧民》发在二版，办了一年零四个月共发了 230 期。专栏稿件都是专门为农牧民写的，内容包括生产消息、农业常识、畜病治疗、劳模介绍；形式有故事、诗歌、快板、小唱、戏剧等；文字通俗、短小，多数在 200 字以内。"[①] 以 1949 年 1 月 5 日出版的第 67 期《农牧民》和 1949 年 1 月 7 日出版的第 69 期的《农牧民》为例：

表 7-2 第 67 期和第 69 期《农牧民》的内容

期　数	标　题	内　容
第 67 期	要想多打粮 成天背粪筐	农业常识
	兴家立业扎下富根 卖牛卖马日子更稳	劳模介绍
	农人四季	农业生产
	冬天下力拣粪积肥 到秋管保食粮满囤	农业常识
	小心马癫传染	畜病治疗
	二龙屯老乡积极拣粪	劳模介绍
	狐狸野雏到处跑 收拾洋炮去打围	农业常识

---

① 《内蒙古日报五十年》编委会编：《内蒙古日报五十年（1948—1998）》，内蒙古人民出版社 1998 年版，第 27 页。

续表

期　数	标　题	内　容
第 69 期	一人立功　全家光荣　锣鼓喧天　送礼庆功	劳模介绍
	咱们百姓送公粮　省吃俭用更应当	劳模介绍
	功臣家属给他儿子的信	劳模介绍
	比在家强多啦！	劳模介绍
	模范屯老乡订出干活计划	劳模介绍
	军属笑得闭不上嘴	劳模介绍
	党团员带头出战勤　完成任务光荣回村	劳模介绍
	地主心眼儿太坏　送粮掺假当场过筛	批判地主
	送粮热潮	劳模介绍

第五节　《内蒙古日报》的通讯员制度

《内蒙古日报》从创刊起，就重视继承和发扬全党办报、群众办报的优良传统，在蒙古文编辑部和汉文编辑部各设有专门机构或专职人员从事群众工作，依靠各级党委的支持，采取多种措施，通过各种形式，密切党报与各民族群众的联系。

通讯员是联系报社和群众的桥梁和纽带。《内蒙古日报》创刊之时，通讯工作基础薄弱。根据中共内蒙古工委的要求，《内蒙古日报》大力发展通讯员队伍，设立采通科负责联系通讯员，设立《新闻工作》副刊来对通讯员工作进行指导，提高通讯员的业务能力。

一　建立通讯员队伍

《内蒙古日报》创办之初即在全区各地、各基层单位陆续组织了通讯员队伍，1948 年 1 月 15 日开始还专门设立了副刊《新闻工作》，作为指导通讯员新闻报道的业务园地。《新闻工作》第一期刊登了《内蒙古日报》聘请的第一批特约通讯员的名单，共 11 名。报纸自 1947 年 8 月开始开展通讯工作（当时名为《内蒙自治报》），组织各级通讯小组，但通讯员供稿情况并不理想。"在短短四个月中已发展至哲盟，纳盟，卓盟等地，有了三百六十余名通讯员。从数量上看，这点成绩是可观的。但从通讯员的质量看，写稿表现地非常零碎，报道非常枝节，不能表现整个连动过程，是很脆弱的，而且三百六十余名通讯员中，只有三分之一经常为报社写稿，另外三分之二差不多是挂名通讯员。"① 这一点，从《新闻工作》副刊第一期刊登的《各地通讯动态》中可以得到印证：

> 纳盟各个地区，现已渐次组成通讯小组，由崔岚同志负责中心小组工作。去年十月份，因为通讯员人数较少，有的已下乡工作，有的因为准备缴收公粮公草，而加紧学习，所以写稿不多，没有切实负起责任。现在学习完了，即将到乡下工作，相信有许多工作经验报道出来。

> 哈拉黑成立了通讯小组以后，起初大家都答应每月保证给报社写二篇稿子，但到了月末谁也没有写出一个字来，他们检讨没有写稿的原因是：（一）热情的心情高于切实的工作，没有实际经验，写出稿子来表现有始无终矛盾很多，于是不写了。（二）缺乏搜集材料的能力，而推到地区太小，群众工作尚未开始材料不多，于是似乎没有什么事写，检讨了不写稿的原因以后，他们要求报社同志随时随地，各方面多加指导，多批评。

> 内蒙军政大学在哲盟实习工作的二百四十名学生，关心党报热情很高，都很愿意给党报写稿。现在已组织好四十三个同学的通讯组，除寄给胜利报稿子外，还写了很多的蒙文稿子给本社。现正准备划分小组，规定任务，组织研究写稿办法与活动。

> 扎兰屯军械厂，于去年十二月成立通讯小组，由通讯员同志冯树堂负责，虽然各通讯员为党报写稿为初试，但大家都愿意克服困难，细心钻研写稿以及搜集材料的方式。

当然，也有重视通讯员工作、积极为报社写稿的基层领导，"西科后旗长布特格其同志，他既做政权工作，又做群众工作，他可谓忙了。但他经常关心党报，每月都有四、五篇稿子，也正因为旗长亲自动手，西后旗通讯小组每月来稿总是占各地来稿中第三、四位（二十五篇至三十篇）"。《内蒙古日报》要求"除了克服不写稿子的偏向外，更重要

---

① 《整顿组织克服偏向 重新认识通讯工作》，《内蒙古日报》1948 年 1 月 15 日第二版副刊《新闻工作》。

的是各旗旗委、各区区委应该重视通讯工作，把通讯工作当成为本身任务之一，负责同志亲自动手写稿，并经常进行检查与督促，给积极的通讯员以表扬，给不写稿的通讯员以批评。只有有组织地去推动通讯工作，才能完成全党办报，大家办报，也才能使报纸的通讯工作迅速向前发展。"

除了给报社写稿，通讯员还有发展通讯员队伍的任务。1948 年 2 月 5 日《新闻工作》栏目刊登的《通讯员的任务》一文提出通讯员的职责是：

> 一、经常写稿——每月至少写稿一篇到两篇。
> 二、向本报提出意见与自己的疑难。
> 三、发展通讯员，成立通讯员小组，进行情形随之报告报社，奖励办法：（每月进行一次）每月写稿七篇采用四篇者得一等奖，除稿费，奖给＊＊册、稿纸一本、内蒙古日报一个月。每月写稿五篇采用三篇者得二等奖，除稿费外奖给新＊＊册，稿纸一本。通讯员小组能定期开会，制定并完成工作计划，定期向本报汇报工作者得集体奖，奖给新＊二本，稿纸两本，内蒙古日报一个月。

《内蒙古日报》努力使通讯员队伍覆盖社会的各个行业和阶层。据 1949 年 4 月 15 日第二版《请工人通讯员同志写稿》的记载，"截至目前，已经有七个工人通讯小组四十一位工人同志成为本报通讯员"。[①]

经过呼吁、组织和建设，在中共内蒙古自治区工委的领导下，《内蒙古日报》的通讯员工作取得巨大成效，到 1949 年 8 月，通讯员已由 2000 人增加到 3524 人。

二 对通讯员的业务指导

《内蒙古日报》的《新闻工作》副刊刊登的很多文章，在理论上对通讯员进行指导，明确了"新闻要讲求实效""用事实说话"等观念，统一了认识。1949 年 8 月 3 日第二版《新闻工作》第三十四期《人人要学会写新闻》强调了新闻宣传的重要性，提倡做革命工作的人必须学习写新闻，从来没有一种文字形式能够与新闻的影响力相比。

---

① 《请工人通讯员同志写稿》，《内蒙古日报》1949 年 4 月 15 日第二版副刊《新闻工作》。

《内蒙古日报》的副刊《新闻工作》刊登文章指出，"群众是新闻的接受者，群众尤其是新闻的创造者。你要采访新闻，除非深入群众，善于接近群众中的各种人物"，强调了新闻的来源和采访的性质，认为新闻是选择的结果："究竟什么是新闻的事实，什么是重要的事实，什么是群众所切实需要的，什么新闻能达到什么目标，造成什么结果，这都得要一番观察，是选择的功夫。"

关于新闻写作的技巧，《内蒙古日报》的副刊《新闻工作》刊登文章指出，"在新闻通讯中，不但要有思想、政策作骨干，而且必须有实际的社会生活，和生动的例子做血肉。既然是以思想政策做骨干，那么骨干与血肉应密切结合，而不是彼此分离。"

通讯员毕竟不是专门的文字工作者，他们的稿件中存在很多问题，《内蒙古日报》副刊《新闻工作》总是针对性地加以指导。如《纠正来稿中缺点》："最近有一部分来稿，存在缺点，提出几点意见和通讯员商讨一下。征粮的稿件差不多有很多不能用，因为通讯员同志只写征粮开始时，征粮工作者宣传解释的一套，没有报道征粮工作过程，中间克服了些什么困难，群众怎样认识，征粮工作的优缺点等。一句话没有抓住中心，写的很长但都是空洞没有内容。""写一条新闻要抓住一个中心问题去写，找材料要围绕着中心问题去搜集同类的一系列的材料。经过深思考究，取长补短，抓住特点，突出深入的报道。不是现象的罗列，不是平铺直叙，而是把握住本质，有骨有肉，而且有群众的情绪与行动。不是抽象的情绪高潮，空前热烈，而是让实际行动来说明问题。"①

针对不同时期的新闻报道重点及通讯员稿件中的常见问题，《内蒙古日报》副刊《新闻工作》刊登了一系列稿件对通讯员加以指导，如《大力开展春耕报导》《谈一般与具体结合的报导法》《如何减少退稿》《新华总社各地对新闻报导的意见》《关于新闻写作的指示》《使用主词要具体》《答复通讯员同志的疑难》等。

针对通讯员稿件的退稿率较高问题，《新闻工作》刊登《如何减少退稿》一文，指导通讯员写作一定要深入采访、材料充实，写稿要有写稿提纲，要有写稿计划，要写得深刻全面，考虑报纸需求。如，对于春耕报道，采通科强调要采用"连续报道"的方式，避免报道零碎不成系统、

---

① 《纠正来稿中缺点》，《内蒙古日报》1948年1月15日第二版副刊《新闻工作》。

缺乏针对性的状况，认为连续报道更具有推动性与教育性。"连续报导是依据客观事物的连续性与不确定性产生的。……连续报导的意义，就是在抓住运动的环节，不必等着运动完全到了一个阶段才把结果和经过报导给读者""连续报导就是要求我们通讯员同志，从事实发展中找环节，把要点早反映出来，使事实连续不断地登在报纸上。使工作较晚的地区，能有所借鉴，同时也能指挥本努图克的工作""如果我们今后能够很好地在春耕，夏锄秋收，农村各种生产活动中开展连续报导，那么我们就能把农村生产过程中不断得出来的经验，及时的运用报纸介绍出去，使得这地方做了的工作，很快地影响别的地方。别的地方吸收了经验以后又做出新的东西，又影响了其他地方。如此反复交流，互相借鉴，我们的生产工作将会大大的向前进一步。"这篇《提倡连续报导》是一个新闻知识讲座，介绍了开展连续报道的意义，认为连续报道可以让通讯员从无计划的报道中走向有计划的报道，使通讯员能够善于从细枝末节中发现问题，善于掌握一个中心任务的各个环节，同时指出，研究政策、熟悉每个时期的报道中心是开展连续报道的关键。

除了报道方式方面的指导，采通科还对具体报道任务进行指导。1949年3月1日第二版《新闻工作》刊登《目前报道中心——春耕准备工作》一文，要求通讯员在报道春耕准备之前，切实研究内蒙古党委、自治区1949年2月17日发出的准备春耕的指示，研究《内蒙古日报》《颁发地照准备春耕》的社论，并且将春耕工作与2月9日召开的内蒙古首届劳模大会相结合，写出与以往春耕报道不同的思路。借助《新闻工作》这一阵地，报社对通讯员的春耕报道给出报道框架，要求通讯员主要围绕"领导重视""施肥""准备耕畜""防水修坝"等方面开展报道，并对写作思路提出参考意见，例如，报道各地方领导重视春耕准备工作，文章要求通讯员"要写出具体表现，他们（领导）如何应对内蒙党委的指示，他们如何组织群众准备春耕？应该注意报道思想上是否存在模糊观念，这些模糊观念表现在哪里，以及如何解决？"再如，文章要求在报道防水修坝问题时，"通讯员同志应向有治水老者注意学习，应该反映群众的修坝情绪，及其劳动的创造性。应该对修坝的组织，布置，发动，计划，工程的全貌有足够的阐明，并提出工作中遇到的困难与克服办法，同时与去年的水灾相联系来说明效果。"

三 通讯员工作的意义

(一) 解决报纸稿源不足问题

《内蒙古日报》的稿件一部分来源于新华社稿件,一部分为报社记者和通讯员采写。关于解放战争进程的内容,特别是战况和战绩的报道,几乎全部来源于新华社;关于土地改革、生产运动的内容,则主要依靠报社自采。新华社的稿件提供政策性、全局性信息,而反映内蒙古当时的工作和生产、生活状况,体现报纸的接近性,则主要依靠本报记者和通讯员的力量。《内蒙古日报》创办后,报社的记者力量有限。《内蒙古周报》时期,报社约有职工 20 名,当时就面临稿源困难的问题。后来,从《群众报》到《内蒙自治报》再到《内蒙古日报》,报社的力量有所扩充,但报纸从周报到三日刊、双日刊再到日报,面临的稿源问题十分紧迫。发展通讯员队伍,鼓励通讯员供稿,可以一定程度上缓解报社记者有限、采访力量无法深入基层、稿件数量不足的问题。内蒙古党委规定,除大力发展与巩固各地通讯组织外,"盟旗党委还应着手建立中心通讯小组,定期开会,定出写稿计划,经常供给报社以全面性或总结性的材料。中心通讯小组,应吸收党政军各方及主要机关团体负责干部参加,小组长可由各级党委宣传部长担任,或指定其他负责同志担任"。①

(二) 使新闻报道深入群众,深入实际

新闻采访必须深入基层,才能获得第一手信息;新闻报道只有深入群众,才能写出生活的丰富多彩,带有鲜活气息。由于报社记者数量有限,很多稿件依赖通讯员提供,但却可以使报社的触角伸到社会的每一个行业、每一个角落、每一个群体,把火热的生活场景全面反映出来。通讯员虽然没有经过专门训练,写作能力和水平有限,但他们处在实际的生产生活第一线,在报社的指导下,写出的稿件更能反映出社会生活的面貌和细节。以送公粮报道为例,一个名叫"秋霜"的通讯员写了一组稿件,内容包括地主送公粮掺假被揭穿、农民送公粮不畏严寒不辞辛苦,路上省吃俭用等,文笔生动朴实,读来颇为亲切。

---

① 《中国共产党内蒙古工作委员会关于加强内蒙古日报的决定》,1948 年 9 月 1 日,见内蒙古日报社、内蒙古新闻研究所编:《内蒙古新闻资料选编》,第 161 页。

地主心眼儿太坏　　送粮掺假当场过筛

突泉县太平区第五村刘家屯有个杜玉田，他是个坏心眼的地主，他送粮得糊弄就糊弄，又怕不收，就想了一个法子，这个法子想得挺绝，车上边装上挺好的高粱，又没砂子又没土，下边就装上了坏的，到洮南仓库一看挺好，也没检查出来，可是，到底他没逃出群众的眼睛，卸车的时候就漏了馅儿，全屯儿十九辆车，就是他这车过了筛子。（秋霜）

送粮热潮

冬至腊月的天气真够冷啊，手一伸出去就受不了，脚冻的像猫咬一样，可是这也挡不住翻身农民的送粮热潮，西中旗到洮南顶远的有四百多里，老牛车一走就是十多天，一个来回顶少得半拉月，在半道上几宿不睡觉，几天不洗脸都是常事，怎样也坚持着要完成任务。

三星一偏西，顶多有半月，粮场上的车就一号一号的排上，秩序也不乱，天气冷得胡子上都冻了冰，帽子前沿也都挂了白霜，送公粮的人们都满不在乎，西太本的常大牛说：冷怕啥，前方战士冷就不打仗了吗？还有好多老乡说：一年一回家里外头才送那一点儿公粮……不要租不要税，打多少都是自己的，送点公粮，这就算报答共产党的恩情了。（秋霜）

咱们百姓送公粮　　省吃俭用更应当

突泉县太平县第二村的送公粮的老乡很知道节约，离洮南仓库二百里，足得走三天道，怕在道上多花钱，在家出来的时候，全都带着豆包啥的干粮到住店打尖的地方喝点开水，烤干粮吃，要是店里吃，一个人一顿就得四五千元，这样做是很好，不但完成了送粮任务，还少花很多路费，送粮的带头人胡玉说："出门以前多想些好法子就能省下不少钱，来回五天五六十人就省下好几十万。"（秋霜）

因通讯员来自社会各个行业和领域，熟悉生产生活的真实情况，他们写出的报道更加原汁原味，更加深入群众、深入实际。"到洮南仓库一看挺好，也没检查出来……卸车的时候就漏了馅儿""手一伸出去就受不了，脚冻的像猫咬一样""怕在道上多花钱，在家出来的时候，全都带着豆包啥的干粮到住店打尖的地方喝点开水，烤干粮吃"。事实的捕捉以及表达的口语化，生动真切，带着新鲜的生活气息。

（三）提高了通讯员的政治觉悟，带动群众养成读报习惯

在自治区党委的组织和要求下，各地区、各行业通讯员都要完成写稿任务，这就使得这些通讯员必须学习党的政策，了解一个时期的工作重心和报道重点，用心观察生活、思考问题，久而久之，他们的政治觉悟有所提高。"现在党报已经成为了我们每天必读的报纸。我们在报纸上注意学习党的政策，研究分析问题，留心自己的稿子怎样经过改正登出来的，也留心别人的稿子是怎样写的。"

通讯员的稿件在党报上刊登出来，必然在他们生活的圈子里引起一定反响，大家会关心通讯员写了什么内容，思考党报为什么会刊登。报纸及铅字，代表了权威和认可，是工作得到肯定的标志，地方党委和基层政府会因此更加重视党报工作。"当了通讯员以后，经采通科来信帮助，大家都下决心写稿找材料。在这个中间体会了党报对于各种工作的引导与推动作用，和对于党员与群众的教育作用。我们分析问题不像从前那样死板了，以前只看现象和形式，现在我们看问题要看本质。做每件工作都要求有系统地处理，部署，检查与总结。"

这些通讯员还会把报纸上的内容读给那些不识字的亲戚朋友，带动更多群众关心党报、了解党报。通讯员也便成为党的宣传员、鼓动员和组织者，扩大了党的政策的宣传面，扩大了党报的影响。"现在许多农民通讯员已经很愿意听报了，读报以后，他们都感到吸收了新鲜事物，遇见了小的事情他们也注意去了解原因。"

（四）贯彻党的"全党办报""群众办报"路线

"全党办报""群众办报"思想是中国共产党在新闻实践中形成的工作方针和优良传统。"群众办报"是在党的领导下，发动群众参加报纸工作，集中群众的智慧，依靠群众的力量，反映群众的呼声，解决群众迫切需要解决的问题，这是党的群众路线的体现，是办好新闻媒体的重要保证。《内蒙古日报》创办前后，"相当普遍地组织了通讯网，反映了内蒙的实际情况以及群众的呼声，交流了各地工作的经验，推动了工作"。[1]

建设通讯员队伍、组织通讯员为报社写稿是"全党办报""群众办报"的重要措施，能够使报纸工作人员和群众紧密结合，把各行业的积

---

[1] 《中国共产党内蒙古工作委员会关于加强内蒙古日报的决定》，1948年9月1日，见内蒙古日报社、内蒙古新闻研究所编：《内蒙古新闻资料选编》，第161页。

极分子、先进人物以及广大读者团结在报纸编辑部的周围，帮助报社改进工作。编辑部通过通讯员来稿和读者来信等渠道，可以获得新闻线索，了解实际情况，使报纸和群众息息相通。《内蒙古日报》创刊后，在报纸上开设了《答读者问》专栏，读者可以通过写信的方式进行提问，报社在专栏中解答读者的疑问。通过读者来信，报社可以了解群众的意见和观点，倾听群众的建议，收集更多群众的消息和信息，了解党的方针、政策和路线的执行情况，有助于为新闻报道提供正确的导向。

《内蒙古日报》征集通讯员对报纸的意见及建议，并将这些意见汇总后以《对采通科回信、退稿、寄稿费的意见》为题在报纸上刊登，坦诚曝光通讯员对报社采通科的批评和意见，主动披露工作中的不足，坦诚的态度令人钦佩。这些批评相对较为尖锐，但报社并没有对此加以回避，而是如实刊登出来，如"采通科过去给通讯员的回信对我们帮助很大，但有时工作粗枝大叶，来信潦草，甚至于是错误的""退稿我们希望给指出优缺点，过去这方面做得很不够，有的甚至写去稿子既没有登载也没有退回。今后最好稿子不登载也给删改寄回来""寄发稿费方面常常弄错地址，有的通讯员登了五篇稿子只接到了四篇稿费。有的通讯员没有写稿也接到稿费，这虽然与人名相关，及综合稿难算稿费等原因有关，但也表现了工作不够仔细。"这种开诚布公的坦诚态度有利于改进工作。

与通讯员的紧密结合还可以使报刊的内容和风格适应群众的知识水准和阅读习惯，有益于形成生动活泼的文风。下面一组参军支前的报道均由通讯员采写，浅显生动的文风适合群众的阅读水平。

比在家强多啦！

西前旗乌兰哈达那拉屯军属张禄老乡，前几天到队伍上看他儿子回来了，他就告诉：那可好啦，新棉衣上新皮大衣，新帽子，新鞋，从头上脚跟儿底下一色新，比在家强多了。他又说：我这回到队伍上可闹蒙瞪了，都不知道哪一个是我儿子了，这一个说，老爷子来了，那一个也说老爷子来了，这一袋烟没抽完，那一代又给装上了，我真不知道咋着好了，最后，他说：我出来时候，还给做的白面条吃，招待的可周到了，我早头看当兵的就胆小，这时候看见当兵那才亲近呢。（白凤林）

一人立功　全家光荣

去年十二月十日，接到前方寄来的太平里张吉禄老夫妇的儿子张红英立大功的喜报后，遂，在十九日由区政府举办了庆功大会，有区政府、老乡、街道干部及二完小的秧歌队、喇叭队，在锣鼓喧天声音里，同学们扭着秧歌，大队抬了猪肉粉条大米鱼等礼物，到张老夫妇家送喜报，道上非常热闹，利民合作社准备了茶水烟卷招待了张老夫妇，张老太太向群众说："我儿子在前方立了大功，后方的诸位老乡和同志们这样给我贺喜真叫我高兴，我儿子是为打蒋介石立了功，这也是我们大家的光荣，你们年轻人要多多参军，早点打垮蒋介石，让我们全中国人民都过太平日子。"区长也号召：青壮年要向张红英学习，勇敢参军，为人民立功，军属要向张老夫妇学习，要给参军的子弟多写信，鼓励他们在前方立大功。(扎兰屯区政府　付国华)

第六节　《内蒙古日报》的历史作用

《内蒙古日报》自 1948 年 1 月 1 日成立以来，坚持中国共产党的领导，一直是党和人民沟通的桥梁。《内蒙古日报》记录了内蒙古各族人民英勇抗战的辉煌，见证了解放战争最终的胜利和土地改革运动从不断深入到走向成功。它坚持马列主义和毛泽东思想，坚持贯彻党的路线、方针和政策，在维护祖国统一，促进民族团结，提高内蒙古地区人民群众的文化素养方面都有不可磨灭的贡献。《内蒙古日报》关于解放战争和土地改革的报道，是全国党报宣传的组成部分，与国内各地解放区报刊的宣传主题高度一致，步调相同。解放战争时期《内蒙古日报》的作用可以概括为以下几个方面。

一　是共产党在内蒙古地区的旗帜和号角

《内蒙古日报》是时代孕育的产物，必然要反映时代主题，配合党的中心工作。抗日战争结束后，国民党窃取了胜利的果实，渴望在中国进行独裁统治，与共产党进行最后的较量。在内蒙古地区出现了三个政党：国民党、内蒙古人民革命党、中国共产党。还有一些人散布了"内蒙古没有工人阶级，共产党不适合内蒙古"的不实言论，鼓动内蒙古"独立自治"。加之内蒙古又属于少数民族地区，许多蒙古族不了解中国共产党。

《内蒙古日报》1948年1月1日创刊以后，承担起了揭露国民党的黑暗，宣传中国共产党的路线、方针和政策的重任。让内蒙古地区的人民意识到中国共产党的领导地位，认识到只有中国共产党才能带领全国人民走上和平民主的道路。在创刊号1948年1月1日的第一版就刊登了1947年12月25日毛泽东在中共中央会议上的报告《目前的形势和我们的任务》，在1949年1月1日刊登了新华社的社论《将革命进行到底》，为人民指引了正确的方向。毛泽东在《对晋绥日报编辑人员的谈话》中系统地论述了党报的性质、任务和作用。谈话中提到："我们的政策，不光要使领导者知道，干部知道，还要使广大的群众知道。有关政策的问题，一般地都应当在党的报纸上或者刊物上进行宣传……马克思列宁主义的基本原则，就是要使群众认识自己的利益，并且团结起来，为自己的利益而奋斗。报纸的作用和力量，就在它能使党的纲领路线，方针政策，工作任务和工作方法，最迅速最广泛地同群众见面。"《内蒙古日报》作为内蒙古自治区的党报，按照党的部署，较好地完成了宣传任务。

二　是宣传政策、服务政治的喉舌

《内蒙古日报》创办的乌兰浩特属于半农半牧的民族地区，抗日战争期间被日伪政权控制，文化资源较为匮乏，民众的教育条件较差。为了加强中国共产党在内蒙古地区的领导地位，必须强化自上而下的政治动员和战争动员，发动土地革命和支前运动，报道的任务就是建构中国共产党形象、宣传解放战争的战况战果，因此，《内蒙古日报》的稿件大多以通俗直白的文风和情绪鲜明的说教对党员干部和当地民众进行指导。"我们党所办的报纸，我们党所进行的一切宣传工作，都应当是生动的，鲜明的，尖锐的，毫不吞吞吐吐。这是我们革命无产阶级应有的战斗风格。我们要教育人民认识真理，要动员人民起来为解放自己而斗争，就需要这种战斗的风格。用钝刀子割肉，是半天也割不出血来的。"[①]《内蒙古日报》的新闻报道主题集中，态度鲜明，带有明显的报道倾向和指向，战况战果宣传能够掌握时机，有的放矢；土地革命宣传注重营造竞争，调动生产积极性。总体而言，《内蒙古日报》的报道深入群众，反映农村生活，文风通俗，贴合读者品位，是一份成功的民族地区党报。

---

① 毛泽东：《对晋绥日报编辑人员的谈话》，《毛泽东新闻工作文选》，新华出版社1983年版，第149页。

《内蒙古日报》的内容以军事报道和土地改革为核心，瓦解敌人军心，鼓舞我军士气，起到了宣传政策、服务政治的喉舌作用。一方面，《内蒙古日报》大量采用新华社的战况报道，向内蒙古地区的民众传达解放军的英勇战绩和国民党节节败退的事实，旨在为读者提供进步与反动的对比，帮助读者认清解放战争的胜利形势，占领舆论的主动地位。另一方面，《内蒙古日报》创办后立即将土改宣传作为重要内容，从组织农会、斗争地主到轰轰烈烈的生产运动，把土地改革和人民解放战争联系起来，宣传土改消灭封建剥削制度、推翻地主阶级等内容。解放战争时期，土地改革是民主革命的重要内容，是保证革命胜利的法宝之一。解放区土地改革运动，为解放战争的胜利提供了物资和军队补给方面的保障。中国共产党根据形势任务制定舆论宣传策略，为彻底打败国民党，营造了良好的舆论氛围。

综上，《内蒙古日报》在解放战争中创办，战火纷飞，物资匮乏，办报条件十分艰苦："一是采编力量严重匮乏；二是新闻队伍整体素质不高。"[①]在这种情况下，中共内蒙古工委及其党报委员停刊《呼伦贝尔报》《农牧民》等报纸，把采编人员都集中到内蒙古日报社，再加上后来积极招聘人才加入采编队伍，采编队伍才得到了扩充。成立初期，新闻工作者的素质普遍不高，内蒙古日报社通过开展政治学习活动，对新闻工作者进行思想教育工作，加强了新闻队伍建设。内蒙古日报社让新闻工作者从实践入手，提升自身的能力，同时加强对其培养，创办培训班，提升其业务能力。"我党二十几年来，天天做群众工作，近十几年来，天天讲群众路线。我们历来主张革命要依靠人民群众，大家动手，反对只依靠少数人发号施令。"[②]

作为民族地区的党报，《内蒙古日报》除以蒙古文和汉语两种文字出版、内容方面注重民族团结内容的报道外，关于战况和土地革命的报道，颇有中共党报的共同气质，显示出了以延安《解放日报》为典范的办报追求，发挥了积极的政治动员和战争动员作用。《内蒙古日报》遵循全党办报、群众办报原则，扎根农村，关注并反映内蒙古地区的生产生活风貌，是集体的宣传者、鼓动者和组织者，成为一份具有党性、群众性、战斗性和组织性的报纸，较好地承担了"党的喉舌"这一党报角色。

---

① 《内蒙古日报五十年》编委会：《内蒙古日报五十年（1948—1998）》，内蒙古人民出版社1998年版，第279页。

② 《对晋绥日报编辑人员的谈话》，《毛泽东新闻工作文选》，新华出版社1983年版，第149页。

第八章

《群众日报》研究

第一节 《群众日报》的创办与发展

1947—1949 年，国共两党在今内蒙古地区展开激烈斗争，当时的热河①地区也是一个占据重要地理位置的必争之地。"由于热河战略地位的重要，控制热河具有极其重大的战略意义。日本一投降，国民党与中国共产党就展开了争夺热河的激烈斗争。"② 国民党对这一战略要地多次侵扰，局势动荡。这一时期，热河地区的新闻宣传工作为我们展示了中国共产党在解放战争时期解放区的政治动员的一隅。《群众日报》在热河地区（冀热辽根据地）解放战争政治动员过程中，以帮助中国共产党赢得国共两党的政权之争为己任，运用多种方式进行政治动员，并取得了较好的动员效果。

一 《群众日报》概况

（一）《群众日报》报名的由来

《群众日报》是民国时期创办于赤峰的一份党报，是中共察热辽分局的机关报，前身是《冀热辽日报》与《民声报》。创刊于 1945 年 9 月 22 日，初为油印形式，后改铅印。自 1948 年 1 月 6 日起改版，由四开二版改为四开四版，发行七八千份。③

---

① 热河，简称热，省会承德市，是中国旧行政区划的省份之一，1914 年 2 月划出，1955 年 7 月 29 日撤销。位于目前河北省、辽宁省和内蒙古自治区交界地带。包括现河北省的承德地区、内蒙古的赤峰地区、通辽部分地区、辽宁的朝阳、阜新、葫芦岛市建昌县地区。

② 邓一民：《热河革命史稿（1919—1955）》，文化艺术出版社 1988 年版，第 210 页。

③ 《群众日报、新华分社简史》，《群众日报》1949 年 3 月 21 日（中华民国三十八年三月二十一日）第五版。

《冀热辽日报》前身为《大众日报》，而《大众日报》又由《中苏新报》改称而来。1945 年 8 月日本投降后，9 月在承德出刊中苏两军合办的隔日四开《中苏新报》。① 《中苏新报》出刊两月余，便由中共热河省委改出《大众日报》。中共冀热辽中央分局成立后，《大众日报》改为《冀热辽日报》，由中共冀热辽中央分局直接领导。由此可见，《群众日报》最早可追溯至 1945 年 9 月的《中苏新报》。

《民声报》于 1945 年 9 月创刊于辽西的锦州，由中共热辽区委领导。后来，因国民党军事进攻，《民声报》约于 1946 年 1 月撤至赤峰。初为油印，1946 年 3 月改为铅印。

1946 年 8 月下旬，因国民党进攻承德，冀热辽日报社从承德也撤至赤峰。在 1946 年 9 月初，《冀热辽日报》和《民声报》出联合刊《民声报》，全搬至林西，由隔日刊改为日刊。1946 年冬，又改为《冀热辽日报》。社长李锐（后任中共中央组织部副部长），总编朱九思（后任华中工学院党委书记），社址在林西十字街西北角。中共中央冀察热辽分局成立后，改为《群众日报》，且一直沿用更名前的期刊号。

由上，我们可以看到《群众日报》是由 1946 年 1 月迁至赤峰的《民声报》和 1946 年下旬迁至赤峰的《冀热辽日报》联合出刊的，并于 1947 年 7 月正式更名为《群众日报》。而据《群众日报》刊登的文章《群众日报、新华分社简史》所写 "1949 年 2 月间，已搬到承德出刊，发行五千份。"② 可见，该份报纸以《群众日报》之名在赤峰地区出刊发行的时间为 1947 年 7 月至 1949 年 2 月，那么研究赤峰地区解放战争时期的中国共产党党报，便是对这一时间段的《群众日报》的研究。

（二）《群众日报》的媒介环境

1. 国内媒介环境

《群众日报》的创刊时间可以追溯至 1945 年 9 月 22 日。当时正值 1945 年 8 月日本无条件投降，抗日战争胜利结束。应蒋介石邀请，中国共产党代表毛泽东等人于 10 月 10 日签订了《双十协定》。次年 1 月 10 日签订了《停战协定》。国统区新闻事业的中心随着政治中心由西部向东部

① 《内蒙古旧报纸考录》中写为 8 月，但在李锐的谈话录中描述为 9 月，本书以后者为准。
② 《群众日报、新华分社简史》，《群众日报》1949 年 3 月 21 日（中华民国三十八年三月二十一日）第五版。

转移，重新回到东南地区的上海、南京一带。① 解放区处于相对稳定状态，新闻事业处于蓬勃发展时期。这种状态一直维持到 1946 年 6 月国民党发动全面内战。"从 1946 年 7 月到 10 月，蒋介石先后以五十八个旅、约四十六万三千多人向华东解放区进攻；……以十八个旅、约十六万两千多人向晋察冀解放区进攻；……"② 由于战乱，中国共产党新闻事业遭到破坏（很多报社、通讯社迁移到其他地方），整体处于收缩时期。

到了 1947 年八九月间，刘伯承、邓小平率领晋冀鲁豫野战军主力，遵照党中央和中央军委的战略部署，由内线作战转为外线作战。③ 此次行动标志着中国人民解放军由战略防御转入战略进攻。至此，解放区人民新闻事业才度过了艰难的岁月，由收缩阶段转入再发展阶段，一批又一批城市、矿山和交通中心相继解放。④ 到 1948 年秋季后，敌我力量发生显著变化，中国人民解放军迎来了战略决战的时机，辽沈、淮海、平津三大战役，基本消灭了国民党军队的主力。并且当时土改政策的贯彻落实相对比较深入，人民在经济上有所发展。解放区人民新闻事业获得了新的、更大的发展。而相对地，1948 年后，国民新闻事业呈现败退现象。⑤

2. 热河的媒介环境

1945 年抗日战争胜利后，热河地区发动群众进行了控诉、镇压敌伪残余势力运动，一两个月后转入减租减息和分散土地运动。为贯彻 1946 年中央五四指示，报纸大量刊登各种材料，派记者到下边采访，最大化利用党内材料，还联系一些做地方工作的同志给报纸写稿供稿。

1946 年 8 月下旬，国民党军队进攻承德，承德失守，报社被迫迁至赤峰。1947 年 6 月 6 日，中国共产党的军队解放赤峰，为办报提供了宽松的环境。但 1947 年死于鼠疫者数千人（热河北部敖汉旗发生鼠疫），使分局和报社迁至乡下。1948 年才控制住鼠疫。1948 年之后，热河相继解放，制止灾荒和文化教育事业均有发展。外部环境的稳定和经济文化的发展对报纸的发行更为有利。

解放战争时期，解放区新闻事业经历了发展—收缩—再发展的过

---

①　方汉奇：《中国新闻传播史》，中国人民大学出版社 2009 年版，第 261 页。

②　张平、杨骏、吕英、乔希章：《解放战争史话》，中国青年出版社 1987 年版，第 70 页。

③　张平、杨骏、吕英、乔希章：《解放战争史话》，中国青年出版社 1987 年版，第 161 页。

④　方汉奇：《中国新闻传播史》，中国人民大学出版社 2014 年版，第 288 页。

⑤　方汉奇：《中国新闻传播史》，中国人民大学出版社 2014 年版，第 294 页。

程。①《群众日报》（前身）创刊时，正值解放区新闻事业较快发展、热河地区相对安稳时期。内战爆发后，报纸被迫由承德转移到赤峰地区，在设备不足的情况下继续出版。战略决战时期，热河地区实行奖励生产和统一战勤政策，教育文化事业均有发展，热河地区的新闻事业也进入相对稳定发展时期。

（三）《群众日报》的创办及赤峰地区报纸情况

1. 《群众日报》的创办

1945 年 8 月抗日战争胜利结束。大批军队和干部从党中央派出，从冀东、冀热辽、山东、苏北和延安进入东北。到 9 月中下旬，延安干部开始出发。这为《群众日报》的创办提供了良好的军事环境和人力资源。

10 月 5 日，主持冀热辽工作的李富春同志向《解放日报》申请人力支持，协助主办《冀热辽日报》。李锐和范元甄同志即为博古应李富春之请而派出的支援干部，11 月中旬到达热河，随行带来了一大批延安出版的书籍刊物、若干《解放日报》合订本和许多剪报资料。在热河新区办报，这批书报资料起了很大的作用。这就为《冀热辽日报》（后改成《群众日报》）在技术、经验、资料书籍方面提供了很大支持。

2. 赤峰地区的报纸情况

1947 年 7 月至 1949 年 2 月期间，赤峰地区同时期发行的报纸有：

①《农村情况》（旬刊）：1947 年 7 月底创办于宁城县，中共宁城县委员会编印，系中共宁城县委机关报，专门报道该县工作情况，用以指导工作。

②《牧农报》（隔日刊）：1948 年 1 月 10 日创刊于林东镇，1949 年 9 月 30 日停刊。系中共昭乌达盟委的机关报，归盟委直接领导，同时受新华社冀热辽分社和群众日报社的指导。该报一方面把盟委、盟府的主张、决议传达给下级党委及广大群众，另一方面反映了执行政策的情况及群众生活、生产中的各种情形。

③《群声报》（三日刊）：1946 年 11 月 15 日创刊于敖汉旗，系中共热辽地委机关报，由新华社冀察热辽分社热辽支社出刊。任务是传播解放战争胜利的消息，宣传党的方针政策所取得的成就和经验，鼓励、组织和动员群众参战、土改、生产、剿匪、支前等，粉碎蒋军的进攻，巩固和扩

---

① 方汉奇：《中国新闻事业通史》（第三卷），中国人民大学出版社 1999 年版，第 1092 页。

大解放区以及改善人民生活。1947 年 7 月 1 日，改名《民声报》，石印出版。后随中共热辽地委迁至辽宁北票。1948 年 5 月 23 日，中共冀察热辽分局鉴于《群众日报》是发至区级，专供县区干部阅读的党报，遂决定于 6 月底将原有的热东《人民报》和热辽《民声报》结束，改出通俗化的《大众报》，专供区村干部和群众阅读。

④《农民报》：约 1947 年 11 月或 12 月初在林西创刊，中共林西县委员会机关报。主要反映本县工作情况，交换经验，指导与推动工作，总结经验，供给区村干部学习。

⑤《乌丹新闻》（周刊）：乌丹（翁牛特旗），乌丹县宣传委员会。约创刊于 1948 年 6 月下旬。乌丹县宣传委员会"由村干、完小及县级机关组成"，出刊该小报以促进群众工作。该报内容分四栏，第一是国家大事（摘录报纸、胜利消息）；第二是生产、戒烟；第三是卫生防疫；第四是批评与建议。

⑥《今日新闻》（日刊）：1949 年 1 月 4 日创刊于林东，是《牧农报》附刊，专门报道新闻消息，以弥补因《牧农报》两天一期，消息不太及时的缺陷。

除上述报刊外，同时期的期刊还有：《群众文艺》（月刊），《群众日报》（增刊、不定期刊），《大家办》，《宁城农村》。可见，在发至县区干部阅读的全省规模的《群众日报》发行的同时，还有一部分热河省各盟县的新闻媒体，主要报道当地工作情况、党的决议、人民生活情况等新闻。

在《冀热辽日报》和《民声报》合并开始，便由黄钢（热东支社）、鲁蛮、廖井天等特派记者，在热东、热辽、热中敌后，成立热东、热辽、热中新华支社，并出油印报。热东叫《新热辽报》，1947 年 6 月改为《人民报》[①]；热辽叫《群声报》，后改《民声报》《农民报》等；1947 年底朝阳收复后，在朝阳出版铅印四开隔日刊《翻身报》。热中叫《热中报》。《人民报》（原《新热辽报》）、《群声报》（后改为《民声报》、《农民报》）《翻身报》、《热中报》在热东、热辽、朝阳、热中各地的发行，在热河大地上形成了强大的宣传网，对于发动群众、支持战争、巩固热河解放区起到了重要作用。

1946 年 6 月，敌人占领赤峰后，解放军退守乌丹。1946 年冬天酷寒，

---

① 至是年记者节，改出铅印四开隔日刊。

敌军向乌丹进攻失败。但当时地处林西，交通不便，消息来源和报纸发行很困难。迫于形势，报纸采取了化整为零的方法办报，即把主要的力量放下去办支社和地区（地委）小报。① 具体做法是，向热中和热辽派出两个新华支社（热东支社在承德撤退前就派黄钢去了），在临近敌人的地方报道。三个支社都有电台。《群众日报》在赤峰地区就是在这样的传媒环境和报道环境中发行的。

二 《群众日报》的性质

《群众日报》是民国时期赤峰的一份党报，是中共中央冀察热辽分局的机关报，是发至区级、专供县区干部阅读的党报。该报的宗旨是掌握与具体宣传中国共产党的各项政策，力求实现党报的群众化、通俗化、地方化。《群众日报》的报道内容在改版前后都是包括国际消息、国内要闻及重要军事消息、国内其他（解放区和蒋管区）一般消息、国内全东北的消息、国内本区一般地方消息、党报思想、具体政策、各方面经验教训以及文化学习园地（如关于学校招生等）等消息。另外，还有关于干部学习的相关材料（刊在不定期出版的增刊，即《群众日报》增刊），为补充报纸对干部学习材料的不足。《群众日报》的报道内容侧重于报道党的政策的执行过程、执行方法，并将这些过程和方法通俗地介绍到群众中去，为加强报纸的党性不断努力。

三 《群众日报》的版面

《群众日报》创刊后初为四开二版。版面栏目设置方面，报头中央为报名，报名"群众日报"四个大字在第一版上端居中位置由左向右，在其下方的位置分为三部分，中间部分注明报纸刊期数，左侧为社址和出版日期，右侧为定价、干支纪年；报头左右刊载信息通告类文字，如建议批评、通讯往来、更正、重要启事、重要消息、战争情况、阶级斗争情况、毛泽东指导话语、今天要闻、学院招生、来往工作、每日注解、声明、电贺（大捷）、书店消息、投诚人数、政办处通知、任命干部、播音时间变动等信息。版面内容安排方面，第一版主要报道本区一般地方消息、军事、土改消息；第二版主要报道全国、西北、东北、蒋管区以及国际经

---

① 但在承德时，是尽可能派出记者，没有建立支社，没有在各地委办报。

济、军事资讯、生产、党建消息。每版大概 15—20 条报道。文字从右向左竖排。

《群众日报》在 1948 年 6 月 1 日进行改版，将四开二版改为四开四版，发行七八千份，并成立大众报社。改版后第一版主要报道本区的、全东北和全国范围要闻及重要军事消息；第二版主要报道本区一般地方消息；第三版主要报道国内其他（解放区和蒋管区）一般新闻及国际消息；第四版为文化学习问题开辟了一个园地，登载各方面的经验以加强党报的指导作用。在 1948 年 6 月 1 日第四版中，还刊发了文章《这一版的任务　向读者和投稿者说几句话》，其中指出："这一版的任务，是在加强党报的思想和具体政策的指导作用下，综合的，多容纳文化、学习和文艺方面的稿件，集中反映多方面的经验。"《群众日报》还曾出四开四版五日刊通俗的《大众报》，发行至 12000 份。1948 年 12 月初，由于辽西分社（原热东新华支社）和报社调大部分干部去平、津，《群众日报》即与《大众报》合并，把《群众日报》第四版改为《大众》版，《大众》并增印六千份。自 1949 年 3 月 1 日起，每三日出《大众》八开二版，作为《群众日报》五、六增版，并能单独自由订阅，发行 12000 份。另外，改版后《群众日报》还增加了报纸的中缝内容，在中缝部分主要刊登：本报启事、寻人启事、来稿统计、通知、更正、补正、通讯往来、代邮等内容。改版后每版的报道数量大量减少，每版大概 3—10 条报道。文字从右向左，竖排排列。

无论改版前后，《群众日报》的宗旨始终是宣传中国共产党的各项政策，力求实现党报的群众化、通俗化、地方化。《群众日报》的改版，为编辑记者明确了各个版面的报道方针和原则，提高了报道效果和发行效率，有利于完成政治任务，便于其更有效地服务人民，服务土地改革，服务于解放战争的胜利。

四　《群众日报》的办报人员和读者

（一）《群众日报》的办报人员

李锐，湖南平江人，《群众日报》的初期创办者，1945—1948 年任《冀热辽日报》（后改为《群众日报》）社长，著有《庐山会议实录》《毛泽东的早年与晚年》等；朱九思，总编辑，江苏扬州人，《群众日报》中期负责同志，1946 年 6 月调任《冀热辽日报》任副总编辑，后任总编

图 8-1　《群众日报》　　　　　　　图 8-2　《群众日报》
1947 年 7 月 1 日第一版　　　　　　1948 年 6 月 1 日第一版

辑。1948 年参与创办《天津日报》。[1]

《群众日报》的负责同志还有：初期创办者林采、吴文涛、鲁森等负责同志，中期黄钢、廖井天、何伟、郭小川等负责同志。[2]

《群众日报》的这些负责同志都是具有丰富办报经验的报人，尤其是社长李锐，从 1941 年后一直从事新闻工作，为《群众日报》的创办及发行打下坚实基础。

（二）《群众日报》读者

1.《群众日报》的受众

《群众日报》是发至区级、专供县区干部阅读的党报。后来，由于读者的需要，出版专供面向区村干部和农民的《大众报》。[3]《大众报》于1948 年 12 月初改为《群众日报》的第四版，并且于 1949 年 3 月 1 日起，作为《群众日报》五、六增版（每三日出《大众》八开二版定期刊）。

---

① 刘素媛：《解放战争时期中共报人群体研究（1945—1949）》，硕士学位论文，南昌大学，2014 年。

② 《群众日报》1949 年 3 月 21 日，第五版，《群众日报、新华分社简史》。

③ 1948 年 6 月 1 日《群众日报》从 2 版扩大为 4 版，发行量达七八千份，并成立大众报社出刊《大众报》。

还有副刊，不定期刊登在报纸第二版，丰富了报纸内容。可见，热河地区上至区级干部、下至平民百姓都是《群众日报》的读者，该报的读者范围较广，为宣传中国共产党的路线、方针、政策打下较好的群众基础。

2. 《群众日报》与读者的交流

《群众日报》非常注意通过报纸与各部工作人员及读者们进行沟通交流。《通讯往来》的文章经常出现在《群众日报》的报头两侧。多用来交代办报、稿件等事宜，如 1947 年 11 月 16 日报头右侧的《通讯往来》即为"各部队宣传科、部：请将你们最近一个月所有出版的报纸运输过来，并希今后能按期寄给我们。关于战争的整纪、练兵、经验总结及模范介绍均及时报道。——通采部"。又如 1947 年 11 月 18 日报头右侧的《通讯往来》"世军同志：来稿收到，其中二区制订干部标准一稿，因零碎又一般化不……望能将二区目前土改面貌、深度、问题及经验等与此相连的干部问题具体了解，加以报道。建西县委会检讨土改及决定检查阶级检查思想二稿，今日登载。前者仅从会上报道了一些零碎材料，因之不全面，不容易使人看出建西土改的具体全貌。对此希望能与县委王……张……同志商量，写一全面深刻的报道。后者还有写出建西干部的阶级成分及在土改存在的问题，因之感到只为决定孤零零的没有力量。希望今后注意，并请连续报道县委决定在施行中的情形、问题及收获。——通采部十八日"。另外，1947 年 12 月 19 日、12 月 24 日、12 月 25 日；1948 年 1 月 6 日、1 月 27 日、3 月 8 日、6 月 19 日等报纸在报头处均有《通讯往来》文章。还有，1948 年 8 月 24 日第一版，报头右侧《大众报改称五日刊通知》，"大众报出版以后，各地方来稿越来越多，再者，各地方都嫌出报时间隔的太长，现在为了满足读者和通讯员的要求，决定自阳历九月一日起改成五天一出，请大家更多的来稿，同时，把报纸更快的发到各村群众手里。——大众报社八月二十一日"，要求读者来稿。该报还有《建议与批评》《更正》《声明》等与读者交流的信息。

在 1948 年 12 月 19 日第四版还设有《问事处》一栏，栏中有《地主在城内的房屋应该归还本主》《地主转向工商业平分时不能动》两篇文章。前者对于省政府布告中"城市私人出租之房屋，包括地主的在内，不得没收，并准其继续出租……"的规定，以及地主土地占有比例较大的问题向编辑部发问。编辑部明确了处理的态度"为了建设新民主主义的经济，繁荣工商业，城市里的房屋不应该分配。这和乡村里房子问题不同，也绝对不能一样处理"。后者针对"乡村中的地主把浮财和土地变卖而投资工商业者，这样的工商业该如何处理，是否可以没收工商业者的土地等"向《群众日报》编辑部发问。编辑部根据问题给出回答"不可以，在实行土改前，转入工商业，只要是合法的，就应该保证，这是为了发展工商业。繁荣经济，绝不能动"。在地主、农民、工商业者之间的利益问题方面，《群众日报》为广大干部指明了工作方向。

第二节 《群众日报》的内容与形式

1947 年 7 月至 1949 年 2 月，《群众日报》在解放战争、土地改革、根据地建设等各个运动的宣传报道中，通过动员受众、汇聚群力，为中国共产党最终赢得政权之争做好舆论宣传工作。解放战争时期，战争是所有工作的重心，因此，关于战争消息的报道内容也是报纸报道内容的重点，所占比重也比其他内容更高。

一 《群众日报》的战争报道

关于军事战争情况的报道贯穿于这一阶段《群众日报》的始末。在报道范围方面，既有宏观的关于全国范围的战争情况报道、各战区的战争情况报道，又有微观的关于热河本地区的战争情况的报道。在宏观报道中，既有关于解放区的战争相关情况的报道，又有关于国统区的战争相关情况的报道。在报道内容方面，既有对胜利战果的详细说明，如：歼灭师、旅、团及人数情况，俘虏情况，缴获的大炮、枪支等物品的数量情况，又有宣传解放军作风、优秀品质、战争细节特写的文章；在报道时间上，既有及时性的对刚刚发生的军事战争的报道，又有延时性的对前一阶段战争整体情况的总结报道。在报道人民群众对战争的态度方面，既有对国内人民反对帝国主义、维护和平的报道，又有对外国人民反对剥削、追求自由的报道。

（一）对解放军的正面报道

1. 战绩报道

全国、各战区胜利形势的报道。1947 年夏季攻势结束，人民军队稳步走向反攻。《群众日报》及时对战争胜利的情况做了报道。在 1947 年 8 月 1 日的第一版刊登《人民解放军总部发表全面爱国自卫战争一年战绩总结》，对一年来的战绩从全国、各分区、本区方面对歼敌人数、城市得失的情况进行报道。其中有六篇文章：《去年七月至今年六月 歼蒋军一百十二万 包括正规军九十七个半旅 非正规军一百二十七个团 俘毙将级军官二百零二名》《分区歼敌统计 华东：四一三万四千人 晋冀鲁豫：二十八万七千人 东北：十七万五千人 晋察冀：十四万四千人 中原：六千人》《城市得失分期统计 七至十月：敌占一五二（座），我克四八 十一至二月：敌占八七，我克八七 三至六月：敌占九五，我克一五三》《歼敌分期统计 七至十月，二十九万九千 十一至二月，四十一万四千 三至六月，四十万七千》《冀察热辽一年战绩 歼蒋伪三万》《解放区 面积二百二十万方公里 人口一亿三千一百万 现有城市四百二十二座》。这展现了人民解放战争一周年的胜利果实，这胜利激励着苦难中的军民继续奋斗的信心和勇气，同时也为接下来的两年的爱国自卫战争提供希望。

《群众日报》对战果的报道还注重从歼灭师、旅、团及人数情况，俘虏情况，缴获的大炮、枪支等物品的数量情况方面进行了详细的数据说明。如1948年1月6日第一版《解放军总部公布十一月战绩 共歼敌十二万余》，将战争胜利战果的数据直接具体地报道出来，让人们了解到中国人民解放军大胜的战况，也更加振奋军民的士气。

（一）歼敌营以上正规军（北线未整编的军师照现在已整编的师旅计算，原非正规军改变为正规军者以正规军计）一个师部、两个整旅、六个整团、十四个整营，以上除一个师部外，折合五个旅又一个团两个营，连同营以下被消灭兵力计算：共消灭敌正规军五万零五百人，内毙伤二万一千一百人、俘虏两万九千四百人。（二）歼敌营以上非正规军共十九个整团又三个整营，连同营以下被消灭兵力计算，共消灭敌非正规军七万四千四百人，内毙伤二万七千八百人、俘虏四万六千六百人，另起义五百人。（三）以上两项合计，共歼营以上敌军一个师部、三十六个团又一个营……共计消灭敌军兵力十二万五千四百人。（四）俘敌正规军将级军官七名……（五）缴步马枪五万三千一百三十支、短枪一千二百九十支……手榴弹六万两千三百三十个、炸药三万斤。（六）缴获汽车三百二十六辆……自行车一百四十二辆。

这些报道，从敌我攻克城池的数量对比中，从我军歼灭敌人的数量中，可以看出我军由弱到强、由劣势到优势、由败势到胜势的趋向，展现了对我军越来越有利的战争形势。这有力地增加了广大人民群众必胜的信心，以及对中国共产党的信任。

2. 战士素质报道

解放军与人民群众鱼水情深的报道。"水能载舟，亦能覆舟。"广大人民群众便是这承载军队、承受政权的水。他们对人们解放战争的大力支持是战争胜利十分重要的因素。国民党军队遭人们厌恶，所以越战越没有自己的一席之地，而解放军站在广大人民群众的立场解决问题，得到大家的厚爱。《群众日报》也有很多对解放军与人民群众鱼水情深的报道。1948 年 7 月 10 日第一版《解放军给我们除大害！丰滦群众踊跃支前　担架队昼夜不停运送伤员　妇女们拿着鸡子挨门慰问》；1948 年 12 月 28 日第一版《解放华北！三路穿过万里长城　东北大军长驱直入　这边欢送那边欢迎　关里关外人民狂欢》的报道。

1948 年，战争形势进入战略决战阶段，东北、华北和冀察热辽三大战场连成一片，关上了东北的大门，形成关门打狗之势，并使得辽沈战役顺利进行，取得最后胜利。当然战争的胜利离不开人民群众在修桥补路、运送伤员、支援粮菜等方面的大力支持，也正因为这样，前方战场的胜利给人们带来了巨大的快乐，也使人们对解放军的感情越发醇厚，所以在《解放华北！三路穿过万里长城　东北大军长驱直入　这边欢送那边欢迎　关里关外人民狂欢》的报道中，呈现出军民同乐的欢腾场景。

解放军与人民群众鱼水情深还表现在人们踊跃参军的行为上。"扩军"工作作为补充人民解放军军事力量的有力方式，成为当时特别重要的一项任务。当然，这也是一项特别需要动员的任务，动员效果直接关系到人民解放军主力部队的兵力补充，关系到战场成败。如：1947 年 9 月 16 日第二版《大岳区各县　四万农民随军南征》；1947 年 9 月 26 日第一版《建西扩军有显著成绩　半年近两千人入伍　深入动员打通干部思想　造成群众性的参军热潮》；1947 年 7 月 25 日第一版《冀东掀起参军热潮　成群结队争先入伍　实际二十天四千七百人报名　玉田两天六个区编成八个连》等，展现了人民群众的参军热忱。

人民群众除了积极参军外，还为解放军提供物资帮助。如：1948 年 8 月 20 日第二版《冀东踊跃交公粮　又多又快又干净》。1948 年 12 月 19

日第三版《新区人民欢迎与支援解放军　不顾疲劳迅渡我军过河　妇童日夜磨面保证供给》《东北翻身妇女赶制军衣　哈市慰劳前方二十万军鞋》。文中展现了人民群众积极支援前线，提供物资援助的情况。

（二）对国民党军队的负面报道

1947 年冀察热辽中央分局第一次党代表大会的召开，标志着冀察热辽战场形势由战略防御转为战略进攻阶段。中国共产党已在冀察热辽广大地区有了一定的群众基础。但国民党军队实力不容小觑，面对接下来的战略决战阶段，更需要站住脚、扎稳根，把广大人民群众彻底动员到反对国民党的反动统治和武装进攻上来，这样才能取得最终胜利。因此让人们了解国民党的真实面目，进而更大力度地支持解放军，也成了取得胜利的有力途径。《群众日报》的报道让广大人民群众看到了国民党反动派发起内战和与帝国主义勾结的真面目，看清了国民党势必多行不义必自毙的失败趋向，鼓舞了人民更好地投入到生产、扩军、援前、土改、战胜鼠疫、建立政权的活动中，也为晋察冀解放区乃至全国的解放战争的胜利打下坚实的基础。

1. 战士情绪报道

《群众日报》在 1947 年 7 月 5 日第一版报道了标题为《平泉蒋军"娶媳妇"》的文章，文中写道："平泉蒋军抢妇女，他们自己却说是娶媳妇，特别有趣的是他们招摇撞骗的办法想的太妙了"。关于这招摇撞骗的办法，文中举了一个例子：十三军的一个士兵看上了一个姑娘，每天死皮赖脸地去姑娘家，还非要认姑娘的妈妈为干妈、把钱存在姑娘家里。之后就异想天开地拿着酒菜和姑娘的父亲大吃大喝起来，结果却直接向姑娘父亲宣布"你不是把姑娘嫁给我了吗，我存这里的钱就是订婚钱"。老头实在没办法，让他把姑娘弄走了。但当十三军往东北调时，这个士兵又把姑娘送回来，还威胁说姑娘要给他留着，否则便杀了老头，而且强迫老头变卖东西把之前的订婚钱要回来。"这便是蒋军所谓的娶媳妇"，这种典型报道让人们看到蒋军欺辱百姓的情况，认识到国民党军队的德行。在1947 年 7 月 3 日第一版《蒋军口中话蒋军》中便体现了这一点，"收复赤峰前两天，有三两个蒋军投诚了，他们说'那边真过不下去了，三天两头挨打。'上等兵楚成品气恨地说'谁愿意打内战呵！我早就想跑，但是没机会……'他们看了我们的报纸，都一致说'国民党非完蛋不行！''蒋介石没个打胜仗，哪班当兵的都不愿打仗了，连长官也是一样，平常只会吹牛皮，一打仗就溜在后边，怕死！……' '最主要的他们不顺民心，老百姓都叫他们二满洲，天下军队一不顺民心就要失败，国民党背叛人心，他们一定垮台。'" 此报道以蒋军之口，让人们看到蒋军厌战的真实情况，更有说服力。1948 年 2 月 4 日第一版《蒋匪内部起了大变化 人人想家不愿打内战 抓来的新兵占百分之八十》，也表现了国民党军队的厌战情绪和兵力不足的情况。

2. 败势报道

中国人民解放军转入战略反攻阶段后，士兵士气和信心还亟待稳固和增强，赢取人民群众的信任感和支持度也更为重要。1947 年 10 月 19 日第二版《平泉蒋匪手忙脚乱 粮荒菜荒兵荒心荒》，1947 年 10 月 28 日第一版《杨杖子三战三捷特点 蒋军官兵普遍厌战 对我军信仰日高》等报道，有利于提振我军士气。1948 年 2 月 4 日第一版《记者评我军三战三胜 蒋匪巢穴更加孤立 我东西两大战场联系畅通 兵力更能高度集中机动作战》让人们从蒋军反战情绪中反衬出中国共产党顺民心、受欢迎的一面，让更多群众愿意追随和相信中国共产党；另外让人们看到国民党政治、经济、社会生产残落不堪的一面，认识到国民党必将走向失败。

（三）国内外战争态度报道

《群众日报》在报道当地人民支持全面自卫战争的同时，还注重"抬头看世界"。其报道了中国人民对帝国主义的强烈反对态度的同时，也报道了外国人民对自由、民主的追求。这样的宣传更加坚定了人民群众、人民军队的信心，激发了他们在解放战争中努力奋斗的热情。

国人态度的报道主要是反对帝国主义、维护和平的强烈意愿的报道。1947 年 10 月 10 日，人民解放军总部发布《中国人民解放军宣言》，明确提出了联合工农兵学商各被压迫阶级、各人民团体、各民主党派、各少数民族、各地华侨和其他爱国分子组成民族统一战线，打倒蒋介石独裁政府，成立民主联合政府的基本政治纲领。[1] 1948 年 6 月 29 日第三版《美帝扶日侵华政策 继续激起抗议 武大湖大罢课青岛平津各大学师生再发表宣言》，报道了蒋管区各地大学师生及文化界人士，对美帝国主义扶日侵华政策的抗议和斥责。1947 年 9 月 7 日第一版《美蒋单独召开对日和会 中国人民绝不允许——新华社记者评》，针对美国片面主张召开对日

---

① 林之达：《中国共产党宣传史》，四川人民出版社 1990 年版，第 250 页。

初步和会，"对美如果擅开和会的行为，中国人民会在清算时知道如何处理"，表明了中国共产党的严正态度，捍卫在琉球群岛的权益。1949 年 3 月 30 日第三版《东北各界人民团体　响应召开世界和平大会》《中国学术工作者等团体发表宣言　痛斥美帝战争阴谋》《出席世界拥护和平大会　中国代表团成立　选出郭沫若、刘宁一、马寅初为正副团长》等报道让读者感受到面对帝国主义的阴谋行为时，中国共产党的严正抗议，感受到了坚决反对帝国主义、维护和平的明确态度。

二　《群众日报》的土地改革报道

土地改革运动变革了生产关系，也引起了地主阶级的顽强抵抗。土改进入中后期，敌伪残余势力和国民党收买的政治土匪，直接以武力破坏土改运动的顺利进行。热河全省各地反革命暴乱，杀害土改干部事件不断发生。因此土地改革运动因阶级对抗而困难重重，土改运动也自始至终都与武装斗争相结合。① 《群众日报》及时报道反映土地改革运动和政权建设中出现的平均主义、"左"倾、关门主义、尾巴主义、机会主义、党员成分问题，动员广大人民一起努力、解决问题。

土地改革的宣传报道，是解放区人民新闻事业的一项重要内容。② 根据热河土地高度集中的情况和农民对土地的迫切要求，在 1946 年 3 月底召开中共热河省委扩大干部会议，提出由土地的高度集中到适当分散的方针。1946 年 5 月 4 日，中共中央发出《关于土地问题的指示》，将抗战时期实行的减租减息政策，改变为没收地主土地分配给农民的政策。中央"五四指示"使身受几千年封建压迫的农民从封建的土地关系中解放出来。但后来由于国民党向当地发动大规模军事进攻，形势一时恶化，党政军机关被迫实行战略转移，各地的土改运动相继陷入停顿状态。被夺走利益的大地主阶级完全站到了反对的立场上，他们有的拉拢腐蚀干部，有的操纵成立假农会，有的则公开拉杆子当土匪。这些都增加了解决土地问题的严重性和复杂性。

1947 年 9 月 13 日，中共中央召开全国土地会议，同年 10 月 10 日，制定了《中国土地法大纲》。《中国土地法大纲》的公布和实施，使已经

---

① 邓一民：《热河革命史稿（1919—1955）》，文化艺术出版社 1988 年版，第 337 页。
② 邓一民：《热河革命史稿（1919—1955）》，文化艺术出版社 1988 年版，第 284 页。

进行两年多的热河土地革命斗争又跨入一个新的阶段。① 1947 年 7 月至 1949 年 2 月《群众日报》关于土改运动的报道既有全国性的土地改革运动的报道，更有侧重于报纸所在地区的土地改革运动和整党建党（思想作风、党员成分）的报道。"从 1947 年 6 月到 1948 年 4 月，短短的时期内，经过反右和反'左'的斗争，使大家都知道了反右、'左'是怎么一回事。没有这样一个过程，大家是不会知道的。"②

（一）土改问题解决及纠"左"报道

《群众日报》对土地改革中遇到的问题进行了指导。1947 年 9 月 7 日第一版刊登《绥中土地改革中　要掌握的几个问题》，对夹生、空白区问题提出了解决办法；1948 年 1 月 31 日第一版刊登的《宁城土改的一些问题》，对土改运动搞不起来、假农会、群众与积极分子不敢揭发干部缺点而干部对此行为视而不见的问题进行了说明，对具有类似状况的地区具有一定借鉴意义。这些报道提出了土改实践中遇到的现实问题，并列举解决之法，具有一定的指导作用。

《群众日报》对土地改革纠"左"问题加以报道。1947 年 9 月 7 日第一版《冀热察土改初步总结　全区形成根据地面貌　干部中仍存在"左"倾偏向　贫民当家掌权　坚决联合中农　搜山剿匪挖清匪根　比光景查阶级》，对土改中"左"的思想予以指出并提出改正建议。1948 年 2 月 4 日第一版冀热察报道社论《克服关门主义　把运动推进一步》，指明了在平分土地的运动中，发生了严重的关门主义，把平日生活习惯不好或与地主富农有关系的人们关在大门外的现象。这阻碍了贫雇农路线的发展，限制了群众斗争的力量，阻止了运动高潮的生长，强调必须及时加以克服。

《群众日报》对工商业中"左"的错误进行报道。1948 年 5 月 11 日第二版《晋冀鲁豫中央局发布指示　纠正对工商业"左"的错误》，对纠正工商业"左"的错误提出十二点决定，主要有禁止清算斗争工商业，保护商店工厂等。1948 年 5 月 22 日第二版《安东纠正城市工作偏差　工商增加五百多家　城乡关系也更加密切》，"由于正确执行政策的城市工商业繁荣，现在城乡关系也更加密切……交通运输事业也因此进一步得到发展……安阳铁路局 3 月份客货运费收入则较一、二月份超过三倍以

---

① 邓一民：《热河革命史稿（1919—1955）》，文化艺术出版社 1988 年版，第 328 页。
② 中共中央文献研究室、新华通讯社：《毛泽东新闻工作文选》，新华出版社 2014 年版，第 153 页。

上"。此篇报道展现了纠"左"之后的成果。

（二）整党建党报道

随着土地改革的深入，中共领导开展了一次整党运动，解决党的地方组织，特别是农村基层组织存在的成分不纯和作风不纯的问题，以保证土地改革的彻底实行。[①]

1948 年 2 月 6 日第一版《农代会的成分问题》纠正孤立宣传贫雇农路线的方式，引导广大人民群众认识到要依靠贫雇农，巩固地联合中农，消灭封建制度路线的正确方式，引导人们在注重贫雇农的同时，不要忽视中农的力量。1948 年 1 月 27 日第一版《与群众联系是党的领导者最重要的品质》、1948 年 7 月 13 日第四版《一个建议——关于讨论知识分子在土改工作中的改造问题》，强调党的性质是无产阶级政党，虽然党员成分有很多是小资产阶级出身，但我们党的领导思想是无产阶级思想，任何阶级出身的党员，都要按照无产阶级思想的标准去改造自己的思想，把自己的思想提高到无产阶级思想的水平。"所谓思想建党，就是要把各种各样出身的党员的思想加以改造，统一起来，统一于无产阶级思想，而不是统一于任何其他阶级的思想……"对思想建党的含义、方式进行了具体说明。

三 《群众日报》的根据地建设报道

在报道战争、土改、揭穿国民党虚伪和其战争预势的同时，《群众日报》还注重报道敌后生产和根据地建设的繁荣景象，注重报道解放区的政治、经济、文化（教育）、社会的发展情况。向广大人民群众展示中国共产党统治区形势一片大好，军民互帮互助，群众生活步入正轨的欣欣向荣景象，以动员各个阶级的人民群众努力为赢取中华民族的解放战争而奋斗。

（一）生产及文化发展方面的报道

《群众日报》在报道党为根据地生产的灾荒问题、战勤与生产关系不协调问题提供帮助的同时，还号召大家积极组织生产自救来渡过灾荒。1947 年 7 月 1 日第二版《赤峰市府救济难胞　拨粮六万斤衣二百件　银行放款八千万元》；1948 年 4 月 15 日《宁城十七个村农代会　解决生产

---

① 方汉奇：《中国新闻事业通史》（第二卷），中国人民大学出版社 1996 年版，第 1151 页。

与战勤矛盾》；1948年3月8日第一版《省府布告号召全体军民 动员起来加紧春耕 多多增产粮食使人人有饭吃 努力完成三十万亩植棉计划》《组织妇女纺织》《冀东区党委新农会 号召妇女参加生产 纠正对妇女关门现象》等，除了动员工人、农民以外，还动员女性群众参加生产劳动，为前方战场的胜利打下坚实基础，带来更多希望，使前方有"男儿浴血战场，争得大片的土地和领导权"，后方有"女性踏实耕作、努力维护家园、为前方提供充足的物质保证"，充实了中国共产党的战争力量。

《群众日报》关于根据地生产运动的报道，一方面报道指导性方法，另一方面宣传取得的成绩，起到了引导舆论的作用，提高了人们渡灾的积极性和解决问题的信心。如：在1948年6月1日第四版针对灾荒问题刊登了《陕甘宁边区怎样战胜灾荒》的文章，1948年6月29日报道了《救灾生产结合纠偏 杨树林村种完大田》《自愿互助春耕早 七家开搒二遍》等。

《群众日报》还有很多关于解放区文化建设方面的报道，如1948年6月11日第四版《加强文艺战线的力量——本报记者评联大鲁艺教育事业的发展》《端午节前访鲁艺》；1948年7月13日第四版《文艺工作 到工厂和医院去——写在鲁艺第二期开学以后》，等等。

（二）战胜鼠疫报道

鼠疫一直是解放区的一大问题。鼠疫带来的是人力削减、人心恐慌，是阻碍生产发展的一大障碍。鼠疫自1947年8月发现一直到1949年《群众日报》迁至承德，在热河地区频频发生。《群众日报》对鼠疫防治的重要性和防治方法进行了充分报道。如：1947年9月9日的第一版刊登《辽北十五县发生腺鼠疫 东北政委会发防疫通令》，之后又报道了九种防治鼠疫办法，对当时鼠疫工作的防治具有一定的借鉴意义；1948年8月24日第四版刊登《介绍几个杀鼠方法》，引导、动员人们用正确有效的方法防治鼠疫、战胜鼠疫。

综上，《群众日报》宣传中国共产党军队在战场上不断胜利的消息，揭露国民党军队节节败退的军事形势和自暴自弃的失败心态，报道人民群众踊跃参军和土地改革持续推进，以及根据地经济政治文化的不断发展，从军事战场的胜利形势到土地改革以及根据地的稳步建设，动员人民群众全力投入到解放战争中，增强了人民群众对中国共产党的信任，激发了参军热情，推动了生产发展和敌后建设。《群众日报》在揭穿国民党虚伪面貌的同时，积极宣传了解放军的光辉形象。两者的对比，更让人们看到解放军仁义之师的风范，看到国民党军队的颓势和败象。

第三节　《群众日报》的政治动员

一　《群众日报》政治动员的方式

政治动员是政治主体为达到政治目标而调动一切客体资源的行为。政治动员方式是政治主体为了达到政治动员的目的，将政治动员内容传播于政治动员客体所采取的策略、方法及其表现形式。[①]《群众日报》的政治动员是通过宣传报道，让热河地区的人民群众了解战争形势，发动和组织人民群众积极参与扩军、生产、支前、土改等活动，揭露国民党虚伪和失败的真面目，让人民群众更加了解中国共产党、了解中国共产党领导下的军队、了解党的政策。

（一）典型式动员

所谓"典型"，无论是人物，还是事件，都需要具有代表性、有学习意义的特质。先进事迹或典型事例，因有着直接、现实、形象的说服力和吸引力，具有激发人们的赶超心理，规范人们行为的作用。典型分先进典型和反面典型两种。先进典型在群众中起着带头作用、骨干作用、桥梁作用，为他人学习提供榜样。而反面典型起着抑制错误、警策人们的作用。[②]《群众日报》在宣传报道中便使用了这种方法进行动员。

1. 人物报道

毛主席是中国共产党的领袖，亦是解放战争时期重要的领导人物，其在新民主主义革命进程中扮演着至关重要的作用，其行为及态度一定程度上代表着中国共产党和中国人民解放军，因此对毛泽东的报道具有典型性。《毛主席的故事》（1948 年 6 月 29 日第四版）报道了关于毛主席的两个故事《一个伤兵的愿望》《在戏院里》。前者写了毛主席接到电话后，在闷热的天气里立即骑马赶来，慰问延安附近一个小村子野战医院里的普

---

① 王旭宽：《政治动员与政治参与——以井冈山斗争时期为例》，中央编译出版社 2012 年版，第 70 页。

② 黄兢：《建国初期中国共产党的政治动员研究》，硕士学位论文，华南师范大学，2003 年。

通士兵，满足这位士兵临终前的愿望，还看望了其他士兵的故事；后者写了毛主席不与百姓抢位置，甘愿不在最前排看戏。这两件事展现了党的领袖的风范，增加了人民对中国共产党的信任，激励了士兵的战斗决心。还有《彭副总司令故事》（1947 年 7 月 9 日第二版）、《爱兵模范于乐福》（1948 年 8 月 24 日第四版）等。

2. 经验报道

1946 年 12 月冀热辽中央分局《关于检查与深入土地改革问题的指示》，各地组织大规模的工作团下乡，一方面剿匪，另一方面发动群众复查土改。"夹生饭"问题便是在此次复查中发现的。所谓"夹生饭"是指明暗不分、包办代替或由坏人操纵掌权等造成的土改不彻底问题，是松江省委最先提出来的。所谓"夹生饭"只不过是对土地改革过程中出现的一种普遍现象的形象说法。[①] 1947 年 7 月 26 日第一版《鸽子村怎样煮熟"夹生饭"》写道："我们的下一步工作是打通区干与村干及群众思想，深刻了解半生不熟的由来，在该村工作的六个区干中抓紧检查突破了一个同志的思想……" 1948 年 6 月 1 日第四版的《陕甘宁边区怎样战胜灾荒?》讲述了陕甘宁边区"从上到下全力救灾""机关部队学校发起节约运动""干部深入领导""群众积极生产"等战胜灾荒的经验，为当时灾荒严重的热河全省提供了抗灾方法，也为忍受饥饿的灾民增添了希望和信心，为充分动员党政军民生产自救、消灭灾荒起到了很好的动员作用。

还有关于反面典型报道。如：1947 年 11 月 4 日第一版《李洪彬等殴打农会干部　群众开会斗争教育　当众承认错误并写悔过书》，写了省公安厅通讯员李洪彬违反纪律，打骂农会干部一事，"毛主席说'只有老百姓说话算数！你们大伙说怎么办?'一个老头说'我受过伪满的气，挨过中央军的打，咱们八路军不兴打人骂人，兴说理，谈民主，谁打人老百姓就有权处置他！'……"最终，李洪彬等向农会干部道了歉。不走群众路线就要被惩治，这一反面典型在中国共产党政权巩固中发挥了很好的警示作用。

（二）指导式动员

政治动员的目的就是动员者让被动员者认识到所做之事的重要性和必要性，进而告诉他们该做什么、遇到问题如何解决问题。《群众日报》通

---

① 邓一民：《热河革命史稿（1919—1955）》，文化艺术出版社 1988 年版，第 329 页。

过刊载中央指示、布告、口号、发表社论等方式进行指导式动员。

1. 刊登中央指示、口号、布告等

为了组织群众复查土改抗灾、纯洁队伍、巩固根据地、发展生产等，《群众日报》经常刊载中央和地方的指示、布告，如 1947 年 9 月 16 日第一版的《热中地委指示 抓紧秋收省粮备荒》、1947 年 10 月 10 日第一版《热东地委目前工作指示 组织大力贯彻土改 号召大量参军扩大主力 雷厉风行转变疲蹋作风》等。1947 年 10 月 10 日中共中央委员会制定并公布了《中国土地法大纲》。《群众日报》在 10 月 12 日第一版刊登了《中共中央委员会 公布"中国土地法大纲"及"关于公布中国土地法大纲的决议"》。为了更好地贯彻和实施这一纲领，《群众日报》刊载了多篇关于如何解决地主与农民、贫农与中农、富农矛盾、平分土地方法的文章，如，10 月 14 日的《大阁土城子土改有偏向 对地主可怜恩赐 领导思想尚存在右倾》、10 月 19 日的《晋绥日报发表〈告农民书〉 彻底消灭地主阶级 彻底平分土地果实》《遵化西留村分配果实 平齐标准 民主填补 群众议定缺啥补啥人人满意》以及专论《怎样填平补齐》等，为平分土地提供了理论方向和具体方法，动员人民群众更准确地实行土地平分。1947 年 12 月毛泽东作的《目前形势和我们的任务——1947 年十二月二十五日在中共中央会议上的报告》，指明了领导人对中国革命形势的判断，以及人民解放战争转入战略进攻后需要解决的政治经济军事问题。《群众日报》1948 年在 1 月 1 日第一版整版刊登了这篇报告。之后出现了较多关于党内批评、政治路线的报道，检讨过去工作和思想作风。又如，1948 年 3 月 11 日第一版关于春耕工作的指示，《东北局、政委会 关于春耕运动的指示 没有生产的胜利就没有战争的胜利 各级负责干部必须以全力领导春耕》中"今后战争规模无疑将日益巨大，这就要求更巨大的广泛的供应，而一切供应的基础就是粮食和棉花。……"指出了当年春耕极其重要的政治意义。此指示在春耕开始之际颁发对当年的农业种植具有很大的指导作用。

除了刊登指示，《群众日报》还刊登致电、号召、决定等。如 1947 年 7 月 9 日第一版《致前线指战员电 致各解放区电》、1947 年 9 月 9 日第一版《东北行政委员会 颁布惩治贪污条例》、1947 年 12 月 16 日第一版《冀热察农会筹委会号召 向地主阶级大进军 平分土地结合武装斗争》、1948 年 5 月 20 日第一版的《省府发出防疫决定 成立省卫生处进行领导》。这些报道都对做好热河地区解放战争中的具体工作具有重要和详细的指导作用。《群众日报》为宣传党的政策，引导、动员群众，还经常发布布告，如 1947 年 7 月 7 日第一版《纪念抗战十周年　市委发表告各界书》、1947 年 12 月 16 日第一版《东北局发表告农民书　平分土地按下富根　整好农会贫雇当家》等。

《群众日报》的这些指示、决议、条例、通电、报告、讲话，告知中国共产党的各项政策，口号、布告号召人民群众采取行动。这些具有指导性的动员形式用词简洁、寓意深刻、通俗易懂，具有极强的说服性、鼓动力和号召力。

2. 社论指导

《群众日报》是一份注重评论的报纸。在重要时间节点和遇到重要问题时，都会发表社论配合党的中心工作。1947 年夏季攻势结束，解放军歼敌一万五千，缴获大量武器，收复赤峰、围场、宁城、建平、丰宁、凌源、北票等城镇十四座，重要据点八十处，解放人民二百万。冀东、热河、冀热察三省区解放区连成一片。在这样的背景下，1947 年 9 月 14 日第一版转载新华社社论《人民解放军大举反攻》，介绍解放军夏季攻势战果，增强军民赢取战争的信心。1949 年 3 月，针对隆化县灾情严重的情况，《群众日报》1949 年 3 月 30 日发表社论《重视灾荒生产自救》，强调要认清、了解灾情并订出"生产自救计划"，对解决困难起到及时的动员作用。1948 年的建军节正值蒋介石发动反动战争两年、军事战场进入决战之际，《群众日报》连载新华社社论《人民解放战争两周年的总结和第三年的任务》，总结解放军在军事上和政治上的胜利果实后，指出"中国人民还必须准备继续作战年的艰苦奋斗，至少还要准备拿三、四年时间去作这种艰苦斗争"才能最后解放全中国，为中国共产党取得决战阶段的胜利奠定了基础。1949 年 1 月 1 日新华社社论《将革命进行到底—一九四九年新年献词》向人民指出了中国共产党必胜的趋势，并部署了新一年的任务。

（三）交流式动员

《群众日报》的内容中有很多具有互动感、号召力、通俗易懂性的报道方式，主要表现在新闻标题具有口语化、号召式特点，新闻报道形式多样化等。

1. 新闻标题口语化

《群众日报》1948 年 8 月 20 日第二版发表《领导上也自由主义　愿

学就学不学拉倒　奖励批评更谈不到　北票六区重新组织学习》，"愿学就学不学拉倒"这一近乎口语化的表达方式，好似与读者面对面交谈，拉近彼此距离，如此接地气的报道较好地动员了领导干部学习；1948 年 8 月 24 日的《追求真理！国民党长春大学代校长张德馨博士来解放区　到哈后备受各界热烈欢迎》、1948 年 12 月 28 日第一版的《解放华北！三路穿过万里长城　东北大军长驱直入　这边欢送那边欢迎　关里关外人民狂欢》等标题中感叹号的使用，使得语气更重，具有强烈的祈使情感，这一方式的使用，有很强的号召力、鼓动力。

2. 文艺作品通俗生动

《群众日报》的新闻报道形式多样，第四版刊登的文艺作品通俗生动。1948 年 8 月 3 日第四版《工兵歌》"隐蔽身体，挖好交通壕，敌人枪炮无法瞄，桥梁架牢能过，轻重步骑炮，坑道作业伤亡小，勇敢技术结合好，才能杀敌立功劳"以欢快的快板形式展示工兵工作技术，便于被人们接受和记住。1949 年 1 月 20 日第四版《念新书》"张凤九，真糊涂！不让小孩念新书，他说还是私塾好，念些新书没用处。……张凤九，明白了！新书倒比旧书好……"用这种顺口溜形式简洁明快道出读新书的必要，为张凤九式老思想的人开辟思路；1947 年 7 月 7 日第二版《歌谣中的蒋军》："想中央军来，盼中央哪，中央来了更遭殃。恨中央哪，太可恶哇，擒民钱财把人诛。日本军哪，当做亲父，汉奸特务全在数……大家起来扶八路，民主政府要崩溃，今后要上光明路。"通过易于识记、朗朗上口的歌谣来表达对敌我的不同态度，宣传了蒋军的恶行，动员更多群众扶八路、灭蒋军。

《群众日报》在 1948 年下半年逐渐增加了配图报道。1948 年 11 月 4 日第一版的《东北解放战争大功告成　我军攻克沈阳市　守城蒋匪全被解决》，"东北人民解放军近日完全解放东北最大城市沈阳，守敌全部解决。我军入城后，久受蒋匪压迫的群众夹道欢迎。城市秩序正迅速恢复中……"用 1：10000 的比例尺将沈阳周围，南至长春（松花江），北到营口（渤海），东至通化，西到朝阳范围的城市及路线的绘制图呈现在报纸版面上，十分清晰，让读者对东北情况一目了然；1948 年 11 月 6 日第一版的《中国共产党中央委员会　电贺解放沈阳与全东北》也有配图。还有 1948 年 6 月 29 日第三版题刊登占据版面 1/3 篇幅的漫画《渐复原状》，生动形象地展现出了日本军事实力逐渐恢复的状况。此时正值 1948

年美苏冷战时期，美国对日本从削弱政策改行扶植政策，以保障自身在亚洲的利益。《群众日报》通过漫画形式对这一国际形势的重要变化加以提醒，对美国和日本等国家的丑恶嘴脸加以揭露。

3. 编读往来互动频繁

《群众日报》设有《建议与批评》《更正》《声明》《通讯往来》《读者来信》《问事处》等专栏，作为与读者信息交流的平台。如 1948 年 12 月 19 日第四版《问事处》栏中有《地主转向工商业平分时不能动》文章，报道了针对"乡村中的地主把浮财和土地变卖而投资工商业者，这样的工商业该如何处理，是否可以没收工商业者的土地"等向《群众日报》编辑部发问。编辑部根据问题给出回答"不可以，在实行土改前，转入工商业，只要是合法的，就应该保证，这是为了发展工商业。繁荣经济，绝不能动"，为广大干部指明了工作方向。

《群众日报》重视通讯员工作，加强通讯员写稿、投稿的指导，刊登通讯员来稿数量，对热心写稿的通讯员及党员干部进行表扬。如 1948 年 7 月 24 日第三版《介绍一位好写稿的县长》、第四版《冀热察新华分社六月份通讯工作检查》《本社编辑通讯部六月份来稿统计》等，体现了全党办报、群众办报思想。

二 《群众日报》政治动员的效果

(一) 形成良好舆论氛围，有利于人民军队由战略防御转向战略反攻

土地改革后，翻身后的农民踊跃参军支援前线。四年来，热河共有 16 万多人参军参战，壮大了冀察热辽部队，有力地支援了人民解放战争。[①]《群众日报》的军事报道营造了人民解放军几战几捷，而国民党军队节节败退、政权摇摇欲坠的舆论。凡是重大战争的战绩大多在报纸头版头条刊出，"围歼""巨大胜利""缴获""全军覆没""摇摇欲坠"等关键词在标题中经常出现，良好的战争形势激励了战士的士气，证明了中国共产党的领导实力，增强了群众对党的信任，有利于土改、征粮工作的进行，同时也更激励着广大人民群众行动起来参加到革命战争中去。

另外，报纸版面上各地群众踊跃参军的事例屡见不鲜，形成了父母推荐儿子、妻子推荐丈夫的舆论氛围，使得源源不断的后备兵力加入到主力

---

① 邓一民：《热河革命史稿（1919—1955）》，文化艺术出版社 1988 年版，第 337 页。

部队和地方部队中，扩充了军队的战斗力。报纸还对深入土改中的党组织、政权组织、群众组织建设进行报道。后方的稳固是前方胜利的基础和关键，这些关于后方政治、经济方面的正面宣传报道，一定程度上解决了前方浴血奋战的战士们的后顾之忧，为前方军事战争形势奠定了积极的舆论环境。

人民军队1947年7月由战略防御阶段稳步走向反攻，又于1948年进入战略决战阶段，以及到1949年初进入最终胜利的阶段，都离不开广大人民群众的兵力、物资方面的支援，而这些支援行为，又离不开《群众日报》的政治动员。

（二）深入宣传土地改革，奠定解放战争胜利的政治经济基础

《群众日报》对土改中出现的问题和方法进行了大量报道，对"左"倾错误及时纠正。随着中央五四指示和热河省委六六指示，土地改革运动逐渐展开。但由于热河情况比较复杂，土改工作面临诸多问题。革命形势的猛烈发展，需要《群众日报》深入宣传土地改革，发动农民群众支援解放战争。在党的领导和报纸的动员下，热河完成了土地改革运动，巩固了中国共产党在解放区的政权，为解放区农业生产的发展奠定了基础，也对中国共产党夺取全国政权起到了关键作用。

（三）引导人民群众认清形势，配合做好支前和生产活动

《群众日报》在重要问题、重要时间节点，在政策的执行中出现问题、人们不知如何解决的迷茫时期，经常会刊登社论、指示及经验介绍等，表明态度、告诉人们前进的方向。这对引导人民群众认清敌我形势、明确行动目标，与党中央在思想和行动上保持一致起到积极作用，为实现发展生产、支援战争、推行政策等具有重要意义。

从《群众日报》的受欢迎程度也可以看出动员的效果。1948年8月24日第一版《大众报改称五日刊通知》，"大众报出版以后，各地方来稿越来越多，再者，各地方都嫌出报时间隔的太长，现在为了满足读者和通讯员的要求，决定自阳历九月一日起改成五天一出，请大家更多地来稿，同时，把报纸更快地发到各村群众手里。——大众报社　八月二十一日"。足以见得《大众报》的受欢迎程度。虽然《大众报》并非《群众日报》，但1948年十二月初改为《群众日报》第四版，自1949年3月1日起作为《群众日报》的五六版增刊。《大众报》和《群众日报》由分到合，两者性质相似，其受欢迎程度也代表着《群众日报》的影响情况。

第四节 《群众日报》的历史作用

《群众日报》是中共冀察热辽分局的机关报，在土地革命、根据地建设及扩兵支前等方面进行了大量宣传报道，对中国共产党在热河地区赢得政权乃至解放战争的最终胜利，起到了重要的动员作用。另外，《群众日报》作为新闻媒体，具有一定的反思和总结精神，是一份极具反思意识的报纸。《群众日报》贯彻了全党办报和群众办报思想，报道了中央新闻宣传的重点内容，履行了党报职责，完成了党报使命。

一 《群众日报》不辱党报使命

《群众日报》是中共冀察热辽分局的机关报，是解放战争时期热河地区的党报，是1947—1949年赤峰地区发行的党报，宣传了党的方针政策，对土改、扩军、征粮、戒烟、组织生产、发展根据地、巩固政权有着动员、鼓动作用。

《群众日报》一方面积极报道解放军的战绩、宣传解放军的优秀品质，对各个地区各个阶段的战况进行报道。与解放军的正面形象形成对比，揭穿了国民党的虚伪及失败趋向。这激发了群众参军的信心，也增加了人们对中国共产党的信任。该报还呈现了土地改革的进程、整党建党的情况、敌后根据地的建设等情况，通过报道典型人物和典型事件，树立支前榜样，纠正思想作风；通过发表具有指导意义的社论、指示和经验，指导人们克服困难走出困境；通过发布具有交流感、互动性的文章，不断推进各项工作完成。《群众日报》在指导工作、鼓舞斗志、稳定人心、引导参军等方面都起到了重要作用，为解放战争和土地改革营造了舆论氛围，为解放战争的最终胜利奠定了基础。

二 《群众日报》对实际工作具有指导作用

《群众日报》发挥了党报对实际工作的指导作用。如1948年6月1日第四版《报纸就是教科书——党报在我土改工作中起的作用》《如何报道一个运动？应该怎样对待典型？——新华社东北总分社业务通报之一：对整训期间各支社来稿的初步总结》《报纸在战争中的职责》《关于综合报道经验》等，这些业务探讨突出了报纸对各项工作的指导作用，对于发挥报纸的最大效用起到了积极作用。

《群众日报》深谙新闻报道要坚守党性，并对如何办好党报进行了积极的探索。1948 年 6 月 1 日《大家努力办好报纸》强调了报纸的职责和任务，1948 年 7 月 24 日社论《动员全党，办好党报》强调要"成为一支完全在中央、中央局和分局领导之下的、政治上思想上完全统一的、全心全力团结一致为党的新闻事业——人民的新闻事业而奋斗的新闻军"。1948 年 6 月 8 日、10 日、12 日连载了《编辑通讯部全体同志评报意见的总结》指出"党的新闻工作者本身，主要是要从新闻通讯报道和由此而产生的评论等内容方面，来体现党性"，认为目前报纸工作中存在"客里空"倾向，即不能在占有材料、占有确实数字的基础上进行报道，这阻碍了把新闻业务提高到党的政策水平。这种总结和反思有利于加强报纸党性原则，使报纸服务于党的中心工作。

《群众日报》在报道过程中，十分重视对报纸工作的反思和总结，经常针对报纸的报道任务、报道内容、报道思想等方面进行探讨和自我批评。一来这种反思的态度值得学习，二来关于党报业务、责任使命的探讨，对媒体发展较有借鉴意义，值得今天的媒体学习。

《群众日报》改版前在版面安排方面显得较为杂乱。改版前每版大概15—20 条报道，有些报道的排版转至三到四个不同板块且没有明确连接标志，有时会出现找不到下文的状况。当然这种情况在改版后有了改变，每版不仅报道内容有了明确规定，而且稿件安排相对规范，还增加了图片报道。

《群众日报》在稿件来源方面，多为整合各社消息，本报记者采写的内容相对较少。转载自新华社的报道较多，主要转载西北（晋察冀、晋绥）、东北各支社的 2—5 天前的报道，时效性不强。还有相当一部分转载自赤峰及当地（林西、林东等）的报道，只是在篇幅上大多短小，简单的消息报道居多，背景材料交代不足。另有部分稿件没有注明新闻来源。《群众日报》经常将报道中的错字等信息刊登在报头的更正中，对内容的准确性较为重视，但将"更正"刊登在报头位置并不是最佳的编辑思路。

第九章

中国共产党党报思想在内蒙古地区的实践

第一节　中国共产党党报思想的发展脉络

党报即政党机关报，它由政党出资主办，代表政党发言，以政治宣传为主要内容。19 世纪 40 年代马克思主义诞生后，报刊成为指导工人运动以及政党建设的重要工具，开创了共产主义机关报刊的历史。中国共产党创立后，以无产阶级党报思想为主导，结合中国革命的历史经验和实践特征，开始了自己的党报实践，提出了自己的党报理论。

一　中国共产党党报思想的渊源

中国共产党党报思想是在马克思、列宁等无产阶级革命家新闻思想的影响下，结合中国革命的实际，在斗争中逐步形成、完善的。中国资产阶级的早期报刊活动和党报实践，也给中国共产党的党报思想提供了养分。

中国报业史上，资产阶级维新派开创了政治家办报先河。康有为、梁启超、谭嗣同、唐才常等维新人士，既是维新派报刊的创办者或主笔，又是各地维新运动的组织者和领导者，他们利用报刊宣传变法主张，大造维新舆论，从而形成了我国"政治家办报"传统。《中外纪闻》《强学报》《时务报》《湘报》《湘学报》等作为维新派主办的各个学会的机关报，初步具备了政党报纸的雏形。之后的资产阶级革命派也创办了《中国日报》《民报》《神州日报》等大批报刊宣传革命思想，为推翻清政府制造舆论声势，《民报》还是资产阶级政党同盟会的机关报。黄兴、章太炎、于右任等资产阶级政治家均积极参与报业活动，"政治家办报"成为我国近现代报业的一个显著特点，政党报纸也正式登上了历史的舞台。

资产阶级维新派和革命派认为，报刊具有党派属性，是政治斗争的工具。康有为把强学会视为政党的喉舌，他在《强学会章程》中要求强学会报刊一方面宣传强学会宗旨，另一方面要向会员报道"会中事务"。这样强学会所属报刊实际上是强学会的"会报"，具有党派属性。到戊戌政变以后，康梁流亡海外，他们更是直称保皇会、国民宪政会、政闻社等为"吾党"，称这些组织所属报刊为"党报"了。梁启超认为，政党建设的要务，"第一在经费、事实、外交，次之则报章之良恶迟速多寡"，① 把报刊作为政党建设的重要方面。他甚至认为党报是党的重要机关，应"先造此基础（即办报，笔者注），为党的先河"。② 把报刊与政党建设联系起来，报刊是建党的基础，这一点与马克思、恩格斯的主张非常接近。孙中山也十分重视党报的作用，鼓励党内同仁出资办报，他自己也创办过十几种报刊，认为党报是革命的辅助力量。

马克思曾用"耳目喉舌"来表述报纸的功能和作用。1849 年 2 月，他在驳斥反动势力对《新莱茵报》的控告时指出："报刊按其使命来说，是社会的捍卫者，针对当权者的孜孜不倦的揭露者，是无处不在的耳目，是热情维护自己自由的人民精神的千呼万应的喉舌。"这里使用的"耳目"与"喉舌"，是指政党报刊的信息功能和意见表达功能，与中文中作为比喻义的"耳目""喉舌"，有语义上的区别，只是为了翻译的便利而选择的中文词汇，并非专指"党的喉舌"。③

1849 年 12 月 15 日，在《〈新莱茵报·政治经济评论〉出版启事》中，马克思、恩格斯指出："报纸最大的好处，就是它每日都能干预运动，能够成为运动的喉舌，能够反映出当前的整个局势，能够使人民和人民的日刊发生不断的、生动活泼的联系。"这里，"喉舌"的概念已经带有宣传的意味，无产阶级领导者对运动的干预，一定程度上是借助《新莱茵报》实现的。《新莱茵报》是一份政治性日报，列宁曾称赞它是革命无产阶级最好的、无与伦比的机关报，因为《新莱茵报》能够密切联系群众、积极指导运动，把宣传革命纲领作为首要任务，具有强烈的革命爱憎，鲜明的战斗风格。

---

①　梁启超：《论中国积弱由于防弊》，《饮冰室合集·文集》（第一卷第一册），中华书局1941 年版。

②　张丽萍、刘寒娥：《对梁启超新闻思想的历史观照与反思》，《社会科学辑刊》2002 年第6 期。

③　黄旦：《耳目与喉舌的历史性变化：中国百年新闻思想主潮论》，《新闻记者》1998 年第10 期。

列宁明确提出了政治家办报的思想，认为，"党掌握的各种机关报刊，都必须由确实忠于无产阶级革命事业的可靠的共产党人来主持"、体现了。列宁关于"报纸是集体的宣传员、鼓动员和组织者"的论断成为中国共产党关于党报理论的基础。

二　中国共产党早期党报观念

中国共产党成立后，明确规定党的报刊必须由党组织经办并由党员直接掌办，且内容不可与党的方针政策相背。1921 年党的第一次全国代表大会通过的第一个决议的宣传工作部分规定："杂志、日刊、书籍和小册子须由中央执行委员会或临时中央委员会经办""无论中央或地方的出版物均应由党员直接经办和编辑。任何中央、地方的出版物均不能刊载违背党的方针、政策和决定的文章。"[1] 1922 年中国共产党第二次全国代表大会确定了党报在组织上服从党的领导，政治上与党保持一致，不得违背党的路线、方针和政策等原则。1923 年，中共中央"特别设一编辑委员会""主持中央一切机关报"的宣传工作，并指导全党的宣传活动。1926 年 9 月，中共中央又具体规定由《向导》等报刊的主任编辑共同组成党报编辑委员会，具体负责指导全党报刊的宣传活动。[2] 1930 年，《红旗》刊发《提高我们党报的作用》一文，指出："扩大党报不仅是我们党的经常工作之一，并且是我们党在目前革命形势中一个重要的革命斗争。这个斗争不仅要反抗帝国主义及一切统治阶级对于我们党报的压迫并且要反对我们党内之一般忽视党报作用的倾向。"[3] 为进一步发挥党报的作用，1938 年中共中央就党报存在的问题给地方党组织发出指示，指出："由于过去党处在长期秘密工作之下，不能发行全国性党报，因此对于党的各项政策只能靠秘密的油印刊物秘密传达，这样就养成同志们不了解党报的作用。……必须纠正过去那种观念。"[4] 1944 年 3 月 22 日，毛泽东在陕甘宁边区文化教育座谈会上发表谈话，在谈到报纸时，特别强调指出，办报是

---

[1]　中国社会科学院新闻研究所：《中国共产党新闻工作文件汇编》（上），新华出版社 1980 年版，第 1 页。

[2]　方汉奇：《中国新闻事业通史》第二卷，中国人民大学出版社 1996 年版，第 157 页。

[3]　中国社会科学院新闻研究所：《中国共产党新闻工作文件汇编》（下），新华出版社 1980 年版，第 36 页。

[4]　中国社会科学院新闻研究所：《中国共产党新闻工作文件汇编》（上），新华出版社 1980 年版，第 86 页。

党的一种"重要工作方式"，"报纸是指导工作，教育群众的重要武器"。①

从中国共产党的办报实践来看，建党早期及以后的革命战争时期，由于条件和环境限制，《新青年》《向导》《热血日报》《红旗》《红色中华》等产生过重大影响的党报党刊多为短期出版，刊期往往不固定，虽然积累了一定经验，却并没有进行系统整理和全面总结。只是到了40年代，在自身实力发展壮大以后，才有可能开始进行大规模的"新闻改革"。

中国共产党关于报刊功能的表述中，"喉舌"观念出现较早，指代的含义是党报党刊具有的"代言"作用，代言对象是一般党员和广大工农群众等。创办于1929年的《党的生活》出版启事中说："《党的生活》与其他刊物的区别，不仅在于他要讨论党内的问题，而更在于他是一般党员的喉舌"②，这是关于党报党刊的喉舌作用的最早表述。紧随其后的1930年的《红旗日报》发刊词说："本报是中国共产党机关报，同时在目前革命阶段中，必然要成为全国广大工农群众之反帝国主义与反国民党的喉舌。"③《新华日报》说："本报是中国人民的喉舌。"④ 1942年延安《解放日报》在"致读者"的社论中说："使《解放日报》成为真正战斗的党的机关报，成为一切愿意消灭民族敌人、建立民族国家的人的共同的喉舌。"⑤

这一时期，关于党报党刊的"喉舌"功能，用法还较宽泛，指代主体还较多样。在党报思想逐渐成熟后，"党报是党的喉舌"是指党报是党的领导集体的喉舌，是同级党委的喉舌，不是个人的喉舌，不是一般党员的喉舌。

三 抗战时期党报思想的成熟

抗日战争时期，《解放日报》改版是党报改革的样板，在此基础上，

---

① 中国社会科学院新闻研究所：《中国共产党新闻工作文件汇编》（上），新华出版社1980年版，第112页。

② 中国社会科学院新闻研究所：《中国共产党新闻工作文件汇编》（下），新华出版社1980年版，第19页。

③ 中国社会科学院新闻研究所：《中国共产党新闻工作文件汇编》（下），新华出版社1980年版，第22页。

④ 中国社会科学院新闻研究所：《中国共产党新闻工作文件汇编》（下），新华出版社1980年版，第44页。

⑤ 翁海勤：《"耳目喉舌"说的历史沿革》，《新闻记者》2007年第3期。

根据地党报全面改革，明确了"全党办报"思想，党报工作的制度化建设也开始起步。这一时期，是中国共产党党报思想的成熟阶段。

为适应抗日战争相持阶段的斗争形势，推动各方面工作开展，1941年在合并《新中华报》和《今日新闻》的基础上，党中央决定在根据地集中力量办好《解放日报》。创办初期的《解放日报》存在党性不强、脱离实际、脱离群众等问题，具体表现为在报道内容的安排上忽视了接近性原则，国际新闻在版面位置和新闻数量上都占压倒性优势，我党我军的重大事件以及中共中央的重大决定、边区和各抗日根据地的新闻数量严重不足；版面安排局限于由外而内的版面顺序，将国民党和共产党的主张并列重复排列，报道党的中心工作的新闻在版面上被安排到了第四版。毛泽东曾批评它是"不完全的党报，对中心工作宣传不得力，缺乏党报应有的政治敏感"①。

1942年3月16日，中共中央宣传部发出《为改造党报的通知》，这是党报改革的纲领性文件。《通知》说："报纸是党的宣传鼓动工作最有力的工具""各地方党部应当对自己的报纸加以极大的注意，尤应根据毛泽东同志整顿三风的号召，来检查和改造报纸。"《通知》对党报的性质、任务以及如何办好党报都作了具体指示。"报纸的主要任务就是要宣传党的政策，贯彻党的政策，反映党的工作，反映群众生活，要这样做，才是名符其实的党报，如果报纸只是或者以极大篇幅为国内外通讯社登载消息，那末这样的报纸是党性不强，不过为别人的通讯社充当义务的宣传员而已，这样的报纸是不能完成党的任务的。如果各地党报犯有这样毛病，就须立即加以改正。"

在1942年4月1日改版《致读者》社论中，提出《解放日报》必须将党性放在首位，"具备党报所必须的品质——党性、群众性、战斗性和组织性"，要使《解放日报》能够成为"真正战斗的党的机关报"，因此，报纸的整个篇幅要"贯彻党的路线，反映群众情况，加强思想斗争，帮助全党工作的改进"。

《解放日报》改版后，围绕党的中心工作，突出中国共产党的政治主张，重点报道我军前线战况和有关根据地政治、经济、文化教育等方面的新闻，在报纸形式方面也有很大改进，版面编排更加合理，栏目设置更加

---

① 刘明钢：《解放日报改版：毛泽东点将陆定一》，《党史博彩》2006年第5期。

美观，语言更加新鲜生动。

《解放日报》改版在党的新闻宣传工作中具有里程碑意义，确定了"全党办报"的新闻思想，使中国共产党党报理论走向成熟。《本报创刊一千期》总结改版经验时指出："我们的重要经验，一言蔽之，就是全党办报四个字。由于实行了这个方针，报纸的脉搏就能与党的脉搏呼吸相关了，报纸就起了集体宣传者与集体组织者的作用。"

"全党办报"的含义包括两方面：一是各级党组织要把办报作为一种重要的工作方式来抓，要多办报；二是党报要靠全党来办，不能只依靠少数人关起门来办。① 改版后的《解放日报》不再是既有社会性又有无产阶级倾向性的普通新闻纸，而是无产阶级政党的旗帜、号角和鼓风机。

《解放日报》改版的收获在于明确了党报的性质、任务，确定了全党办报、群众办报原则，强化了党报的党性原则，在以下几个方面丰富了党报理论。

首先，关于党报的性质和任务。报纸是党的宣传鼓动工作最有力的工具。1941年6月20日中宣部颁布关于党的宣传鼓动工作提纲，其中第九条规定："报纸、刊物、书籍是党的宣传鼓动工作最锐利的武器。党应当充分地善于利用这些武器。办报，办刊物，出书籍应当成为党的宣传鼓动工作中的最重要的任务。除了中央的机关报、机关杂志及出版机关外，各地方党组织应办地方的出版机关、报纸、杂志。"《为改造党报的通知》指出，"（报纸）每天与数十万的群众联系并影响他们，因此，把报纸办好，是党的一个中心工作"。党报是党的领导机关的化身，代表党说话，以党的立场领导各部门的工作。1942年整风运动和大生产运动是当时党的中心工作，《解放日报》发表了许多指导运动的文章和社论，保证了整风运动的顺利开展；正确地宣传了党的"发展经济，保障供给""自己动手，丰衣足食"的方针，推动了大生产运动的开展。

其次，关于党报与党的关系。党报以党的使命为使命，是党的喉舌。毛泽东在《解放日报》发刊词中写道："中国共产党的使命，就是本报的使命。"② 这一论断道出了党报使命与党的使命的一致性。1942年9月22日的《党与党报》社论指出，党报是集体的宣传者和组织者。"报纸是党

---

① 黄旦：《耳目与喉舌的历史性变化：中国百年新闻思想主潮论》，《新闻记者》1998年第10期。

② 《毛泽东新闻工作文选》，新华出版社1983年版，第56页。

的喉舌，在党报工作的同志只是整个党组织的一部分，一切要依照党的意志办事，一言一行，一字一句，都要照顾到党的影响"，"党报不但要忠实于党的总路线、总方向，而且要与党的领导机关的意志呼吸相关，息息相通，要与整个党的集体呼吸相关，息息相通，这是党报工作人员的责任。这是办好党报的必要条件之一。"陆定一指出，党报要"时时刻刻注意政策，要知党报工作就是宣传政策。报纸的一字一句，一则新闻，一条标语，处处都体现着党的政策，稍一疏忽即会产生错误。"毛泽东强调，应当在党的统一领导下办报，凡是新的重要问题，小至消息大至社论都须与中央商量，报社内部的事务亦须如此，中央与西北局要极力注意管理报纸，"报纸不能有独立性；不能有一字一句的独立性"，不要以为某人写文章署名是个人的事，这是关系党的影响的大事情。①

最后，关于党报的领导与组织。党报要遵循党性原则，"要使各地的党报成为真正的党报，就必须加强编辑部的工作，各地党的高级领导机关，必须亲自注意报纸的编辑工作，要使党报编辑部与党的领导机关的政治生活联成一气，要把党的政策，党的工作，抗日战争，当地群众运动和生活，经常在党报上反映，并须登在显著的重要的地位，要有与党的生活与群众生活密切相联系的通讯员或特约撰稿员，要规定党政军民各方面的负责人经常为党报撰稿"。②

"整风运动"中《解放日报》发表了《把我们的报纸办得更好些》《党与党报》《报纸与新的文风》《新闻必须完全真实》《政治与技术》《我们对于新闻学的基本观点》《关于部队的报纸工作》《本报创刊一千期》《提高一步》《报纸是人民的教科书》等许多阐述新闻工作的社论和文章，对党报的性质和作用，全党办报的方针，新闻工作的党性原则等问题，作了比较系统的论述，初步奠定了我国无产阶级新闻学的理论基础。这个过程中，中国共产党的"党报模式"正式确立，在坚持"党性"原则的前提下，明确了党报要掌握在党的最高决策层手里，而不是少数人手里；党报要配合党的中心工作，宣传党的方针政策，坚持"从群众中来、到群众中去"；党报"以宣传为本位"等新闻理论。

---

① 王敬：《延安〈解放日报〉大事记》，《新闻研究资料》（第26辑），第125页。
② 《中共中央宣传部为改造党报的通知》，《解放日报》1942年4月1日第二版。

四　中国共产党党报思想的进一步完善

1947 年中共中央晋绥分局机关报《晋绥日报》带头开展的反"客里空"运动，进一步强化了党性原则，使中国共产党的党报思想进一步完善。毛泽东同志在《对晋绥日报编辑人员的谈话》中阐述了有关党报一系列问题，对解放区新闻工作中两条战线的斗争作了经验总结。他在讲话中指出："报纸的作用和力量，就在它能使党的纲领路线，方针政策，工作任务和工作方法，最迅速最广泛地同群众见面"①，因此，"办好报纸，把报纸办得引人入胜，在报纸上正确地宣传党的方针政策，通过报纸加强党和群众的联系，这是党的工作中的一项不可小看的、有重大原则意义的问题"。②毛泽东强调全党办报原则，他说："我们的报纸也要靠大家来办，靠全体人民群众来办，靠全党来办，而不能只靠少数人关起门来办。"

《对晋绥日报编辑人员的谈话》进一步强调了"全党办报"的方针，将党的政策变为群众的行动；提出了新闻工作者要向群众学习；总结报纸在反左与反右的经验教训，提出党报要有鲜明个性；论述党报工作的性质、作用，党报同党委、群众的关系，党报工作的群众路线，党报工作者的素质与修养，无产阶级党报的作风与风格。

1948 年《中共中央关于宣传工作中请示与报告制度的决定》进一步把党管报纸的制度构建规范化、操作化了。③《决定》规定的内容十分详尽，举要者有：

第一，各地党报必须执行毛主席所指示的由各地党报的负责人看大样制度，每天或每期党报的大样须交党委负责人或党委所指定的专人作一次负责的审查，然后付印。

第二，各地党报的社论及编者对于新闻的政治性和政策性的按语与对于读者政治性和政策性的问题的答复，必须由党委的一个或几个负责人阅正批准后，才能发表。凡该级党委所不能负责答复的问题，应请示上级党委或新华总社，而不应该轻率答复。

---

① 毛泽东：《对晋绥日报编辑人员的谈话》，《新闻工作文献选编》，新华出版社 1990 年版，第 71 页。

② 毛泽东：《对晋绥日报编辑人员的谈话》，《新闻工作文献选编》，新华出版社 1990 年版，第 71 页。

③ 童兵：《中国共产党管报纸的制度构建及其改革》，《兰州大学学报》（社会科学版）2011 年第 7 期。

第三，凡各级党委及其负责人，对于带有全国性或全党性的问题的言论，凡其内容有不同于中央现行政策和指示者，均应事前将意见和理由报告中央批准，否则，不得发表。其内容虽同于中央现行政策和指示，但其性质特别重要者，亦应事前向中央请示。

综上，中国共产党的党报思想经过不同历史阶段的发展演变，逐步走向成熟完善，成为党的新闻工作的主导思想。

第二节　解放战争时期全党办报思想在内蒙古地区的实践[①]

一　内蒙古地区共产党报刊以"全党办报"思想为指导原则

"全党办报"是中国共产党报刊活动的指导思想，是马克思列宁主义新闻观与中国共产党办报实践相结合的产物。"全党办报"原则的核心内涵是党报必须接受党的领导，执行党的宣传任务，服务党的中心工作。具体内容包括党组织要领导党报，要善于利用党报指导工作；党组织和党员要关心党报、阅读党报，为党报写稿；党组织和党员负有推销党报、扩大党报发行的责任。

1930 年 5 月，李立三在《党报》一文中指出："每个党的组织以及每个党员都有他对于党报的严重的任务：第一读党报，第二发行党报，第三替党报做文章，特别是供给党报以群众斗争的实际情形和教训。这决不是少数管理党报工作的同志的任务，而是每个同志的任务，而且是比之纳党费、参加党的会议，还重要十倍的必须尽的义务。"[②]

"全党办报"思想在抗日战争后期和解放战争时期成为指导党报党刊实践的核心原则。1942 年，中国共产党在延安开展整风运动，毛泽东提出各级党组织都应当利用《解放日报》的意见，认为这是党的机关的一项业务和责任。1944 年《解放日报》纪念创刊一千期时发表的社论中，明确提出"全党办报"概念，强调党报必须由全党来办，不是依靠几个报馆同仁来办。1948 年春，毛泽东在《对晋绥日报编辑人员的谈话》中

---

① 本节内容作为课题的阶段性成果，同名发表在《新闻春秋》2015 年第 5 期。

② 中国社会科学院新闻研究所：《中国共产党新闻工作文件汇编》（下），新华出版社 1980 年版，第 127 页。

再次强调，"我们的报纸也要靠大家来办，靠全体人民群众来办，靠全党来办，而不能只靠少数人关起门来办"。

解放战争时期，"全党办报"思想也是内蒙古地区党报活动的指导原则。中国共产党在解放战争期间就办好内蒙古地区的党报《群众报》《内蒙自治报》《内蒙古日报》《绥蒙日报》等多次做出专门决定，特别强调"全党办报"原则，目的是使报刊能够在党的领导下，及时传达党的声音，使之成为民族地区党与群众密切联系的纽带和桥梁。

（一）指导原则一：掌握党报领导权，推动党的各项工作

1947年5月1日，中国共产党领导下的内蒙古自治政府宣告成立。为了更好地掌握报纸这一舆论工具，加强党对报纸的领导，1947年9月1日《内蒙古共产党工作委员会关于〈内蒙自治报〉的决定》规定，内蒙古自治运动联合会机关报《内蒙自治报》直接由内蒙古共产党工作委员会领导，成为党委的机关报。《决定》要求《内蒙自治报》以当时解放区的核心工作为中心，围绕"解放战争报道"和"土地改革宣传"两项任务，配合党的中心工作，宣传党的革命政策。这是党报思想的体现，也是"全党办报"原则的具体要求。

1948年1月1日，《内蒙自治报》更名为《内蒙古日报》，成为中国共产党在我国少数民族地区创办最早的省级党报。1948年9月1日，内蒙古工委做出了《中国共产党内蒙古工作委员会关于加强内蒙古日报的决定》①。《决定》规定："为了使内蒙古日报在内蒙今后真正成为宣传党的路线政策，宣传毛泽东思想，并进行政治与科学的启蒙工作的报纸，真正成为反映实际，指导实际的报纸，实有在现有基础上大大加强的必要，而加强报纸工作，单凭报社少数工作人员的努力是不够的，最具决定的一环，是在于各级党委重视报纸的作用，并自上而下贯彻全党办报的方针。"为了实现全党办报，《决定》规定："在党委领导下，成立党报委员会，确定党报委员会的任务，主要是对报纸的政策领导，在一定时期给予报纸以方针任务，及时加以检查总结，统一计划与管理所有党的出版与发行工作，并出版党内刊物。"可以看出，《决定》要求《内蒙古日报》完全掌握在党的领导之下，自上而下贯彻全党办报的方针。《决定》的出

---

① 内蒙古日报社、内蒙古新闻研究所编：《内蒙古新闻资料选编》（第一集），内蒙古日报社内部资料，1988年，第161页。

台，使中国共产党对《内蒙古日报》的领导力度大大加强。

中共绥蒙区委员会机关报《绥蒙日报》也受到了党的直接领导。这张诞生在炮火中的报纸一度在 1947 年 9 月因解放军撤离集宁而被迫停刊，1949 年 5 月 15 日复刊。1949 年 2 月 24 日，《绥蒙区党委关于〈绥蒙日报〉复刊的决定》① 强调了"全党办报"思想："我们的报纸，必须使党的政策广泛而正确的和群众见面；发动与组织群众贯彻实行，及时的交流工作经验教训；提高干部和群众的政治和思想水平；及时的反映广大群众的要求和动态；揭露敌人的罪行和阴谋，团结蒙回汉群众，建设人民的绥远。因之必须动员全党直接或间接参与这一工作，才能使党报发挥它应有的作用。""各级党委必须认真贯彻'全党办报'、'全党办通讯社'的方针，善于利用党报，作为领导和推动工作的有力工具，这与我们工作做好与做坏有重大关系。"这一《决定》同样提出以党报推动工作、反映群众呼声等方面的要求，明确强调"各级党委必须认真贯彻'全党办报'、'全党办通讯社'的方针"。

（二）指导原则二：动员群众为报刊写稿

组织群众为党报写文章，动员全党参与报刊工作，这是"全党办报"思想的重要方面。中国共产党内蒙古工作委员会关于报刊工作的一系列决定，要求内蒙古解放区的革命报刊按照"全党办报"思想，组织通讯员队伍，丰富报纸的稿件来源，反映基层工作的鲜活情况，使报刊更好地为群众服务。

《群众报》的发刊词号召群众为报纸写稿，使该报能够真正走向群众，成为群众的通俗读物："……我们要求大家写稿子，将群众报作为群众的言论机关，大家读报纸，作为最通俗的读物，这样才能够充实'群众'的价值，使之走出少数文化工作者的圈外，真正与群众结合起来……"1946 年 7 月，"内蒙古自治运动联合会"东蒙总分会决定："各盟旗、各军队、各学校、各机关、各群众团体以及自治运动联合会各级组织都要指定专人作报纸的通讯员，为《群众报》经常写稿，把本地区本机关之各种工作情况及其经验、各种群众活动、斗争及其创造成就，写成新闻通讯寄给报社，把给报社写稿看成和上级汇报工作一样重要"。② 这

---

① 内蒙古日报社、内蒙古新闻研究所编：《内蒙古新闻资料选编》（第一集），内蒙古日报社内部资料，1988 年，第 164 页。

② 内蒙古日报社、内蒙古新闻研究所编：《内蒙古新闻资料选编》（第一集），内蒙古日报社内部资料，1988 年，157 页。

个决定与《群众报》的发刊词相配合，总体思路就是要求各机关积极为报社写稿，使报纸走出少数文化工作者的圈子，真正与群众结合起来。

《内蒙古共产党工作委员会关于〈内蒙自治报〉的决定》也强调，《内蒙自治报》"必须加强报纸与群众的联系，与一切革命工作、革命机关联系，并要求共产党员、青年团员、革命军人、各部门革命工作人员以及翻身群众积极的自动的为内蒙自治报组织写稿与组织读报。"《决定》要求党员、群众积极为《内蒙自治报》写稿，报道解放区的自治运动和土地改革运动，加强报纸与群众的联系，贯彻"全党办报"方针。

《中国共产党内蒙古工作委员会关于加强内蒙古日报的决定》中也有设置新华支社、安排通讯干事为报刊写稿的规定："在直属各盟，应着手建立新华支社，逐渐做到逐日向报社（新华分社）发稿。""除继续大力发展与巩固各地通讯组织外，盟旗党委应立即着手建立中心通讯小组，定期开会，定出写稿计划，经常供给报社以全面性或总结性的材料。"这些决定从组织和制度方面，对如何培养通讯员队伍给出了指导意见，将通讯工作纳入党委的工作范畴，是"全党办报"方针的直接体现。

《绥蒙区党委关于〈绥蒙日报〉复刊的决定》中也有相似规定："各县市各支队应尽力在宣传部门配备通讯干事，业务系在党委领导下，督促检查及管理所属通讯工作，组织并帮助通讯员写稿，负责处理通讯员的稿件（包括登记、整理复信退稿等）。""在写稿上，党委要亲自动手以推动大家，每人每月至少写综合性报道一篇。各县市、各支队、各机关写稿数目每月在报上公布一次。"这一决定规定了各单位的写稿数量以及加强通讯报道力量的做法，要求各单位督促检查及管理所属通讯工作，体现了"全党办报"的思路和党委对通讯工作的重视。

（三）指导原则三：组织群众阅读党报

组织群众阅读党报，学习党的方针政策，领会党的精神意图，也是"全党办报"思想的一个方面。内蒙古工委对《群众报》《内蒙古日报》《绥蒙日报》等都有加强党报利用、促进政策传达的要求。

《内蒙古自治运动联合会东蒙总分会关于〈群众报〉的决定》规定："报纸发下去后，应组织所有人员读报，反对把报纸随便撕毁抛弃压存而不给别人阅读之现象，报纸上重要社论当做上级机关之重要指示一样研究讨论。"内蒙古自治运动联合会东蒙总分会要求充分利用报纸，组织阅读报纸，发挥报纸的作用。

《中国共产党内蒙古工作委员会关于加强内蒙古日报的决定》中规定："各级党委政府，应规定具体办法，充分利用一切便利交通工具协助报纸的迅速发行，使之真正深入广大群众中去。如有积压、搁置、浪费或把报纸当做废纸利用等情形，需立即检查纠正，各地尤应注意于组织读报工作，广泛建立读报小组，把读报和推动当前工作密切结合起来。"

《绥蒙区党委关于〈绥蒙日报〉复刊的决定》规定："关于党报的发行，从县到区村，除邮路所经者由邮局传递外，其它由各县建立起经常的交通联络及组织发行网，党委需指定负责管理发行工作，以保证迅速地发到区村。"这些规定要求组织党报的传播和阅读，最大可能地扩大报纸的影响，使党的声音真正深入群众，深入基层。

综上所述，解放战争时期，中国共产党内蒙古工作委员会就报刊工作出台了一系列决定，规定党报的任务是传达党的政策，配合党的工作，要求各级党委从制度层面组织通讯员队伍，鼓励群众为报纸写稿，搞好报纸发行，推动读报活动，使报纸宣传的内容能够真正深入群众，贯彻落实。这些文件的核心思想就是"全党办报"。通过这些文件我们可以得知，解放战争时期内蒙古地区的党报工作，已经与全国解放区的党报工作步调一致，与中共中央的要求一致，实现了党对报刊的绝对领导，明确了党报是党的耳目喉舌的定位，密切了党与群众的联系。这些决定的出台，标志着中国共产党"全党办报"思想也是内蒙古地区党报工作的指导思想。

二　内蒙古地区共产党报刊在新闻报道方面对"全党办报"原则的实践

由于在指导思想上明确了"全党办报"原则，以《群众报》《内蒙自治报》《内蒙古日报》《绥蒙日报》等为代表的内蒙古地区共产党报刊积极配合党的中心工作，在新闻报道方面以内蒙古自治运动的进程、解放战争的战局战况以及土地改革和生产运动为重点，通过大量鲜活的新闻报道宣传党的方针政策，实践"全党办报"原则，推动各项工作的顺利开展。

（一）及时报道内蒙古地区民族区域自治运动的进程

解放战争时期，中国共产党与国民党军队进行针锋相对、寸土必争的军事斗争，同时，积极领导各族人民开展民族区域自治运动。《群众报》《内蒙自治报》《内蒙古日报》《群众日报》等报刊及时报道运动进程，介绍中国共产党的民族自治政策，推动了内蒙古自治运动的开展。

　　内蒙古自治运动联合会东蒙总分会的机关报《群众报》创刊后，广泛刊载有关蒙古人民支前和参战的消息，并配合自治运动发表社论及领导人讲话，进行形势教育。① 1947 年 1 月 1 日《群众报》改名为《内蒙自治报》，首刊社论《迎接 1947 年》介绍了自治运动开展一年来取得的成果，号召内蒙古各民族团结起来共同解放。1947 年 4 月 6 日，《内蒙自治报》报道了内蒙古自治运动联合会执行委员会召开扩大会议的消息，为人们揭开了内蒙古自治政府成立的序幕。4 月 23 日的报纸报道了内蒙古自治政府筹备成立的新闻，公布了施政纲领、组织大纲草案、参议员候选名单等。4 月 26 日，《内蒙自治报》套红报道了内蒙古人民代表会议隆重开幕的盛况，并连续十天对会议内容进行详细介绍。5 月 2 日，《内蒙自治报》报道了内蒙古自治政府成立的特大喜讯："在 4 万人民热望中——内蒙古自治政府宣布成立——乌兰夫、哈丰阿当选正副主席。"内蒙古革命史上这一重要的历史时刻，深深印记在 1947 年的《内蒙自治报》上。

　　除了报道内蒙古自治运动的进展和成就，《内蒙自治报》还大量报道了蒙汉人民齐心协力、共同为民族解放而努力的新闻。如 1947 年 3 月 4 日第 2 版的新闻《劳军物品发送前线　蒙汉联军誓以立功答礼》，以蒙汉联军收到后方人民寄来的劳军物资后写去感谢信为由头，强调了蒙汉团结的情谊以及共同对抗蒋军的必胜信心，报道主旨十分清晰。再如 1947 年 10 月 25 日的新闻《蒙汉铁骑驰骋察绥边境　并肩作战迭获胜利》，报道了蒙汉骑兵粉碎敌人扫荡、联合作战取得胜利的战争消息，在选题、立意方面都与党的宣传主旨高度一致。

　　1948 年 1 月 1 日，《内蒙自治报》更名《内蒙古日报》后，创刊号在一版全文转载了毛泽东同志的《目前形势和我们的任务》，二版发表了乌兰夫同志的文章《一九四八年我们的任务》，以鲜明的主题、突出的版面和翔实的内容，向刚刚实现民族区域自治的内蒙古各族人民，吹响了实现历史转折的进军号角。

　　从《群众报》到《内蒙自治报》再到《内蒙古日报》，这些共产党报刊及时报道内蒙古民族自治运动的进程，宣传党的民族区域自治政策及解决民族问题的思路，是"全党办报"思想在报刊业务方面的具体实践。

　　（二）及时报道解放战争的战局战况

　　1947 年 7 月，解放战争的形势发生了巨大变化，我军由战略防御转

---

① 方汉奇：《中国新闻事业通史》（第二卷），中国人民大学出版社 1996 年版，第 1180 页。

入战略反攻阶段。这一时期，报道解放战争的战局战况是解放区报刊的重要内容。内蒙古地区的报刊按照中共中央的阶段性宣传部署，配合战争进程，报道了内蒙古地区的战况及全国战局，对于鼓舞士气、服务政治起到了积极作用。

冀察热辽解放区机关报《群众日报》在战局战况报道方面较为突出。以1947年7月1日的《群众日报》为例。这一天的报纸发表了《林西七区翻身群众写信感谢毛主席》《太行以辉煌战果迎接"七一"　雨月解放人民九十万》《浙皖军民声威大震　围歼蒋记宁波渔警队》《凌源就俘蒋军三百抵赤　韩梅村蒋军亲往慰问》《从俘虏里看蒋军——大都是由抓丁顶替而来　缺衣少食在刺刀下过活》等有关战争进程的新闻报道9篇，内容十分丰富。《群众日报》虽为中共冀察热辽分局机关报，但报道不局限于冀察热辽解放区，关于国内其他战区的新闻报道也非常及时，有利于内蒙古地区的民众及时了解全国战局。解放战争时期，人民解放军部队陆续建立起新华社分支机构，逐渐形成了强大的军事新闻报道体系。1947年7月，解放战争进入战略反攻阶段后，新华社的发展也更加迅速。《群众日报》大量采用新华社的军事报道，起到了宣传瓦解敌人军心、鼓舞我军士气的作用。

《群众日报》关于冀察热辽解放区的本地新闻也鼓舞了士气，动员了舆论。以1947年7月1日《群众日报》第1版的消息《热北各地千五百青年胜利声中光荣参军（主题）百分之八十涌入主力（副题）》为例：

> （本报讯）综合各地参军报道：围北、乌丹、林西、天山、赤西各地，于我军胜利进军之际，千五百余青年涌入人民军队。围北于光复围场前后，群众皆以打垮蒋军匪帮之热情，八百余青年扛起自卫枪支。闻北四区两天中卅余青年自动参军。大罗子沟十三个青年于群众大会上提出："不打死蒋介石不回家"的口号报名参军。乌丹二区合成公集上三个村千余男女群众，敲着锣鼓欢送十一个人民英雄参军。
>
> ……

这条消息是在我军转入战略反攻阶段的当口，以扩充兵力、招募新兵为背景，报道围北、乌丹、林西、天山、赤西各地青年光荣参军的新闻事件。消息中有具体的新闻人物和新闻事实，使用了群众的参军口号"不打死蒋介石不回家",以及翻身老农傅守义的直接引语"参军打蒋匪是自己的事,打不垮蒋匪我们翻身就没保证",反映了人民群众参军的热情,体现了我军转入战略反攻阶段的当口,扩充兵力、招募新兵工作的顺利开展,实现了党的宣传意图。

(三) 配合土地改革和生产运动开展报道

土地改革和生产运动是解放战争时期共产党的重要议题,也是内蒙古解放区报刊宣传的重要内容。这些报刊广泛宣传土地改革的路线、方针、政策,大量揭发封建地主阶级的罪恶,报道土地改革中贫雇农扬眉吐气的具体事实,把土地改革和人民解放战争联系起来,着重宣传通过土地改革消灭几千年的封建剥削制度、推翻地主阶级等内容。1947 年土地会议以后的平分土地运动,使解放区的土地改革达到高潮并取得巨大成就。内蒙古解放区报刊的土地改革宣传也加大了力度,号召人们推翻地主阶级,开展翻身运动,《群众日报》《牧农报》的报道都很突出,形成了一定的舆论声势。

随着土地改革的深入,中共中央领导开展了一次整党运动,解决党的地方组织特别是农村基层组织存在的成分不纯和作风不纯的问题,以保证土地改革的彻底实行。① 与此同时,报刊在土地改革路线的宣传上,片面强调"走贫雇农路线";在对待干部与群众的关系问题上,宣传群众的自发性,大量报道农民自发斗争,助长了宁左勿右的情绪。内蒙古解放区的土地改革在实行的过程中也出现了一些偏差,工作简单粗糙,忽略民族地区的特点,盲目搬用东北解放区的标准,错划了部分蒙古族农民的阶级成分,采取了激烈的斗争方式,因而导致"左"倾错误普遍发生。② 内蒙古解放区的报刊在土地改革的宣传报道中,与全国其他解放区报刊一样,片面强调群众斗争的自发性,宣传审查旧的基层组织、培养新干部等做法,报纸批评在一个时期出现主观武断、盛气凌人的倾向。

1948 年 2 月毛泽东为中共中央起草《纠正土地改革宣传中的左倾错误》的指示,6 月,内蒙古东部解放区农村的土地改革运动基本结束,由平分土地的斗争转入发展生产、建立稳定秩序的阶段,内蒙古解放区报刊的报道重心由阶级斗争转向生产运动,发放贷款、组织春耕、团结中农等

---

① 方汉奇:《中国新闻事业通史》(第二卷),中国人民大学出版社 1996 年版,第 1110 页。
② 孟广耀等:《蒙古民族通史》(第五卷·下),内蒙古大学出版社 2002 年版,第 663 页。

成为报纸宣传的主要内容，群众高涨的生产热情成为报刊的宣传重心。1948 年和 1949 年，经过政策路线的调整，解放区报刊上有关生产运动的报道搞得轰轰烈烈，有声有色。

解放战争时期，内蒙古解放区报刊关于土地改革和生产运动的报道，与全国解放区报刊的宣传步调一致，声音相同，是这一时期中国共产党报刊宣传中的一个组成部分。内蒙古解放区报刊宣传取得的成绩和所犯错误，也是这一时期全国解放区报刊土地改革宣传的成绩与错误的缩影。

综上，解放战争时期，"全党办报"思想是内蒙古地区党报活动的指导原则。中国共产党就办好内蒙古地区的党报《群众报》《内蒙自治报》《内蒙古日报》《绥蒙日报》等多次做出专门决定，特别强调"全党办报"原则，目的是使报刊能够在党的领导下，成为民族地区党与群众密切联系的纽带和桥梁。这些报刊遵照党的指示与决议，出色地完成了内蒙古民族自治运动以及土地改革、生产运动的宣传报道，配合了党在民族地区的中心工作，推动了内蒙古解放运动的开展。这些成绩的取得，是"全党办报"原则在内蒙古地区得以贯彻和落实的结果，是"全党办报"思想在民族地区的成功实践。

第十章

中国国民党党报观念在内蒙古地区的实践

第一节 早期资产阶级报人关于报刊功能的认识

国人自办报刊的初始阶段就与政治结下了不解之缘。与西方报刊的兴起背景不同，我国报刊的出现不是出于刊登商品行情、船期、物价的需要，而是在救亡图存的时代背景下，社会精英议论国事、参与变革的需要。从王韬等早期资产阶级维新派，到康有为、梁启超等戊戌人士，再到以孙中山为首的资产阶级革命派，国人报刊一直与政治变革、社会运动共起落共发展。特定的历史背景及时代因素使国人关于报刊功能的认识是与政治联系在一起的。

一 关于"去塞求通"

早期报人知识分子认为报刊的功能主要在于"去塞求通"，希望通过创设报刊来达到沟通政府与民众的目的；同时希望通过报刊打破封闭沉闷的格局，传播信息，了解世界。

王韬主张中国各省会城市宜设新报馆，使"民隐得以上达，君惠得以下逮"，打破社会上下阶层间的信息不对称状况。① 在《变法自强》等文章中，他不厌其烦地论述创办日报以"达内事于外"和"通外情于内"的主张，希望《循环日报》能够成为中西沟通、上下联系的桥梁。

与王韬同一时代的知识分子郑观应、陈炽等也主张广设报馆，他们对报刊功能的论述也往往集中在通上下之情、通中外之故等方面，与王韬不谋而合。郑观应把报刊看作变法自强的工具，认为报刊具有通民隐、达民

---

① 王韬：《弢园文录外编》，中华书局 1959 年版，第 24 页。

情、防壅蔽、彰清议等作用。

郑观应将日报与议院相提并论，认为"大报馆为国家耳目，探访事情，每值他邦有事，与本国有关系者，即专聘博雅宏通之士，亲往远方探访消息，官书未达，反藉日报得其先声"（《盛世危言·日报上》）。这是报纸在了解外情方面的作用。在内政方面，可使"民隐悉通，民情悉达"。

陈炽在《庸书·报馆》篇中指出，近代化的报馆刚出现时，也曾受到西方国家的禁止，后来因为积极作用日益凸显，加上报馆本身的不断斗争，逐渐获得了合法地位。在陈炽看来，"不出户庭，而周知天下之事者，非报馆无由也。"只要广设报刊，"一转移间则诸利皆兴，而诸弊皆去，集思广益，四民之智识宏开，殚精博闻，万里之形声不隔"。①

梁启超也认为报刊的功能首先在于通中外之故，通上下之情，起到"去塞求通"的作用。他在《论报馆有益于国事》一文中指出："国之强弱，在于其通塞而已""上下不通，故无宣德达情之效""内外不通，则无知已知彼之能"。②"去塞求通，厥道非一，而报馆其导端也"，认为报馆是沟通社会信息的最重要的渠道。

"去塞求通"观点将报馆与国家政治联系起来，从沟通政府与民众的角度进行功能定位，是工具理性的表现。

二　关于报刊的党派属性

除了沟通政府与民众的作用之外，中国资产阶级认为，报刊还是不同党派的宣传工具和斗争。康梁等创办的早期报刊虽然没有使用"党报"这一提法，但是已经具有政党报刊的特征。1899年保皇会成立以后，党报字样才出现在他们的书信和文章中。③在《清议报一百册祝辞并论报馆之责任及本馆之经历》里，梁启超说："有一人之报，有一党之报，有一国之报，有世界之报。……以一党之利益为目的者，一党之报也。……若前之《时务报》《知新报》者，殆脱一人报之范围，而进入于一党报之范围也。"他还认为《清议报》在"党报和国报之间"。在他看来，政党建

---

① 陈炽：《报馆》，复旦大学新闻系新闻史教研室编《中国新闻史文集》，上海人民出版社1987年版，第21—22页。

② 张丽萍、刘寒娥：《对梁启超新闻思想的历史观照与反思》，《社会科学辑刊》2002年第6期。

③ 方汉奇：《中国近代传播思想的衍变》，《新闻与传播研究》1994年第2期。

设的要务，"第一在经费、事实、外交，次之则报章之良恶迟速多寡"，①
把报刊作为政党建设的重要方面。他甚至认为党报是党的重要机关，应
"先造此基础（即办报，笔者注），为党的先河"。可见维新派无意淡化所
办报纸的政治色彩，也并不回避他们办报的目的。

资产阶级革命派对报刊的政治属性表述得更加明确，并不讳言自己报
纸的党派性，主张利用机关报刊宣传革命。兴中会成立后，在进行武装起
义等革命斗争时，孙中山曾把"设报馆以开风气"列为兴中会的"本会
拟办之事"之首，并克服困难，在1900年创办兴中会的机关报《中国日
报》，既作为该会的宣传机构，又是党务活动中心，把报刊宣传和民族民
主斗争紧密结合。1905年，资产阶级政党同盟会成立后，孙中山亲自参
加和领导了同盟会的机关报《民报》的创办和宣传工作，极力主张通过
报刊向民众灌输革命思想，把创办机关报看作是关系到同盟会前途的重要
任务。

三　关于"喉舌"功能

与党报思想联系在一起的，是关于报刊喉舌作用的认识。"喉舌"的
最初本意是代表帝王发布指令，相当于帝王的新闻信息发布者。②随着国
家形态的逐渐完备和国家机构的逐渐规范，"喉舌"的职能亦逐渐扩大，
成为国家机器中的一个重要组成部分，是国家的信息大管家、具有政府权
威的"意见领袖"、政治与社会状况的环境监测者。③

梁启超和吴恒炜是近代最先提出"喉舌"观念的思想家。在梁启超
看来，国家的强与弱，取决于国情的通与塞，报刊是国家的"耳目喉
舌"，可以沟通情况，宣德达情。若无报纸，则比邻之事不知，是"有耳
目而无耳目"；上下之情不通，"则有喉舌而无喉舌也"。④无耳目、无喉
舌，是曰废疾。"今夫万国并立，犹比邻也；齐州以内，犹同室也。比邻

---

① 梁启超：《论中国积弱由于防弊》，《饮冰室合集·文集》（第一卷第一册），中华书局
1941年版。

② 尹韵公：《"喉舌"追考——〈文心雕龙〉之传播思想探讨》，《新闻与传播研究》2003
年第5期。

③ 尹韵公：《"喉舌"追考——〈文心雕龙〉之传播思想探讨》，《新闻与传播研究》2003
年第5期。

④ 梁启超：《论报馆有益于国事》，见《中国新闻史文集》，上海人民出版社1987年版，第
24页。

之事而吾不知，其乃同室所为不相闻问，则有耳目而无耳目；上有所措置不能喻之民，下有所苦患不能告之君，则有喉舌而无喉舌；其有助耳目喉舌之用而起天下之废疾者，则报馆之谓也。"① 梁启超认为，要维新政治，扶持国体，首先就得创办报刊，"为国民之耳目，作维新之喉舌"。② 吴恒炜称报纸是"天下之枢铃，万民之喉舌"。③ 维新派关于"喉舌"的说法，最初是从去塞求通的角度论述的，强调报刊是天下耳目，万民喉舌。此处的耳目喉舌只是"通"的功能，主要是上下之通、内外之通，着眼点是"国事"。

后来的维新派及资产阶级革命派，则是站在政党的立场，从宣传政治主张的角度，强调报刊宣传维新及革命思想的"喉舌"功能。此时，"喉舌"的内涵已经发生了改变，与党报思想联系在一起。报刊被看作政治宣传和政治动员的工具，是维新主张或革命主张的宣传者和鼓动者。1898年在横滨创办《清议报》时明确提出该报"为国民之耳目，作维新之喉舌"的宗旨，把《清议报》当作维新派用来宣传维新变法主张的舆论工具，代表着资产阶级维新派的利益，初步具有政党色彩。1901年的《祝辞》里进一步提出报馆是国家的"耳目喉舌"，认为"报馆者，国家之耳目也，喉舌也"，旗帜鲜明地提出《清议报》独一无二的宗旨是"倡民权"，起"广民智，振民气"的作用。

第二节　国民党人的党报观念

国民党统一全国以前，将党报视为启蒙民众的工具，认为办报者或曰国民党人是国民中的先知先觉者，办报的目的是将先进思想自上而下灌输于民心，积极推动革命的实行。1905年同盟会的机关报《民报》创刊，其发刊词说，"惟夫一群之中，有少数最良之心理，能策其群而进之，使最宜之治法，适应于吾群，吾群之进步，适应于世界，此先知先觉之天职，而吾《民报》所为作也。抑非常革新之学说，其理想输灌于人心，而化为常识，则其去实行也近。吾于《民报》之出世觇之。"《民报》是

① 梁启超：《论报馆有益于国事》，见《中国新闻史文集》，上海人民出版社1987年版，第24页。
② 梁启超：《清议报叙例》，《清议报》1898年12月23日。
③ 吴恒炜：《知新报·缘起》，见1897年2月《知新报》第1期。

国民党历史上的第一份党报，其发刊词表述了同盟会的办刊宗旨和党报的角色定位。

一　党报须宣传党纲党义

国民党统一全国后，除"国民之导师"的角色外，还把报刊定位为"革命的喉舌"和"宣传主义的木铎"。1928 年 6 月国民党中央常务委员会通过了《设置党报条例草案》《补助党报条例》《指导党报条例》等 3 个重要文件。《设置党报条例草案》规定："为发扬尊重本党主义，使民众了解政策及领导舆论起见，中央及各级（党部）宣传部得设置日报杂志，或酌量津贴本党党员所主办之日报杂志。"① 《补助党报条例》则规定，"凡党员所主办之日报或期刊（得）请求本党中央或各级党部补助经费"，但必须符合以下条件："一，言论记载随时接受党之指导者；二，不利于党之一切图书文字等件概不为之登载者；三，能尽量宣扬本党主义、政策、政纲者；四，完全遵守党定言论方针及宣传策略者；五，党之宣传文字等件能尽量并迅速刊发者……"② 《设置党报条例草案》《补助党报条例》对党报的功能及设置要求做了详细规定，将党报作为宣传三民主义及国民党政策的工具。

关于报刊与党及政府的关系，国民党要求党报在言论方面要解释党的政纲政策，并以"一贯之精神"分析各种实际问题；在新闻方面"要利用实施阐扬本党主义及政策"；副刊则要"尽量利用理论的、事实的、艺术的方法宣传本党主义及政策"。③ 对于批评性言论，国民党元老叶楚伧在 1929 年 11 月国民党中央宣传部记者招待会上的报告《新闻界应有真是非》中提到："我们欢迎善意的批评，但若有攻击中央者，吾人惟能力所及，决定毅然予以取缔。此次为中国人办的中国报纸，新闻记者不是有闻必录，无闻不录就算完了，因为中国之纷乱与统一，皆在新闻纪录上面，不是法律问题，乃是新闻道德问题，一言既出，立有重大影响，甚至

---

① 《设置党报条例草案》（1928 年 6 月），中国第二历史档案馆档案，全宗 722，卷号 400，转引自蔡铭泽《国民党党报历史研究》，团结出版社 1998 年版，第 94 页。

② 《补助党报条例》（1928 年 6 月），中国第二历史档案馆档案，全宗 722，卷号 400。转引自蔡铭泽《论中国国民党地方党报的建立和发展》，《广州师院学报》（社会科学版）1995 年第 1 期。

③ 向芬：《大陆时期国民党新闻传播制度评析（1927—1949）》，《新闻与传播研究》2009 年第 6 期。

关于中国之兴亡，故记者应有一整个的风纪。"他以"为大局考虑"为理由，强调对不利于国民党的报刊要坚决取缔，反映了以党治国的思维。

二　党报须遵从宣传纪律

宣传纪律方面，国民党党报必须绝对服从中央及所在地最高党部宣传部的审查，绝对不允许违反三民主义。《指导党报条例》规定："各党报所有主张、评论除依据中央宣言决议及随时颁布之宣传要旨外，更须以本党主义及政策为最高原则。""各党报须尽量根据本党主义及政策，用理论的事实的艺术的方法摒除、纠正一切反动的谬误的主义及其政策。"①在宣传纪律上，规定"各党报需绝对站在本党的立场上，不得有违背本党主义、政策、章程、宣言及决议之处；各党报需完全服从所属各级党部之命令，不得为一人或一派所利用；各党报对于各级党部及政府送往发表之文件，需尽先发表，不得迟延或拒绝；各党报对于本党应守秘密之事件绝对不发表"，② 若违反这些纪律，将分别予以警告、撤换负责人直至改组编辑部。可见，国民党将党报的根本目的或任务定位为"发扬党义党纲"，排除或纠正一切"反动的谬误的主义及其政策"。为指导舆论，统一宣传起见，1930 年 3 月，国民党又制定了《修正指导党报条例》，规定"各党报应按期呈送刊物全份于中央宣传部及其主管党部宣传部审查，如认为有应须纠正之处须绝对服从"。国民政府除出台了一系列有关国民党系统的出版条例之外，对非党系统的出版事宜也作了明确规定，"各刊物立论取材，须绝对以不违反本党之主义政策为最高原则"，"必须绝对服从中央及所在地最高党部宣传部的审查"。③

第三节　国民党党报观念在内蒙古地区的实践④

国民党执掌全国政权后，在内蒙古地区加强舆论控制，很快创办了大

---

① 《指导党报条例》，国民党中央常务委员会 1928 年 6 月 9 日通过，转引自蔡铭泽《国民党党报历史研究》，团结出版社 1998 年版，第 94 页。

② 方汉奇：《中国新闻事业通史》（第二卷），中国人民大学出版社 1996 年版，第 352—353 页。

③ 方汉奇：《中国新闻事业通史》（第二卷），中国人民大学出版社 1996 年版，第 665 页。

④ 本节内容作为课题阶段性成果，以《1927 年至 1937 年的绥远报刊与国民党地方派系》为题，发表在《新闻春秋》2016 年第 5 期，署名为张丽萍。

批报刊，用以传达政令，巩固统治。

一　国民党绥远省报刊是中央和地方党部的喉舌

内蒙古地区的国民党党报作为国民党地方党报体系的组成分子，与国内其他地区的党报一样，是国民党中央和绥远省党部的喉舌，报道党政要闻，宣传国民党的政策主张。1932 年 1 月 1 日《绥远民国日报》新年增刊刊登孙中山总理遗像遗嘱，并刊登各官员祝贺增刊的题词，从中可以看出当时国民党绥远省党部和政府官员对《绥远民国日报》功能的认识及定位。"遒人木铎，唤醒睡狮。不胫而走，壮哉言辞""绥远民国日报社，党国先锋""唤醒迷梦，贵报在绥。登高一呼，遐迩响应"……从这些题词中可以看出，《绥远民国日报》的定位为指导社会，引导舆论。

绥远省政府创办的机关报刊作为政府喉舌，报道党政要闻，服务政府工作，以督促劝导民众加强绥远建设为职责，希望通过报刊"齐一朝野之步伐"，指导社会，引导舆论。《绥远日报》创刊时的发刊词写道："（本社）默察时势，详考边情，深知建设为绥远唯一之生路，特创斯报，期偿宏愿，督促劝导，固自引为首要之责也。"该报认为，"建设为绥远唯一之生路……政府提倡于上，人民实行于下，上下一心，其功乃成。虽然政府之提倡，必待监督而愈勤；人民之实施，必待劝导而愈奋；则报纸尚焉""督促劝导，固自引为首要之责也"。[1] 1933 年 2 月 7 日《绥远日报》复刊时再次重申这一定位："国难之严重如此，绥省之重要又如此，然则本报今后之使命为何如者？为国家申正义，为民众做喉舌，齐一朝野之步伐，鼓舞赴难之意志。"[2] 1933 年 7 月 21 日《绥远日报》创刊三周年时第一版的文章《本报三周年纪念辞》写道："报纸之使命，在能立于思想最前线，以举其'作民众喉舌''为世木铎'之职责""吾人唯一之使命，一方在如何唤起全国移易视线，集中力量，以共同致其有效之工作，一方在如何促进西北各省从事切实建设，并以建设之事实，介绍于世，以促国中之注意。"这段论述在重申了《绥远日报》"立于思想最前线""作民众喉舌""为世木铎"职责的同时，强调了在东北沦陷背景下，《绥远日报》将以绥远乃至西北的开发建设问题作为宣传鼓动的重点，同时将西北开发建设的成效对外传播。

---

① 《绥远日报》1932 年 11 月 30 日第二版。
② 1933 年 2 月 7 日《绥远日报》第一版社论《本报复刊之感言》。

二　国民党绥远省报刊是地方派系争夺的目标①

国民党绥远省地方党报既是国民党中央政策的宣传者，是开发西部、建设绥远等主张的倡导者，同时也是掌握在国民党地方派系手中的舆论工具。中原大战以后，蒋介石在绥远省的统治立稳了脚跟，国民党控制下的绥远报业也获得了快速发展。由于国民党内部派系林立，绥远省地方党部内部也矛盾重重，报刊遂成为地方派系扩大各自势力、争取政治资本的有效工具。

（一）国民党不同派系对绥远地方报刊的争夺

1928 年 6 月至 1937 年 7 月的绥远省国民党地方党报中，既有国民党绥远省党部主持的《绥远民国日报》，属于"党报"范畴；也有国民党绥远党部党员张遐民、金载民以私人名义创办的《朝报》，受到党部津贴，为"半党报"；还有国民党地方派系西北实业促进社的成员焦显守、于存灏主办的《驱潘特刊》（不定期刊物）、《绥远实业周报》、《绥闻晚报》等，属于国民党地方"准党报"。这些"半党报"和"准党报"成为国民党内部派系之间的斗争工具。

国民党训政前期，绥远省地方实力派仍有强大势力，他们之间斗争不断，在报刊方面展开了激烈争夺。汪精卫系统的"祁派"与陈立夫、陈果夫系统的"焦（于）派"之间，国民党嫡系"潘赵派"与后来成为阎锡山羽翼的"焦（于）派"之间，"潘赵派"与"祁派"之间，都就地方报刊的主导权展开了拉锯式较量。这一时期，绥远地方报刊成为绥远地方派系激烈争夺的对象。

早在 1928 年，国民党绥远省党部的机关报《绥远党报》就成为"祁派"与"焦（于）派"的争夺对象，这两派背后的势力分别是汪精卫系统和陈立夫、陈果夫系统。汪精卫势力在绥远党部的代表人物是祁志厚。祁志厚 1921 年曾任归绥中学校长，1922 年赴美留学，1928 年回到绥远，形成所谓"祁派"，短时间内把持了国民党绥远党部的权力。陈立夫、陈果夫在国民党绥远党部的力量是焦显守和于存灏，称为"焦（于）派"。他们 1927 年就成为国民党绥远省党部的主要成员，主持过国民党绥远省党部的清党。

---

① 本部分内容作为课题阶段性成果发表在《新闻春秋》2016 年第 3 期。

《绥远党报》1928 年由国民党绥远党务整理委员会（省党部的前身）主持出版，由"祁派"的杨令德担任总编辑。杨令德是祁志厚任归绥中学校长时的在校学生，与祁志厚是师生关系，曾在冯玉祥西北边防督办公署的机关报《西北民报》担任过记者。因《西北民报》一度成为共产党在国民军中的喉舌，"焦（于）派"曾以共产党嫌疑的名义将杨令德开除国民党党籍。1928 年祁志厚回到绥远后，为杨令德恢复了党籍，并任命其为《绥远党报》的总编辑，《绥远党报》于是成为掌控在"祁派"手中的工具，经常拒绝刊登"焦（于）派"送来的文章。

1929 年，祁志厚在与"焦（于）派"争夺国民党绥远党部权力的斗争中，被"焦（于）派"打垮，离开绥远，《绥远党报》遂被"焦（于）派"接收过去，杨令德失去了《绥远党报》总编辑职位，不得不辞职。杨令德在报上发表社论大骂一通，说自己受到了某些党棍的攻击。在杨令德的职位被接替前，他以《撞一天钟吧》《再撞一天钟吧》为题，写了三天社论，大骂"焦（于）派"。因为对继任编辑人选的斗争，双方还曾大打出手。

1929 年 9 月，全国各地划一党报名称，《绥远党报》改称《绥远民国日报》。焦显守后来也离开绥远，他与于存灏两人跟阎锡山拉上关系，在阎锡山资金支持下，创办了"绥远实业社"和"西北实业促进社"，成为地方实力派的代表。

随着国民党政权的稳固，潘秀仁、赵允义、陈国英、纪守光等国民党嫡系在绥远逐渐得势。他们是蒋介石的死党，一般称为"潘赵派"。1930年阎、冯反蒋扩大会议期间，潘赵派的国民党绥远省党部被查封，潘赵派离开绥远。绥远党部无人主持，《绥远民国日报》遂停刊。1930 年底傅作义的军队来到绥远，1931 年国民党绥远省党部恢复，《绥远民国日报》也于 1931 年 4 月复刊，重新掌握在国民党嫡系手中。

这个时期陈国英是国民党绥远省党部的委员和宣传部长，他把持《绥远民国日报》，重要位置安排自己的亲信。总主编张元文和编辑郜耀章都是陈国英的同乡；编辑杨震卿是陈国英在北京上学的同学。杨震卿的亲戚翟桐轩后来当了《绥远民国日报》的采访主任。[①] 杨令德作为绥远地区老资格的新闻记者，在《绥远民国日报》只谋了一个普通编辑的职位，

---

① 中国人民政治协商会议呼和浩特委员会文史资料委员会编：《塞上忆往——杨令德回忆录》，内蒙古人民出版社 1988 年版，第 30—49 页。

而且大部分时间负责编辑副刊。1932 年祁志厚回到绥远，杨令德在地方新闻版上发表一条祁志厚返绥的消息，被"潘赵派"直接派人将稿件扣除，杨令德的地方新闻编辑职务也因此被撤销，降为副刊编辑。以上情形说明，《绥远民国日报》这一时期牢牢掌握在国民党嫡系的"潘赵派"手中，报社内部充满着矛盾与斗争。

1933 年夏，国民党地方派系内讧，西北实业促进社创办《驱潘特刊》专门攻击潘秀仁等，还利用学潮捣毁了"潘赵派"把持的省教育厅，给"潘赵派"以沉重打击。潘秀仁等痛感无宣传工具之不便，于是张遐民、金载民等另起炉灶，1933 年 10 月办起了《朝报》，以为喉舌。① 与之针锋相对，1935 年 11 月，西北实业促进社又创办了《绥远实业周报》，由于存灏、焦显守亲自主办，还于 1937 年 3 月创办《绥闻晚报》。这些报纸的后台是阎锡山，出至 1937 年 9 月迫于时局而停刊。

教育厅、民众教育馆也是国民党地方派系争夺的目标，其主办的报纸也在地方派系的党争中不断更迭其主办者。对绥远省教育厅机关报《绥远通俗日报》的争夺也是国民党地方派系斗争的体现。祁志厚担任教育厅厅长时，主要任用"祁派"的力量，绥远教育厅所属的绥远通俗教育讲演所所长由其学生陈志仁担任，其机关报《绥远通俗日报》总编辑由杨令德担任。1930 年张钦当了教育厅厅长，通俗教育讲演所改为民众教育馆，陈志仁被替换，杨令德也丢了《绥远通俗日报》总编辑的位子。到抗战前夕，"祁派"的阎伟当了教育厅厅长，陈志仁和杨令德又重新夺回了这两个位置，杨令德再次担任《绥远社会日报》总编辑。

综上可见，在 1927—1937 年间的绥远，汪精卫系的"祁派"与陈立夫、陈果夫系统的"焦（于）派"之间，国民党嫡系的"潘赵派"与后来投靠阎锡山的"焦（于）派"之间，以及"潘赵派"与"祁派"之间，都存在复杂的矛盾和斗争。这些矛盾在绥远地区的党报争夺方面表现明显，是国民党地方派系之间的斗争在报刊舆论方面的体现。

（二）国民党同一派系及其他政治力量对绥远报刊的争夺

国民党嫡系掌握报纸后，针对《绥远民国日报》的斗争并没停止。虽然同为蒋介石死党，陈国英、潘秀仁、赵允义等"潘赵派"内部也存

---

① 刘映元：《抗战前归绥市的报纸和通讯社》，《呼和浩特史料》（第二集），中共呼和浩特市委党史资料征集办公室、呼和浩特市地方志编修办公室编，1983 年版，第 231—256 页。

在矛盾，他们之间也展开了对《绥远民国日报》的争夺。从 1929 年祁志厚与"焦（于）派"两败俱伤后，潘秀仁、赵允义、陈国英、纪守光等在绥远得势，"潘赵派"把持了绥远省国民党党部。但很快，这些国民党党部成员之间发生分化。陈国英参加国民党较早，从 1927 年就是国民党绥远省党部的主要成员，总想以老资格压过潘秀仁和赵允义。潘秀仁、赵允义不甘人后，在地方上很快具有实力，又工于心计，名声和地位逐渐凌驾于陈国英之上了。这就使得陈国英与潘秀仁、赵允义之间结下了一定矛盾，1937 年初甚至发生了陈国英与潘秀仁、赵允义火拼的事件，潘秀仁受轻伤，陈国英因此坐牢。①

"潘赵派"的内部矛盾反映在《绥远民国日报》上，表现为报纸内部缺乏统一口径，总编辑对地方新闻和副刊无法过问，甚至出现同一天报纸的不同版面内容矛盾、观点相左的情况。举个例子来说，郑道儒是当时绥远的财政厅长，编辑杨令德经常在地方新闻版对其进行正面宣传。有一次在同一天的报纸上竟然出现第三版是杨令德对郑道儒的正面报道，而第一版却是张元文对其点名批评的荒谬情况。原来，陈国英想从财政厅弄出一笔钱来，可能目的没有达到，于是《绥远民国日报》第一版利用社论对郑道儒点名批评，说他"纯盗虚声"。当时的《绥远民国日报》，稿件处理往往由地方新闻版编辑具体负责，总编辑一般不去过问，于是出现了同一期报纸上对同一个人的毁誉竟不相同的情况，报社内部矛盾暴露无遗。

《绥远民国日报》还是陈国英、张元文与地方官员、士绅斗争的工具。陈国英的亲信张元文和郜耀章掌握报纸社论大权后，将重大事件的发言权掌握在自己手里，特辟了一个批评性栏目"当头棒"，经常对地方官员与士绅点名批评。例如，《绥远民国日报》曾经点名批评地方士绅阎肃，揭露他经常在家里摆着麻将桌子和大烟灯，并对他们使用的俄式大烟灯做了详细描述。这则批评最终导致阎肃垮台。可见，《绥远民国日报》是国民党党部与地方政治力量相互较量的工具。

绥远省党部机关报《绥远民国日报》与绥远政府机关报《绥远日报》之间，也存在矛盾和争斗，没有形成应有的配合之势。举例来说，30 年代绥远匪患严重，傅作义主绥后用力剿除，省政府机关报《绥远日报》以社论形式不断予以配合。当时《绥远日报》总编辑林超然是福建人，

① 中国人民政治协商会议呼和浩特委员会文史资料委员会编：《塞上忆往——杨令德回忆录》，内蒙古人民出版社 1988 年版，第 30—49 页。

他的某篇社论题目中有"绥远人乃至土匪"字样，引起本地新闻同行的反感。杨令德在《绥远民国日报》上连日发文进行指责，陈国英、张元文也给予支持，后来建设厅厅长冯曦出面调停才算了事。《绥远民国日报》与《绥远日报》的这次争论，是这一时期引人注意的事件，两家报纸在宣传主旨一致的情况下，竟能因措辞问题互相攻击，打起口水战。党政报纸不能协调一致互相配合，也是国民党统治集团内部矛盾的体现。

《绥远民国日报》对国民党中央党部派来的总编辑也进行排挤，使报纸最终掌握在陈国英、张元文等绥远地方党部手里。1931年下半年，国民党中央从南京派来了一个南方人做《绥远民国日报》的总编辑。他到任后强化总编职权，加强对新闻报道权力的掌控，从而受到报社上下的共同抵制。张元文、郜耀章在"当头棒"栏目没有指名地对这位国民党中央派来的总编辑进行辱骂，杨令德也反对其对地方新闻稿的审阅。在此情形之下，这个总编辑最终被排挤离开。

综上可见，围绕绥远地方报刊展开的，既有国民党嫡系"潘赵派"的内部斗争，也有绥远地方的党政矛盾，还有中央与地方势力的暗暗较量。《绥远民国日报》不同版面之间内容矛盾、观点相左，《绥远民国日报》与《绥远日报》之间互相攻击、无法配合。总编辑对地方新闻和副刊无法过问，中央党部派来的总编辑受到排挤。绥远地方报刊的复杂状况是绥远地方政治复杂性的体现。

（三）地方派系对国民党绥远报刊展开争夺的原因

绥远地方党报是国民党不同派系之间甚至是同一派系内部的斗争工具，是国民党内部矛盾斗争的集中体现。同一报刊内部矛盾重重，各个版面之间各自为是；不同报刊之间互相攻击，党政报刊不能协调配合。究其原因，国民党不同派系的政治人物都认识到了报刊在舆论斗争中的作用，他们争相把报刊作为捞取政治资本、争取舆论支持的武器。体现于国民党报刊中的种种矛盾，是国民党党政矛盾以及地方与中央矛盾的缩影。

造成这种现象的原因，主要有三个方面。首先，国民党在训政前期虽然在形式上统一了中国，但地方实力派仍然具有强大势力，在被收编或改旗易帜之后，仍然试图把持地方政权，导致国民党嫡系与地方实力派之间冲突不断，反映在报刊方面，就是对国民党地方党报的争夺。其次，抗战之前，国民党中央固然是以蒋介石为首的军事首脑的舞台，而地方实行的则是实际上的军治。另外，国民政府在抗战前，地方军队的给养不是统一由国库支出，而是必须依赖地方政府。由于中央与地方关系的特殊性，报刊方面，地方党报对中央派来的编辑的抵制与排挤，就变得不难理解了。最后，由于地方政府在人、财、物上具有主要的控制权，很容易形成独立的利益集团，而地方党部对各种资源没有控制权，无论在人才还是设施上都明显不如政府。因此，往往出现党、政报刊无法协同一致的情况。

第十一章

民国时期内蒙古地区国共两党报刊比较

　　民国时期内蒙古地区先后创办报纸 140 多种，刊物 250 多种，但大多存在时间不长，规模不大。在这些报刊中，国民党和共产党主办的政治性报刊扮演主角，是贯穿民国时期内蒙古报刊史的主线。

　　北洋政府时期，内蒙古地区的国共两党报刊仅有星星点点的短暂存在。同盟会成员王定圻在归绥创办了《归绥日报》和《一报》，共产党员多松年创办的《蒙古农民》也传播到内蒙古。

　　十年内战时期，国民党报刊主导了内蒙古地区报业，是国民党绥远党部传达政令、公布政情的工具，是国民党党报体系的组成部分。这一时期内蒙古地区几乎没有共产党报刊。与同一时期国内东部省份的地方党报相比，内蒙古地区的国民党党报兴办时间略晚，总体规模和发行量也小得多，无法与沿海省份的国民党党报相提并论。

　　抗日战争时期，日本侵略者主导了内蒙古报业，国共两党报刊在艰苦条件下坚持抗日宣传。国民党报刊主要是《奋斗日报》和《民众日报》，共产党报刊是《绥蒙抗战》《绥蒙周刊》《伊盟报》等。这些报刊创办于未被日本人控制的农村、牧区或大青山游击区，条件艰苦，报刊多为石印甚至油印形式，较为简单粗糙，数量也非常有限。

　　解放战争时期，中国共产党在内蒙古地区的报刊数量逐渐增多，影响逐渐增强，以《内蒙自治报》《内蒙古日报》《群众日报》为主；相反，国民党的报刊呈现相对萎缩的局面。国共两党报刊展开了新闻战和舆论战，进步力量最终取得胜利，《奋斗日报》《包头日报》等报刊走向新生，国民党报刊退出历史舞台。解放战争时期，内蒙古地区的国共党报与军事斗争同步较量，展开了激烈的宣传战、舆论战。与解放战争时期国内其他省份报刊发展状况不同，内蒙古地区的共产党报刊没有出现发展、收缩、再发展的阶段性特征。

一 国共两党报刊是加强两党声音的扩音器

内蒙古地区的国民党党报作为国民党地方党报体系的组成分子，与国内其他地区的党报一样，是国民党中央和绥远省党部的喉舌，以效忠党国和指导地方党务工作为宗旨，报道党政要闻，宣传国民党的政策主张，报道基调与国民党中央的各项政策高度一致。内蒙古地区的共产党报刊是共产党中央精神的传达者，是内蒙古地区各级党委的喉舌，积极宣传党的方针政策，推动各项工作的顺利开展。

民国时期内蒙古地区国共两党报刊是两党的喉舌和工具。十年内战时期，国民党报刊就刊登大量的"剿匪"内容；解放战争期间，国民党报刊大量刊载反共言论，使用造谣、污蔑等手段对共产党的土地改革进行攻击。共产党报刊针对国民党反动统治的实际弊端，揭露蒋介石政府打内战给人民带来的痛苦，借此反映民心向背。解放战争时期，国共两党利用各自主办的报刊开展了宣传战和舆论战。

二 国共两党报刊在指导思想方面的差异

国民党统一全国以前，将党报视为启蒙民众的工具，认为办报者或曰国民党人是国民中的先知先觉者，办报的目的是将先进思想自上而下灌输于民心，积极推动革命的实行。国民党统一全国后，除"国民导师"角色外，还把报刊定位为"革命的喉舌"和"宣传主义的木铎"。国民党允许党员创办日报或期刊，党部给予经费补助，报刊以接受国民党领导、不违反三民主义为原则。在宣传纪律上，规定"各党报需绝对站在本党的立场上，不得有违背本党主义、政策、章程、宣言及决议之处；各党报需完全服从所属各级党部之命令，不得为一人或一派所利用；各党报对于各级党部及政府送往发表之文件，需尽先发表，不得迟延或拒绝；各党报对于本党应守秘密之事件绝对不发表"，[①]"各刊物立论取材，须绝对以不违反本党之主义政策为最高原则""必须绝对服从中央及所在地最高党部宣传部的审查"。[②] 可见，国民党对党报的要求是接受国民党中央及宣传部

---

① 方汉奇：《中国新闻事业通史》（第 2 卷），中国人民大学出版社 1996 年版，第 352—353 页。

② 方汉奇：《中国新闻事业通史》（第 2 卷），中国人民大学出版社 1996 年版，第 665 页。

门的领导和审查，优先发表各级党部的文件和指示，不得宣传违反三民主义的内容。这些规定较为宏观、空泛。

中国共产党认为，党报是党的喉舌，是集体的宣传者、鼓动员和组织者，党报以党的立场领导、指导和沟通各部门的工作，是党的领导机关的化身。"报纸是党的喉舌，在党报工作的同志只是整个党组织的一部分，一切要依照党的意志办事，一言一行，一字一句，都要照顾到党的影响。""党报不但要忠实于党的总路线、总方向，而且要与党的领导机关的意志呼吸相关，息息相通，要与整个党的集体呼吸相关，息息相通，这是党报工作人员的责任。这是办好党报的必要条件之一。"中国共产党对党报的领导与组织较为严密，各地党的高级领导机关必须亲自过问报纸的编辑工作，要使党报编辑部与党的领导机关的政治生活联成一气。也就是说，党对党报的领导具体到报刊内容的编辑，把报刊工作看作党的工作的组成部分，党报就是党的领导机关。

国共两党都将报刊看作各自政党的"喉舌"，看作是宣传主义的木铎或传达中央精神的工具，重视其宣传和动员的作用。内蒙古地区的国民党报刊以消息和简讯为主，注重报刊的信息功能，新闻大多来源于国内外的通讯社，事实多，观点少，对重要议题的策划能力不足。总体而言，国民党各级党部对报刊宣传工作的指导较为宏观、空泛。

内蒙古地区的共产党报刊与党的中心工作紧密结合，各级党组织对报刊工作的指导更加具体，特别是重大议题的报道策划更有章法，宣传力度更大。中国共产党报刊的首要功能是宣传党的路线、方针、政策，配合党的中心工作，更加注重党报的宣传功能。1942年，中共中央《为改造党报的通知》是党报改革的纲领性文件。《为改造党报的通知》说："报纸的主要任务就是要宣传党的政策，贯彻党的政策，反映党的工作，反映群众生活，要这样做，才是名符其实的党报，如果报纸只是或者以极大篇幅为国内外通讯社登载消息，那末这样的报纸是党性不强，不过为别人的通讯社充当义务的宣传员而已，这样的报纸是不能完成党的任务的。如果各地党报犯有这样毛病，就须立即加以改正。"

三　国共两党报刊在管理模式方面的差异

延安整风过程中，中国共产党的"全党办报"思想和"党报模式"正式确立。"全党办报"包括两方面含义：一是各级党组织要把办报作为一种重要的工作方式来抓，要多办报；二是党报要靠全党来办，不能只依靠少数人关起门来办。[①]"我们的重要经验，一言以蔽之，就是'全党办报'四个字。由于实行了这个方针，报纸的脉搏就能与党的脉搏呼吸相关了，报纸就起了集体宣传者与集体组织者的作用。"[②] 解放战争时期，"全党办报"是内蒙古地区党报活动的指导原则和管理模式：党报要掌握在党的最高决策层手里，而不是少数人手里。中国共产党在解放战争期间就办好内蒙古地区的党报多次做出专门决定，特别强调"全党办报"原则，目的是使报刊能够在党的领导下，代表同级党委，声音一致地宣传党的方针，成为民族地区党与群众联系的纽带和桥梁。由于在指导思想上明确了"全党办报"原则，以《内蒙自治报》《内蒙古日报》等为代表的内蒙古地区共产党报刊按照中共中央的阶段性宣传部署，紧密配合中心工作，推动各项工作的顺利开展。

内蒙古地区的国民党报刊是国民党不同派系之间甚至是同一派系内部的斗争工具，是国民党内部矛盾斗争的体现。国民党不同派系的政治人物都认识到了报刊在舆论斗争中的作用，他们争相把报刊作为捞取政治资本、争取舆论支持的武器，导致同一报刊内部矛盾重重，各个版面各自为是；不同报刊之间互相攻击，党政报刊不能协调配合。体现于国民党报刊中的种种矛盾，是报刊党性原则不强、党报掌握在党员个人手里而不是最高领导集体手中的表现。由于内部派系对党报的操控，党报不一定能代表同级党委，对中心工作的宣传配合程度也打了折扣。

四　国共两党报刊在宣传议题方面的差异

30年代，抗日救亡、西北开发、乡村建设、社会改良等问题是绥远社会的关键议题。《绥远民国日报》等国民党报刊回应了时代主题，为绥远民众获知时局动态提供了信息选择，同时在启迪民心、开发民智以及引导舆论、增强认同方面发挥了特定的历史作用。

在抗日宣传问题上，绥远抗战之前的《绥远民国日报》大量刊登抗战言论，辅以标语、口号、要人题词等形式，呼应了国内的抗战舆论。1935年华北事变之后，国民党绥远省党部撤销，《绥远民国日报》停办。继之而起的《绥远西北日报》因为形势的原因，抗战声音已然衰弱，新

---

① 黄旦：《耳目与喉舌的历史性变化：中国百年新闻思想主潮论》。
② 1944年2月16日，《解放日报》社论《本报创刊一千期》。

闻中没有了抗战内容；相反，刊登了不少反映"中日友善"假象的新闻。直到绥远抗战爆发，《绥远西北日报》才以态度鲜明的社论，表达了抗日立场。这不是《绥远西北日报》一家的做法，当时国民党各级党报都是如此。与正刊不同的是，绥远报刊的副刊发表大量抗日主题的文学作品和专刊专辑，在抗日立场的表达上更加自由大胆，反映了民间的抗战呼声。

西北开发是30年代国民党着力实施的国家战略，是有利于国防建设的重要举措。与朝野上下的持续关注同步，国民党绥远报刊对西北开发高度重视，大量刊登有关西北概况的稿件，申明西北开发的价值和意义，讨论西北开发的途径和方法，并就发展交通、兴修水利、移民垦殖、兴办实业等问题刊登了很多切实可行的建议与观点，特别是关于西北开发路径方面的评论文章，反映了编辑部的意见，对于引导舆论、形成共识、推进工作起到了重要作用。

对乡村建设和社会改良运动的推动也是国民党绥远报刊的重要议题。《绥远日报》等通过文章呼吁政府和国民重视乡村建设，普及义务教育，发表了很多推行训育制度以及整饬学风方面的报道。这些报道与当时社会的核心议题高度一致，发挥了主流报刊应有的社会责任。

内蒙古地区的共产党报刊以自治运动、土地改革、解放战争为主要议题，配合党的中心工作，起到了重要的宣传鼓动作用。

关于内蒙古自治运动的报道是解放战争时期中国共产党报刊的重要内容。《内蒙古周报》《群众报》《内蒙自治报》《内蒙古日报》等报刊及时报道中国共产党领导下的内蒙古自治运动进展，介绍中国共产党的民族政策，记录了内蒙古民族自治运动的曲折历程，推动了内蒙古自治区的最终成立。这些报刊利用消息、通讯、专论等形式，积极宣传内蒙古自治运动的重要性，获取读者的舆论支持。

关于土地改革的宣传报道也是解放战争时期中国共产党报刊的宣传重点。内蒙古地区的共产党报刊刊登《中国土地法大纲》《目前形势和我们的任务》等文件和讲话，积极宣传土改抗灾、纯洁队伍、巩固根据地、发展生产等内容，刊载了很多相关文章，报道土改工作的指导性做法，宣传土改运动取得的成绩，起到了引导舆论、配合中心工作的作用。

解放战争进程报道是解放战争时期中国共产党报刊宣传的又一项重要内容。《内蒙古日报》等报刊按照中共中央的阶段性宣传部署，配合战争进程，报道了内蒙古地区的战况及全国战局，对于鼓舞士气、服务政治起到了积极作用。战况报道和国内外重大事件主要采用新华社稿件，报道我方军队胜利的消息，动摇敌方军心，团结起一切爱国力量，使解放战争能够更快地走向胜利。

五　国共两党报刊在宣传方式方面的差异

内蒙古地区国民党报刊的新闻文体中，社论较少，报刊的号召性、指导性不足。共产党报刊则较为注重评论的功能，通过发表社论来表明党委态度，在遇到重要问题、重要时间节点时，通过社论为当前革命形势提出问题，指明方向。

内蒙古地区国民党报刊的新闻文体中，新闻通讯等文体较少，新闻作品缺乏详细事实和感人细节。共产党报刊则对通讯文体十分重视，将之视为重要的宣传策略，通过文学化的笔法、生动的故事，将道理寓于新闻报道当中，事实生动，细节感人，能够起到很好的宣传效果。在内蒙古地区的共产党报刊中，通讯文体有明确的宣传主题，激励了战士的士气，证明了中国共产党的领导实力，增强了群众对党的信任，激励着广大人民群众加入到革命战争中去。

内蒙古地区的国民党报刊中，几乎没有"典型宣传"概念，不太注重利用典型人物和典型事件强化宣传效果。中国共产党报刊在宣传报道中经常使用典型报道的方式进行宣传鼓动，宣传效果远远好于国民党报刊。

六　国共两党报刊在稿件来源方面的差异

由于记者数量有限，采访力量不足，内蒙古地区的国民党报刊多数稿件来源于国民党中央通讯社或绥远省各家地方通讯社，导致绥远各家报纸内容雷同，国际和国内新闻过多，与百姓生活密切相关的本地新闻、民生新闻过少，独家新闻更少。报纸上充斥着会议新闻和党政领导人新闻，报道程式化，内容缺少感染力。这是内蒙古地区国民党报刊存在的普遍问题。

共产党报刊（尤其是经过延安整风之后）的通讯员制度很好地解决了记者队伍不足的问题，报刊的稿源有了保障，稿件来源于生活一线，内容鲜活生动。中国共产党重视通讯员工作，要求所有基层党组织的负责人都要为党报写稿，同时，加强对通讯员写稿、投稿的指导，及时刊登通讯员来稿统计，对热心写稿的通讯员及党员干部进行表扬。《内蒙古周报》

仅有 20 名职工，创办之初就面临稿源困难的问题。后来，从《群众报》到《内蒙自治报》再到《内蒙古日报》，报社的力量有所扩充，但报纸从周报到三日刊、双日刊再到日报，稿源困难的问题仍然十分紧迫。共产党报刊通过发展通讯员队伍、鼓励通讯员供稿，一定程度上缓解了报社记者有限、稿件数量不足、采访力量无法深入基层的问题。《内蒙古日报》关于解放战争进程的内容来源于新华社，而关于土地改革、生产运动的内容，则主要依靠报社自采。报刊要反映内蒙古当时的生产生活状况，体现报纸的接近性，必须依靠本报记者和通讯员的力量。通讯员虽然没有经过专门训练，写作能力和水平有限，但他们处在实际的生产生活第一线，在报社的指导下，写出的稿件更能反映出社会生活的面貌和细节，使报社的触角伸到社会的每一个行业、每一个角落、每一个群体，把火热的生活场景全面反映出来。

参考文献

一 民国时期内蒙古报刊史研究方面

巴图巴根：《蒙古学百科全书·新闻出版卷》，内蒙古人民出版社2009年版。

白润生：《〈婴报〉与我国蒙文报业》，《新闻论坛》2006年第1期。

白润生：《建国前内蒙报业概述》，《新闻大学》1995年第3期。

白润生：《蒙文〈群众报〉与蒙古语文的发展》，《中央民族学院学报》1991年第3期。

白彦巴图：《汪睿昌和他创办的蒙文书社》，中国人民政治协商会议内蒙古自治区委员会文史资料研究委员会编：《内蒙古文史资料》（第五辑），1980年。

常斗：《〈内蒙古周报〉简介》，内蒙古日报编辑部编：《草原春秋》，内蒙古人民出版社1997年版。

常斗：《〈群众报〉始末》，内蒙古日报编辑部编：《草原春秋》，内蒙古人民出版社1997年版。

常斗：《〈绥蒙日报〉与〈绥远日报〉》，内蒙古日报编辑部编：《草原春秋》，内蒙古人民出版社1997年版。

房建昌：《伪蒙疆时期蒙古文化馆与蒙古文化研究所始末》，《西北民族研究》1999年第2期。

韩云琴：《我所知道的〈奋斗日报〉》，中共呼和浩特市委党史资料征集办公室、呼和浩特市地方志编修办公室编：《呼和浩特史料》（第三集），1983年。

吉雅泰：《李大钊同志和内蒙古初期的革命活动》，内蒙古民族团结革命史料选编：《内蒙古档案馆编》，1983年。

李爱平：《我区首个革命刊物〈蒙古农民〉创办始末》，《内蒙古晨报》2010年第4期。

李西桥：《绥远〈奋斗日报〉社被砸前后》，中国人民政治协商会议内蒙古自治区委员会文史资料研究委员会编：《内蒙古文史资料》（第八辑），1982年。

忒莫勒：《硕果仅存的〈东北蒙旗师范学校校刊〉创刊号》，《蒙古学信息》2004年第2期。

忒莫勒：《绥远最早的民办报纸〈一报〉》，《档案与社会》2004年第2期。

王钟：《内蒙古中西部沦陷时期日伪主办的几种刊物》，http：//www. nmqq. gov. cn/content. aspx？ classid＝869&id＝5023. 2009-3-9。

杨令德：《塞上忆往——回忆包头〈西北民报〉》，中国人民政治协商会议内蒙古自治区委员会文史资料委员会编：《内蒙古文史资料》（第三十辑），1988年。

杨令德：《塞上忆往——蒋听松与〈西北民报〉》，中国人民政治协商会议内蒙古自治区委员会文史资料委员会编：《内蒙古文史资料》（第三十辑），1988年。

杨令德：《塞上忆往——鲁迅著作初期在我区西部的传播》，中国人民政治协商会议内蒙古自治区委员会文史资料委员会编：《内蒙古文史资料》（第三十辑），1988年。

余贵华：《沉睡五十七年的〈蒙古农民〉周刊变活了》，《中国档案》1983年第1期。

张丽萍：《内蒙古地区近代报业的开端——兼论内蒙古最早的近代报纸〈婴报〉》，《国际新闻界》2012年第3期。

张丽萍：《试论近现代内蒙古报刊的"蒙汉合璧"编刊形式》，《中国出版》2012年第4期。

章叶频：《〈新女性〉发刊词》，《黎明集》，内蒙古自治区离休老干部写作协会，1989年。

章叶频：《黎明集》，内蒙古自治区离休老干部写作协会，1989年。

章叶频：《写在前面》，《黎明集》，内蒙古自治区离休老干部写作协会，1989年。

章叶频：《在〈塞风〉里培育文艺的花朵》，《黎明集》，内蒙古自治区离休老干部写作协会，1989 年。

巴德玛：《阿拉善报（蒙文版）史探》，硕士学位论文，内蒙古大学，2007 年。

巴图达来：《鲜为人知的〈阿旗简报〉》，http：//www.nmqq.gov.cn/content.aspx？classid＝51&id＝841，2008-5-20。

巴音尔：《〈蒙古农民〉选登——〈蒙古曲〉》，内蒙古自治区档案馆编：《内蒙古民族团结革命史料选编》，1983 年。

白润生：《少数民族报业史简论》，《中央民族大学学报》1996 年第 5 期。

包铁分局党史、路史资料征集办公室：《解放前包头铁路概况》，包头市地方志史编修办公室、包头市档案馆：《包头史料荟要》（第十一辑），1984 年。

《博彦满都佚文四篇》，齐木德道尔吉主编：《蒙古史研究》（第八辑），内蒙古大学出版社 2005 年版。

常斗：《〈内蒙古日报〉的前身〈内蒙古自治报〉》，内蒙古日报编辑部编：《草原春秋》，内蒙古人民出版社 1997 年版。

从众：《厚和放送局》，中共呼和浩特市委党史资料征集办公室、呼和浩特市地方志编修办公室编写：《呼和浩特史料》（第六集），1985 年。

达瓦奥斯尔、那木海扎布：《蒙古旅京学生会和它的刊物〈蒙古〉》，中国人民政治协商会议内蒙古自治区委员会文史资料研究委员会编：《内蒙古文史资料》（第十九辑），1985 年。

德·策德布、王满特嘎：《内蒙国民旬刊影印校勘本》，内蒙古人民出版社 2007 年版。

多捷、忒莫勒：《民国年间蒙古族出版史事考辨》，《内蒙古师大学报》（哲学社会科学版）1999 年第 2 期。

凡子：《王定圻捐躯〈一报〉》，内蒙古日报编辑部编：《草原春秋》，内蒙古人民出版社 1997 年版。

高剑夫：《也谈〈奋斗日报〉——怀念景昌之同志》，《新闻与传播研究》1987 年第 3 期。

戈夫、团英主编：《内蒙古刊物事业》，内蒙古文化出版社 1990 年版。

［日］广川佐保（Hiroka Saho）：《40 年代日本对内蒙古的政策与

〈青旗〉报》,《蒙古学信息》2001 年第 4 期。

郭勒:《范长江两次到武川》,内蒙古日报编辑部编:《草原春秋》,内蒙古人民出版社 1997 年版。

韩云琴:《归绥沦陷时期的报纸和通讯社》,中共呼和浩特市委党史资料征集办公室、呼和浩特市地方志编修办公室编:《呼和浩特史料》(第二集),1983 年。

呼和浩特市妇运史办公室:《绥远最早的妇女专刊〈新女性〉》,中共呼和浩特市委党史资料征集办公室、呼和浩特市地方志编修办公室编:《呼和浩特史料》(第二集),1983 年。

贾来宽、张玉岭、郭毅编:《内蒙古新闻事业概况》,内蒙古大学出版社 1989 年版。

蒋曙晨:《我和〈奋斗日报〉》,《新闻与传播研究》1985 年第 5 期。

解永胜:《绥蒙抗战报》,土默特志编纂委员会:《土默特史料》(第三集),1982 年。

金海:《日本占领时期蒙古族新闻出版活动述略》,《中央民族大学学报》(哲学社会科学版) 2008 年第 4 期。

李沛泽:《解放前后张垣报社琐记》,张家口文史资料委员会编:《张家口文史资料》(第 4—5 辑合订本),1986 年。

李丕才:《绥远新闻社始末》,中共呼和浩特市委党史资料征集办公室、呼和浩特市地方志编修办公室编:《呼和浩特史料》(第二集),1983 年。

李荣荫:《王定圻创办的〈一报〉始末》,中国人民政治协商会议包头市文员会文史资料研究文员会编:《包头文史资料选编》(第十二辑),1990 年。

李淑芬:《哲盟工委机关版〈前进〉》,内蒙古日报编辑部编:《草原春秋》,内蒙古人民出版社 1997 年版。

李西桥:《绥远奋斗日报被砸记》,中国社会科学院新闻研究所《新闻研究资料》编辑部编:《新闻研究资料》(第五辑),中国社会科学出版社 1981 年版。

李鑫:《1931—1937 年〈包头日报〉研究》,硕士学位论文,内蒙古大学,2015 年。

李云峰、曹敏:《抗日时期的国民政府与西北开发》,《抗日战争研究》2003 年第 3 期。

　　刘萍:《"开发"与"救济"——抗战前关于开发西北的讨论》,《近代中国研究》2006 年第 5 期。

　　刘映元:《傅作义将军的喉舌〈奋斗日报〉》,《新闻与传播研究》1981 年第 5 期。

　　刘映元:《抗战前归绥市的报纸和通讯社》,中共呼和浩特市委党史资料征集办公室、呼和浩特市地方志编修办公室编:《呼和浩特史料》(第二集),1983 年。

　　《六家党报在赤峰》,中共赤峰市委党史资料征集研究委员会办公室编,1987 年版。

　　马树勋:《民族新闻探索》,内蒙古人民出版社 1986 年版。

　　马树勋:《民族新闻纵横谈》,内蒙古人民出版社 1989 年版。

　　马树勋:《中国少数民族文字报纸概略》,内蒙古大学出版社 1990 年版。

　　苗平章:《绥远起义前后的奋斗日报》,中国社会科学院新闻研究所《新闻研究资料》编辑室编:《新闻研究资料》(第五辑),中国社会科学出版社 1981 年版。

　　纳古单夫:《我国蒙文铅字印刷的开创者特睦格图》,内蒙古日报编辑部编:《草原春秋》,内蒙古人民出版社 1997 年版。

　　《内蒙古日报五十年》编委会编:《内蒙古日报五十年 (1948—1998)》,内蒙古人民出版社 1998 年版。

　　内蒙古日报社:《内蒙古新闻资料选编》(第一集),内蒙古日报社、内蒙古新闻研究所编,1993 年版。

　　内蒙古自治区档案馆编:《〈内蒙古自治报〉选登——蒙汉铁骑驰骋察绥边境并肩作战迭获胜利 (1947 年 10 月 25 日)》,内蒙古民族团结革命史料选编,1983 年。

　　内蒙古自治区档案馆编:《〈蒙古农民〉选登——〈蒙古农民〉开篇话》,内蒙古民族团结革命史料选编,1983 年。

　　内蒙古自治区档案馆编:《〈蒙古农民〉选登——为什么出这个报》,内蒙古民族团结革命史料选编,1983 年。

　　内蒙古自治区档案馆编:《〈内蒙古自治报〉选登——晋绥蒙区党政军民死难烈士文 (1948 年 9 月 27 日)》,内蒙古民族团结革命史料选编,

1983 年。

内蒙古自治区档案馆编：《〈内蒙古自治报〉选登——劳军物品发送前线蒙汉联军誓以立功答谢（1947 年 3 月 4 日）》，内蒙古民族团结革命史料选编，1983 年。

倩影：《〈蒙疆新闻社〉厚和支社》，中共呼和浩特市委党史资料征集办公室、呼和浩特市地方志编修办公室编：《呼和浩特史料》（第七辑），1986 年。

饶玛丽：《呼和浩特市蒙文印刷的沿革》，http：//www. nmgysw. cn/Html/xxnews/200711/20071125231853. html. 2007－11－25。

仁贵臣：《朝阳地区最早的报纸——〈群声报〉》，《党史纵横》1990 年第 6 期。

邵元冲：《西北建设之前提》，《建国月刊》1936 年第 2 期。

双德仁：《解放前的包头电讯事业》，中国人民政治协商会议包头市文员会文史资料研究文员会编：《包头文史资料选编》（第五辑），1984 年。

宋东江：《包头报业发展概况》，包头市地方志史编修办公室、包头市档案馆：《包头史料荟要》（第十一辑），1984 年。

忒莫勒：《民国初年的〈蒙文白话报〉和〈蒙文报〉》，《内蒙古师范大学学报》（哲学社会科学版）2002 年第 1 期。

忒莫勒：《〈蒙话报〉研究》，《蒙古学信息》2001 年第 3 期。

忒莫勒：《〈西北实业报〉初探》，http：//www. nmqq. gov. cn/content. aspx？classid＝60&id＝1149. 2008－5－20。

忒莫勒：《出版说明》，呼和浩特市民族事务委员会编：《民族古籍与蒙古文化》2006 年第 9 期。

忒莫勒：《孤品〈包头日报〉创刊号的史料价值》，http：//www. nmqq.gov.cn/content.aspx？classid＝59&id＝1010.2008－5－20。

忒莫勒：《建国前内蒙古地方报刊考录》，内蒙古自治区图书馆编，1987 年。

忒莫勒：《蒙古留日同乡会的出版物》，呼和浩特市民族事务委员会编：《民族古籍与蒙古文化》2003 年第 3—4 期。

忒莫勒：《民国年间的几种蒙文旧报刊》，《蒙古学信息》2002 年第 3 期。

忒莫勒：《内蒙古旧报刊考录》，远方出版社 2002 年版。

忒莫勒：《硕果仅存的〈西北民报〉》，《新闻论坛》1997 年复刊号。

忒莫勒：《绥远教育季刊的栏目内容及其档案史料价值》，《档案与社会》2002 年第 2 期。

忒莫勒：《绥远蒙古文化促进会及其〈醒蒙月刊〉》，《蒙古史研究》（第八辑），内蒙古大学出版社 2005 年版。

忒莫勒：《昙花一现的〈西北醒民报〉》，《内蒙古地方志》1998 年第 4 期。

忒莫勒：《伪满蒙政部的第一个综合性蒙文月刊〈蒙古报〉》，《蒙古学信息》2002 年第 2 期。

忒莫勒：《伪蒙疆时期的〈文化专刊〉与〈蒙古文化〉》，《蒙古学信息》2004 年第 1 期。

忒莫勒：《珍贵的革命文物——〈内蒙古旬刊〉》，《内蒙古图书馆工作》1986 年第 4 期。

王丰楠：《绥远抗战时期的绥远日报研究》，硕士学位论文，内蒙古大学，2015 年。

王贵龙：《内蒙古现代印刷源流考》，http：//www.nmgysw.cn/Html/xxnews/200711/2007112941658.html.2007-11-29。

王贵龙：《内蒙古自治区印刷史》，内蒙古印刷网，http://www.nmgysw.cn/Html/xxnews/200711/2007111152718.html.2007-11-11。

王素玲：《〈妇女〉周刊》，呼和浩特市妇联：《呼和浩特妇运史资料汇编》（第二辑），1986 年。

王绥之：《原〈包头日报〉概略》，中国人民政治协商会议包头市文员会文史资料研究文员会编：《包头文史资料选编》（第九辑），1986 年。

文丁：《贡桑诺尔布与〈婴报〉》，内蒙古日报编辑部编《草原春秋》，内蒙古人民出版社 1997 年版。

徐翔麟：《刘寺钟与〈绥远旅平学会学刊〉》，中国人民政治协商会议内蒙古武川县委员会文史资料文员会编《武川文史》（第 7 辑），1994 年。

阎光先：《从〈蒙古报〉到〈伊盟报〉》，内蒙古日报编辑部编《草原春秋》，内蒙古人民出版社 1997 年版。

阎新生：《内蒙古最早的革命刊物》，《草原春秋》，内蒙古人民出版社 1997 年版。

杨令德：《傅作义将军主绥期间内蒙古西部（绥远地区）新闻报纸出版简况》，中国人民政治协商会议内蒙古自治区委员会文史资料研究委员会编：《内蒙古文史资料》（第十九辑），1985 年。

杨令德：《塞上忆往——白话文引起的风波》，中国人民政治协商会议内蒙古自治区委员会文史资料委员会编：《内蒙古文史资料》（第三十辑），1988 年。

杨令德：《塞上忆往——范长江同志在绥远》，中国人民政治协商会议内蒙古自治区委员会文史资料委员会编：《内蒙古文史资料》（第三十辑），1988 年。

杨令德：《塞上忆往——归绥中学和〈西北实业报〉》，中国人民政治协商会议内蒙古自治区委员会文史资料委员会编《内蒙古文史资料》（第三十辑），1988 年。

杨令德：《塞上忆往——绥远文化、新闻界见闻》，中国人民政治协商会议内蒙古自治区委员会文史资料委员会编：《内蒙古文史资料》（第三十辑），1988 年。

杨令德：《塞上忆往——绥远新闻社》，中国人民政治协商会议内蒙古自治区委员会文史资料委员会编：《内蒙古文史资料》（第三十辑），1988 年。

杨令德：《塞上忆往——绥远新闻事业之沿革与现状（1934 年著）》，中国人民政治协商会议内蒙古自治区委员会文史资料委员会编《内蒙古文史资料》（第三十辑），1988 年。

杨令德：《塞上忆往——五四运动新文化新思潮的传播》，中国人民政治协商会议内蒙古自治区委员会文史资料研究委员会编《内蒙古文史资料》（第十六辑），1985 年。

杨令德：《五四初期新文化运动在绥远地区的传播》，中国人民政治协商会议内蒙古自治区委员会文史资料研究委员会编：《内蒙古文史资料》（第十四辑），1984 年。

杨琪：《关于〈婴报〉的几点思考》，《内蒙古社会科学》（汉文版）2000 年第 5 期。

殷石麟：《〈蒙古知行月刊〉创办的经过》，中国人民政治协商会议土默特左旗委员会文史资料研究委员会编《土默特文史资料》（第三辑），1988 年。

张昊文：《〈西北实业报〉那些事》，《内蒙古晨报》2008 年 4 月
10 日。

张丽萍：《1927 年至 1937 年的绥远报刊与国民党地方派系》，《新闻
春秋》2016 年第 5 期。

张丽萍：《内蒙古民国报刊史研究》，内蒙古大学出版社 2014 年版。

张丽萍：《试析"九·一八"事变后国民党绥远省党政报纸的抗日宣
传》，《新闻学论集》（第 30 集）。

张丽萍、谢海兰：《解放战争时期"全党办报"思想在内蒙古地区的
贯彻和落实》，《新闻春秋》2015 年第 5 期。

张士耕：《通俗读物编刊社绥远分社》，中共呼和浩特市委党史资料
征集办公室、呼和浩特市地方志编修办公室编写《呼和浩特史料》（第六
集），1985 年。

章叶频：《怀念内蒙古著名报人杨令德先生》，内蒙古自治区离休老
干部写作协会《黎明集》，1989 年。

章叶频：《介绍〈塞北诗草〉》，内蒙古自治区离休老干部写作协会
《黎明集》，1989 年。

章叶频：《绥远社会日报副刊〈洪荒〉》，中国人民政治协商会议呼
和浩特委员会文史资料委员会编《塞北文苑萍踪》，1985 年。

章叶频：《写在刊始——〈塞北诗草〉发刊词》，内蒙古自治区离休
老干部写作协会《黎明集》，1989 年。

周仲德、贾来宽、张玉岭、高子俨、侯德生编著：《内蒙古出版事业
概况》，内蒙古文化出版社 1990 年版。

祝福：《包头市发现 1919 年绥远老报纸〈西北实业报〉》，http：//
comment. chinanews. com/comments/comments. php？ newsid ＝ 2107629，
2010-2-3。

二　中国新闻史研究方面

陈承铮：《河南新闻事业简史》，河南人民出版社 1994 年版。

程旭兰：《宁夏民国日报创刊时间考》，《宁夏大学学报》（社会科学
版）1994 年第 4 期。

广西政协文史资料委员会、广西日报新闻史志编辑室等合编：《桂系
报业史》，广西政协文史资料委员会，1998 年。

黄茂田：《广西第一张国共合作的报纸——梧州〈民国日报〉》，《社会科学探索》1990 年第 3 期。

杨红：《民国新疆新闻事业研究》，硕士学位论文，新疆大学，2006 年。

尹韵公：《"喉舌"追考——〈文心雕龙〉之传播思想探讨》，《新闻与传播研究》2003 年第 5 期。

张鸿慰：《八桂报史文存》，广西民族出版社 1995 年版。

安薇：《民国时期的江西新闻业》，《党史文苑》1994 年第 5 期。

白润生：《中国少数民族新闻传播史》，民族出版社 2008 年版。

白润生：《中国少数民族新闻传播通史》，中央民族大学出版社 2008 年版。

蔡铭泽：《国民党党报历史研究》，团结出版社 1998 年版。

陈昌凤：《中国新闻传播史：传媒社会学的视角》，清华大学出版社 2009 年版。

陈炽：《报馆》，复旦大学新闻系新闻史教研室编：《中国新闻史文集》，上海人民出版社 1987 年版。

程丽红：《晚清时期东北报业评述》，《东北亚论坛》2009 年第 5 期。

程曼丽：《横向比较：中国新闻史研究的新思路》，《新闻大学》1997 年第 1 期。

程旭兰：《西北新闻事业史述评》，《新闻大学》1999 年第 2 期。

程沄：《江西苏区新闻史》，江西人民出版社 1994 年版。

邓毅、李祖勃：《岭南近代报刊史》，广东人民出版社 1998 年版。

丁淦林：《中国新闻史研究需要创新——从 1956 年的教学大纲草稿说起》，《新闻大学》2007 年第 1 期。

方汉奇：《1949 年以来大陆的新闻史研究》（一），《新闻与写作》2007 年第 1 期。

方汉奇：《1949 年以来大陆的新闻史研究》（二），《新闻与写作》2007 年第 2 期。

方汉奇：《中国近代传播思想的衍变》，《新闻与传播研究》1994 年第 2 期。

方汉奇：《中国新闻事业通史》（第二卷），中国人民大学出版社 1996 年版。

甘惜分：《新闻学大辞典》，河南人民出版社 1993 年版。

戈公振：《中国报学史》，中国新闻出版社 1985 年版。

古晓峰、赵宗强：《民国时期报业市场的利益与政治纷争——1936 年上海〈新闻报〉在苏州的发行纠纷事件》，《新闻大学》2006 年第 2 期。

贵州省新闻出版局报刊处：《贵州省报业发展综述》，《中国报业》2004 年第 12 期。

郭武群：《民国报纸文艺副刊的消闲性》，《天津大学学报》（社会科学版）2008 年第 4 期。

郭武群：《现代传媒与文学的完美结合——论民国报纸文艺副刊》，《江淮论坛》2007 年第 4 期。

郭绪印：《辛亥革命与上海革命派报业》，《上海师范大学学报》（哲学社会科学版）2004 年第 3 期。

何明：《关于中国新闻史教研的三个问题》，《国际新闻界》2008 年第 4 期。

黑龙江日报社新闻志编辑室：《东北新闻史》，黑龙江人民出版社 2001 年版。

侯杰：《大公报与近代中国社会》，南开大学出版社 2006 年版。

黄旦：《报刊的历史与历史的报刊》，《新闻大学》2007 年第 1 期。

黄旦：《耳目与喉舌的历史性变化：中国百年新闻思想主潮论》，《新闻记者》1998 年第 10 期。

黄河：《北京报刊史话》，文化艺术出版社 1992 年版。

黄瑚：《论中国近代新闻事业发展的三个历史阶段》，《新闻大学》2007 年第 1 期。

黄宗凯：《民国时期自贡报业研究》，硕士学位论文，四川大学，2002 年。

蒋海升：《中国新闻史研究的学科特点及其发展状态——访中国新闻史学会会长赵玉明先生》，《国际新闻界》2007 年第 4 期。

李彬：《"新新闻史"：关于新闻史研究的一点设想》，《新闻大学》2007 年第 1 期。

李彬：《唐代文明与新闻传播》，新华出版社 1999 年版。

李彬：《中国新闻社会史》，上海交通大学出版社 2007 年版。

李端生：《民国时期湘西报刊出版钩沉》，《吉首大学学报》（社会科学版）2002 年第 4 期。

李良荣：《新闻学导论》，高等教育出版社 2006 年版。

李灵革：《历史理论的嬗变与新闻史教学的改革》，《国际新闻界》2008 年第 4 期。

李萌、程旭兰、宋师孔：《建国前的宁夏报业》，《新闻大学》1995 年第 2 期。

李楠：《晚清民国时期上海小报》，人民文学出版社 2006 年版。

李锐：《回忆热河办报》，《新闻研究资料》，1986 年。

李亚峰：《民国时期的民营报业——以上海〈新闻报〉为中心的考察》，《哈尔滨学院学报》2006 年第 7 期。

梁启超：《论中国积弱由于防弊》，《饮冰室合集·文集》（第一卷第一册），中华书局 1941 年版。

林溪声：《口述史：新闻史研究的一种新路径》，《国际新闻界》2006 年第 7 期。

刘继忠、梁运：《论延安〈解放日报〉改版的政治逻辑》，《新闻与传播研究》2012 年第 2 期。

刘明钢：《解放日报改版：毛泽东点将陆定一》，《党史博彩》2006 年第 5 期。

刘衍琴：《民国时期山东报业概述》，《新闻大学》1996 年第 1 期。

马光仁：《上海新闻史》，复旦大学出版社 1996 年版。

马艺：《天津新闻传播史纲要》，新华出版社 2005 年版。

宁树藩、曾建雄：《强化本体意识，探求自身规律——新闻史研究的反思与前瞻》，《新闻记者》1998 年第 9 期。

彭继良：《广西新闻事业史》，广西人民出版社 1998 年版。

彭继良：《抗战时期广西新闻事业概况》，《新闻大学》1994 年第 3 期。

秦绍德：《上海近代报刊史论》，复旦大学出版社 1993 年版。

邵梦龙：《绍兴新闻事业 90 年》，海天出版社 1994 年版。

史媛媛：《从戈公振到方汉奇——在中国新闻史研究的两座高峰之间》，《新闻爱好者》2000 年第 5 期。

宋素红：《新闻史学的过去、现在与未来——对新闻史研究的量化分析（1834—2004）》，《当代传播》2006 年第 1 期。

汤志华、钟慧容：《〈解放日报〉与抗日战争中的政治动员》，《长白学刊》2015 年第 2 期。

童兵：《中国共产党党管报纸的制度构建及其改革》，《兰州大学学报》（社会科学版）2011 年第 7 期。

王静：《国民党统治前期（1927—1938）新闻政策研究》，硕士学位论文，山东大学，2007 年。

王润泽：《民国前期中国现代报纸的发行途径及其潜规则》，《国际新闻界》2007 年第 7 期。

王润泽：《专业化：新闻史研究的方法和路径的思考》，《国际新闻界》2008 年第 4 期。

王韬：《弢园文录外编》，中华书局 1959 年版。

王醒：《山西新闻史》，山西人民出版社 2001 年版。

王作舟：《抗战时期进步繁荣的云南报业》，《新闻大学》1994 年第 4 期。

吴文虎：《本体迷失和边缘越位》，《新闻大学》2007 年第 1 期。

尹韵公：《"喉舌"追考——〈文心雕龙〉之传播思想探讨》，《新闻与传播研究》2003 年第 5 期。

曾健戎：《抗日战争时期重庆报纸一览》，《新闻与传播研究》1987 年第 4 期。

张红春：《〈群众〉周刊的抗战政治动员研究》，博士学位论文，湘潭大学，2013 年。

张金凤：《〈晋察冀日报〉的宣传策略简论》，《新闻界》2011 年第 2 期。

张丽萍、刘寒娥：《对梁启超新闻思想的历史观照与反思》，《社会科学辑刊》2002 年第 6 期。

赵琛：《民国报纸广告》，《中国广告》2005 年第 4 期。

郑观应：《盛世危言·答某当道设议院论》，夏东元编：《郑观应集》（上册），上海人民出版社 1982 年版。

周德仓：《关于西藏新闻传播史研究的基本范式》，《西藏民族学院学报》（哲学社会科学版）2004 年第 3 期。

周德仓：《旧中国藏文报刊大略》，《西南民族大学学报》2006 年第 4 期。

周德仓：《西藏新闻传播史》，中央民族大学出版社 2005 年版。

周军：《民国初期宁波〈时事公报〉对日本问题的报道》，《国际新闻界》2008 年第 5 期。

三 民国时期内蒙古历史研究方面

方晓辑：《二十年代初的绥远铁路电政》，中共呼和浩特市委党史资料征集办公室、呼和浩特市地方志编修办公室编：《呼和浩特史料》（第六集），1985 年。

吉雅泰：《李大钊同志和内蒙古初期的蒙古活动》，内蒙古自治区档案馆编：《内蒙古民族团结革命史料选编》，1983 年。

云小青：《北京蒙藏学校学生花名册》，内蒙古日报编辑部编：《草原春秋》，内蒙古人民出版社 1997 年版。

赵景江：《"五四"火焰燃青城》，内蒙古日报编辑部编：《草原春秋》，内蒙古人民出版社 1997 年版。

中国人民政治协商会议内蒙古自治区委员会文史资料委员会编：《伊盟事变》，《内蒙古文史资料》（第四十三辑），内蒙古人民出版社 1991 年版。

博彦满都、阿萨拉图：《克兴额先生小传》，中国人民政治协商会议内蒙古自治区委员会文史资料研究委员会编：《内蒙古文史资料》（第十七辑），1985 年。

高深琳：《民国时期国民党绥远省党部研究（1911—1945 年）》，硕士学位论文，内蒙古师范大学，2010 年。

高文华：《李裕智》，土默特志编纂委员会：《土默特史料》（第三集），1982 年。

韩祥福：《包头王定圻烈士纪略》，中国人民政治协商会议内蒙古自治区委员会文史资料研究委员会编：《内蒙古文史资料》（第二十三辑），1986 年。

郝秉忠：《革命老人王定圻》，中国人民政治协商会议包头市文员会文史资料研究文员会编：《包头文史资料选编》（第十二辑），1990 年。

郝维民：《百年风云内蒙古》，内蒙古教育出版社 2000 年版。

郝维民：《内蒙古革命史》，内蒙古大学出版社 1997 年版。

郝维民：《内蒙古近代简史》，内蒙古大学出版社 1990 年版。

何愚：《京绥铁路公运风潮》，内蒙古日报编辑部编：《草原春秋》，内蒙古人民出版社 1997 年版。

何愚：《辛亥革命时期的蒙古族志士云亨与经权》，内蒙古日报编辑部编：《草原春秋》，内蒙古人民出版社 1997 年版。

奎曾、丁正彬：《三十年代塞北文学》，内蒙古大学出版社 1997 年版。

李丹夫：《试论绥远抗战及其历史意义》，《内蒙古大学学报》（哲学社会科学版）1988 年第 3 期。

梁冰：《鄂尔多斯通史稿》（下卷），内蒙古大学出版社 2007 年版。

梁冰：《鄂尔多斯通史稿》，内蒙古大学出版社 2007 年版。

梁冰：《鄂尔多斯文史管窥》，内蒙古大学出版社 1989 年版。

廖朝晖：《一位老报人文化人的光辉足迹——深切怀念敬爱的父亲廖经天》，《出版广角》2000 年第 7 期。

刘锦魁：《我所知道的王平章》，中国人民政治协商会议内蒙古自治区委员会文史资料研究委员会编：《内蒙古文史资料》（第二十三辑），1986 年。

刘嵩柏：《著名画家沈逸千旅呼写生》，中共呼和浩特市委党史资料征集办公室、呼和浩特市地方志编修办公室编：《呼和浩特史料》（第六集），1985 年。

刘映元：《绥远省乡村建设委员会与乡村工作指导员》，中国人民政治协商会议内蒙古自治区委员会文史资料研究委员会编：《内蒙古文史资料》（第一辑），1979 年。

卢健飞：《我对绥远革新运动与和平起义的回忆》，中国人民政治协商会议内蒙古自治区委员会文史资料研究委员会编：《内蒙古文史资料》（第一辑），1979 年。

马映光：《"五卅"时期绥远学生爱国反帝运动》，中国人民政治协商会议内蒙古自治区委员会文史资料研究委员会编：《内蒙古文史资料》（第十九辑），1985 年。

孟纯：《大革命时期内蒙古地区的革命活动》，内蒙古自治区档案馆编：《内蒙古民族团结革命史料选编》，1983 年。

孟广耀等：《蒙古民族通史》（五卷本），内蒙古大学出版社 2002 年版。

内蒙古党史研究室：《中国共产党内蒙古地区简史》，内蒙古人民出版社 2001 年版。

内蒙古自治区档案馆编：《乌兰夫同志在内蒙古人民代表会议上的开幕词（1947 年 4 月 23 日）》，内蒙古民族团结革命史料选编，1983 年。

奇天祥：《回忆在伪蒙疆政府时期》，《内蒙古文史资料》（第一辑），内蒙古人民出版社 1989 年版。

宋雅岚：《绥远抗战再研究——论绥远抗战的特殊背景》，《黑龙江民族丛刊》1999 年第 2 期。

《绥远省党务工作计划大纲（1938 年 6 月 12 日）》，内蒙古自治区档案馆档案 446/3/6。

绥远省通志馆：《绥远通志稿》，内蒙古人民出版社 2007 年版。

田惠琴、吴连书：《绥远社会教育推行委员会》，中共呼和浩特市委党史资料征集办公室、呼和浩特市地方志编修办公室编：《呼和浩特史料》（第六集），1985 年。

汪宗一：《崇正学堂》，中国人民政治协商会议内蒙古自治区委员会文史资料研究委员会编：《内蒙古文史资料》（第十六辑），1985 年。

王奇生：《党员、党权与党争》，华文出版社 2010 年版。

王再平：《"五四"运动前归绥地区社会简况》，中共呼和浩特市委党史资料征集办公室、呼和浩特市地方志编修办公室编：《呼和浩特史料》（第三集），1983 年。

文思：《我所知道的傅作义》，中国文史出版社 2004 年版。

吴恩和、邢复礼：《贡桑诺尔布》，中国人民政治协商会议内蒙古自治区委员会文史资料研究委员会编：《内蒙古文史资料》（第一辑），内蒙古人民出版社 1979 年版。

晓晋：《阎锡山与绥远抗战》，《文史月刊》2015 年第 7 期。

张取众：《王定圻烈士》，中国人民政治协商会议内蒙古自治区委员会文史资料研究委员会编：《内蒙古文史资料》（第二十三辑），1986 年。

章叶频：《30 年代绥远文艺界鸟瞰》，中国人民政治协商会议呼和浩特委员会文史资料委员会编：《塞北文苑萍踪》，1985 年。

章叶频：《三十年代的绥远新诗歌运动》，中共呼和浩特市委党史资料征集办公室、呼和浩特市地方志编修办公室编：《呼和浩特史料》（第三集），1983 年。

章叶频编：《20 世纪 30 年代内蒙古西部地区文学作品选》，内蒙古教育出版社 2000 年版。

周清澍：《内蒙古历史地理》，内蒙古大学出版社 1994 年版。

四　中国历史及中共党史研究方面

经革陈：《我所了解的云亨先生辛亥革命事略》，内蒙古自治区政协文史资料委员会编：《内蒙古辛亥革命史料》，1961 年。

邓一民：《热河革命大事记（1919—1955）》，文化艺术出版社 1988 年版。

邓一民：《热河革命史稿（1919—1955）》，文化艺术出版社 1988 年版。

董桂曼：《解放战争时期中国共产党瓦解敌军工作研究》，硕士学位论文，首都师范大学，2013 年。

巩茹敏：《解放战争时期中共开展宣传工作的艺术特色》，《历史教学》2011 年第 4 期。

经革陈：《先父子衡先生参加辛亥革命事略》，内蒙古自治区政协文史资料委员会编：《内蒙古辛亥革命史料》，1961 年版。

孔繁武：《政治动员的行动逻辑——一个概念模型及其应用》，《江苏行政学院学报》2006 年第 5 期。

李斌：《政治动员及其历史嬗变：权力技术的视角》，《南京社会科学》2009 年第 11 期。

李斌：《政治动员与社会革命背景下的现代国家构建——基于中国经验的研究》，《浙江社会科学》2010 年第 4 期。

李征：《简论“政治动员”》，《河海大学学报》（哲学社会科学版）2004 年第 2 期。

梁启超：《论中国积弱由于防弊》，《饮冰室合集·文集》第 1 册（第 1 卷），中华书局 1941 年版。

廖胜平：《解放战争时期党的制度建设研究》，硕士学位论文，广西师范大学，2007 年。

林之达：《中国共产党宣传史》，四川人民出版社 1990 年版。

刘江船：《新民主主义革命时期中国共产党新闻管理思想研究》，博士学位论文，苏州大学，2006 年。

刘素媛：《解放战争时期中共报人群体研究（1945—1949）》，硕士学位论文，南昌大学，2014 年。

马润凡：《1947—1949 年解放区土地改革的政治社会学分析》，《河海大学学报》（哲学社会科学版）2005 年第 2 期。

《毛泽东新闻工作文选》，新华出版社 1984 年版。

《毛泽东选集》（第四卷），人民出版社 1991 年版。

钱占元：《内蒙古西部地区响应辛亥革命》，内蒙古自治区政协文史资料委员会编：《内蒙古文史资料》（第 69 辑），2011 年。

唐剑君：《解放战争时期党的宣传工作的历史考察》，硕士学位论文，湘潭大学，2010 年。

王静：《国民党统治前期（1927—1938）新闻政策研究》，硕士学位论文，山东大学，2007 年。

王立华：《全国解放战争时期中国共产党的土地政策论析》，硕士学位论文，东北师范大学，2004 年。

王立胜、聂家华：《论毛泽东的政治动员和政治参与思想》，《山东农业大学学报》2016 年第 1 期。

王奇生：《党员、党权与党争》，华文出版社 2010 年版。

徐彬：《论政治动员》，《中共福建省委党校学报》2005 年第 1 期。

张平、韩建美：《20 世纪 90 年代以来国内政治动员问题研究述评》，《燕山大学学报》2007 年第 3 期。

张平、杨骏、吕英、乔希章：《解放战争史话》，《背景》，中国青年出版社 1987 年版。

《中共党史报告选编》，中共中央党校出版社 1982 年版。

中国社会科学院新闻研究所：《中国共产党新闻工作文件汇编》（上），新华出版社 1980 年版。

中国社会科学院新闻研究所：《中国共产党新闻工作文件汇编》（下），新华出版社 1980 年版。

朱润生：《抗战时期中国共产党的政治动员分析——以晋察冀边区为个案》，硕士学位论文，南京大学，2013 年。

五 志书方面

包头市地方志编纂委员会：《包头市志》，远方出版社 2007 年版。

程道宏主编：《呼伦贝尔盟志》，内蒙古文化出版社 1999 年版。

《赤峰市地方志》编纂委员会编：《赤峰市志》，内蒙古人民出版社 1998 年版。

金耀东主编：《兴安盟志》，内蒙古人民出版社 1997 年版。

李瑛主编：《呼和浩特市志》，内蒙古人民出版社 1999 年版。

刘殿生等主编：《乌兰浩特市志》，内蒙古人民出版社 1993 年版。

孙晓雷主编：《赤峰八千年大事记》，方志出版社 1999 年版。

乌盟地方志编纂委员会：《乌兰察布盟志》，内蒙古文化出版社 2004 年版。

杨青锋主编：《哲里木盟志》，方志出版社 2000 年版。

张魁义主编：《锡林郭勒盟志》，内蒙古人民出版社 1996 年版。

中共赤峰市委党史资料征集研究委员会办公室编：《六家党报在赤峰》，1987 年。

后　记

　　民国时期内蒙古地区共有报纸140多种，刊物250多种，其中政治性报刊居于主导地位。国民党报刊和共产党报刊是当时政治性报刊的主角，是贯穿民国时期内蒙古报刊史的主线。民国时期内蒙古地区国共两党报刊研究属于地方新闻史研究范畴，是近现代中国新闻史研究的组成部分。目前，中国新闻通史研究较少涉及内蒙古新闻史的内容，内蒙古地方新闻史研究也处于薄弱状态。

　　本书采用点面结合的方法，以《绥远民国日报》《绥远日报》《绥远西北日报》《民众日报》《包头日报》《内蒙自治报》《内蒙古日报》《群众日报》等报刊为重点，在大量缩微胶片和相关史料基础上，对民国时期的内蒙古报刊进行全面梳理，对主要报刊进行详细分析，对报刊与当时社会的互动关系进行深入探讨，对国共两党报刊的指导思想、功能定位、管理方式、宣传策略进行对比。一方面，对重要报刊、重要人物、重要事件进行研究和评价，分析新闻业自身的发展脉络；另一方面，把报刊及其生存的社会系统作为整体加以认识，将报刊放在时代背景和社会情境中加以研究。

　　本书是国家社科基金西部项目《民国时期内蒙古地区国共两党报刊研究》的结项成果，获得内蒙古大学"双一流"科研专项高端成果培育项目资助。

　　在课题研究过程中，部分研究生协助进行了文献查阅、资料整理及部分章节的初稿写作，成员包括内蒙古大学的邬鸿雨、史红岩、李鑫、徐宁，华中师范大学的周文阳，厦门大学的高天，南京大学的田珺妍等，在此一并感谢。

感谢中国社会科学出版社的任明老师，以及本书的责任编辑张林老师，他们的专业和严谨、认真和耐心，保证了本书能够最终付梓。

内蒙古民国报刊史研究涉及的边疆史、民族史、国共两党党史等领域史料宏富，笔者学力有限，书中存在的不足和谬误，敬祈专家指正。